Robert D. Kaplan · Geister des Balkan

Robert D. Kaplan

Die Geister des Balkan

Eine Reise durch die Geschichte und Politik
eines Krisengebiets

Aus dem Amerikanischen
von Michael Windgassen
und Thomas Ziegler

Kabel

Titel der amerikanischen Originalausgabe:
BALKAN GHOSTS
A Journey Through History
A Thomas Dunne Book, St. Martin's Press, New York

Für
Stephen und Linda Kaplan

Umschlag: Theodor Bayer-Eynck
Titelfoto: © Ullstein-Haeckel-Archiv
Gesamtherstellung: Clausen & Bosse, Leck
ISBN 3-8225-0254-5

1 3 5 7 9 10 8 6 4 2

Inhalt

Vorwort   7
Danksagung   9
Karte des Balkan   11
Prolog – Heilige, Terroristen, Blut und Weihwasser   13

Teil I – Jugoslawien: Historische Ouvertüren
1 Kroatien: »Damit sie in den Himmel kommen konnten«   29
2 Altserbien und Albanien: Die »Westbank« des Balkan   58
3 Makedonien: »Eine Hand, die nach den Sternen greift«   79
4 Die weiße Stadt und ihr Prophet   103

Teil II – Rumänien: Lateinisches Passionsspiel
5 Palasthotel Athenee, Bukarest   111
6 Das bittere Ende der Donau   133
7 Die Moldau: »Auf Haß programmiert«   151
8 Das Land hinter Draculas Schloß: Die bemalten Klöster
der Bukowina   168
9 Transsilvanische Stimmen   182
10 Transsilvanisches Märchen: Die Kinder des Rattenfängers
kehren nach Hameln zurück   221
11 Flüchtige Blicke auf Temesvár und Bukarest   233

**Teil III – Bulgarien: Geschichten aus dem
kommunistischen Byzanz**
12 »Die Wärme des jeweils anderen Körpers«   245
13 Preis der Freundschaft   267
14 Das Böse und das Gute   273

**Teil IV – Griechenland: Geliebte des Westens, Braut des
Ostens**
15 Abschied von Saloniki   287
16 »Lehre mich, Sorbas. Lehre mich zu tanzen!«   305
17 Die Geheime Geschichte   316
Epilog – Die Straße nach Adrianopel   341
Ausgewählte Literatur   347
Register   355

Anmerkung des Übersetzers
Die aus dem Kyrillischen transkribierten Orts- und Personennamen sind in deutscher Schreibweise nie vereinheitlicht worden. Was z. B. früher »Schiwkow« buchstabiert wurde, schreibt sich heute meistens »Zivkov«. Die Übersetzung orientiert sich am aktuellen Stand einer sich ständig verändernden phonetischen Umschreibung. Als Vorlage dient ihr Edgar Höschs *Geschichte der Balkanländer* (Verlag C. H. Beck: München, 1988). M. W.

Anmerkung des Verlags
Michael Windgassen übersetzte alles bis auf Teil IV und den Epilog, die von Thomas Ziegler übersetzt wurden.

Vorwort

In einer Welt, die durch die Verbreitung von Luxushotels, Massentourismus und Satellitenkommunikation in rasch zunehmendem Maße homogenisiert wird, bleiben immer weniger echte Abenteuer übrig. Der Überfluß an Informationen führt dazu, daß Ereignisse schneller und schneller in Vergessenheit geraten. Deshalb lädt das Abenteuer dazu ein, Landschaften als ein Vehikel zu verstehen, das Vergangenheit und geschichtliche Entwicklung ans Licht bringt.

In *Abroad: British Literary Traveling Between the Wars* stellt der amerikanische Gelehrte Paul Fussell fest, daß »das Geheimnis von Reiseliteratur« darin bestehe, »aus den Daten direkten Erlebens essayistische Pointen auf scheinbar empirische Weise hervorgehen zu lassen.« In anderen Worten: Gute Reiseliteratur sollte eine Technik anwenden, die Geschichte, Kunst und Politik in möglichst lebendiger Form ausleuchtet. Mary McCarthys *Florenz* und Rebecca Wests *Black Lamb and Grey Falcon* sind dafür die besten Beispiele, die mir einfallen. Auf diese Glanzlichter habe ich mich mehr oder weniger unbeholfen auszurichten versucht.

Die *Geister des Balkan* ist kein typisches Übersichtswerk. Das Buch entwickelt sich vertikal, in idiosynkratischer Manier, vom Spezifischsten zum Allgemeinsten: von einem Essay über die Kriegsschuld (oder Unschuld) eines kroatischen Geistlichen hin zu einer Spekulation über den Verfall von Staaten. In jedem Land sammelte ich andere Erfahrungen. Auf meiner ausgedehnten Reise durch Rumänien begegneten mir die verschiedensten Menschen, während ich Bulgarien über einen persönlichen Freund kennenlernte. Durch Griechenland reiste ich nicht so viel, wohnte aber nicht weniger als sieben Jahre in der Gegend um Athen. Ich hoffe, daß die variierenden Stilarten des Buches meine unterschiedlichen Erfahrungen auf dem Balkan wiedergeben.

Regionen wie Montenegro in Jugoslawien und die Marmarosch im Nordwesten Rumäniens werden nicht besprochen, Bosnien und Albanien verdienen zweifellos eine stärkere Berücksichtigung. Der ethnische Konflikt in Bosnien und die grausamen Verbrechen an der moslemischen Bevölkerung lassen sich am triftigsten erklären als eine Ausdehnung des Streites zwischen Serben und Kroaten. Eine Berücksichtigung von Albanien ist in das Kapitel »Altserbien« eingeflochten, weil ich mich dafür entschieden habe, mein Hauptaugenmerk auf die Serben in ihrem historischen Konflikt mit den moslemischen Albanern zu richten. Obwohl sich zur Zeit alle Aufmerksamkeit auf Jugoslawien richtet, gilt das besondere Interesse meiner Balkan-Odyssee den Ländern Rumäniens und Griechenlands, was sich im Buch niederschlägt. Der Balkan ist eine Halbinsel, Bosnien lediglich ein Teil davon, und während heute Bosnien in den Schlagzeilen steht, könnten morgen schon andere Balkangebiete an diese Stelle rücken, denn die ganze Halbinsel ist in eine katastrophale Periode getreten, die noch viele Jahre andauern wird. Von dem, was ich schreibe, sollte jedoch nichts, nicht einmal ansatzweise, als Rechtfertigung verstanden werden für die Kriegsverbrechen, die rassistische Serbentruppen in Bosnien begehen und wofür ich nur Abscheu übrig habe.

Während der 80er Jahre versuchte ich – meist vergeblich –, Verleger und die Öffentlichkeit auf den Balkan und die dort gärenden Unruhen aufmerksam zu machen. Es ist eine traurige Ironie, daß sich meine schlimmsten Befürchtungen bewahrheitet haben. Zu den Kriegsopfern zählt ein Journalist, der denselben Namen hatte wie ich: David Kaplan von den ABC News. (Das Initial meines zweiten Vornamens steht für David.) Ich hoffe, daß dieses Buch jene Region zu erklären hilft, in der der andere Kaplan, den ich nie kennengelernt habe, während seiner Recherchen sterben mußte.

Danksagung

Wie bei der Arbeit an meinen früheren Büchern über Äthiopien und Afghanistan haben mir auch diesmal Cullen Murphy und William Whitworth von *The Atlantic* Mut gemacht und sich bereit erklärt, wesentliche Auszüge des Manuskriptes in der Zeitschrift zu veröffentlichen. Ein Sonderabdruck erschien auch dank Nancy Newhouse im *The New York Times Sophisticated Traveler*. Außerdem waren folgende Redakteure behilflich: Nancy Sharkey, Janet Piorko und Agnes Greenhall von *The New York Times*, Dorothy Wickenden von *The New Republic*, Owen Harries von *The National Interest* sowie Seth Lipsky, Amity Shlaes und Peter Keresztes von *The Wall Street Journal* in Brüssel. Mein Agent Carl D. Brandt hielt mir durch alle Schwierigkeiten hindurch die Treue. Mein Verleger David Sobel half mir, das in groben Zügen entworfene Manuskript in eine ansprechende Form zu bringen, ohne es dabei zu entstellen.

Finanzielle Zuwendungen, vermittelt über das Madison Center for Educational Affairs, machten es mir möglich, meine Pläne zu verwirklichen. Dafür danke ich Peter Frumkin, Charles Horner, Les Lenkowsky, Patty Pyott und Tom Skladony.

Mein Interesse am Balkan entwickelte sich aus Reisen als Reporter, die ich in den frühen 80er Jahren unternahm. Dafür, daß sie meiner Balkan-Leidenschaft wohlwollende Nachsicht entgegenbrachten, danke ich Joe Geshwiler und Randal Ashly von *The Atlanta Journal-Constitution*, Mark Richards von *ABC Radio News* und Marylin Dawson von *The Toronto Globe and Mail*.

Ernest Lathan, Kiki Munshi und Phillip E. Wright sind Beamte im Auswärtigen Dienst, auf die die Vereinigten Staaten stolz sein können; ihr Wissen über die Länder, in denen sie ihren Dienst verrichteten, ist profund. Ihre Begeisterung war ansteckend, ein Geschenk, für das ich ihnen ewig dankbar bin.

Nicholas X. Rizopoulos vom Rat für Auswärtige Angelegenheiten war mir ein strenger Kritiker. Richard Carpenter öffnete mir sein umfangreiches Archiv über die griechische Presse und öffentliche Ereignisse in Griechenland. Alan Luxenberg und Daniel Pipes vom Foreign Policy Research Institute in Philadelphia organisierte für mich eine Vortragsreihe, die mir half, meine Gedanken zu ordnen. Elinor Appel und Amy Meeker von *The Atlantic* sowie Suzanne MacNeille von *The New York Times* redigierten und verbesserten Teile des Manuskriptes.

Weitere Hilfe und kluger Rat kamen von Paul Anastasi, Renzo Cianfanelli, Bill Edwards, Elizabeth Herring, Mattyas Jevnisek, George Konrad, Barry Levin, Samuel und Kay Longmire, Mircea Milcu, Fritz Molden, P. D. Montzouranis, Alberto Nar, Corneliu Nicolescu, John D. Panitza, Carol Reed, Norman Rosendahl, Tony Smith, Sergiu Stanciu, Nicholas Stavroulakis, Ivan Stefanovic, Gabor Tarnai, Mircea Tanase, Ruxandra Todiras, Admantios Vassilakis, Agayn Ventzislav und Teddy Weyr.

Dank an alle.

Der Balkan

Der Balkan, was auf türkisch »Berge« heißt, erstreckt sich ungefähr von der Donau bis zu den Dardanellen, von Istrien bis Istanbul und ist ein Oberbegriff für die Länder Ungarn, Rumänien, Jugoslawien, Albanien, Bulgarien, Griechenland sowie einen Teil der Türkei; allerdings wünschen weder Ungarn noch Griechen unter dieses Etikett gefaßt zu werden. Der Balkan ist oder war eine heitere Halbinsel, bewohnt von lebhaften Menschen, die scharfe Speisen zu sich nahmen, starke Spirituosen tranken, bunte Kleider trugen, leichtfertig liebten und mordeten und das ruhmreiche Talent besaßen, Kriege anzuzetteln. Weniger phantasiebegabte Westler blickten voll heimlichen Neides auf diese Menschen herab, rümpften die Nase über deren Königshaus, spotteten über ihre Anmaßungen und fürchteten ihre wilden Terroristen. Karl Marx bezeichnete sie als »ethnischen Müll«. Ich als ein herumzigeunernder Zwanzigjähriger bewunderte sie.

C. L. SULZBERGER, A Long Row of Candles

Ich hasse die Leichen von Staaten, sie stinken wie sonst nichts.

REBECCA WEST, Black Lamb and Grey Falcon

PROLOG

Heilige, Terroristen,
Blut und Weihwasser

Zitternd tappte ich umher. Aus freien Stücken hatte ich diese
schreckliche Stunde vor Sonnenaufgang gewählt, um das Kloster
von Pec in »Altserbien« zu besuchen. Hier bereitet spirituelle
Schulung große Mühen, die von der orthodoxen Kirche des
Ostens belohnt werden mit einer Offenbarung der Hölle und der
Erlösung, welche gleichermaßen physischer Natur sind. Wer als
Eindringling aus dem Westen nicht mit seinem ganzen Wesen zu
fühlen bereit ist, kann nicht auf Verstehen hoffen.

Im Inneren der Kirche der Apostel, die im Jahre 1250 ausgemalt
wurde, mußten sich meine Augen an die Dunkelheit gewöhnen.
Die Minuten waren lang und wie die Jahrhunderte voll von Rück-
schlägen. Ich hatte weder Taschenlampe noch Kerze bei mir.
Nichts schärft den Willen mehr als die Blindheit.

Den »blinden Menschen hindern keine Blicke; er geht... unbeirrt seinen Weg wie ein Trunkener, der sich am Zaun festhält«,
schrieb Petar Petrovic Njegos in *The Mountain Wreath*, dem
größten Gedicht in serbischer Sprache. Darin wird der Massenmord an moslemischen Konvertiten gerechtfertigt als ein Mittel,
den Kampf gegen die türkischen Muselmanen aufrechtzuerhal-
ten.[1] In dem Augenblick, als die Dunkelheit zu weichen anfing,
wurde ich flüchtig gewahr, was Kampf, Verzweiflung und Haß
bedeuten.

Was in meinen Augen vor sich ging, lehrte mich den ersten
Grundsatz nationalen Überlebens: daß aus geringstem Licht eine
ganze Welt geschaffen werden kann. Es dauerte noch eine Weile,

---

[1] Njegos war im neunzehnten Jahrhundert Bischof von Montenegro, der
Berglandschaft an der Grenze zu Serbien. Der Massenmord, über den er
schrieb, ereignete sich gegen Ende des siebzehnten Jahrhunderts.

13

bevor die Gesichter aus der Dunkelheit auftauchten, gequälte, vom Hunger ausgezehrte Gesichter aus einer unterbewußten, serbischen Vergangenheit, Gesichter, die von einer Spiritualität und einem Primitivismus zeugen, wie sie der Westen in Dostojewskis Figuren am besten kennengelernt hat. Ich wähnte mich wie in einem Schädel, in den sich die kollektiven Erinnerungen eines Volkes eingebrannt hatten.

Träume nahmen Gestalt an, Halluzinationen: der Heilige Nikolaus mit violetter Robe und schwarzen, mahnenden Augen; der Heilige Sava, Schutzpatron der Serben und Gründer eben dieser Kirche, der in die Niederungen hinabstieg, um Gnade und Inspiration anzubieten; der Emporgestiegene Christus, ein entmenschlichter Bauern-Gott jenseits der letzten Stufe physischen Leidens, furchtbarer als andere Eroberer oder jede irdische Ideologie.

Apostel und Heilige mischten sich unter die mittelalterlichen Könige und Bischöfe Serbiens. Sie alle erschienen in einem vom Glauben verzerrten Spiegel: mit langgezogenen Körpern, monströsen Händen und Köpfen. Vielen Heiligen waren die Augen ausgekratzt worden. Nach ländlichem Glauben können Gips und Farbe, aus denen diese Augen bestehen, Blinde wieder sehend machen.

Aberglaube, Abgötterei? So würde wohl ein Mensch des Westens urteilen, der, um mit den Worten Joseph Conrads zu sprechen, »nicht das Erbe, nicht die persönliche Kenntnis hat von jenen Mitteln, mit denen eine historische Autokratie Gedanken unterdrückt, ihre Macht absichert und Existenz verteidigt«. Einem Bürger des Westens, so Conrad in *Mit den Augen des Westens*, würde es nie in den Sinn kommen, daß man ihn mit Peitschen schlagen könnte zum Zweck des Verhörs oder der Bestrafung.

Diese Kirche warnte: Je tiefer die Dunkelheit, desto irrationaler und schrecklicher wird der Widerstand sein.

»In Bulgarien und Griechenland, in Jugoslawien sowie in allen europäischen Ländern, die unter türkischer Herrschaft gelebt haben, ist es dasselbe«, lamentierte die eingekerkerte Madam Deltchev, das Opfer stalinistischer »Säuberung« in Eric Amblers *Der Fall Detscher*. »Und unser Volk lebte, hinter Mauern zurückgezogen, in kleinen Illusionswelten... es bemalte diese Mauern mit Szenen nationalen Lebens... Jetzt, da wir erneut hinter unseren Mauern stecken, kehren die Sitten der Eltern und die eigene Kindheit zurück.«

Die Entfernung, die diese monumentalen Formen zurücklegen mußten, während sich meine Augen an die Dunkelheit gewöhnten, waren endlos: durch osmanische Jahrhunderte, durch entsetzliche Kriege und kommunistische Herrschaft. Hier, in diesem Heiligtum des Dogmatismus, des Mystizismus und der wilden Schönheit, fand das nationale Leben statt. Nur hier konnte es wieder aufleben.

»Du kannst dir wohl nicht vorstellen, was es bedeutet, mit einem Hammer zu töten, mit Nägeln, Schlägern, oder?«

Ismail brüllte gegen die Musik an; sein Gesicht leuchtete violett im blinkenden Neonlicht. Ich war immer noch im altserbischen Pec, in einer Diskothek, die von moslemischen Albanern besucht wurde, nicht weit vom Kloster entfernt.

»Weißt du, warum ich keinen Slibowitz, sondern nur Bier trinke? Weil die Tschetniks [serbische Partisanen des 2. Weltkriegs] ihre Morde begingen, nachdem sie Slibowitz gesoffen hatten. Weißt du, was es heißt, ein Kind in die Luft zu werfen und es im Beisein der Mutter mit dem Messer aufzufangen? An einen brennenden Pfahl gebunden zu sein? Den Hintern mit einer Axt gespalten zu kriegen, daß du die Serben anflehst, ja, anflehst, dir eine Kugel durch den Kopf zu jagen, und sie tun es nicht?

Und anschließend gehen sie in ihre Kirche. Sie gehen in ihre gottverdammte Kirche. Mir fehlen die Worte, um...«

Ismail bebte am ganzen Leib. »Es gibt Dinge, die jenseits allen Übels liegen, die sich nicht aussprechen lassen.«

Brüllend fuhr er fort. Ismail war erst sechsundzwanzig Jahre alt. Die Ereignisse, die er beschrieb, hatte er selber nie erlebt. Zu Hause wimmelte es von Ratten, erzählte er; Schuld daran seien die Serben.

Es war der 30. November 1940, zehn Uhr dreißig. Über Bukarest hatte es zu schneien angefangen. In der Kirche von Ilie Gorgani, im siebzehnten Jahrhundert zu Ehren eines rumänischen Generals gebaut, der gegen die Türken gekämpft hatte, beleuchteten Hunderte von Kerzen den rotgekleideten Christus in der Kuppel. Särge, drapiert mit grünen, goldbestickten Fahnen, waren zu beiden Seiten des Mittelschiffs aufgereiht. Meßdiener brachten auf Tabletts *Coliva* (gefärbtes Zuckerbrot) für die Toten. Vierzehn Mitglieder der Legion des Erzengels Michael – der faschistischen

»Eisernen Garde« –, darunter auch ihr Anführer Corneliu Zelea Codreanu, sollten zu Grabe getragen und zu »Nationalheiligen« ernannt werden von Priestern der Rumänisch-Orthodoxen-Kirche, die bereits die ganze Nacht hindurch gesungen und Weihrauchgefäße geschwenkt hatten.

Zwei Jahre zuvor, 1938, hatte die Polizei von König Carol II. vierzehn Männer erdrosselt, nackt ausgezogen und in einem Straßengraben mit Schwefelsäure übergossen, um die Verwesung zu beschleunigen. Ende 1940 mußte Carol fliehen, und Rumänien fiel unter das Regime der Eisernen Garde. Die Opfer, von denen kaum mehr etwas übriggeblieben war, wurden ausgegraben und zur Umbettung in vierzehn Särge gelegt. Gegen Ende der Begräbnisfeier hörten die Gläubigen die aufgezeichnete Stimme des toten Anführers der Legion Codreanu. »Macht euch auf den Tag gefaßt, da unsere Märtyrer gerächt werden«, schrie er.

Ein paar Wochen später erfolgte die Rache. In der Nacht zum 22. Januar 1941 wurden 200 Männer, Frauen und Kinder aus ihren Wohnungen entführt, und zwar von Legionären des Erzengels Michael, die zuvor orthodoxe Choräle gesungen, rumänische Erde in Beuteln um den Hals gehängt, Blut der Kameraden getrunken und sich mit Weihwasser besprengt hatten. Sie luden ihre Opfer auf Lastwagen und fuhren sie zum städtischen Schlachthof, einer Gruppe von roten Ziegelbauten im Süden von Bukarest, nahe der Dâmbovita. In eiskalter Dunkelheit verlangten sie von den Entführten, die ausnahmslos Juden waren, ihre Kleider auszuziehen und auf allen vieren zum Förderband zu kriechen, das sie, schreiend vor Entsetzen, durch alle automatisierten Etappen der Schlachtung zwang. Blut spritzte aus enthaupteten, gliederlosen Rümpfen, die von den Legionären an Haken gehängt und mit dem Stempel versehen wurden: »Zur menschlichen Nahrung geeignet.« Laut Auskunft einer Zeugin vom Tag danach hing der Rumpf eines fünfjährigen Mädchens verkehrt herum am Haken, »beschmiert mit Blut... wie ein Kalb«.

17. Dezember 1989, 22 Uhr. Im Kloster von Moldovitsa in der Moldau war es zu dunkel, um die Fresken erkennen zu können, doch Mutter Tatulici Georgeta Benedicta kannte die Szene des Jüngsten Gerichts aus der Vorstellung: Wilde Tiere würgen die Menschen aus, die sie verschlungen haben; wenige gute Taten überwiegen alle schlechten auf den Waagschalen der Gerechtig-

keit; Engel, mit leuchtender Schwefelfarbe bemalt, verhüllen die Tierkreiszeichen, um zu verkünden, daß das Ende der Zeit gekommen ist.

Mutter Benedicta betete wie gewöhnlich ihre Horen. Anders als in Bukarest gab es hier keine Spione, keine Mikrophone im Beichtstuhl. In den Buchenwäldern des rumänischen Nordens hatte das Regime – wie das der Türken vordem – »weniger Augen«. Das Wetter war ungewöhnlich warm gewesen. Mutter Benedicta hatte tags zuvor einen Regenbogen gesehen, obwohl kein Regen gefallen war. An diesem Tag hatte sie Gerüchte über den Mord an Kindern gehört. Zum erstenmal in ihrem Leben blieb sie die ganze Nacht über in der Kirche und betete.

Andere Schwestern kamen hinzu, und gemeinsam verbrachten sie betend drei Nächte in der Kirche.

Dann läßt Gott ein Wunder geschehen. Er läßt Drac [den Teufel] eine vom Fernsehen übertragene Versammlung einberufen, bei der das Volk, das sich nicht länger fürchtet, den Drac verspottet. Und so wurde er, der wie Herodes war und die Kinder von Temesvar ermorden ließ wie Herodes die Kinder Palästinas, am Tag, da unser Herr geboren war, hingerichtet.

»In Rumänien lebt die Bibel«, erklärte mir Mutter Benedicta. »Die Weihnachtsgeschichte ist neu aufgeführt worden. Jetzt hat das Volk die Pflicht zu beten und die Sünden der Vergangenheit zu bedenken.«

Im späten achtzehnten Jahrhundert, während der schwärzesten Stunde der langen türkischen Besatzungsnacht, verbrachte ein bulgarischer Mönch namens Rafail zwölf Jahre hinter den Mauern des Rilaklosters und schnitzte ein hölzernes Kruzifix. Darauf sind 600 menschliche Gestalten abgebildet, von denen keine größer ist als ein Reiskorn.

»Was ist ein solches Kreuz wert?« rief Vater Bonifazius, der kleine, bucklige Mann mit lang herabfließendem grauem Haar, mit Bart und kinderweicher Haut. Er lebte seit siebenundzwanzig Jahren in dem Kloster. In Antwort auf die eigene Frage fuhr er fort: »Was ist ein Menschenleben wert? Rafail erblindete bei der Arbeit an dem Kruzifix!«

Immer und immer wieder wurde Rila von den Türken geplündert und zerstört. Doch stets entstand das Kloster neu: die gestreiften Bogengänge, die Holzbalkone, der Glockenturm, der Kirchenkomplex und seine Fresken – all das in neuem Glanz vor schneebedeckten Bergen. Während der türkischen Besetzung lebten hier 300 Mönche. Unter der Herrschaft der bulgarischen Kommunisten ging die Zahl auf zwölf zurück. Inmitten der massiven, von Mäusen heimgesuchten Mauern – zwölf Seelen, die das Erbe einer gesamten Nation bewahrten! Da sind verriegelte Zellen, die seit Jahrhunderten nicht betreten wurden.

Nun wurden sie aufgesperrt.

1990, neun Jahre nach meinem ersten Besuch, kehrte ich ins Kloster von Rila zurück. Vater Bonifazius war tot. In der Kirche, einst düster und schaurig, flackerte ein Wald von Kerzen, und die Reihen waren bis zum letzten Platz gefüllt. In einer Ecke stand ein Foto von König Boris III., der 1943 im Kloster beigesetzt wurde und dessen Grab die Kommunisten, nachdem sie an die Macht gekommen waren, 1946 entfernten. Kerzen, Wildblumen und Oblaten umgaben das Bild von Boris. Menschen beugten sich herab und küßten es. »Jesus Christus ist nach Bulgarien zurückgekehrt«, meinte mein Reiseführer wie selbstverständlich. »Wir müssen von den Kommunisten in Erfahrung bringen, wo Boris begraben ist. Jetzt gilt es, in Bulgarien so manches Geheimnis zu bergen.«

»Blut wird im nördlichen Epirus fließen«, so ein Graffito am Straßenrand in der Nähe der griechischen Nordwest-Grenze zu Albanien. Das »nördliche Epirus« – das ist Süd-Albanien – gehört von alters her zu Griechenland. Dort wurde Olympias, die Mutter von Alexander dem Großen geboren, ebenso wie König Pyrrhus, an dessen militärische Schwierigkeiten der Ausdruck »Pyrrhussieg« erinnert.

Aber aufgrund jenes »schändlichen« Protokolls von 1913, wonach das »nördliche Epirus« dem »bislang nicht existenten Kleinstaat Albanien« zugeschlagen wurde, ist Griechenland heute eine »zerstückelte« Nation, wie Sevastianos behauptet, der erzbischöfliche Metropolit dieser Grenzprovinz.[2] Auf seiner Landkarte nimmt das nördliche Epirus, Heimat von fast einer halben Million

---

[2] Während des Ersten und des Zweiten Weltkrieges hielt die griechische Armee das nördliche Epirus besetzt, zog sich aber 1944 endgültig zurück. Bis 1988 dauerte offiziell der »Kriegszustand« zwischen Griechenland und Albanien an.

Griechen, die Hälfte des albanischen Territoriums ein. Sevastianos, der von einigen der »griechische Khomeini« genannt wurde, soll Gerüchten nach bewaffnete Guerillas ins südliche Albanien eingeschleust haben, um für die nach-kommunistische Zeit die Wiedervereinigung mit Griechenland vorzubereiten.

Mein Bus fuhr hinab in ein Labyrinth aus Kalkschluchten, durch kahles, dürres Gelände über die internationale Grenze nach Albanien. Ochsenkarren, von Soldaten mit rasierten Köpfen angetrieben, verstopften die zerbombten Straßen. Gruppen von Frauen mit weißen Kitteln und Kopftüchern wechselten mit Sicheln und Schaufeln auf den Schultern schweigend von den Kornfeldern hinüber auf die Tabakplantage. Auf freiem Gelände standen Wohnbaracken aus Wellblech und schlecht verputzten Ziegelmauern, umgeben von Stacheldraht und Betonbunkern. Jeder künstliche Gegenstand – die groben Seifenstücke, die Wasserhähne, die Türklinken – war von primitiver, improvisierter Qualität. Der Qualm von Braunkohle und Blei vernebelte die Landschaft und verlieh ihr den körnigen, vergilbten Anschein einer alten Fotografie. Im Licht der Natriumlampen musterte ich die Gesichter der griechischen Albaner. Ihr Ausdruck wirkte entrückt. Sie kamen mir fast wie Schatten vor. In der Stadt Sarande (»Aghios Saranda« auf griechisch) sah ich in einem Haus fünf Familienmitglieder vor einem alten russischen Schwarz-Weiß-Fernseher versammelt eine Episode von »Dynastie« und das CNN-Programm auf einer griechischen Frequenz verfolgen. »Wie lebt es sich hier?« fragte ich. »Ganz gut. Wir haben alles, was wir brauchen«, antwortete der Vater. Die Kinder blieben still.

Der älteste Sohn begleitete mich zurück ins Hotel. »Ich bin heimlich getauft worden«, vertraute er mir im Dunkeln an. »Ich bin Grieche. Was sonst? Ich glaube an Gott... Wir alle hier sind *foukarades* [arme Schweine].« Vier Tage später wurden in einem Nachbardorf zwei Griechen erschossen bei dem Versuch, über die Grenze nach Griechenland zu fliehen. Ihre Leichen wurden an den Füßen auf dem Dorfplatz aufgehängt.

Dies war eine zeitvergessene Welt, eine düstere Bühne, auf der Menschen wüteten, Blut vergossen, Visionen und Ekstasen erlebten. Doch der Ausdruck ihrer Gesichter blieb starr und distanziert wie der von verstaubten Standbildern. »Wir sind unter unseren

eigenen Geschichten weggetaucht«, sagte mir Luben Gotzev, der
ehemalige Außenminister Bulgariens. Deshalb entwickelte ich eine versessene Leidenschaft für mittelalterliche Kirchen und Klöster, für alte Bücher und Fotografien. Den Leuten, die ich unterwegs traf, stellte ich immer wieder Fragen zur Vergangenheit. Nur auf diese Weise konnte die Gegenwart verständlich werden.

Diese Länder verlangen eine Liebe für das Obskure. Monatelang durchstöberte ich Antiquariate. Wie ich wußte, waren jene Bücher, die über den Gewaltausbruch in Rumänien im Dezember 1989 am besten Aufschluß geben konnten, aus dem Handel gezogen worden, wahrscheinlich für lange Zeit.

Von April bis Oktober 1915 reiste der amerikanische Journalist und politisch radikale John Reed in Begleitung des Zeichners Boardman Robinson durch Serbien, Makedonien, Rumänien, Bulgarien, Griechenland und die Türkei. 1916 veröffentlichte Reed den Bericht seiner Reise unter dem Titel *The War in Eastern Europe*. Ein Jahr später reiste er nach Rußland und schrieb *Zehn Tage, die die Welt erschütterten*. Von allen Büchern Reeds ist *The War in Eastern Europe* das am wenigsten bekannte. Für die Erstausgabe mit handschriftlicher Widmung des Autors mußte ich $ 389.11 bezahlen. Wachsblätter schützen einige der Bleistiftzeichnungen. Reed schreibt:

»Im Tumult der plötzlichen Invasion, des verzweifelten Widerstands, der Eroberung und Zerstörung der Städte schienen die Menschen ihre besondere persönliche oder ethnische Eigenart zu verlieren; sie alle wurden gleich in der verrückten Egalität der Schlacht.« Reed zog es vor, die Menschen zu beobachten, nachdem »sie sich mit dem Krieg als einem Geschäft abgefunden und damit begonnen hatten, sich an die neuen Lebensumstände zu gewöhnen und andere Dinge zu besprechen und zu bedenken«.

Ich wollte ähnliches: durch Europas vergessene Hintertür schlüpfen, und zwar nicht zu Zeiten von Revolutionen oder epochalen Entscheidungen, sondern unmittelbar danach in jener Phase, da die verschiedenen Menschen damit beginnen, *sich an die neuen Lebensumstände zu gewöhnen*.

Unter den alten Fotos, die ich betrachtete, war eins vom Habsburger Erzherzog Franz Ferdinand während eines Militärmanövers draußen vor Sarajevo am 27. Juni 1914, also dem Tag vor seiner Ermordung, die den Ersten Weltkrieg auslöste. Pferdehufe treten Staub auf. Franz Ferdinand reitet aufrecht, fest im Steigbügel stehend, den Säbel an der Seite. Sein bärtiges Gesicht drückt eine Selbstsicherheit aus, die jener noch halbwegs unschuldigen, leicht erschütterbaren Zeit eigen ist, jener Welt, die der Restauration à la Metternich noch vage gleicht und nichts weiß vom modernen Vernichtungskrieg und Totalitarismus (die unmittelbar bevorstehen).

Auf einem anderen Foto war Franz Ferdinands Mörder zu sehen, Gavrilo Princip, ein bosnischer Serbe aus der Nähe von Sarajevo. Princip war noch keine zwanzig und sah geradezu schwächlich aus: ein Bürschchen aus Knorpel und Sehnen. Sein Blick alert wie der eines Tieres, ganz anders als die toten Augen moderner Terroristen, die aus der Entfernung morden mit automatischen Gewehren und Bomben, die sich von freischwebenden Gyroskopen zünden lassen.

Die fünfundsiebzig intensivsten Jahre der Weltgeschichte sind vergangen seit Aufnahme dieser Fotos. Und doch, wenn man sie vergleicht mit den Menschen, die ich auf der Straße traf und hörte, scheinen die Bilder gar nicht so alt zu sein.

Belgrad, Bukarest, Sofia, Athen, Adrianopel. Diese Namen standen früher im Absender ambitionierter Journalisten; es waren die Saigons, Beiruts und Managuas einer jüngeren Welt. Ernest Hemingway schickte 1922 seinen wohl bekanntesten Bericht von Adrianopel ab (dem heutigen Edirne im türkischen Thrakien); darin beschrieb er die griechischen Flüchtlinge, »blind im Regen umherirrend« mit all ihren Habseligkeiten auf Ochsenkarren geladen.

Der Balkan war früher die Dritte Welt, lange bevor die Medien diesen Begriff geprägt hatten. Aus dieser gebirgigen Halbinsel an der Grenze zum Nahen Osten meldeten Zeitungskorrespondenten die in unserem Jahrhundert ersten Berichte von Flüchtlingsmärschen. Hier entstanden die ersten Bücher des sogenannten Gonzo-Journalismus und der Reiseliteratur zu einer Zeit, da Asien und Afrika noch zu weit außerhalb lagen.

Was in Beirut oder sonstwo geschieht, hatte sich schon vor langem auf dem Balkan abgespielt.

Der Balkan brachte die ersten Terroristen dieses Jahrhunderts hervor. Die IMRO (Innere Makedonische Revolutionäre Organisa-

tion) war die Palästinensische Befreiungsorganisation der 20er
und 30er Jahre, die, von Bulgaren finanziert, darauf abzielte,
Teile Makedoniens zurückzugewinnen, die nach dem Zweiten
Balkankrieg von Griechenland und Jugoslawien annektiert
worden waren. Ähnlich wie die heutigen Schiiten der südlichen
Vorstädte Beiruts stammten die IMRO-Kämpfer, die ihren
Treueschwur über einem Gewehr und der orthodoxen Bibel ab-
legten, aus dem entwurzelten Landproletariat der Slums von
Skopje, Belgrad und Sofia. Geiselnahme und Massenmord an
Unschuldigen gehörten zum Alltag. Sogar der Fanatismus irani-
scher Geistlichkeit hat einen Vorläufer auf dem Balkan. Während der Balkankriege von 1912 und 1913 ordnete ein griechischer Bischof in Makedonien an, einen bulgarischen Politiker zu
töten und dessen abgetrennten Kopf in die Kirche zu bringen, um
ihn zu fotografieren.

Auf dem Balkan nahm die Geschichte des zwanzigsten Jahrhunderts ihren Ausgang. Armut und ethnische Rivalitäten haben die
Menschen isoliert und Haß heraufbeschworen. Hier ist Politik auf
eine fast anarchische Stufe zurückgefallen, was sich von Zeit zu
Zeit über die Donau bis nach Mitteleuropa auswirkt.

So ließe sich zum Beispiel behaupten, daß der Nazismus balkanischen Ursprungs ist. Die Asyle von Wien an der Grenze zur
slawischen Welt waren Brutzellen ethnischer Ressentiments; hier
lernte Hitler auf so ansteckende Weise zu hassen.

Wie sieht die Welt an jenen Orten aus, wo Menschen Greueltaten
begehen? Herrscht da ein übler Geruch, ein besonderer Geist oder
Ungeist, irgend etwas, das das Land belasten könnte?

Ich begann meine Reise in Mitteleuropa, in Nürnberg und Da-
chau, doch da erfuhr ich kaum etwas von alledem. Diese Orte kamen mir wie Museen vor ohne Leben, ohne Feuer. Zwischen den
noch stehenden Mauern des Stadions, wo die Nazis ihre Massen-
aufmärsche zelebrierten, spielten deutsche Yuppies Squash.

In Wien witterte ich erstmalig eine Spur. Wolfgang Amadeus
Mozart hat hier nur noch die Bedeutung einer Statue, einer Straße
oder eines Platzes. Dr. Karl Lueger ist ein größeres Monument
gewidmet, ein größerer Platz und der vornehmste Teil der Ring-
straße, der Dr. Karl Lueger Ring mit dem neoklassizistischen Par-
lamentsgebäude, der Renaissance-Universität, dem barocken
Burgtheater, dem gotischen Rathaus und Volksgarten.

Lueger, Wiens Bürgermeister um die Jahrhundertwende, war zusammen mit Georg von Schönerer, einem anderen österreichischen Politiker dieser Zeit, Begründer des politischen Antisemitismus. In *Mein Kampf* preist Adolf Hitler Lueger als den »gewaltigsten deutschen Bürgermeister aller Zeiten... Hätte Dr. Karl Lueger in Deutschland gelebt, würde er in die Reihe der großen Köpfe unseres Volkes gestellt worden sein.« Hitler gibt zu, daß seine eigenen Gedanken direkt von Lueger stammen. Am 29. März 1895, in jener Nacht, als Theodor Herzl von Luegers Sieg bei den Wiener Stadtratswahlen erfuhr, ging Herzl an den Schreibtisch und skizzierte einen Plan für einen Exodus der Juden aus Europa.

Ich starrte auf Luegers Monument auf dem Dr. Karl Lueger Platz (nicht zu verwechseln mit dem Dr. Karl Lueger Ring). Die Hand ans Herz geschlagen und in hoher Eleganz blickt *der schöne Karl* entschlossen der Zukunft entgegen; muskulöse Arbeiter mit bloßem Oberkörper, bewaffnet mit Schaufeln und Spitzhacken, umringen ihn auf dem Sockel.

Im heutigen Deutschland würde ein solches Monument einen Skandal hervorrufen, nicht so in Österreich. »Karl Lueger war Wiens größter Bürgermeister«, sagte schulterzuckend ein Lokalreporter. »Er war kein wirklicher Antisemit, sondern nutzte den Antisemitismus lediglich als politisches Mittel.«

Ich reiste weiter. Metternich behauptete, der Balkan begänne am Rennweg, der Straße, die in südöstlicher Richtung aus Wien herausführt.

Je weiter man sich dem südöstlichen Rand der deutschsprechenden Welt und den slawischen Gebieten nähert, desto heikler und gefährlicher wird der deutsche Nationalismus. Pommersche und schlesische Deutsche stellten die Rechtmäßigkeit der polnischen Grenze in Frage. Nach Süden hin, in Österreich, wo buchstäblich das Blut der slawischen Welt in »Deutschen Adern fließt«, nimmt die Leugnung dieser Tatsache Formen einer durchgängig pan-germanischen Paranoia an.

Ich kam nach Klagenfurt, der Provinzhauptstadt von Kärnten, die auch als »Eldorado ehemaliger Nazis« genannt wird. Im Verhältnis zu seiner Größe produzierte Kärnten anteilmäßig mehr Konzentrationslager als jede andere Provinz in Deutschland oder Österreich. In den 80er Jahren entstand in Klagenfurt eine Bewegung für getrennte Schulen: Gott bewahre, daß deutsche Kinder an der Seite von Slowenen, also Slawen lernten. Ich besuchte die Büros der rechten Freiheitlichen Partei und des Kärntner Heimatdienstes, jener paramilitärischen Organisation, die nach dem Ersten Weltkrieg gegründet wurde und mit neonazistischem Einschlag in den 50er Jahren wiederauflebte. Ich versuchte einen ihrer Sprecher zu provozieren und wurde enttäuscht.

FRAGE: »Simon Wiesenthal hat mir gesagt, daß in einem demokratischen Staat wie Österreich jede politische Partei, die das Wort ›Freiheit‹ im Namen trägt, entweder nazistisch oder kommunistisch ist. Was sagen Sie dazu?«

ANTWORT: »Herr Wiesenthal ist ein hoch angesehener Mann. Daß er eine solche Meinung vertritt, sei ihm unbenommen. Ich möchte aber erklären, warum wir diese Meinung nicht teilen...«

Die Vorstellung eines großdeutschen Reiches mit Einschluß von Österreich sei tot, wurde mir gesagt. Die österreichische Rechte verfolge ausschließlich das Interesse, die deutsche Sprache an ihrer linguistischen Grenze zu bewahren.

Nicht Banner oder alte Regimentsfotos schmückten die Bürowände der Freiheitlichen Partei, sondern fade moderne Kunst. Dann eine weitere Enttäuschung: Anstatt auf Klagenfurts Straßen häßlichen, braunbehemdeten Provinzialismus anzutreffen, begegnete ich den »feinen Leuten« Thorstein Veblens.

Schicke Teenager radelten auf bunten Mountain-Bikes vorbei. Ich sah einen Mann mit purpurrotem Wildlederblazer und Armani-Brille, Frauen in der Ausstattung von Jil Sander oder Guerlain mit Seidenschals in raffiniertesten Herbsttönen. Abgesehen von den verspiegelten Bürofenstern, wirkten die pseudo-barocken Bauten wie die zarten Stücke einer Schwarzwälder Kirschtorte. Modelleisenbahnen, Samsonite, Raumstationen von Lego und Tiffany-Schmuck füllten die Schaukästen auf den Gehwegen. Ein paar Türen neben dem Müttergenesungswerk stellte ein Laden Damenunterwäsche aus Paris aus, die so teuer wie unanständig war. Das Parfüm der blonden Verkäuferinnen roch nach tierischem Schweiß. Die Nachfahren der SS waren teuer ausstaffierte, dressierte Tiger, sicher untergebracht in den Einfamilienhäusern der Mittelschicht.

Hier machte sich jeder seinen eigenen Lenz. Die einzigen Fahnen, die ich sah, waren die von Kreditkartengesellschaften. In den Schaufenstern der Reisebüros wurde Israel als Winterzuflucht für

Sonnenanbeter angepriesen. Die Anhänger der Freiheitlichen Partei und des Heimatdienstes rückten zunehmend in die Isolation und waren gezwungen, den Schein des Respektierlichen zu wahren. Statt antisemitischer oder anderer traditioneller Auswüchse regierte hier der Konsum. Kärntner sind eine zahme Spezies geworden.

Und um die Zahl ihrer Parlamentssitze zu mehren, redet die Freiheitliche Partei seit 1989 zunehmend von einer Kooperation mit den Slowenen. Der alte Nazijäger Wiesenthal erklärte mir dazu: »Ohne eine Wirtschaftskrise bleibt der Freiheitlichen Partei nichts anderes übrig, als sich anzupassen.« Von Übel, so lehrt dieser Alte in wissender Gelassenheit, sind nicht bloß Leid und Reue, von Übel ist auch schon die satte Erschlaffung der bürgerlichen Demokratie und ein so lange währendes Wohlergehen, daß die Gewohnheit daran nicht einmal mehr der ökonomische Zusammenbruch erschüttern könnte.

Das letzte Jahrzehnt des zwanzigsten Jahrhunderts war angebrochen. Nicht Metternich, sondern Wiesenthal zeigte mir den Weg: Der Balkan beginnt nicht vor den Toren Wiens, nicht einmal vor denen von Klagenfurt.

An Österreichs Südgrenze zum ehemaligen Jugoslawien setzte die Heizung selbst in den Erste-Klasse-Abteilen des Zuges aus. Der Speisewagen wurde abgekoppelt. Dessen Platz nahm ein Waggon ein, in dem an einem Zinktresen Bier, Slibowitz und filterlose Zigaretten zu erstehen waren. Von Haltestelle zu Haltestelle nahm die Anzahl derer zu, die den Tresen belagerten, tranken und rauchten. Wer nicht gerade den Nachbarn anbrüllte oder Bier in sich hineinkippte, blätterte still in pornografischen Magazinen herum. Im Unterschied zur österreichischen Arbeiterschaft trugen die Männer hier keinen einheitlichen Haarschnitt, auch sahen sie nicht Ferienfreuden in Israel oder der Türkei entgegen. Wären die Freiheitliche Partei oder der Heimatdienst hier in einem Wahlkreis vertreten, hätten sie auf moderne Kunst und täuschend neutrale Äußerungen gegenüber Journalisten getrost verzichten können.

Schnee flog gegen die Scheiben. Schwarzer Rauch von Braunkohle stieg aus Stein- und Blechschornsteinen. Die Landschaft hier hatte das verhärmte, erschöpfte Gesicht einer Prostituierten, bitter fluchend, wenn nicht gerade von Hustenanfällen geschüttelt. Das Land der Greueltaten ist leicht zu erkennen; der Kommunismus hat sich als großer Konservator erwiesen.

Deshalb blieb mir nur wenig Zeit. Bald, vielleicht gegen Ende der 90er, spätestens in den folgenden Jahrzehnten würde das Bild verblassen, so wie es schon in Klagenfurt verblaßt war.

Teil I

Jugoslawien:
Historische Ouvertüren

Ich kam nach Jugoslawien, um zu sehen, was Geschichte aus Fleisch und Blut bedeutet.
REBECCA WEST, Black Lamb and Grey Falcon

KAPITEL EINS

Kroatien: »Damit sie in den Himmel kommen konnten«

In Zagreb lag die Vergangenheit am Boden: ein dicker Teppich aus Blättern, regendurchweicht, so daß meine Füße darin einsanken. Die Eisenbahnstation im Rücken, wanderte ich durch Nebelschwaden, von Kohlefeuern gelb gefärbt wie das chemische Äquivalent für brennende Erinnerungen. Rasch verzog sich der Nebel, Löcher rissen auf, die ein Stück Schmiedeeisen oder eine barocke Kuppel für einen Moment lang sichtbar machten. *Da.* Auch das war, wie ich bemerkte, die Vergangenheit: ein Loch in der Nebelwand, das Einblick gewährt.

Die Hauptstadt der ehemaligen Teilrepublik Kroatien ist einer der letzten europäischen Orte, in denen der Reisende unbedingt mit der Eisenbahn ankommen sollte, denn die Esplanade, 1925 gebaut und immer noch als eines der weltbesten Hotels angesehen, liegt direkt gegenüber dem Bahnhof.

Das bedeutendste Reisebuch dieses Jahrhunderts beginnt am Bahnhof von Zagreb an einem regnerischen Frühlingstag im Jahre 1937.

Als Rebecca Wests *Black Lamb and Grey Falcon* vier Jahre später veröffentlicht wurde, sprach *The New York Times Book Review* von einer Apotheose der Reiseliteratur. Die *New Yorker* konstatierte, daß dieses Buch nur vergleichbar sei mit T. E. Lawrences *Die sieben Säulen der Weisheit.* Oberflächlich betrachtet, ist das Buch der Bericht einer sechswöchigen Reise durch Jugoslawien.[1] Im erweiterten Sinne ist *Black Lamb and Grey Falcon*

---

[1] Obwohl Jugoslawien, wie wir es kannten, nicht mehr existiert, soll dieser Name weiterhin zur geographischen und kulturellen Kennzeichnung dienen, zumal das Wort »Süd (Jugo)-Slawen« bedeutet. Fast alle anderen Slawen Eurasiens leben weiter nördlich.

jedoch wie Jugoslawien selbst eine ausgedehnte, eigene Welt: eine aus zwei Bänden und einer halben Million Worten bestehende enzyklopädische Inventur eines Landes; eine Saga der Habsburger und Karadjordjevic-Dynastie; eine gelehrte Studie über byzantinische Archäologie, über Folklore sowie christliche und islamische Religion. Außerdem liefert das Buch eine fesselnde Psychoanalyse des deutschen Bewußtseins und der ins neunzehnte Jahrhundert zurückgehenden Ursprünge des Faschismus und Terrorismus. Es war eine fast hellseherische Warnung vor den Gefahren, die der Totalitarismus in den 40er Jahren und auch später über Europa brachte. Man kann das Buch immer wieder lesen und jedesmal neue Sinnebenen und Zusammenhänge aufdecken.

»Hätte Rebecca im Mittelalter gelebt und viel Geld gehabt, wäre sie eine große Äbtissin geworden. Wäre sie im siebzehnten Jahrhundert arm zur Welt gekommen, so hätte man sie als Hexe verbrannt«, schreibt Victoria Glendinning in *Rebecca West: A Life*: Für Glendinning ist *Black Lamb and Grey Falcon* »das zentrale Werk« im langen Leben der Autorin, das Werk, in dem sie – die Verfasserin von zwanzig weiteren Sachbüchern und Romanen, die Geliebte von H. G. Wells, die soziale Außenseiterin und sexuelle Rebellin – »ihre Sicht auf Religion, Ethik, Kunst, Mythos und Geschlechtlichkeit« konstituierte.

Allein der Titel des Buches ist eine Attacke auf das christliche Dogma der Kreuzigung und Erlösung, das den Opfertod Jesu versteht als die göttliche Vergebung der menschlichen Sünden.

Das »schwarze Lamm« repräsentiert ein Tier, dessen Schlachtung Rebecca West während eines moslemischen Fruchtbarkeitsrituals in Makedonien miterlebte. »All unsere westlichen Vorstellungen basieren auf diesem abstoßenden Irrglauben, daß Schmerz der Preis für ein jeglich Gutes sei«, schreibt sie. Der »graue Falke« steht für die tragische Antwort der Menschheit auf die Opferung des »schwarzen Lamms«. In einem serbischen Gedicht stellt der Prophet Elia, als Falke verkleidet, einen serbischen General vor die Wahl zwischen einem irdischen und einem himmlischen Königreich. Der General entscheidet sich für letzteres und errichtet eine Kirche, statt sein Heer in Stellung zu bringen, worauf er von den Türken geschlagen wird. Der Autor paraphrasiert das heimliche Verlangen aller Pazifisten mit den zornigen Worten: »Da es falsch ist, Priester zu sein und das Lamm zu opfern, will ich das Lamm sein und vom Priester geopfert werden.«

Wie das Gute dem Übel begegnen und welches das richtige Verhältnis zwischen dem guten Hirten und seiner Herde sein sollte – dieses Rätsel quält Zagreb heutzutage.

Rebecca West war erst wenige Tage in der Stadt, als ihr auffiel, daß Zagreb ein tragisches »Schattendasein« führte. So befangen war die Bevölkerung in der Unterscheidung zwischen katholischen Kroaten und orthodoxen Serben, daß sie Phantomen glichen, schon bevor die Nazis auftauchten. Die Okkupation durch die Nazis verstärkte die Spannungen noch. Das Massaker an orthodoxen Serben im katholischen Kroatien und im benachbarten Bosnien-Herzegowina war, unabhängig von Vergleichszahlen, nicht minder verheerend als in den anderen von Deutschen besetzten Ländern Europas. Fünfundvierzig Jahre systematischer Verelendung unter Titos Kommunisten hielten die Wunden offen.

Ich erreichte Zagreb mit dem Zug aus Klagenfurt. Die letzte Dekade des Jahrhunderts lastete auf mir. Mit Argwohn horchte ich auf raunende Phantomstimmen, die, wie ich wußte, wieder zum Ausbruch kommen würden.

Ein Serbe, den ich im Zug getroffen hatte, sagte mir: »Die kroatischen Faschisten hatten keine Gaskammern in Jesenovac. Sie hatten nur Messer und Knüppel, mit denen sie ihre Massenmorde an Serben verübten. Das Gemetzel war chaotisch, niemand zählte die Opfer. Jetzt hinken wir der polnischen Gegenwart Jahrzehnte hinterher. Dort fragen Juden und Christen nach dem Sinn des ganzen; hier streiten Kroaten und Serben über Zahlen.«

In Zagreb ist immer nur von Zahlen die Rede. Wer zum Beispiel sagt, daß die kroatische Ustascha (»Aufstand«) während des Zweiten Weltkriegs 700 000 Serben in Jesenovac, einem Todeslager hundert Kilometer südöstlich von Zagreb, umbrachte, wird als serbischer Nationalist erkannt, der die Kroaten haßt wie die Albaner, der den letzten kroatischen Kardinal und Erzbischof von Zagreb Alojzije Stepinac »einen Nazi-Kriegsverbrecher« schimpft und der Slobodan Milosevic, den aufrührerischen, nationalistischen Staatschef Serbiens, unterstützt. Wer aber sagt, daß die Ustascha-Faschisten nur sechzigtausend Serben töteten, wird als kroatischer Nationalist ausgemacht, der Kardinal Stepinac als »einen geliebten Heiligen« erachtet und die Serben verachtet wie deren Oberhaupt Milosevic.

Kardinal Stepinac, jenes kroatische Aushängeschild der 30er und 40er Jahre, ist eine Waffe gegen Milosevic, das serbische Aushängeschild der 90er – und umgekehrt. Denn in Zagreb hat sich die Geschichte nicht weiterentwickelt; die späten 30er und die 40er Jahre scheinen immer noch Gegenwart zu sein. Nirgendwo sonst in Europa ist die Hinterlassenschaft der faschistischen Kriegsverbrechen so ungeklärt wie in Kroatien.

Zagreb ist eine städtische Landschaft, nach Fläche und Raum geordnet, in der Farbe nur eine untergeordnete Rolle spielt. Die Stadt braucht keine Sonne, um zu glänzen. Bewölkung ist günstiger, günstiger noch kühler Sprühregen. Im Regen ging ich die hundert Meter vom Bahnhof zum Esplanade-Hotel. Ein massiges, meergrünes Gebäude, das mit einem Ministerium verwechselt werden könnte und die luxuriöse Dekadenz, die prächtige Düsternis des spätviktorianischen Englands oder der Jahrhundertwende in Wien manifestiert. Ich betrat eine schwarz-weiß-gerippte Marmorlobby mit goldumrahmten Spiegeln, zugezogenen Samtvorhängen, kostbarem Gewebe und purpurnen Teppichen. Die Möbel waren tiefschwarz, die Lampenschirme goldgelb. Eingangshalle und Speisesaal glichen einer vollgestopften Gemäldegalerie, deren Bilder die Welt von Sigmund Freud, Gustav Klimt und Oskar Kokoschka wachriefen: neuzeitliche Ikonen des sozialen Zerfalls, des Triumphes der Gewalt und ungezügelten Sexualität.

Slavenka Draculic ist eine Zagreber Journalistin, die auf kroatisch für die Lokalzeitschrift *Danas (Heute)* schreibt sowie auf englisch für *The New Republic* und *The Nation*. Sie trägt eine Brille, ein schwarzes Designermodell, und ein hellrotes Stirnband, das perfekt zu Bluse und Lippenstift paßt. Ihre Kleidung – wie auch die der anderen Frauen im Hotel-Bistro – verrät dieselbe Großtuerei wie die Einrichtung des Hotels. Die Botschaft ist unmißverständlich: *Trotz der von Kommunisten auferlegten Armut, trotz feuchter, schlecht beheizter Wohnungen und des kümmerlichen Angebots der Kaufhäuser ringsum, sind wir Kroaten römisch-katholisch, und Zagreb ist eine westliche Bastion im Osten; wer als Besucher kommt, befindet sich nach wie vor im Umkreis des österreichisch-ungarischen Wiens, wo die moderne Welt sozusagen erfunden wurde – das sei nicht vergessen!*

Wie eine geschickte Skizzenzeichnerin umriß Slavenka mit fliegenden Fingern das jugoslawische Dilemma: »Wir sind hier weder in Ungarn noch in Polen oder Rumänien, sondern eher in der Sowjetuniun en miniature. Zum Beispiel passiert dieses in Litauen, aber jenes in Tadschikistan. Dieses passiert in Kroatien, aber jenes in Serbien oder Makedonien. Die Situation ist jeweils einzigartig. Hier gibt es keine bequemen Themen. Weil Tito mit Stalin gebrochen hat, kommt der Feind in Jugoslawien immer von innen, nicht von außen. Jahrelang hat uns eine Illusion von Freiheit zum Narren gehalten...«

Sofort verstand ich, daß die Gegenrevolution in Osteuropa auch Jugoslawien miteinschloß. Aber weil der Druck der Unzufriedenheit horizontal, das heißt in Konflikten einzelner Gruppen untereinander entladen wurde, statt vertikal gegen die kommunistische Macht in Belgrad, war der revolutionäre Weg in Jugoslawien sehr viel qualvoller und darum auch kaschierter. Darum hat die Außenwelt erst 1991 davon Notiz genommen, als der Kampf schon ausgebrochen war.

Es bedurfte Hellsichtigkeit, um die Folgen vorauszusehen. Der Besuch in Jugoslawien war mir so unheimlich, weil jeder, mit dem ich sprach – ob Einwohner oder Ausländer –, längst resigniert hatte angesichts der bevorstehenden Gewalt. Jugoslawien ist nicht plötzlich zerfallen, sondern allmählich und methodisch, Schritt für Schritt durch die 80er Jahre hindurch, wobei das Land immer ärmer wurde und der Haß zunahm. Darum war jedes Gespräch, das ich führte, so bedrückend. Wir alle warnten die Welt da draußen lauthals vor der Katastrophe, aber niemand wollte unsere schreckliche Ahnung zur Kenntnis nehmen. Keiner war interessiert. Es wußten sogar nur wenige, wo Kroatien (zum Beispiel) überhaupt liegt. Wenn ich vom Hotelzimmer aus ins Ausland telefonierte und Bekannten mitteilte, wo ich mich aufhielt, verwechselten manche den Balkan mit dem Baltikum.

»Für Zagreb brauchen Sie mindestens ein paar Wochen. Ich kenne etliche Leute, die Sie unbedingt treffen müssen. Die Beziehungen der einzelnen untereinander sind sehr vielfältig und eng verknüpft. Es ist alles so kompliziert...« Slavenkas Hände fielen vor Verzweiflung, wie es schien, auf den Tisch. Hier, so ließ sie durchblicken, ist die Auseinandersetzung zwischen Kommunismus und Kapitalismus nur eine Dimension in einem Kampf, der den Gegensatz vertieft zwischen Katholizismus und Orthodoxie, zwischen Rom und Konstantinopel, zwischen dem Erbe des habsburgerischen Österreich-Ungarn und der osmanischen Türkei –

mit anderen Worten: zwischen Ost und West, dem eigentlichen historischen und kulturellen Konflikt.

In den nächsten Tagen schrumpfte für mich Zagreb zu einem kleinen Raum voll schrillen Widerhalls, in dem mir brillante Monologe zu Oluen kamen, die aufgrund des strömenden Regens um so ausführlicher und einprägsamer waren, je mehr Landschaft und Architektur verblaßten und abstrakte Vorstellungen überhand nahmen.

Es ist kein Zufall, daß *Black Lamb and Grey Falcon* in Zagreb beginnt, Jugoslawien in den Blickpunkt rückt und von einer Frau geschrieben wurde: ein solches Buch muß beinahe all diese Merkmale tragen. Die Geschäftigkeit und Kreativität einer tüchtigen Köchin und Handarbeiterin, kombiniert mit der weltzugewandten Empfindsamkeit einer Frau vom Lande, die bald Großmutter werden sollte, waren zweifellos notwendige Charakteristika, die es Rebecca West ermöglichten, Gedanken, Leidenschaften und Nationalgeschichten aus Europa und Asien zu erforschen und sie zu einem kohärenten, mit Moral durchwirkten Gobelin zu verweben.

Am 9. Oktober 1934, nur zweieinhalb Jahre vor ihrer Reise, sprach Rebecca West das Wort *Jugoslawien* zum erstenmal überhaupt aus. An diesem Tag – sie lag nach einer Operation immer noch zu Bett – hörte sie im Radio die Nachricht, daß Agenten der kroatischen Ustascha das Oberhaupt des serbischen Königshauses, König Alexander I. aus der Dynastie Karadjordjvic, ermordet hatten, als dieser zu einem Staatsbesuch in Marseille angekommen war. Wenige Tage später sah sie einen Wochenschaufilm über das Attentat; während die Kamera auf das Gesicht des sterbenden sechsundvierzigjährigen Königs einschwenkte, wurde die Autorin von einer spontanen Leidenschaft für dieses Land ergriffen. Sie ahnte instinktiv, daß mit diesem Mord die Weichen in Richtung einer Katastrophe gestellt waren, die noch schrecklicher sein würde als der Erste Weltkrieg. Also reiste sie nach Jugoslawien, um dieses drohende Unheil auszuloten. Politik in Jugoslawien spiegelt genau den geschichtlichen Vorgang und ist deshalb vorhersehbarer, als viele denken.

Black Lamb and Grey Falcon lockte mich nach Jugoslawien. Bis zu den 90er Jahren war die Reise dorthin weder ein waghalsiges Abenteuer noch eine Ausflucht ins Exotische; sie bot jedoch eine

Auseinandersetzung mit den bedrückendsten und grundsätzlichsten Fragen des Jahrhunderts. Jugoslawien war die extrem verwickelte Geschichte ethnischer Konflikte, und diese Geschichte ließ sich nicht auf wenigen Seiten beschreiben. Als ein Mann, der über Kriege in Afrika und Asien zu berichten gelernt hatte, fühlte ich mich sowohl befangen als auch ungeeignet für ein solches Unternehmen. Meine Reiseführerin war eine tote Frau, deren lebendige Gedanken, wie ich finde, an Leidenschaft und Schärfe nicht zu übertreffen sind. Ich hätte lieber Reisepaß und Geld verloren als meine abgegriffene und mit Randnotizen vollgeschmierte Ausgabe von *Black Lamb and Grey Falcon*, die ich – wie auch John Reeds *The War in Eastern Europe* – nie im Hotelzimmer zurückließ. Diese Bücher führte ich auf Schritt und Tritt mit mir.

Zagreb bedeutet »hinterm Hügel«. Auf den Hügel ist die Oberstadt gebaut, die den unteren Teil beherrscht. Dort sind der Bahnhof, die Esplanade, Gebäude und Pavillon in den Stilen des Klassizismus, des Jugendstils und der Sezession; dazwischen immer wieder Grünflächen. Hoch auf dem Hügel, alles überragend, steht wie eine Festung die gotische Kathedrale Zagrebs, eine Art Mini-Kreml, im dreizehnten Jahrhundert eingesegnet und gegen Ende des vergangenen Jahrhunderts restauriert. Die Kathedrale ist das größte katholische Bauwerk auf dem Balkan und Sitz des Erzbischofs von Zagreb. Nach ihrem Besuch am Tag vor Ostern 1937 formulierte Rebecca West: »Da war eine Intensität des Gefühls, die nicht nur von immenser und anregender Kraft war, sondern auch einen ehrenvollen Ursprung hatte, den wahrer Passion und ganzen Glaubens.«
Bis zu jener Zeit war diese hehre Beschreibung vollauf gerechtfertigt. Über Hunderte von Jahren hegten katholische Theologen in Kroatien den wachsenden Wunsch, eine christliche Einheit unter den Süd(*Jugo*)-Slawen zu stiften, nicht zuletzt in Reaktion auf die Ungerechtigkeiten der österreichisch-ungarischen Herrschaft. Diese Theologen blickten über das Schisma zwischen Rom und Konstantinopel hinweg und zurück auf Kyrillos und Methodios, jene Apostel des neunten Jahrhunderts, die die Slawen zum Christentum bekehrt hatten. Aber nach dem Schisma von 1054 traten die meisten Konvertiten der rivalisierenden orthodoxen Kirche bei, so daß die Kroaten in der katholischen Welt alleinstanden in ihrer Begeisterung für jene beiden Apostel.

Im neunzehnten Jahrhundert wurden Kyrillos und Methodios in kroatischen Kirchenkreisen zu Symbolen der Einheit von Katholizismus und Orthodoxie hochstilisiert. Wortführend war die proteische Figur von Bischof Josip Strossmayer, der kroatische Patriot, Philantrop, Gründer der Universität von Zagreb, bedeutende Linguist und Gärtner, Züchter von Lippizanern, Weinkenner und Geschichtenerzähler. Als ein kroatischer, katholischer Intellektueller akzeptierte Strossmayer voll und ganz die Gleichheit und Rechtmäßigkeit der serbisch-orthodoxen Kirche. Als er zum tausendjährigen Geburtstag von Methodios den orthodoxen Bischöfen ein Glückwunschschreiben übersandte, denunzierten ihn seine katholischen Brüder in Österreich-Ungarn und im Vatikan. Kaiser Franz Joseph beleidigte Strossmayer in aller Öffentlichkeit. Strossmayer wiederum warnte die Habsburger davor, daß eine fortgesetzte Mißregierung in Bosnien-Herzegowina – der Provinz im Süden und Osten Kroatiens, wo unter Serben und Moslems viele Kroaten lebten – zu einem Zusammenbruch des Kaiserreiches führen würde, was schließlich auch passierte. Rebecca West lobte Strossmayer als einen »furchtlosen Schmäher der k. u. k.-Tyrannei«. Sie schreibt, daß Strossmayer, der sowohl gegen Antisemitismus als auch gegen anti-serbische Ressentiments ankämpfte, vom Vatikan des neunzehnten Jahrhunderts verachtet worden sei, weil ihm – aus dessen Sicht – »ein beklagenswerter Mangel an Bigotterie« eigen war.

Wie dem auch sei, als Madame Rebecca im Frühjahr 1937 Zagreb besuchte, lebte unter den kroatischen Katholiken ein neuer Einheitsgeist auf, der sich von Strossmayers Vorstellungen deutlich unterschied. Die Hoffnungen wuchsen unter dem Einfluß des erzbischöflichen Koadjutors Alojzije Stepinac, der noch vor Jahresende das Amt des Erzbischofs von Zagreb übernahm.

Stepanic kam 1898 als fünftes von acht Kindern einer wohlhabenden Bauernfamilie westlich von Zagreb zur Welt. Nachdem er im Ersten Weltkrieg gekämpft hatte, studierte er Agrarwissenschaften und wurde aktives Mitglied einer katholischen Studentenvereinigung. 1924 löste er seine Verlobung mit einer jungen Frau und trat in den Priesterstand. Die nächsten sieben Jahre verbrachte er dank der Unterstützung seines wohlhabenden Vaters an der angesehenen, von Jesuiten geleiteten Universitas Gregoriana von Rom. Nach Abschluß des Studiums bat Stepanic um die Berufung an eine kleine Kirchengemeinde. Doch Zagrebs damaliger Erzbischof Antun Bauer holte den Zweiunddreißigjährigen (wohl wegen seiner akademischen Auszeichnung) in die Kanzlei der Kathedrale.

Unter katholischen Kroaten lassen sich nur schwerlich zwei Männer finden, die verschiedener sind als Strossmayer und Stepinac. Strossmayer war ein südslawischer Nationalist, der gegen Österreicher und den Vatikan kämpfte, während Stepinac als kroatischer Nationalist den Vatikan und die Österreicher umarmte im Kampf gegen die südslawischen Landsleute, die Serben. Von früher Jugend an war Stepinac nach den Worten von Erzbischof Bauer »extrem fromm« – im Unterschied zu Strossmayer, der Wein liebte, Pferde und ein angenehmes Leben.

Die Kollegen der katholischen Studentenvereinigung waren für den jungen Stepinac nicht religiös genug gewesen. Zur Verlobung, die er einging, bevor er sich fürs Priesteramt entschied, verweigerte Stepinac sogar der Geliebten den Kuß mit den Worten »das entspricht nicht dem Sakrament«. Als er 1934 das Amt des erzbischöflichen Koadjutors übernahm, ließ sich Stepinac nach Franziskanerart mit Skapulier und Gürtel ausstatten, um auch in der Öffentlichkeit identifiziert zu werden mit dem Ideal der Armut. Schon bald organisierte er spezielle Messen und Prozessionen wider das Fluchen und die Sünden des Fleisches. Seine Tiraden insbesondere gegen das Sonnenbaden und gemischte Schwimmen verliehen seiner Führerschaft eine Cromwellsche Note. In Stepinacs Tagebüchern ist nachzulesen, daß er die katholischen Ideale der Reinheit auch den orthodoxen Serben nahezubringen hoffte. »Gäbe es mehr Freiheit... wäre Serbien in zwanzig Jahren katholisch«, schrieb er. Sein Dogmatismus ging so weit, daß er die Orthodoxie für einen Irrglauben hielt. »Für die Serben wäre es das beste, wenn sie zum Glauben ihrer Väter zurückkehrten und den Kopf beugten vor dem Stellvertreter Christi, dem Heiligen Vater. Dann könnten wir in diesem Teil Europas wieder aufatmen, denn der Byzantinismus hat eine schreckliche Rolle gespielt... in Verbindung mit den Türken.«

Als Stepinac später »während des Zweiten Weltkrieges den konkreten Resultaten seiner Ideen gegenüberstand, graute ihm«, schreibt Stella Alexander in ihrem detaillierten, einfühlsamen Bericht über Stepinacs Karriere: *The Triple Myth: A Life of Archbishop Alojzije Stepinac.*

Ich betrat die Kathedrale von Zagreb und sah eine Reihe von

Postern, auf denen der Kopf von Papst Johannes Paul II. abgebildet war. Das Bild des Papstes hat in Kroatien seit eh und je eine besonders große Bedeutung, und zwar aus einem bestimmten Grund: Obwohl Italien und der Vatikan sozusagen Nachbarn Kroatiens sind und obwohl Kroatien die Grenze bildet zwischen westlichem und östlichem Christentum, deren Versöhnung der Vatikan nach wie vor zu betreiben versucht, hat dieser Papst, der in die entferntesten Länder Afrikas und Asiens reiste, während der ersten zwölf Jahre seines Pontifikats nicht ein Mal Kroatien besucht. Und daran ist vor allem Kardinal Stepinac schuld.

Im Mittelschiff der Kirche richtete sich mein Blick auf eine massive Bronzeskulptur des leidenden Jesu, das »Golgatha« des kroatischen Bildhauers Ivan Orlic. Das 1978 rechts neben den Eingang plazierte Standbild strahlt enorm viel Kraft aus. Eine Gruppe von Nonnen in weißem Habit kniete sich zum Stillgebet davor. Goldene Sterne leuchteten von der blaugemalten Decke auf sie herab. Ich ging weiter durchs Mittelschiff nach vorn bis zur linken Seite des Altars, wo ein steinernes Halbrelief Stepinac darstellt, kniend und den Segen des Herrn empfangend – Stepinacs Sarkophag. An dieser Stelle wurde er 1960 in der Wand der Kathedrale beigesetzt. Das Relief stammt von dem berühmten kroatischen Bildhauer Ivan Mestrovic und wurde von kroatischen Amerikanern gestiftet. Es ist absichtlich klein gehalten, untertreibend und naiv, aus nur wenigen, messerscharfen Linien komponiert. Leute knieten davor nieder so wie vor dem sehr viel größeren, beeindruckenderen Jesus-Standbild am Eingang. Auch Papst Johannes Paul II. hat immer wieder den Wunsch geäußert, vor diesem Monument niederzuknien, was ihm jedoch von der Regierung in Belgrad – vor allem aus Serben bestehend – bislang verwehrt wurde.

Als ich 1984 zum erstenmal den Sarkophag von Stepinac besuchte, trat eine alte Frau auf mich zu und sagte bittend: »Schreiben Sie Gutes über ihn. Er war unser Held und beileibe kein Kriegsverbrecher.« Ein Beamter des kommunistischen Regimes hatte mir jedoch in Belgrad mitgeteilt: »An dem Urteil ist für uns nicht zu rütteln: Stepinac war ein Kollaborateur, ein Priester, der mit der einen Hand taufte und mit der anderen tötete.« Derselbe Beamte erzählte mir dann, wie katholische Priester im Auftrag von Stepinac orthodoxe Serben massenweise unter Zwang konvertierten, Minuten bevor sie von der kroatischen Ustascha exekutiert wurden, »damit sie in den Himmel kommen konnten.«

Ich glaubte damals eine gute Story ausgegraben zu haben. Kurz darauf las ich *A Long Row of Candles*, die Memoiren von C. L. Sulzberger, der erster Auslandskorrespondent und Kolumnist der *New York Times* gewesen war. Es stellte sich heraus, daß er eben diese Story schon vor vierunddreißig Jahren, nämlich 1950 geschrieben hatte. Sulzberger erinnert sich:»Orthodoxe Serben aller politischen Schattierungen kamen zu mir und knurrten: ›Man hätte Stepinac aufknüpfen sollen. Er hat den tausendfachen Mord an unseren Glaubensbrüdern gebilligt.‹... Als ich nach Zagreb zurückkehrte, bestürmten mich zwei Männer auf der Straße mit der Frage: ›Sind Sie ein amerikanischer Journalist? Haben Sie den Erzbischof gesehen (der zu dieser Zeit in einem kommunistischen Gefängnis einsaß)?‹ – ›Ah, er ist ein guter Mann, ein Heiliger. Sagen Sie Ihren amerikanischen Landsleuten, daß er unser Held ist.‹«

Und als ich fünf Jahre später, Ende 1989, wieder nach Zagreb reiste, war die Schuld oder Unschuld von Stepinac immer noch *das Thema*. 1986, also drei Jahre zuvor, war Andrija Artukovic, der ehemalige Innenminister der kroatischen Marionettenregierung während des Zweiten Weltkriegs, aus den Vereinigten Staaten deportiert und als Kriegsverbrecher in Zagreb vor Gericht gestellt worden. Artukovics Rückkehr auf heimischen Boden hatte alte Erinnerungen geweckt, worauf die Kommunisten mit einem schlecht vorbereiteten Schauprozeß nach stalinistischer Art antworteten. Die Folge war, daß das Thema Stepinac mit neu entbrannter Leidenschaft diskutiert wurde. Artukovic, ein kranker, alter Mann, wurde schuldig gesprochen und zum Tode verurteilt; er starb jedoch in Haft, bevor das Urteil vollstreckt werden konnte. Sein Grab bleibt ein Geheimnis: Die Kommunisten in Belgrad fürchteten, es könnte für Kroaten zur Wallfahrtsstätte werden. Das Verfahren gegen Artukovic war eine Farce.

Daß der Haß Jahr um Jahr größer wurde, mußte jedem Beobachter auffallen. In den späten 80ern nahm der Fall Stepinac neue Dimensionen an, als sich die Positionen von Serben und Kroaten verhärteten unter dem Druck zunehmender Armut, einer jährlichen Inflationsrate von mehreren tausend Prozent und des Zerfalls der jugoslawischen Teilrepubliken. Das Wort vom *Genozid* war nicht selten zu hören.

Und während meines Zagrebbesuchs Ende 1989 kam ein neuer Faktor hinzu: die Veröffentlichung ausgewählter Teile von Stepinacs privaten Tagebüchern in der Wochenzeitschrift *Danas*. Die Tagebücher waren von Ljubo Boban, einem kroatischen Historiker, ausfindig gemacht worden – wo und unter welchen Umständen, verschwieg Boban. »Das ist ein Geheimnis«, sagte er mir. In seinem Büro an der Universität von Zagreb stellte er fest, daß die Eintragungen während einer brisanten sechsmonatigen Periode im Jahre 1942 »mysteriöserweise verschwunden« seien. Er deutete auf die Möglichkeit hin, daß die Kirche sie verborgen hielt. Die veröffentlichten Auszüge, deren Authentizität nicht abgestritten wird, zeigen Stepinac in einem ganz anderen Licht. Sie offenbaren einen Mann, der zwar Produkt seiner akademischen Ausbildung in Rom war, dennoch aber beeinflußt zu sein schien von ländlichem Aberglauben und Vorstellungen wie die einer Freimaurerverschwörung durchaus ernst nahm.

Ich verließ die Kathedrale und ging zu Fuß zur Wohnung von Monsignore Duro Koksa, der mich wie schon vor fünf Jahren freundlich empfangen hatte, obwohl ich nicht angemeldet gewesen war. Neben Franjo Kuharic, dem amtierenden Kardinal von Zagreb, war Msgr. Koksa während der 80er und frühen 90er Jahre die wichtigste Figur in der kroatischen Kirche. Weil er viele Jahre außer Landes gelebt hatte und Fremdsprachen beherrschte, hielt er es für seine Pflicht, Besucher zu empfangen, auch solche, die feindlich gesinnt waren, denn er wollte der Welt die Position der kroatischen Kirche in schwieriger Lage verständlich machen, einer Lage, die seiner Meinung nach viel zu kompliziert war, um sie beurteilen oder auf einen einfachen Nenner bringen zu können – was nur Feinde der Kirche versuchen würden.

»Stepinac ist eine große europäische Kirchengestalt; wir werden nicht zulassen, daß man ihn verunglimpft. Wir werden ihn verteidigen. Nun gut, er haßte Freimaurer; das war eine durchaus übliche Einstellung von Christen seiner Zeit. Was soll's?«

Msgr. Koksa saß unter einem Kruzifix, in schlichtes Schwarz gekleidet und mit weißem Kragen. Typische Balkanteppiche und Tischtücher schmückten sein Studierzimmer. Er war ein alter Mann mit weißem Haar. Seine Augen wirken überanstrengt, die Stirnfalten wie Narben aus lange zurückliegenden Kämpfen.

»Es ist so unfair. Diese Tagebücher enthalten die privaten Gedanken eines Mannes. Sie sind viel zu früh herausgegeben worden.« (In diesem politisch aufgeheizten Klima erschienen fünfzig

Jahre als ein zu kurzes Intervall.) »Nur die Kirche hat das Recht, eine Publikation der Tagebücher zu erlauben – nicht die Kommunisten.« Msgr. Koksa hielt offenbar den Historiker Boban für einen Agenten der jugoslawischen Kommunisten (also Serben), die entschlossen seien, die katholische Kirche und die kroatische Nation zu unterminieren. Seit Stepinacs Martyrium, das ihm durch Tito im Jahre 1946 aufgebürdet worden war, mangelte es dem jugoslawischen Staat in den Augen der hiesigen katholischen Kirche an Legitimität.

»Nicht die Kirche, sondern die Kommunisten sollten auf die Knie fallen wie Brandt!« Msgr. Koksa bezog sich auf das berühmte Vorbild des westdeutschen Bundeskanzlers Willy Brandt, der im Sommer 1970 vor dem Mahnmal der jüdischen Opfer des Warschauer Ghettos reuevoll niederkniete. »Krieg ist immer verbrecherisch. Warum Stepinac herauspicken? Wir können nicht alles leugnen. Was in Jesenovac passierte, ist tragisch; an die sechzigtausend wurden getötet, vielleicht auch mehr, aber bestimmt nicht siebenhunderttausend.«

Der Monsignore fuhr fort: »Kroatien ist das Martyrium von ganz Jugoslawien. Unser Nationalismus ist noch jung und kaum ausgebildet. Aber all das ist viel zu kompliziert für Sie. Es ist eine Mentalitätsfrage.« Msgr. Koksa zeigte sich frustriert. Er wußte, daß er mit dieser Argumentation schieflag, daß ich ihn für einen unverbesserlichen anti-serbischen Rassisten halten mußte, der auch gegen Juden voreingenommen war. Seine Augen verengten sich und schienen mir zurufen zu wollen: *Sie glauben also, junger Mann, ich sei Ihr Feind, aber das bin ich nicht. Sie haben keine Ahnung davon, wie es hier während des Zweiten Weltkriegs ausgesehen hat. Es ist so leicht für Sie, aus Amerika, wo nichts Schlimmes passiert ist, hierherzukommen und über uns zu urteilen. Aber Sie sind nicht besser. Hüten Sie sich vor Urteilen!*

Ich stand auf, um zu gehen. Msgr. Koksa meinte, daß ich stets willkommen sei und, sooft ich wollte, wiederkommen könne, um ihm Fragen über Stepinac zu stellen. Ich dankte ihm. Mir war klar, daß er mich auch dann empfangen würde, wenn ich Unvorteilhaftes über ihn oder Stepinac veröffentlichte. Er war dafür bekannt, seinen Gegnern nachzustellen. Während eines Empfangs hatte er sich einmal Slavko Goldstajn vorgeknöpft, der dem Vorstand der jüdischen Gemeinde vor Ort angehörte. Die beiden

Männer fuhren zur Kathedrale, um dort miteinander zu diskutieren, doch schon unterwegs wurde die Debatte so hitzig, daß sie das Auto nicht verließen. Hoch über der schlafenden Stadt blieben sie vor der Kathedrale im Wagen sitzen, stritten stundenlang und rechneten wütend miteinander ab: Die kroatische Ustascha habe 20000 Juden und 30000 Zigeuner in Jesenovac umgebracht, behauptete Goldstajn. Doch falls seine Zahlen und die mit insgesamt 60000 Opfern bezifferte Statistik der Kirche zutrafen, konnten dort nur 10000 Serben ermordet worden sein. Allerdings stimmen alle Parteien darin überein, daß der Ustascha vor allem orthodoxe Serben zum Opfer gefallen waren, und so konnte Msgr. Koksa Goldstajns Zahlen leicht widerlegen. Für ihn stand unabhängig von der tatsächlichen Anzahl fest, daß Stepinac unschuldig war. »Kommen Sie wieder«, hatte der Monsignore Goldstajn gebeten, und das gleiche sagte er zu mir. *Das ist mein Schicksal; Gott hat es für mich bestimmt.*

Stepinac ist eine Schlüsselfigur im serbisch-kroatischen Streit. Dieser wiederum steht im Mittelpunkt aller ethnischen Probleme dieses nun zersplitterten, aber immer noch größten und bedeutsamsten Balkanlandes. Je mehr Blut im derzeitigen Bürgerkrieg fließt, desto bedeutsamer wird Stepinacs Geschichte. Zum Verständnis dieses Komplexes ließe sich die Theorie des bulgarischen Nobelpreisträgers Elias Canetti heranziehen, dessen Psychologie der Massen auf »Massensymbolen« beruht.

Canetti sieht beispielsweise im »*Meer*« ein Massensymbol der Engländer. »Der Engländer hat seine Katastrophen auf dem Meer erlebt... Sein Leben zu Hause entspricht dem zur See; Sicherheit und Gleichmaß sind wesentliche Charakteristika...« Für die Deutschen ist das Massensymbol das »*Heer als marschierender Wald*«, für die Franzosen »ihre *Revolution*«, für die Juden der »*Exodus aus Ägypten*... Das Bild dieser großen Schar, die sich jahrelang durch die Wüste bewegt, wurde das Massensymbol für die Juden.«[2] Leider geht Canetti nicht auf die Menschen des Balkan ein. Die psychologisch in sich geschlossene Stammesnatur der Serben, Kroaten usw. ließe entsprechende Massensymbole

---

[2] In Anbetracht der letzten Jahrzehnte und der Bedeutung Jerusalems in der Nahostpolitik wäre zu behaupten, daß die Klagemauer den Exodus als Massensymbol abgelöst hat.

noch plausibler erscheinen als zum Beispiel bei Deutschen oder Engländern.

Da sich die Kroaten ethnisch nicht von den Serben unterscheiden – sie stammen gleichermaßen von Slawen ab, sprechen dieselbe Sprache und tragen gleiche Namen –, bestimmt der römische Katholizismus ihre Identität. Deshalb ließe sich die *Kirche* als ein Massensymbol für die Kroaten bezeichnen oder genauer: das konfuse und kriegerische *Erbe von Erzbischof Stepinac*.

Die mit seiner Karriere als Erzbischof einhergehenden Geschichtsdaten trennen Serben und Kroaten – und darum ganz Jugoslawien – mehr als alles andere. Aus diesem Grund und um diesem Mann gegenüber fair zu sein, bedarf es der Klärung einiger Fakten.

Am 10. April 1941, unmittelbar nach der Invasion der Deutschen und Italiener, verkündete die faschistische Ustascha die »Unabhängigkeit des kroatischen Staates«. Erzbischof Stepinac reagierte »beglückt«, da er die Schaffung eines »freien« Kroatiens als eine göttliche Segnung der dreizehn Jahrhunderte währenden Bindung zur römischen Kirche ansah. Am 16. April stattete er Ante Pavelic, dem Anführer der Ustascha, einen offiziellen Besuch ab. Am 28. April schrieb er in einem Hirtenbrief an die kroatische Geistlichkeit:

Wir befinden uns in einer Zeit, da nicht mehr die Zunge spricht, sondern das Blut in seiner geheimnisvollen Beziehung zum Land, in einer Zeit, da wir das Licht Gottes erblickt haben... Müssen wir noch darauf hinweisen, daß das Blut in unseren Adern nun rascher fließt, daß die Herzen in unserer Brust schneller schlagen?... Kein aufrichtiger Mensch kann dies verübeln, denn die Liebe zum eigenen Volk ist göttliches Gesetz. Wer wollte uns tadeln, wenn auch wir als geistliche Pastoren unseren Beitrag zollen am Stolz und an der Freude des Volkes, ... daß Gott hier selber eingegriffen hat, ist offenbar.

Es wäre falsch zu glauben, daß Stepinac die Deutschen mochte oder ihnen vertraute, denn für ihn war die Nazi-Ideologie »heidnisch«. Aber über die Jahre hatte er eine paranoide Angst vor dem Kommunismus entwickelt, und wie viele zeitgenössische Vertreter des Vatikans sah er den Kommunismus auch in den orthodoxen Kirchen Rußlands und Serbiens am Werk. Unter seinem Einfluß als erzbischöflicher Koadjutor in den Jahren 1935 und 1936 veröffentlichte die halboffizielle kroatische Kirchenzeitung *Katolicki List* eine aggressive Attacke gegen die »jüdischen Marxisten« in Rußland, die »nicht dem Volk, das sie regierten« zugehörig seien. 1937 aber wurde Stepinac bewußt, daß die Nazis den althergebrachten Antisemitismus, zu dem auch er erzogen worden war, in etwas anderes, Extremes umgewandelt hatte. Darum verzichtete die *Katolicki List* in ihren antikommunistischen Tiraden fortan auf judenfeindliche Äußerungen.

Tragischerweise war die Ambivalenz typisch für den Erzbischof. Als zum Beispiel hohe Mitglieder der Ustascha einen Monat nach ihrer Machtergreifung den kroatischen Juden befahlen, spezielle Abzeichen zu tragen, schlug Stepinac Innenminister Andrija Artukov (der später in den USA Asyl fand) vor, daß die Juden diese Abzeichen doch lieber käuflich erwerben und somit dem Staat die Herstellungskosten entgelten sollten, ohne sie wirklich tragen zu müssen. Anschließend verlangte Stepinac, daß alle Maßnahmen gegen Juden und Serben, insbesondere bei Kindern, auf »humane« Art durchzuführen seien.

Zu diesem Zeitpunkt kennzeichnete Stepinac eine Naivität, die an Blindheit grenzte. So hieß er das Ustascha-Regime willkommen mit den Worten: »Da wir die Männer kennen, die von heute an das Schicksal des kroatischen Volkes lenken, glauben und erwarten wir, daß die Kirche unseres wiederauferstandenen kroatischen Staates die unanfechtbaren Grundsätze der ewigen Wahrheit und Gerechtigkeit in Freiheit verkünden kann.«

Der Erzbischof hatte offenbar nicht erkannt, daß ein Kroatien unter Führung der Ustascha nichts anderes sein konnte als ein zwischen Nazideutschland und dem faschistischen Italien aufgeteilter Marionettenstaat. In *The Triple Myth* vermerkt Stella Alexander: »Zwei Dinge standen im Vordergrund. Er fürchtete den Kommunismus über alles (mehr noch als den Faschismus). Außerdem fiel es ihm schwer, dem, was jenseits kroatischer Grenzen geschah und nicht mit dem Heiligen Stuhl zusammenhing, überhaupt Bedeutung beizumessen.«

Zu der Zeit, als Ustascha-Banden im benachbarten Bosnien serbisch-orthodoxe Frauen und Kinder von Klippen zu Tode stürzten und Adolf Hitlers Truppen in die Sowjetunion einmarschierten, Todeslager errichteten und Greueltaten verübten, erklärte Stepinac: »Die ganze zivilisierte Welt kämpft gegen die Gefahren des

Kommunismus, die nun nicht nur das Christentum, sondern alle positiven Werte der Menschheit bedrohen.«

Alexander stellt fest, daß die Aktenlage bis Anfang 1942 »eindeutig« sei. Vielleicht verspürte Stepinac Skrupel in Anbetracht der um sich greifenden Gerüchte über die von staatlicher Seite organisierten Verbrechen gegen orthodoxe Serben und Juden; seine volle Zustimmung jedoch fanden andere Maßnahmen des faschistischen Diktators Pavelic: so zum Beispiel das Verbot provokativer Frauendarstellungen in Schaufenstern und jene Regelung, nach der Personen, die in der Öffentlichkeit fluchten oder sonntags auf dem Feld arbeiteten, mit (kurzen) Freiheitsstrafen belegt wurden.

Doch die Berichte von Massenmorden waren auch für Stepinac bald nicht mehr zu leugnen. Wie Alexander in ihrem Buch nachweist, fing er damit an, die Wahrheit zu suchen und neu Stellung zu beziehen. Im März 1942 sagte der Erzbischof vor Studenten, daß »Freiheit ohne die umfassende Berücksichtigung göttlicher Gesetze eine leere Fiktion« sei. Und an einem Aprilsonntag im Jahre 1942 grüßte Stepinac den Diktator auf den Stufen der Zagreber Kathedrale mit Brot und Salz. Er musterte Pavelic mit festem Blick und sagte: »Das sechste Gebot lautet: Du sollst nicht töten.« Vor Wut weigerte sich Pavelic, die Kathedrale zu betreten.[3]

Im März 1943, als die Ustascha alle Juden aufforderte, sich bei der Polizei registrieren zu lassen, erklärte Stepinac in einem öffentlichen Gebet:

Jeder trägt ungeachtet seiner Rasse oder Volkszugehörigkeit den Stempel Gottes und besitzt unverbrüchliche Rechte, die weder irdische Macht noch Menschengesetz aufzuheben vermag... In der vergangenen Woche waren oft Tränen zu sehen, seufzende Männer und die Schreie schutzloser Frauen zu hören, die bedroht wurden... weil ihr Familienleben nicht übereinstimmt mit den Theorien des Rassismus. Als Vertreter der Kirche können und dürfen wir nicht schweigen...

---

[3] Diese Anekdote wurde mir von Stephen Hanich berichtet, einem aus Kroatien stammenden Amerikaner, der damals nur wenige Schritte von Stepinac und Pavelic entfernt gestanden hatte.

Sechs Monate später wurde Stepinac noch deutlicher:

Die katholische Kirche widerspricht der Vorstellung von Rassen, die zur Herrschaft geboren, und solchen, die zur Sklaverei verurteilt sind. Die katholische Kirche erachtet alle Rassen und Nationen als Geschöpfe Gottes... für sie ist ein Neger aus Zentralafrika nicht weniger Mensch als ein Europäer... Hunderte von Geiseln für ein Verbrechen haften und mit dem Tode büßen zu lassen [und das tat die Ustascha ständig] ist ein heidnisches Vorgehen und führt zum Übel.

Auf dem Höhepunkt des Holocaust schließlich stellte sich der Erzbischof offen der Ustascha entgegen. Von Faschisten beargwöhnt und von Kommunisten gehaßt, schlug Stepinac jedes Angebot zur Flucht nach Rom aus, obwohl ihm klar war, daß er als Sündenbock würde herhalten müssen, unabhängig davon, welche Seite den Krieg gewänne. Auch brach er seine Beziehungen zum Ustascha-Regime nicht gänzlich ab, obwohl er wußte, daß ein solcher Schritt seiner Reputation zuträglich gewesen wäre. Nach Auskunft von Alexander glaubte Stepinac, daß ein solcher Bruch ihn hindern würde, anderen zu helfen; das wichtigste sei ihm gewesen »zu retten, was zu retten ist«. Im Verlauf des Krieges erwarb Stepinac das Vertrauen von Juden, Serben und Widerstandskämpfern, die in ihm den einzigen Verbündeten sahen.

Doch bis in die letzten Kriegstage hinein organisierte er Prozessionen gegen das Fluchen, und bis zuletzt glaubte er an die »ehrlichen« Absichten der Ustascha-Bewegung. Ein Foto, aufgenommen am 22. Februar 1945, zeigt Stepinac händeschüttelnd mit Diktator Pavelic. Während seine Haltung dem Kommunismus gegenüber stets eindeutig und, ungeachtet der Risiken für sich und andere, kompromißlos war, reagierte er auf die Verbrechen der Ustascha immer wieder einlenkend und widersprüchlich. Im Krieg versteckte er einen jüdischen Rabbi und dessen Familie in einem Anbau der Kathedrale. Nach Kriegsende half er – ohne es zu wissen – dem ehemaligen Polizeichef der Ustascha, sich vor den neuen, kommunistischen Machthabern zu verbergen. Stets legte er einen erschreckenden Mangel an politischem Gespür an den Tag; auch war sein Blickwinkel viel zu weit. Mehr als alles andere unterschied ihn gerade dies von Strossmayer. Stepinac glaubte wahrhaftig, daß »ohne Übertreibung... kein Volk während des

Krieges so sehr gelitten hat wie das kroatische«. Was im restlichen Jugoslawien (und überall in Europa) den Serben, Juden, Zigeunern, Moslems und anderen widerfahren war, zählte für ihn nicht.

Die vielleicht freundlichste, aus nicht-kroatischer Sicht vorgenommene Bewertung dieser schillernden Figur spricht Stella Alexander aus mit den Worten: »Er lebte inmitten apokalyptischer Wirren und trug Verantwortung, die er nicht gesucht hatte... Es scheint, daß er dieser Rolle nicht gewachsen war. In Anbetracht seiner begrenzten Fähigkeiten hat er sich aber durchaus achtbar verhalten, gewiß besser als die meisten seiner Mitbürger, und im Verlauf seiner langen Prüfung gewann er an Statur.«

»Die hiesige katholische Kirche hat nie ihre eigene Seele erforscht. Die jungen Priester sind heutzutage völlig ungebildet. Nur wenn gebildete junge Männer das Priesteramt anstreben, kann genügend Druck von unten erzeugt werden, um die Kirche zu veranlassen, ernsthaft nachzudenken über ihre Vergangenheit und über Stepinac«, erklärte mir Zarko Puhovski, ein kroatischer Katholik und liberaler Politiker, bei einem Glas Slibowitz an der Bar der Esplanade.

Wie so viele in Zagreb ist die Kirche jahrzehntelang damit beschäftigt gewesen, ihre Wunden zu lecken. Seit 1945 verlegt sie alle Kraft darauf zu überleben. Der Kommunismus hatte die Kirche als letzte souveräne Instanz Kroatiens an den Rand geschoben. Als Verfolgte und Unterdrückte konnte sie nur noch ungebildete Anwärter in den Priesterstand holen. Die orthodoxen Kirchen dagegen waren an Schikanen gewöhnt. Unter der osmanischen Türkenherrschaft hatten sie die Kunst zu überleben gelernt: wie mit der Obrigkeit zu verhandeln war, deren Mißgunst als ganz normal erachtet wurde, als eine gleichsam unberechenbare Naturgewalt wie Wind oder Schneeregen. Aber die kroatische Kirche, die unter den katholischen Habsburgern nie vergleichbare Erfahrungen hatte machen müssen und den Schutz des Heiligen Stuhls genoß, war nicht willens, auch nur einen Fingerbreit von ihrer umstrittenen Geschichte abzurücken, und verteidigte selbst das, was nicht zu verteidigen war oder keiner Verteidigung bedurfte. Msgr. Koksa hatte recht: Er war kein Feind – weder für Juden noch Serben. Er war bloß eins unter vielen Opfern.

In Zagreb erfuhr ich, daß der Kampf ums nackte Überleben nur wenig Spielraum läßt für Erneuerung oder Neubeginn. Während Ukrainer und andere öffentlich ihre Mitschuld am Holocaust bekannten, waren von kroatischen Gruppen immer nur Dementis zu hören. Die Statistiken über Massenmorde in Kroatien seien übertrieben, wurde mir gesagt; und ob die Serben nicht ebenso Schuld trügen an den Greueltaten im Zweiten Weltkrieg? Und würden denn die noch verbliebenen Juden in Kroatien nicht anständig behandelt? Solche Argumente haben zweifellos eine gewisse Gültigkeit. Was mich jedoch irritierte, war das offenbare Bedürfnis der Kroaten, sich hinter diesen Argumenten zu verschanzen, als wäre ein einfaches Bekenntnis ohne Wenn und Aber dazu angetan, sie als Nation zu diskreditieren. Die Tragödie Kroatiens besteht unter anderem darin, daß sich sein Nationalbewußtsein zu einer Zeit ausprägte, da der Faschismus über Europa herrschte und alle, die ihm wohlwollend gegenüberstanden, in seine nazistischen Machenschaften verstrickte. Eine mutige und unzweideutige Einschätzung der Vergangenheit ist notwendig, um diese Verstrickung zu lösen.

Warum verhielten sich die Ukrainer so und die Kroaten anders? Weil in den Jahren 1991 und 1992 keine ukrainischen Städte zerbombt und weil deren Bürger nicht durch Krieg brutalisiert wurden. Der Krieg in Jugoslawien – der Kampf ums Überleben – hat die Aufarbeitung des Holocaust in Kroatien bis auf weiteres verschoben. Aber sie wird erfolgen müssen.

Nicht die katholische Kirche, sondern Tito und der Kommunismus machten Stepinac zum Märtyrer der Kroaten. Ungeachtet seiner früheren Aufrufe zur Unterstützung der Ustascha und der offenen Kollaboration vieler katholischer Priester mit den Mördern des Konzentrationslagers von Jesenovac, traf Tito zweimal mit Stepinac zusammen. Bei diesen Treffen versuchte er, den Erzbischof zu zwingen, eine »nationale katholische Kirche« zu gründen, die unabhängig vom Vatikan und, wie die orthodoxen Kirchen Jugoslawiens, das kommunistische Regime stützen sollte. Obwohl dem Erzbischof vollauf bewußt war, daß Tito Beweise seiner Beziehung zur Ustascha vorlagen, ließ er sich nicht erpressen. Er weigerte sich nicht nur, mit dem Vatikan zu brechen, sondern denunzierte auch weiterhin den Kommunismus in aller Öffentlichkeit. Stepinacs Inhaftierung und sein inszenierter Schauprozeß als »Kriegsverbrecher« folgten im Jahre 1946.

Daß orthodoxe Gläubige in Bosnien zum Katholizismus

zwangsbekehrt worden waren, ließ die Serben auf Rache sinnen und lieferte der Regierung einen Vorwand, den Erzbischof zu desavouieren. Hatte Stepinac nicht schriftlich den Wunsch geäußert, die schismatischen Serben zum wahren Glauben zurückzuführen? Hatten katholische Priester (die zumindest nominell unter Stepinacs Kontrolle standen) diese Konvertierung nicht voller Begeisterung durchgeführt, Minuten bevor die Serben en masse ermordet wurden?

In Wirklichkeit war Stepinac gar nicht in der Lage gewesen, die Geistlichkeit in Bosnien, wo die Greueltaten stattgefunden hatten, zu disziplinieren. Auf der Karte und aus weiter Entfernung betrachtet, liegt Bosnien zwar in unmittelbarer Nachbarschaft zu Kroatien – und zur Zeit der jugoslawischen Föderation konnten Fremde diese beiden Regionen kaum voneinander unterscheiden –, trotzdem aber war Bosnien schon immer Lichtjahre von Zagreb entfernt gewesen.

Zagreb ist ein urbaner, ethnisch homogener Bezirk auf ebenem Land, während die Bewohner der versprengten Bergdörfer Bosniens unterschiedlichster Herkunft sind. Bosnien ist ländlich, isoliert; Aberglauben und Haß zeigen sich dort in einem Ausmaß, das den modernen Kroaten Zagrebs kaum vorstellbar sein dürfte. Bosnien repräsentierte den serbo-kroatischen Zwist in extremer Form. So wie die Kroaten ihren auf den Westen hin orientierten Katholizismus intensiver erlebten als die Österreicher oder Italiener (nämlich gerade wegen der bedrohlichen Nähe zu den Welten der östlichen Orthodoxie und des Islam) – so pflegten die bosnischen Kroaten, die mitten unter Orthodoxen und Moslems lebten, ihr kroatisches Nationalbewußtsein sehr viel intensiver als ihre Volksgenossen in Kroatien. Entsprechendes galt natürlich auch für die Serben in Bosnien. Was die Lage in Bosnien zusätzlich verkomplizierte, war die große Anzahl der dort lebenden Moslems – allesamt Slawen – sowohl kroatischen als auch serbischen Einschlags –, die im späten Mittelalter von ihren türkischen Besatzern zum Islam bekehrt wurden und deren Religion nunmehr zur eigenen ethnischen Identität gehört. Bosnien besaß jedoch auch ein modernes urbanes Zentrum, nämlich Sarajevo, wo Kroaten, Serben, Moslems und Juden in traditioneller Weise halbwegs harmonisch zusammenlebten. Aber in den Dörfern ringsum herrschte wilder Haß, zur Gärung gebracht durch Armut und Alkoholsucht. Daß die schrecklichsten Gewalttaten – sowohl während des Zweiten Weltkriegs als auch in den 90er Jahren – ausgerechnet in Bosnien verübt wurden, ist kein Zufall. Ende 1991, zur Zeit, da die Kämpfe in Kroatien tobten, während es in Bosnien noch merkwürdig ruhig war, machten sich weder Serben noch Kroaten Illusionen über das, was ihnen bevorstand. *Warum wurde in Bosnien nicht gekämpft?* lautete eine Scherzfrage. *Weil Bosnien direkt bis zum Finale vorgerückt ist.*

Als Stepinac davon erfuhr, daß die Konvertierungen in Bosnien nicht freiwillig erfolgten, ordnete er in einem vertraulichen Rundschreiben an, der raschen Bekehrung von Juden und orthodoxen Serben stattzugeben, unter der Voraussetzung, daß Menschenleben gerettet werden könnten. »Erste Pflicht und Aufgabe eines jeden Christen ist es, Menschen zu retten. Wenn diese traurigen, barbarischen Zeiten vorüber sind«, werden diejenigen, die nicht aus Überzeugung konvertierten, »gefahrlos zu ihrem alten Glauben zurückkehren können«.

Aber Titos Agenten waren an solchen Details nicht interessiert. In einer Rede am 26. September 1946 bekannte Tito ungeniert: »Wir haben Stepinac festgenommen und werden jeden festnehmen, der sich dem Staat widersetzt, ob's ihm gefällt oder nicht.« Milovan Djilas, der damals zum inneren Kreis um Tito gehörte, schrieb daraufhin, daß Stepinac »wegen seines Verhaltens im Krieg und wegen seiner Kollaboration mit dem kroatischen Faschistenführer Ante Pavelic gewiß nicht vor Gericht gestellt worden wäre, hätte er sich nicht fortwährend dem kommunistischen Regime widersetzt«.

Stepinac wurde in allen Punkten schuldig gesprochen. Er verbüßte fünf Jahre in Einzelhaft, bevor man ihn in seinem Heimatort Krasic unter Hausarrest stellte.

In den Jahren, die auf diesen Prozeß folgten, wurden Hunderte von katholischen Priestern verhaftet, manche davon gefoltert und ermordet. 1950 führte der Journalist C. L. Sulzberger im Lepoglava-Gefängnis siebzig Kilometer von Zagreb entfernt ein Interview mit Stepinac, der trotzig erklärte: »Ich bin zufrieden, für die katholische Kirche leiden zu müssen.« Zwei Jahre später machte ihn Papst Pius XII. in Anerkennung seiner Dienste um eine vom Kommunismus bedrohte Kirche zum Kardinal. In der Folgezeit jedoch ließ der Vatikan mit keinem Zeichen erkennen, daß er Stepinac in einer anderen Rolle als der eines Helden im Kampf gegen den Kommunismus zu sehen bereit war.

Hier wurde fleißig abgerechnet.

Als sich der Sturm des Kommunismus legte und das Land wiederzuerkennen war, zeigte sich vieles von dem, was noch in den 80ern, der letzten Dekade der Zeit des Kalten Krieges, verständlich und verzeihlich schien, plötzlich in einem ganz anderen Licht. Nur vor dem Hintergrund des düsteren, industriellen Feudalismus Titoscher Prägung und der eisernen Fänge seiner Geheimpolizei, konnte das Erbe der habsburgischen K. u. k.-Monarchie und der römisch-katholischen Kirche ein so günstiges Bild abgeben. So wäre ohne entsprechende Anreize durch den Wiener Hof und den Vatikan niemals jener Aspekt des kroatischen Nationalstolzes zum Tragen gekommen, der sich den Serben kulturell überlegen wähnte – also genau diese nationalistische Tradition, die Stepinac zu dem Wunsch verleitet hatte, die Serben zum Katholizismus zu bekehren.

Von allen Slawenstämmen, die während des sechsten und siebten Jahrhunderts n. Chr. den westlichen Teil der Balkanhalbinsel besiedelten, schafften es die Kroaten als erste, sich von Byzanz zu lösen (924) und ein eigenes Königreich zu errichten. Ihr erster freier König war Tomislav, dessen Standbild den großen Platz vor dem Hauptbahnhof von Zagreb markiert. Die Bronze zeigt einen Krieger mit gezücktem Schwert zu Roß.

Ich betrachtete die Statue. Pferd und Reiter scheinen zu einem schieren Muskelbündel zu verschmelzen, das weniger einem Mann beziehungsweise einem Pferd eigen ist, sondern vielmehr einer Waffe gleicht, so roh und herzlos wirkend wie die kroatische Ebene, über die osmanische Türken hereinbrachen, nachdem sie 1453 Konstantinopel von den Byzantinern erobert hatten. Im siebzehnten und achtzehnten Jahrhundert wurde Kroatien von den Türken besetzt gehalten. Als sie die Ebene schließlich preisgaben, wichen sie nur bis zu den angrenzenden Gebieten Serbiens und ins benachbarte Bosnien-Herzegowina zurück, wo die Streitkräfte des Sultans für weitere 200 Jahre stationiert blieben.[4] Der Bildhauer wird mit dieser Darstellung von Tomislav eine be-

---

[4] Bosnien und Herzegowina sind zwei Nachbargebiete, die zusammenwuchsen. Genaugenommen liegt Sarajevo in Bosnien, da, wo auch im Zweiten Weltkrieg sowie in den 90er Jahren viele Schlachten stattfanden und stattfinden.

stimmte Absicht verfolgt haben: Um sich als westlich orientierte katholische Nation auf dem von Serben und Moslems dominierten Balkan behaupten zu können, darf sie keinerlei Schwäche und Angriffspunkt entblößen.

Kresimir IV., der letzte König in der Nachfolge Tomislavs, starb 1074, ohne einen Erben zu hinterlassen, und Kroatien fiel (zusammen mit der dalmatischen Küste) unter die Herrschaft des ungarischen Königs Ladislaus I. Bedroht von Venedig, dem Verbündeten der verhaßten Byzantiner, stellten sich sowohl Kroatien als auch Dalmatien widerspruchslos unter den Schutz Ungarns. Auch nahmen sie die Interventionen des Vatikans bereitwillig hin, zumal dieser ein nützliches Bollwerk gegen Byzanz darstellte. Weiter ausgebildet wurde dieses psychologische Grundmuster, als sich 1278–1282 die Habsburger zur Alpenvormacht entwickelten und 1526–1527 auf Ungarn und Kroatien übergriffen. Die Furcht vor dem Osten – vor Byzantinern und Türken gleichermaßen – trieb die Kroaten in die Arme der Päpste, der ungarischen Könige und der österreichischen Kaiser, die ihre kolonialen Untertanen nicht nur ausbeuteten, sondern auch deren Feindschaft gegen die orthodoxen Serben Vorschub leisteten, allen versöhnenden Bestrebungen zuwider, die von katholischen Theologen wie Strossmayer ausgingen.

Für die katholischen Machthaber in Europa wie auch für die meisten Kroaten zählte es nicht, daß Serben und Kroaten slawische Volksgenossen waren. Die Serben gehörten zur Orthodoxie und waren deshalb wie die moslemischen Türken ein Teil des verhaßten Ostens.

»Der Herkunft und Sprache nach sind Serben und Kroaten im Grunde ein Volk; die verschiedenen Namen haben nur eine geographische Bewandtnis«, schreibt der britische Experte Nevill Forbes in seiner 1915 erschienenen klassischen Studie über den Balkan. Wäre da nicht der religiöse Gegensatz, hätte die serbokroatische Feindschaft kaum einen Grund.

Die Religion spielt keine geringe Rolle. Der Katholizismus entstand im Westen, die Orthodoxie im Osten; der Unterschied zwischen beiden ist größer als etwa der zwischen Katholizismus und Protestantismus oder gar zwischen Katholizismus und Judäismus (der auf Grundlage der Diaspora ebenfalls im Westen seinen Ursprung hatte). Während die westlichen Religionen auf Gedanken und Taten abheben, betonen östliche Religionen eher das Schöne und Magische. Der Gottesdienst im Osten entspricht fast einer physischen Nachschöpfung von Himmel und Erde. Selbst der Katholizismus als »barockeste« Religion des Westens ist, an der östlichen Orthodoxie gemessen, streng und intellektuell. Katholische Mönche (Franziskaner, Jesuiten usw.) leben in Fleiß und beschäftigen sich mit so weltlichen Dingen wie Unterricht, Schreiben und Gemeinschaftsarbeit. Im Gegensatz dazu neigen orthodoxe Mönche zur kontemplativen Besinnung, wovon Arbeit nur ablenken kann, da sie nicht der Verehrung himmlischer Schönheit dient.

Diese Unterschiede haben schon seit Jahrhunderten gegensätzliche Einstellungen zum alltäglichen Leben hervorgebracht. In einem Café gegenüber der Kathedrale von Zagreb teilte mir ein katholischer Freund mit: »Als ich der jugoslawischen Armee beitrat, traf ich zum erstenmal im Leben mit Serben zusammen. Von ihnen erfuhr ich, daß eine traditionelle serbische Hochzeit vier Tage dauert. Vier Tage, an denen gebetet und reichlich gegessen wird. Wem nützt das? Ein Tag reicht doch aus. Danach sollte man wieder an die Arbeit gehen. Die Serben kommen mir sehr absonderlich vor, unvernünftig wie die Zigeuner. Gefiel es ihnen doch tatsächlich, in der Armee zu sein. Wie kann jemand die Armee mögen? Ich haßte die Armee. Für Slowenen und Kroaten ist sie reine Zeitverschwendung, die bloß davon abhält, Geld zu verdienen. Wer hat denn Lust, nach Belgrad zu gehen? Belgrad gehört zur Dritten Welt. Eher fühle ich mich nach Wien gezogen.«

Karla Kunz-Cizelj, die kroatische Übersetzerin von John Steinbecks Romanen, erzählte mir voll Stolz: »Wien ist mir wesentlich näher als Belgrad. Zagreb gehört zu Europa. Ich erinnere mich an die Zeit nach dem letzten Krieg; Lawrence Durrell, der britische Autor, arbeitete damals an der britischen Botschaft in Belgrad. An jedem Wochenende kam er hierher und nahm dafür eine stundenlange Jeepfahrt über holprige, staubige Straßen in Kauf, und jedesmal rief er mir zu: ›Gott sei Dank, Karla, ich bin wieder im Westen.‹«

Das habsburgische Österreich mochte noch so ausbeuterisch sein, die Kroaten mochten sich noch so sehr wünschen, in Freiheit von ihnen zu leben – Wiens Glanz war in Kroatien immer ein Symbol des Westens und des Katholizismus, und aus diesem Grund verzieh man hier der Fremdmacht all ihre Sünden.

Für Kroaten von heute repräsentierten die Habsburger die letzte normale und stabile Epoche der mitteleuropäischen Geschichte vor der Schreckenszeit des Nationalsozialismus und des Kommunismus. Aber die Kroaten vergessen, daß vor dieser Zeit informierte Personen nicht viel Gutes über die Habsburger zu berichten wußten. In den Worten von Madame Rebecca: »Von jenem unglücklichen Tag im Jahre 1273 an, als der Wahlrat Rudolf von Habsburg aufgrund seiner Mittelmäßigkeit zum König kürte, bis zur Abdankung von Karl II. im Jahre 1918 hatte diese Dynastie kein Genie hervorgebracht, mit Karl V. und Maria Theresia immerhin zwei halbwegs fähige Herrscherpersönlichkeiten, ansonsten aber nur zahllose Dummköpfe und nicht wenige, die schwachsinnig oder verrückt waren.«

Tatsächlich ging der Reichtum des habsburgischen Wien und Budapest auf Kosten ihrer slawischen Untertanen. Immer wieder brachen Revolten aus, die mit Massenexekutionen beigelegt wurden oder auch damit, daß der serbischen Minderheit in Kroatien Sonderprivilegien zugeschanzt wurden mit dem Ziel, die Kroaten gegen sie aufzuhetzen. Was die modernen Kroaten nicht mehr wahrhaben wollen: In der Mitte des neunzehnten Jahrhunderts gab es unter ihren Vorfahren starke Bestrebungen einer »südslawischen« (jugoslawischen) Föderation mit den Serben, die unabhängig sein sollte von Österreich–Ungarn. Das Interesse daran nahm zu, als im Jahre 1878 mit dem Berliner Vertrag den Habsburgern auch noch Bosnien–Herzegowina zugeschlagen wurde (das sich gerade von den Türken befreit hatte). Und daß die Habsburger ebenso verwerflich herrschten wie die Türken, stellte sich bald heraus: 1908 proklamierte Österreich–Ungarn die Annexion Bosniens und der Herzegowina.

Gavrilo Princip, der Mörder des habsburgischen Erben Erzherzog Franz Ferdinand, war ein Serbe aus Bosnien. Die katholischen Habsburger reagierten, indem sie Hunderte von orthodoxen serbischen Bauern zusammentrieben und hinrichteten, obwohl diese von dem Attentat nichts wußten. Dann erklärte Österreich–Ungarn Serbien den Krieg; der Erste Weltkrieg begann. »Der Krieg der österreichischen Armee begann mit Militärgerichten«, schreibt Joseph Roth in *Radetzkymarsch*, einem Roman über den Zerfall des Habsburgerreiches. »Tagelang hingen die echten und die vermeintlichen Verräter an den Bäumen auf den Kirchplätzen, zur Abschreckung der Lebendigen.« Das Habsburgerreich ging auf gleiche Weise unter wie das verhaßte türkische: inmitten grausamer Gewalt, gerichtet gegen kleine Nationen, die für ihre Freiheit kämpften.

Aber schon in den 30er Jahren war für die Kroaten all das vergessen. Die jahrhundertelange Herrschaft der Habsburger hatte dazu geführt, daß sie sich den Serben gegenüber kulturell überlegen wähnten. Als dann nach dem Ersten Weltkrieg das serbische Königshaus der Karadjordjevici in dem neu gegründeten Staat Jugoslawien die Herrschaft über Kroatien errang, entlud sich kroatischer Haß. 1934 geschah das Verbrechen, durch das Rebecca West auf Jugoslawien aufmerksam gemacht wurde: Agenten der kroatischen Ustascha ermordeten den Serbenkönig Alexander Karadjordjevic. In den 80er und frühen 90er Jahren wurde jene revisionistische Theorie populär, die den Habsburgern bescheinigte, ein friedliches Klima ethnischer Toleranz geschaffen zu haben. Doch in Kroatien war von dieser Toleranz nichts mehr zu spüren.

Auch den Vatikan trifft eine Teilschuld. Die anti-serbischen Gefühle wurden immer wieder geschürt von der römisch-katholischen Kirche, die ihre kroatischen Anhänger lieber unter der Herrschaft Österreich–Ungarns sah, als einem Staat untergeordnet, der von orthodoxen Serben dominiert wurde, die aus historisch-religiösen Gründen den Bolschewisten Rußlands nahestanden. Dem Vatikan war Jugoslawien stets ein Dorn im Auge gewesen, auch schon vor dem Zweiten Weltkrieg, also seiner vorkommunistischen Zeit. Indem er sich weigerte, seinen Fuß auf jugoslawischen Boden zu setzen, solange es ihm versagt bliebe, öffentlich vor dem kontroversen und (für viele) kompromittierenden Symbol kroatischer Vatikantreue, dem Grab von Stepinac, zu beten, demonstrierte Papst Johannes Paul II., daß er die kollektiven Erinnerungen der orthodoxen Serben nicht zur Kenntnis nahm, genausowenig wie die der Juden und Zigeuner, für die Stepinac viel zu spät viel zu wenig getan hatte. Jahrzehntelang wurde der Vatikan allenthalben in seiner anti-kommunistischen Haltung beurteilt und geschätzt; welche historische Rolle er darüber hinaus für diesen Teil der Welt spielte, bleibt noch zu bewerten.

Es regnete, als ich mich von dem Standbild Tomislavs entfernte und den klassizistischen Kunstpavillon passierte, dessen Fassade gelblich wie eine Daguerreotypie ist. Hinter dem Pavillon, versteckt in einem mit Laub bedeckten Park steht die Statue von Bischof Strossmayer.

Der Bildhauer stellt ihn mit Hörnern da, so wie Michelangelo seinen Moses. Das Werk lockte mich näher; von den wuchtigen, sehnigen Formen scheint ein innerer Glanz auszustrahlen, die Bronze wirkt wie warmes Fleisch. »Wir ließen die herrliche Skulptur, die lächelnd dastand unter strömendem Regen, hinter uns zurück«, erinnerte sich Madame Rebecca an den Besuch dieses Fleckens.

Der Meister dieses Werks ist Ivan Mestrovic – eben jener Künstler, der viele Jahre später, nämlich 1960, die Grabplatte eines anderen Lokalpatrioten gestaltete, die von Alojzije Stepinac. Ein Widerspruch ist darin nicht zu finden. Mestrovic hatte sich noch persönlich von der noblen Seite Stepinacs überzeugen können. Als er ihn 1943 in Rom besuchte, bat Mestrovic den Kardinal, nicht nach Kroatien zurückzukehren, weil dort sein Leben in Gefahr sei. Stepinac gab ihm zur Antwort, daß er sein Schicksal stets angenommen und immer damit gerechnet habe, entweder von der Ustascha oder den Kommunisten getötet zu werden. War er zu Anfang seiner Laufbahn noch politisch völlig blind gewesen, akzeptierte er dann doch die bittere Lehre vom »schwarzen Lamm« und »grauen Falken«: Er war bereit, sich aufzuopfern, nicht aus Selbstgerechtigkeit, sondern um für andere einzutreten.

Die Geschichte dieser grauen, engen Stadt wurde immer wieder neu interpretiert. Papst Johannes Paul II. scheint noch zu schwanken, wie er sich zu dieser Geschichte stellen soll.[5] Falls er sich zu einem Besuch dieses Außenpostens der christlichen Welt, der dem Vatikan so nahe und doch so weit davon entfernt ist, entschließen sollte, wird er das vatikanische Vorurteil gegenüber Jugoslawien überwinden müssen und in der Absicht kommen, zu heilen und zu versöhnen. Ich stand im kalten Regen und betrachtete mit Respekt

---

[5] Bis Ende 1992 lagen noch keine offiziellen Pläne für einen päpstlichen Besuch in Zagreb vor. Aber angesichts der geographischen Nähe dieser katholischen Stadt zum Vatikan und in Anbetracht der Leiden des Bürgerkriegs, ist wohl damit zu rechnen, daß der Papst noch in diesem Jahrzehnt diese Reise unternimmt.

das Standbild von Bischof Strossmayer, dem Verehrer Kyrillos'
und Methodios', und ich dachte, daß eine Verbeugung des Papstes
vor diesem Monument angemessener wäre als vor dem in der Kathedrale.

KAPITEL ZWEI

Altserbien und Albanien:
Die »Westbank« des Balkan

Mutter Tatiana hob die Hand, um einen Lichtstrahl, der ihr ins Gesicht fiel, abzuschirmen. »Da«, sagte sie und lenkte meinen Blick ins Licht, »schauen Sie sich das Erbe des *Srbski narod* (serbischen Volkes) an.«

Voller Anklage leuchteten die Augen Johannes, des Täufers, von der Wand der Nordkapelle. Ich sah ihn aus der judäischen Wüste hervortreten. Zu krausen Schlingen waren Haar und Bart verknotet, die Glieder entstellt von Hunger und einer künstlerischen Vision, die für gewöhnlich El Greco oder William Blake zugeschrieben wird. Doch kein westlicher Künstler, kein Werk der italienischen Renaissance vermochte der obskuren Auffassung dieses serbo-byzantinischen Meisters des vierzehnten Jahrhunderts nachzuempfinden und eine solche Darstellung des Täufers aus dem Markusevangelium hervorzubringen.[1] *Johannes aber war gekleidet mit Kamelhaaren und mit einem ledernen Gürtel um seine Lenden und aß Heuschrecken und wilden Honig.* Sein Gesicht, glühend im Licht der Offenbarung, flackert wie eine Flamme von der Apsis: Dies ist kein Mensch, sondern ein feuersprühender Geist in menschlicher Gestalt.

Weil Johannes so sehr seinen Gedanken und Vorstellungen nachhing, verspürte er kein körperliches Leid; also litt er nicht. Diese gerade für Orientalen charakteristische Stärke ist wesenhaft für ein Verständnis von den Serben und deren Verhalten in diesem Jahrhundert.

Mutter Tatiana führte mich in eine steil aufsteigende Flucht zylindrischer Gewölbe und Bogengänge. Mir war, als gäbe der

---

[1] Der Maler war entweder Michael Astrapas oder ein gewisser Eutychios, die beide von Saloniki stammten.

Fußboden unter meinen Füßen nach. »Hier sind unsere Wurzeln«, sagte sie, und ihr Hinweis war wortwörtlich wie im übertragenen Sinn zu verstehen. Das zentrale Kuppelgewölbe stützen vier circa fünfzehn Meter hohe Pfeiler, die so eng beieinanderstehen, daß ihr Anblick schwindeln macht. Durch einen Schleier von Weihrauch blickte ich empor auf eine Vielzahl von Flammengestalten, hell wie die von Johannes, maulbeer- und granatapfelfarben gekleidet, mit Gesichtern so golden wie sterbendes Herbstlaub. Man stelle sich vor: die einfache Erhabenheit klassisch griechischer Skulpturen vor dem Hintergrund eines prunkvollen östlichen Teppichs. Wenn sich irgendwo auf der Erde der Himmel spiegelt, dann hier im Inneren des Klosters von Gracanica.

Ein solcher »Reichtum entzieht sich jeder Schätzung«, begeisterte sich Rebecca West, die vor über einem halben Jahrhundert an gleicher Stelle gestanden hatte. »Unser Kelch ist nicht leer, war aber nie so voll wie diejenigen hierzulande, wo sich Asien und Europa begegnen...«

Das dunkle Eingeweide dieser Kirche durch den äußeren Narthex verlassend, trat ich hinaus in eine Stille, die vom Geläut der Schafsglocken auf dem Feld und dem Gepicke eines Spatzen im Mörtel einer dünnen Ziegelmauer intensiviert wurde. Von draußen betrachtet, wirkte die Kirche beinahe winzig klein. Die perfekt konstruierte Vertikale, in der vier puderblaue Kuppeln rings um das schlank aufstrebende Zentralgewölbe gruppiert sind, führt diese visuelle Täuschung aufs Ansehnlichste herbei: Was von außen zart und klein aussieht, ist innen von scheinbar grenzenloser Dimension.

Gracanica, Pec und etwa dreißig andere serbische Klöster kennzeichnen die Landschaft im südlichen Jugoslawien. Ich kam aus dem nördlichen Zagreb auf direktem Weg hierher. So wie ich die Empfindlichkeiten der Nationalproblematik Kroatiens durch seine Kathedrale zu erschließen versucht hatte, wollte ich in den Klöstern Serbiens entsprechende Einblicke gewinnen.

Die serbischen Klöster sind die Hinterlassenschaft der Nemanjiden, jener Herrscherdynastie, die gegen Ende des zwölften Jahrhunderts von Stefan Nemanja gegründet wurde. Dieser hatte Serbien aus der Abhängigkeit Konstantinopels befreit und erstmalig zu einem selbständigen Staat geformt. Von Anfang an zählte Serbien zu den zivilisiertesten Staaten Europas. Im Unterschied zu Stefan, der seinen Namen zu schreiben verstand, konnte der deutsche Kaiser Barbarossa, Friedrich I., nur mit seinem Daumenabdruck unterzeichnen.

Stefan Nemanjas Sohn, der als Heiliger Sava bekannte Bettelmönch, gründete und organisierte die serbisch-orthodoxe Kirche. König Milutin, ein späterer Nachfahre Nemanjas, erweiterte Serbien zu Beginn des vierzehnten Jahrhunderts zu einem Großstaat christlich-orthodoxer Prägung, der noch mächtiger war als das Byzantinerreich jener Zeit.

Aus Milutins goldumbordeten Ärmeln scheint Potenz zu tropfen. Wie der Tudor-König Henry VIII. stellte Milutin den Frauen nach, ging Ehen ein und entledigte sich der Gattinnen nach sexueller Lust und kaiserlicher Laune. Unersättlich wie er war, vergrößerte er sein Territorium nach Süden und Osten und bestellte Bischöfe, die ihn bereitwillig schieden und neu vermählten. Milutin finanzierte den Bau von Kirchen und Palästen in Konstantinopel, Saloniki und in ganz Serbien. Religiöse Institutionen von Jerusalem bis zum heiligen Berg von Athos empfingen seine Geschenke von Gold, Juwelen und Ikonen. Auf einer Wand der Südkapelle von Gracanica stehen seine Worte: »Ich sah die Kirchenruinen der Jungfrau von Gracanica, . . . ließ sie von Grund auf neu errichten und innen wie außen bemalen und schmücken.«

Als Milutin das Kloster erbaute, war er zum vierten Mal verheiratet, und zwar mit Simonide, der Tochter des byzantinischen Kaisers Andronikos II. Palaiologos. Um Konstantinopel vor Milutins Streitmacht zu schützen, hatte Andronikos dem Serbenkönig seine sechsjährige Tochter gegeben. Milutin konnte das Erwachsenwerden des Mädchens nicht abwarten und vollzog die Ehe sogleich. Dennoch war er in mancherlei Hinsicht als zivilisierter zu bezeichnen als sein tudorianischer Gegenpart: Er löste sich von seinen Frauen, ohne sie töten zu lassen.

Die königlichen Porträts auf einer Wand von Gracanica zeigen Milutin als gebrechlichen alten Mann und Simonide als erwachsene Frau. Auf ihren Gesichtern liegt ein Todesschleier, und eins von Milutins Augen ist ausgekratzt. Sie scheinen viel weniger wirklich als ihre Kronen, die juwelenbestickten Gewänder und das Klostermodell, das der König auf den Armen trägt. Der Mensch, so scheint der serbo-byzantinische Künstler sagen zu wollen, ist Nebensache; unzerstörbar aber sind seine Schöpfungen.

Gracanica wurde mitsamt aller Fresken 1321 fertiggestellt, zu einer Zeit also, da auf der anderen Seite der Adria die florentinische Renaissance ihren Ausgang nahm. In den Fresken Gracanicas entdeckte ich eine lustvolle Körperlichkeit, die in der byzantinischen Ikonographie einzigartig ist und in den Werken Michelangelos und Leonardo da Vincis ihren Höhepunkt finden sollte. Doch nie hat ein Künstler der Renaissance das übernatürliche, spirituelle Element nachempfinden können, das hier von mittelalterlichen Serben zur Darstellung gebracht wurde. Mutter Tatiana behauptete darum unumwunden: »Wenn die Türken nicht gewesen wären, hätten wir Größeres geleistet als die Italiener.«

Einem Refrain gleich waren solche Worte auf dem ganzen Balkan immer wieder zu hören, sowohl in Rebecca Wests Zeit als auch in meiner. Madame Rebecca schreibt: »Die Türken ruinierten den Balkan, und die Zerstörung war so groß, daß die Schäden bis heute nicht behoben sind . . . Auf dem Balkan liegt ein Wust von Emotionen offen, die jetzt, da die Türken vertrieben sind, ihren realen Hintergrund verloren haben.«

Wer wie der russische Nobelpreisträger Joseph Brodsky die kommunistische Herrschaft betrachtet als das neuzeitliche Äquivalent des osmanischen Türkenreiches und den hinfälligen Despotismus östlicher Provenienz in seiner historischen Linie von Istanbul (dem damaligen Konstantinopel) bis nach Moskau, vom Topkapi-Palast des Sultans bis zum Kreml verfolgt, der wird die Lage Serbiens im zerfallenden Jugoslawien der 90er Jahre einzuschätzen verstehen. Da nun der Kommunismus niedergegangen ist und die Sowjets vertrieben sind, *liegt auf dem Balkan ein Wust von Emotionen offen, die ihren realen Hintergrund verloren haben.*

Über Jahrzehnte hatte Mutter Tatiana, unter Tito leidend, andere Sorgen, andere Kämpfe zu führen gehabt. Nun aber ist dieser Abschnitt besiegelt, und sie holt wieder aus zum Schlag gegen die Türken, nennt jedoch das Problem bei einem anderen Namen.

Weil die Serben weit verstreut auf waldreicher, nur schwer zu erschließender Berglandschaft siedelten, und weil sie geographisch von der Türkei weiter entfernt wohnten als Bulgaren oder Griechen, lastete das osmanische Joch auf Serbien weniger schwer als auf diesen anderen Ländern. Überall gab es Widerstandsnester, vor allem in den felsigen Schlupfwinkeln des benachbarten Montenegro. Trotzdem lag Serbien nicht weit genug entfernt.

Einer serbischen Legende nach opferte sich das Königreich der

Nemanjiden den türkischen Horden, um das Himmelreich zu gewinnen. Auf Erden führte das serbische Opfer dazu, daß Italien und die Länder Mitteleuropas überleben und sich weiterentwikkeln konnten.

»Die Größe Italiens und die der anderen europäischen Nationen entwickelte sich auf unsere Kosten«, beklagte sich Mutter Tatiana bitter. »Kommen Sie«, sagte sie und winkte mit der Hand. »Ich will Ihnen von unserem Leid berichten.«

Ich betrat ein typisch türkisches Haus, mit Dachziegeln krumm und schief bedeckt, mit gelben Steinwänden und hölzernen Balkonen voll blühender Pflanzen. Mutter Tatiana sprach von »typisch serbischer« Bauweise. In Bulgarien trägt diese Architektur das Etikett der »typisch bulgarischen Renaissance«; »typisch griechisch« nennt man die gleichen Bauten in Griechenland. Das Wohnzimmer war dunkel. Wegen der Kälte behielt ich meinen Mantel an; unter den Füßen lag eine Art türkischer Teppich. Mutter Tatianas schwarzes Habit hob sich silhouettenhaft von den weißen Vorhängen ab. Eine Ordensschwester servierte starken, gezuckerten türkischen Kaffee aus einer zylindrischen, vergoldeten Kanne und schenkte uns klostereigenen Pflaumenschnaps ein. Mutter Tatiana leerte ihr Glas mit einem Zug. Dann tauchte ihre große Bauernhand wieder aus der Dunkelheit auf:

»Wie der Prophet Samuel bin ich der Ansicht, daß es besser wäre, ehrenvoll zu sterben, als in Schande zu leben . . .

Ich bin eine gute Christin, aber beileibe nicht bereit, die andere Wange hinzuhalten, wenn ein Albaner einem serbischen Landsmann die Augen auskratzt oder ein kleines Mädchen vergewaltigt oder einen serbischen Jungen von zwölf Jahren kastriert.« Zur gestischen Untermalung deutete sie mit ausgestreckter Hand einen Schlag in den Schoß an. »Sie haben doch von diesem Vorfall gehört, oder?«

Das hatte ich nicht, nickte aber trotzdem.

Mutter Tatiana stemmte die Ellbogen auf den Tisch und beugte sich zu mir. Inzwischen hatten sich meine Augen an die Dunkelheit gewöhnt, so daß ich endlich ihr Gesicht sah, den kräftigen, sinnlichen Ausdruck, die hohen Wangenknochen und die funkelnden, mütterlichen Augen. Sie war eine gut aussehende alte Frau, die bestimmt einmal eine Schönheit gewesen war. Ihr Blick schien auf merkwürdige Weise ungerichtet zu sein, mystisch umschattet, so wie bei den Heiligenbildern in der Kirche. Die weißen

Fingerspitzen bewegten sich im Rhythmus ihrer Worte. Ich erinnerte mich an einen Satz von John Reed, den er 1915 nach einer Reise durch Serbien geschrieben hatte: »Der rasche, sprudelnde Fluß der serbischen Sprache hörte sich für unsere Ohren an wie quellendes Wasser.«

»Wußten Sie«, sagte Mutter Tatiana, »daß diese jungen Albanerburschen vor den Augen der anderen Schwestern ihre Hosen runtergelassen haben?«

Wieder nickte ich.

»Diese Leute lassen Serbien ausbluten. Daß sie arm wären und ohne Arbeit, ist eine Lüge. Sie melden ihre sterbenden Großväter als arbeitslos, leben vom Schmuggel und haben die Taschen voll ausländischer Devisen. Sie kleiden sich armselig und dreckig, weil das ihrer Gewohnheit entspricht.

Die Albaner, müssen Sie wissen, wollen die Welt erobern, indem sie möglichst viele Kinder kriegen und uns an den Rand drängen. Ist Ihnen eigentlich bekannt, daß kein *Hodja* [ein albanischer Geistlicher des Islam] in das Haus einer Familie einkehrt, die nicht mindestens fünf Kinder hat? Und daß Azen Vlasi [ein führender albanischer Politiker] ein Lüstling ist, der mit Huren verkehrt?

Welcher Nationalität sind Sie eigentlich?« wollte sie plötzlich wissen.

»Ich bin Amerikaner«, antwortete ich.

»Das weiß ich; aber Amerikaner ist nicht gleich Amerikaner. Was sind Sie? Sie haben dunkle Haare und sehen nicht aus wie ein typischer Amerikaner.«

»Ich bin Jude.«

»Ha ha. Ich mag Juden, würde Sie aber trotzdem gerne taufen.« Sie lachte und zeigte eine freundliche Miene dabei. »Mir gefallen die israelischen Frauen, die ein Gewehr tragen. Wenn ich noch vierzig wäre, würde ich mich auch bewaffnen. In Jugoslawien fehlt der Glaube. Der herrscht nur hier in Serbien... Zugegeben, ich bin eine serbische Nationalistin. Zwischen uns und den Albanern gibt's demnächst großen Ärger. Sie werden sehen. Zu einer Versöhnung kann's nicht kommen.«

Mutter Tatiana nahm meine Hände und drückte sie, als wollte sie mich segnen.

»Ich lebe schon fünfunddreißig Jahre zwischen diesen Mauern. Wir besitzen zwei Hektar Land und versorgen uns selbst, halten Schweine und Schafe. Seit 1539 haben wir eine Druckerpresse. Sie

steht *drüben*«, sagte sie und zeigte in die Richtung, »total verdreckt. Keiner kümmert sich um sie.«

Drüben – damit war wie schon bei Nevill Forbes und John Reed
im Jahre 1915, bei Rebecca West im Jahre 1937 und nun bei Mutter Tatiana »Altserbien« gemeint. das »Judäa und Samaria« des
serbischen Nationalbewußtseins, der geschichtliche Ort, wo das
Königreich der Nemanjiden entstand, zur Größe aufstieg und zerstört wurde. Dieses altserbische Gebiet, das heute unter der Bezeichnung »Kosovo« bekannt ist, wird seit einigen Jahrzehnten
von moslemischen Albanern reklamiert, die nur indirekt mit den
Türken verwandt sind.

Doch es sind »die Türken«, auf die der Haß von Mutter Tatiana
zielte. Ohne das kulturelle und ökonomische Loch, das die 500jäh-
rige Herrschaft der Türken hinterlassen hatte, hätte hier der Kommunismus wohl kaum so leicht Fuß fassen können, wären die
Albaner wahrscheinlich nicht zum Islam konvertiert und so zahlreich vertreten wie in Altserbien.

Und so haben auch die Serben ihre »Massensymbole«, um den
Begriff von Elias Canetti noch einmal zu zitieren, genaugenommen zwei – zwei Feuersäulen, die ihr nationales Verhalten und die
historische Lage kennzeichnen. Beide sind Erben der Neman-
jiden-Dynastie.

Die erste (kleinere) Säule bilden die mittelalterlichen Klöster,
die Schließfächer der Kunst und Magie, wie sie am eindrücklich-
sten vertreten sind durch Gracanica, nicht zuletzt aufgrund seiner
Nähe zur anderen (größeren) Säule: dem *Kosovo polje*, das heißt
»Amselfeld«, wo die Türken am 28. Juni 1389 den Serben die endgültige Niederlage beibrachten und die Leichen der Gefallenen
dem Raub der Vögel überließen.

1989 mag für andere als das Jahr in Erinnerung bleiben, in welchem der kalte Krieg endete und das kommunistische System zusammenbrach; für Mutter Tatiana und 8,55 Millionen Serben war
1989 etwas ganz anderes, nämlich das sechshundertste Jahr ihrer
Niederlage.

König Milutin starb 1321, als seine Künstler die Fresken von Gracanica vollendet hatten. Sein Nachfolger als König war der Sohn
Stefan Uros III.; zehn Jahre später bestieg sein Enkel Stefan Dusan
den serbischen Thron. In der serbischen Sprache ist Dusan eine

Verniedlichung des Wortes *dusa*, was soviel wie »Seele« bedeutet – ein durchaus passender Beiname für einen König, unter dem Serbien zu großem Ruhm aufstieg. Dusan garantierte religiösen Frieden und ließ ausländische Vertretungen an seinen Hof. Er schaffte ein Steuersystem und eine Rechtsprechung – den Dusan-Code –, die in Schöffengerichten Anwendung fand. Dusans Reich erstreckte sich bis zur kroatischen Grenze im Norden, zum adriatischen Meer im Westen, der Ägäis im Süden und bis zu den Toren Konstantinopels im Osten. Es umfaßte Bosnien-Herzegowina, Montenegro, Albanien, Makedonien, Nordgriechenland und Bulgarien. Von einer geplanten Belagerung Salonikis und dem Angriff auf Konstantinopel mußte Dusan Abstand nehmen, weil er gezwungen war, seine Truppenverbände im Nordwesten zu massieren, als die katholischen Ungarn ins Land einmarschierten.

1354 war Dusan wieder in der Lage, das Byzantinerreich anzugreifen. In ihrer Not nahmen es die Herrscher Konstantinopels hin, daß sich türkische Truppen im Osten sammelten, um aus Kleinasien nach Europa vorzudringen und einen Brückenkopf auf Gallipoli zu errichten in der Absicht, das serbische Heer Dusans abzuwehren. Dieses Manöver stellte sich zwar als nicht notwendig heraus – da Dusan im darauffolgenden Jahr plötzlich verstarb –, führte aber dazu, daß die Türken auf Gallipoli blieben und von dort aus in Bulgarien und Griechenland einmarschierten, bevor sie ein Jahrhundert später (1453) auch Konstantinopel und das byzantinische Reich einnahmen.

Dusans Sohn Uros V. war der letzte Nemanjidenkönig. Unter seiner schwachen Führung wuchs die Macht der serbischen Feudalherren, und zwar auf Kosten des Hofes. Um nach Uros' Tod im Jahre 1371 der türkischen Gefahr zu begegnen, kürte der serbische Adel Knez (»Prinz«) Lazar zum Fürsten der Nation. Obwohl die Türken immer tiefer in den Balkan eindrangen und Serbien als das letzte christliche Bollwerk dem Vormarsch des Islam trotzte, fand Lazar nur wenig Unterstützung durch die Länder Mittel- und Westeuropas. 1389 schließlich kam es zum Kampf, der das Schicksal Serbiens und das der gesamten Balkanhalbinsel für mehr als 500 Jahre – nämlich bis zum Ersten Balkankrieg 1912 – besiegelte.

Nördlich von Gracanica fuhr ich kreuz und quer durch eine apfelgrüne Hügellandschaft, deren Erhebungen wie Kuppeln geformt sind. Im Radiorecorder spielte eine Kassette mit serbischer Volksmusik, deren bukolisch schwelgerische Melodien wohl als Äquivalent zur Musik Stephen Fosters zu verstehen sind. In der Ferne heizte sich unter der Sonne eine flache Ödnis auf: *Kosovo polje*, das Amselfeld.

An einem heißen Junitag waren serbische Ritter dort aufmarschiert, in Kettenhemden und schwerer, mit Gold und Silber verzierter Eisenrüstung und mit prächtigen Federbüschen auf den Helmen. Die leicht gekleideten Türken auf ihren unermüdlichen Mongolenpferden zersprengten das serbische Heer nach Art moderner Guerillakämpfer, denen eine konventionelle Streitmacht gegenübersteht. In einem letzten Rettungsversuch desertierte der serbische Nobelmann Milos Obilic zum Schein ins türkische Lager, ließ sich vor den Sultan Murad führen, zog einen Dolch unter dem Gewand hervor und tötete den Oberbefehlshaber der Türken. Diese Tat hatte jedoch keine militärische Wirkung. Der Oberbefehl ging auf Murads Erben Beyezit (den »Donnerer«) über, der die Serben vernichtend schlug und deren Anführer Lazar hinrichten ließ. (Wenige Jahre später dezimierte Beyezit ein anderes christlich-orthodoxes Volk: das der Bulgaren.)

Ein serbisches Gedicht erzählt jedoch eine andere Geschichte:

> *Da fliegt ein Vogel grau, ein Falke*
> *vom heiligen Jerusalem herbei*
> *und trägt im Schnabel eine Schwalbe.*

> *Es ist kein Falk', kein grauer Vogel,*
> *es ist der Heilige Elia.*
> *Statt einer Schwalbe aber trägt er*
> *ein Buch der Mutter Gottes.*
> *Er kommt ins Kosovo zum Zaren [Knez Lazar]*
> *und legt das Buch auf dessen Knie [und fragt] . . .*
> *Was willst du für ein Königreich?*
> *Soll es im Himmel sein*
> *oder auf Erden?*

> *Das himmlische der Zar erwählte*
> *und nicht das ird'sche Königreich.*
> *Ein Gotteshaus er auf dem Kosovo erbaute . . .*
> *und feierte das letzte Abendmahl mit seinen Mannen . . .*
> *Dann überwältigten die Türken Prinz Lazar . . .*

und mit ihm das gesamte Heer
aus siebentausendsieben Kriegern.

So war alles heilig, ehrenvoll
und Gottes Güte offenbart.

Als die osmanischen Türken mit grausamer Gewalt über das Land herrschten, die Menschen ausbeuteten und das intellektuelle Leben veröden ließen, pervertierten die Serben diese Legende vom noblen Opfer. In ihrer Niederlage hegten sie Gefühle voller Rachsucht und Trauer, Gefühle, die in ihrer Wirkung durchaus vergleichbar sind mit denen, die für iranische Schiiten über Jahrhunderte hindurch ein starker Antrieb waren.

Weder Könige wie Nemanja, Milutin oder Stefan Dusan noch der Heilige Sava rufen unter Serben so intensive Emotionen hervor wie Prinz Lazar, diese legendenhafte Gestalt, die im Grunde viel unbedeutender war als Nemanja, nur eine einzige Schlacht anführte (und verlor) und – nach den Worten von Rebecca West – »das eigene Volk nicht schützen konnte«.

Am 28. Juni 1988 begann die lange vorbereitete Sechshundertjahrsfeier des Lazarschen Märtyriums. Seine eingesargten Überreste wurden durch ganz Serbien von Ort zu Ort getragen und schließlich nach Ravanica zurückgebracht, wo sie vor ihrer Ausbettung und Überführung nach Fruska Gora (der Hügellandschaft nordwestlich von Belgrad) begraben waren. Riesige Mengen schwarzgekleideter, klagender Menschen sammelten sich an jeder Zwischenstation um den Sarg.

Ein vergleichbarer Trauerzug begleitete die Leiche des Imam Husain, der wie Lazar ein schattenhaftes Sinnbild des Scheiterns darstellt und den Schiiten heilig ist; er wurde 680 auf einem mesopotamischen Schlachtfeld von den sunnitischen Streitkräften Yazids getötet. Wie die Schiiten weigern sich die Serben, die Rechtmäßigkeit ihrer jeweiligen Regierung anzuerkennen, ob sie nun von osmanischen Türken oder jugoslawischen Kommunisten gestellt wird. Sie hoffen darauf, daß der himmlische Prinz Lazar eines Tages zurückverlangt, was ihm auf Erden schon gehörte. »Jeder serbische Soldat weiß, wofür er kämpft«, schrieb John Reed zur Zeit des Ersten Weltkriegs. »Als er noch ein Kind war, grüßte ihn die Mutter mit den Worten: ›Heil, mein kleiner Rächer Kosovos!‹«

Für Mutter Tatiana und viele andere Serben war Titos Jugoslawien – wie das einstige Türkenreich – die Manifestation einer anti-serbischen Verschwörung. Denn der von Tito (der halb Kroate, halb Slowene war) propagierten Definition der jugoslawischen Nationalität lag die Absicht zugrunde, die Macht der zahlenmäßig überlegenen Serben einzuschränken, um andere Gruppen, vor allem Kroaten und Albaner, friedlich zu stimmen.

Indem er den Albanern die autonome Führung einer eigenen Provinz, der des Kosovo, zusicherte und indem er diese Provinz von der jugoslawischen Republik Serbien abtrennte, glaubte Tito, den Ansprüchen beider, sowohl der Albaner als auch der Serben, gerecht geworden zu sein. Die Serben aber dachten anders darüber. *Warum sollten diese fremden Moslems, die erst vor 300 Jahren nach Altserbien, ins Kernland unserer Nation kamen, dort ihre Autonomie erhalten? Niemals!*

Der Kommunismus streute Salz in die Wunden. Er verlangte von den Serben, sich für ihre Vergangenheit zu schämen, hieß deren Geschichtsgrößen wie Milutin, Dusan und Lazar »Imperialisten« und verurteilte diejenigen Serben, die mit Lazar in der Schlacht auf *Kosovo polje* fielen, als »reaktionäre Nationalisten«.[2]

Am Abend vor der Schlacht hatte Prinz Lazar gedroht:

> *Wer Serbe ist, von serbischer Geburt*
> *und nicht zum Amselfelde zieht,*
> *um Krieg zu führen gegen Türken,*
> *soll weder einen Sohn*
> *noch eine Tochter je erzeugen*
> *und ohne jede Ernte sein…*

Ich sah diese Worte in einen blutrot gefärbten Steinblock gemeißelt, der, an die dreißig Meter hoch und fest verankert, auf windumwehtem Hügel das Amselfeld überragt. Das Monument steht auf einem Sockel, umgeben von zementenen Türmen, die die Form von Granaten haben; darin eingemeißelt ein Schwert sowie die Zahlen »1389–1989«. Auf der Spitze eines jeden Turmes hing ein frischer Lorbeerkranz.

[2] Siehe Richard West, »The Agincourt of Yugoslavia«, in: *The Spectator*, Dez. 19/26, 1987.

Am 28. Juni 1987 pilgerte Slobodan Milosevic, der serbische Chef der kommunistischen Partei, zum Jahrestag der Niederlage Lazars an diesen Ort. Er zeigte mit dem Finger in die Ferne – in die Richtung, die Mutter Tatiana als *drüben* kennzeichnete –, und soll gesagt haben:»So etwas wird man euch nie mehr antun. Eine Niederlage wird es für euch nicht noch einmal geben.« In diesem Moment begann mit dem Jubelgeschrei der Menge die serbische Revolte gegen die jugoslawische Föderation. Schon bald breitete sie sich auf andere Teilrepubliken aus. Nach und nach faßten die Serben den Mut, Titos furchterregendes Porträt aus ihren Wohnungen und Geschäften zu entfernen und statt dessen ein Foto des behäbigen, pausbäckigen Milosevic aufzuhängen. Der einzige osteuropäische Kommunistenführer, dem es in den späten 80er Jahren gelang, sich und seine Partei vor dem Kollaps zu schützen, tat dies über den direkten Appell an ethnische Haßgefühle.

Milosevic hatte den Bau des melancholischen Monuments auf dem Hügel veranlaßt. Er streckte den Finger aus in Richtung auf die kargen, verödeten Berge Altserbiens, über denen der Abluftgestank einer nahen Fabrik lag und Starkstromkabel kreuz und quer verliefen. Und als er versprach:»Eine Niederlage wird es für euch nicht noch einmal geben«, wußte er genau, welche Wirkung seine Worte hervorrufen würden.[3]

Als Madame Rebecca im Frühjahr 1937 diese Hügel besuchte – Milosevic war damals noch ein kleiner Junge –, wurde ihr bereits bewußt, daß »die Niederlage alles genommen« hatte:

Eine schäbige, leere Berglandschaft, die zu Milutins Zeiten noch dicht besiedelt war, ... erstreckt sich bis in weite Ferne; viele Meilen muß der Reisende zurücklegen, bevor er auf Leben trifft, das angenehm ist, wo ihm Speisen aufgetragen werden, üppig und delikat... Doch als Gracanica erbaut wurde, aßen die Menschen noch Wildbret und gemästetes Fleisch von Tellern aus Gold und Silber... Da aber die Christen die Schlacht von Kosovo verloren hatten, war es mit diesem Leben vorbei... Was übrig blieb, war erbärmlich dünn, dünn wie der Schatten, den eine bewölkte Sonne wirft.

---

[3] Dem genauen Wortlaut nach sagte er: »Niemand hat, weder jetzt noch in der Zukunft, das Recht, euch zu bekriegen.« Aber die mündliche Überlieferung hat viele Variationen dieses Ausspruchs hervorgebracht.

Vierzig Jahre später bedeutet »Niederlage« mehr als eine bloß historische Metapher. Sie beherrscht die Wirklichkeit und kommt sinnfällig zum Ausdruck in den geteerten Spuren, Schlackehalden und Wellblechbauten, wie sie sich darbieten im Blick vom Hügel über dem berühmten Schlachtfeld. Die Niederlage hat einen Namen: Pristina, die von Tito gegründete, von Albanern dominierte Slum-Hauptstadt des »autonomen« Kosovo, die wie eine vorsätzliche Beleidigung plaziert ist zwischen den beiden serbischen Massensymbolen von Gracanica und *Kosovo polje*. Der Weg von einem zum anderen führt unausweichlich durch Pristina.

Pristina war eine von mehreren Hauptstädten des fahrenden Hofstaats der Nemanjiden. Rebecca West beschreibt diesen Ort als ein »trostloses und staubiges kleines Dorf«, wo »Männer wohnen, deren Kleider abenteuerlicher aussehen als jede Bauerntracht, da sie und ihre Schneider, bevor sie erwachsen sind, nie einen Anzug zu Gesicht bekommen haben«. Pristina ist auch heute noch mit seinen kastenförmigen Häusern und den verwahrlosten Einkaufsstraßen – trotz seiner Einwohnerzahl von 150000 – immer noch ein »staubiges, kleines Dorf«, und es hat nach wie vor den Anschein, als würden die hier ansässigen Männer erst seit gestern Anzüge westlichen Zuschnitts kennen.

Als ich in Pristina ankam, wurde mir das Ausmaß des Verbrechens bewußt, das Tito und alle anderen Sultane in der Nachfolge Murads verübt hatten.

Die Albaner, die sich mit mir die Rückbank des Busses aus Zagreb teilten, schienen allesamt an einer Bindehautentzündung zu leiden, so verklebt waren ihre Augen. Sie trugen verschlissene Hosen, die in Ermangelung eines Reißverschlusses mit Sicherheitsnadeln geschlossen wurden. Obwohl sie Moslems waren, roch ihr Atem nach Alkohol, was selbst für die liberalsten islamischen Länder äußerst ungewöhnlich ist. Wie überall in Jugoslawien waren auch hier Porno-Magazine zu sehen, und aus Kofferradios plärrte Rock-and-Roll-Musik. Da wurde um einen Sitzplatz gestritten; zwei Männer schnauzten lauthals einander an. An solche Szenen war ich mittlerweile gewöhnt. Doch mit einem Male wurden die beiden handgreiflich, und es wäre wohl zur Schlägerei gekommen, hätten nicht andere eingegriffen. So etwas war mir in der islamischen Welt noch nie begegnet, wo Gewalt fast ausschließlich politischen Ursprungs ist. Plötzlich fühlte ich mich nicht mehr sicher in meiner Haut. Nie hatte ich mich unter Moslems derart bedroht gefühlt, es sei denn, ich befand mich in einer Kriegszone.

Der erste warnende Hinweis auf Pristina war eine Ansammlung von Holzbaracken, die, mit gelbem Licht spärlich beleuchtet, an Fertigbau-Wohnblocks lehnten, deren Anblick an taumelnde Trunkenbolde auf zerbombtem Hanggelände erinnerte. Kohlenstaub verstopfte die Nase; darunter mischte sich Gestank von Müll und Zement. Ich dachte an die gallenfarbig verschmutzten Vororte von Ankara und Istanbul. Pristina kam mir vor wie ein Ausfluß der türkischen Vergangenheit und Gegenwart. Als der Bus auf steilem Anstieg einer scharfen Kurve folgte (wobei ich seitlich auf die Bierflasche des Sitznachbarn zurückkippte), tauchte eine weitere Wohnsiedlung vor meinen Augen auf: ein häßliches Durcheinander aus braunen Ziegeln, Spiegelglas und Badezimmerfliesen, mit denen Fassaden beklebt waren.

Vom Dach des Grandhotels Pristina, das alle anderen Bauten überragt, prangen fünf Sterne. Der Fahrstuhl erinnerte mich an einen mit Graffiti vollgeschmierten Toilettenverschlag. Das Schloß an meiner Zimmertür war kaputt. Innen roch es nach dem letzten Gast, nach Zigarettenqualm und Haarwasser. Der giftgrüne Teppich starrte vor Dreck. Der Telefonapparat hatte zwar moderne Wahltasten, aber dennoch gingen alle Anrufe über eine Zentrale, wo an einem alten Holzbrett die jeweiligen Anschlüsse verstöpselt wurden.

Die kommunistische Regierung hatte das Hotel mit drei Speisesälen samt Orchesterbühne ausstatten lassen. In jedem dieser Säle fanden mehrere hundert Gäste Platz, doch blieben sie im allgemeinen leer. Die Kellner und die Musiker der drei Kapellen saßen rauchend in Clubsesseln und reagierten verärgert, sobald sich ein Gast zeigte. Von den wenigen Hotelgästen zogen es die meisten vor, ihr Mittag- und Abendessen woanders einzunehmen. Im nachhinein mußte ich immer an das Grandhotel Pristina denken, wenn die Gespräche auf die Kredite westlicher Banken kamen, die in den 70er Jahren an Jugoslawien und andere Ostblockländer vergeben worden waren.

Hier lag das Problem: Während der späten 60er und bis in die 70er Jahre hinein verfolgten Tito und Israel eine im Grunde ähnliche Politik, die sich den Zuspruch der Bevölkerung durch staatliche Investitionen zu sichern versuchte. Tito übertrieb in dieser Hinsicht maßlos. Die Israelis bauten auf der Westbank Krankenhäuser, Wasser- und Elektrizitätswerke. Die verbesserte Lebensqualität aber begünstigte einen massenhaften Aufstand, der durch demokratischen Druck und gestiegene Ansprüche geschürt wurde. Natürlich vereinfache ich das Problem. Es gibt große Unterschiede zwischen den palästinensischen und albanischen *Intifadas*, aber eben auch Ähnlichkeiten, und das Wissen um die eine Seite half mir, mit der anderen zu Rande zu kommen. Nach meinen Erfahrungen im Grandhotel sah ich mich am ersten Tag meines Aufenthaltes in Pristina um und musterte andere *Werke*, die Tito und seine Nachfolger gebaut hatten, um den Haß der Albaner gegen die Serben in Schach zu halten.

Auf einem Hügel nahe dem Hotel steht die Bibliothek der Universität von Pristina. Mit ihrer Fassade aus verschiedenfarbigem Marmor entspricht sie jenen gewagten Bauwerken, die, Wüstenei und Raumfahrt gleichermaßen evozierend, ebensogut zu einer Weltausstellung passen oder auf dem Campus einer Universität im amerikanischen Südwesten stehen könnten. Auf dem Gelände ringsum lagen Glassplitter und Abfall, in dem ein paar Ziegen und Zigeunerkinder herumwühlten. Als ich mich von dem tristen Anblick und den bettelnden Zigeunern abwandte, wurde ich gewahr, daß an kaum einer Stelle in Pristina die Farbe grün zu sehen war.

Gleich hinter dem Grandhotel erhebt sich das kathedralenartige Dachgewölbe des Fußballstadions inmitten eines Sportkomplexes, an dessen Rand ein aus Fertigteilen errichtetes Wohnsilo mit hängenden Wäscheleinen und Verkaufsbuden ringsum wie ein merkwürdiges Geschwür hervorwuchert. Die Stadionausgänge münden in eine Fußgängerzone, die einem Schlachtfeld glich aus Abfallbergen und malträtierten Betonbänken. Dort wartete ich zusammen mit einer Handvoll jugoslawischer Journalisten und einer Einheit der Landes-*Milicija*. Die Milizionäre, hauptsächlich aus Serbien rekrutiert, trugen blaugraue Uniformen, blaue Helme mit armierten Plexiglasvisieren und Sturmfeuergewehre. Ein gepanzerter Personentransporter dieselte vor sich hin, und an strategisch günstiger Stelle weiter oben auf der Straße stand ein mobiler Wasserwerfer in Position. Das Fußballspiel war soeben abgepfiffen worden. Bald würden Mengen junger Albaner aus dem Stadion herausströmen. Darauf warteten wir.

Richtiger gesagt erwarteten wir einen neuerlichen Gewaltausbruch der Art, wie er seit Jahren in Pristina immer wieder vorkommt. Hätte die Weltöffentlichkeit diesen planlosen Aufständen während der 80er Jahre mehr Aufmerksamkeit geschenkt, wäre sie weniger überrascht worden von der serbischen Brutalität, die aus Wut und Frustrationen über die Konflikte mit Albanern entstand und sich später auch auf hilflose Kroaten und bosnische Moslems ausdehnte.

Edward Gibbon, der britische Geschichtsschreiber des späten achtzehnten Jahrhunderts, beschrieb Albanien als ein Land »in Sichtweite Italiens, das weniger bekannt ist als das Innere Amerikas«. Wäre das Innere Amerikas immer noch unerforscht, hätte Gibbons Aussage über Albanien auch heute noch ihre Gültigkeit.

In gebirgiger, unzugänglicher Lage am Rand der Adria, dem Revier eines Adlers gleich – was auch im albanischen Landesnamen *Shkipnjia*, das heißt »Land des Adlers« zum Ausdruck kommt –, bewohnen 3,4 Millionen Menschen ein Gebiet, das bis in unser Jahrzehnt ein Rätsel geblieben ist und von einem stalinistischen Regime tyrannisiert wurde, das, getreu der einsamen Vergangenheit Albaniens, die Weltherrschaft anstrebte.

Die Albaner sind Nachkommen der Illyrer, die manchen Berichten nach schon vor den Griechen und über tausend Jahre vor den Slawen die Balkanhalbinsel besiedelten. Die Landessprache Shkip stammt ebenfalls von illyrischen Stämmen ab und hat kaum Ähnlichkeiten mit anderen Sprachen. Die Grausamkeit des stalinistischen Regimes, dem der Guerilla-Anführer des Zweiten Weltkrieges Enver Hoxha vorstand, und dessen feindliche Haltung dem Ausland und vor allem Jugoslawien gegenüber waren aus historischer Sicht durchaus folgerichtig.

Obwohl Serben davon nichts wissen wollen, ist auch die nationale Entwicklung Albaniens von den Türken aufgehalten worden. Der einzige Lichtpunkt in ihrer langen Nacht der Unterwerfung war die Karriere von George Skanderbeg, der im fünfzehnten Jahrhundert als albanischer Offizier dem osmanischen Heer diente, dann aber desertierte, um eine Revolte seiner Landsleute anzuführen, die sich erfolgreich gegen die Besatzer richtete. Als er fünfundzwanzig Jahre später im Jahre 1468 starb, fiel das Land wieder unter osmanische Herrschaft. Doch nach seinem Vorbild regte sich unter Albanern immer wieder mutiger, wenngleich aussichtsloser Widerstand gegen das türkische Sultanat. Auch inspirierte Skanderbeg den Poeten Henry Wadsworth Longfellow zu einem Gedicht sowie Antonio Vivaldi zu einer Oper.

Als die Türkenherrschaft in Albanien während des Ersten Balkankrieges von 1912 schließlich zu zerfallen begann, standen die Albaner wieder einmal allein und hilflos noch größeren Feinden gegenüber. Serben, Griechen und Bulgaren marschierten ein unter dem Vorwand, das Land zu befreien; doch in Wirklichkeit wollten sie es in verschiedene Einflußzonen aufteilen. 1913 griffen die Großmächte ein und unterstützten die Gründung eines unabhängigen albanischen Staates; nur die moslemische Provinz des Kosovo ging an die Serben.

Ein Jahr später fielen wieder serbische Truppen über Albanien her. Ihnen folgten die Streitkräfte Österreich-Ungarns, die von den Albanern willkommen geheißen wurden. »In ihrer Ohnmacht war es ihnen nicht einmal gegeben, die jeweiligen Beschützer frei zu wählen; sie [die Albaner] hätten selbst den Teufel um Beistand gebeten«, schreibt der albanische Autor Anton Logoreci in *The Albaniens: Europe's Forgotten Survivors*.

Nach Ende des Ersten Weltkrieges triumphierte der ganze Balkan über die Niederlage und den Zerfall der kaiserlich-königlichen Monarchie; die Albaner aber verloren ihren einzigen Verbündeten und waren nunmehr den Nachbarn auf Gedeih und Verderb ausgeliefert. Auch der Zweite Weltkrieg bescherte den Albanern nichts Neues. Im April 1939 drangen die Faschisten Italiens ins Land ein, was nach den Worten Logorecis »kaum eine Welle auf den Wassern des Appeasements« aufrührte. Als Mussolini dann im Oktober 1944 in Griechenland einmarschierte, erklärte der dortige Ministerpräsident George Metaxas, daß der Kampf seiner Truppen nicht nur der Rückgewinnung verlorener Teile Griechenlands gelte, sondern auch der Eroberung Albaniens. Die Albaner hatten sich also zum einen gegen die italienischen Besetzer zu wehren und mußten zum anderen die Befreiung durch die Griechen fürchten.

Im Sommer 1943 kollabierte Mussolinis Regime, und seine Streitkräfte in Albanien wurden von den Nazis abgelöst. Enver Hoxha, ein Albanier Anfang Dreißig, der während seines Studiums in Frankreich zum Kommunisten geworden war, führte den Widerstand an und schlug nicht nur die Nazis, sondern darüber hinaus auch sämtliche nicht-kommunistischen Kampfverbände Albaniens. Die Bilanz des Krieges: 7,3 Prozent der Bevölkerung tot oder verkrüppelt; der Rest dem Verhungern nahe. Jede Brücke, jede Fabrik war zerstört. Hoxha richtete die von den

Westalliierten gelieferten Waffen häufiger gegen albanische Partisanen, die zufällig nicht kommunistisch waren, als gegen die Nazis. Aber der Westen kümmerte sich um Albanien zu wenig, als daß er Anstoß an Hoxhas Verwendung der Waffen hätte nehmen können. Im Oktober 1944 trafen Joseph Stalin und Winston Churchill in Moskau zusammen, um den Balkan, Land für Land, aufzuteilen; Albanien fand dabei nicht einmal Erwähnung. Auch während der Verhandlungen von Jalta im Februar 1945 fehlte von den kriegszerrütteten Ländern Europas einzig und allein Albanien auf der Tagesordnung.

In der Zwischenzeit hatte Tito die Nachbarprovinz Kosovo der Verwaltung der Volksrepublik Serbien unterstellt. Seine Partisanen metzelten daraufhin eine große Anzahl von Kosovo-Albanern nieder, die beschuldigt worden waren, mit Mussolinis Soldaten kollaboriert zu haben. Diese Massaker raubten selbst den albanischen Kommunisten, die bis dahin Tito unterstützt hatten, sämtliche Illusionen. Jahrzehntelang brodelte es in der moslemischen Bevölkerung des Kosovo, die rund eine Million Menschen zählte. Tito antwortete mit Glas und Beton für ein »neues Pristina« inklusive Universität. Im März 1981, kurz nach Vollendung des Stadtaufbaus, revoltierten die jungen Studenten, deren Bücher und Unterricht von der kommunistischen Regierung Jugoslawiens finanziert wurden. Seither gehören Aufstände dort zum Alltag. Sechs Jahre später übernahm Milosevic die Macht in Serbien und versprach, den Unruhen ein Ende zu machen. Als er dem Kosovo die Autonomie zu entziehen versuchte, eskalierte die Gewalt.

Zu diesem Zeitpunkt fingen die Uhren in Albanien allmählich zu ticken an. In der Hafenstadt Durrës, dem römischen Dyrrachium, das einst die größte Stadt der adriatischen Ostküste gewesen war, gelang es mir während meines Besuchs im Jahre 1990, mich für ein paar Stunden von der Reiseaufsicht zu lösen. Ich entdeckte das römische Amphitheater aus dem zweiten Jahrhundert; sein Zustand war erschreckend. Überall häufte sich der Abfall, und eine Mauer mußte als öffentliche Toilette herhalten. Was ich an Geschäften sah, waren fast nur Schneidereien und Schusterwerkstätten. Die albanische Wirtschaft bestand hauptsächlich aus Dienstleistungsbetrieben auf primitivem Niveau. Wenig wurde importiert, und es gab keine Fabriken für die Massenproduktion von Kleidern oder Schuhen. Ein einäugiger Zigeunerjunge, halbnackt und mit kahl rasiertem Kopf, erbettelte ein Kaugummi von mir. Selbst in den ärmsten Ländern der »Dritten Welt« waren Kinder anzutreffen, die Kaugummi verkauften. Hier gab es nichts zu verkaufen. Ich sah eine Gruppe von Leuten einen Kiosk umringen und das Angebot von Rasierapparaten betrachten, von Geräten, die mein Vater vor vierzig Jahren benutzt hatte. Staunend und hoffnungsvoll standen diese Menschen davor.

Unterhalb des Amphitheaters fand ich die Apsis einer byzantinischen Kirche aus dem zehnten Jahrhundert, darin die Darstellung eines Engels aus schwarzen, weißen und gelben Mosaiksteinen. Ich bewunderte die liebevoll gesetzten Ziegelmauern. Zu beiden Seiten dieses kleinen Fleckens Geschichte standen kümmerliche Standardbauten. Aus den Steinfugen der Wohnhäuser bröckelte der Mörtel, weil ihm nicht genug Zement hatte untergemischt werden können.

Am Abend schlenderte ich am Strand von Durrës entlang und kam an einer Reihe von kuppelförmigen Betonbunkern vorbei, die in den 60er Jahren gebaut worden waren zur Verteidigung Albaniens gegen den »anglo-amerikanischen Imperialismus« und die »russisch-bulgarischen Revisionisten«. Aus dem Dunst vor der Küste tönte mir die Musik von Deep Purple entgegen. Ich sah mich um und entdeckte einen Pier, der weit hinaus aufs Wasser führte. Ich folgte ihm bis zu einem windschiefen Häuschen und traf auf eine Gruppe junger Männer. Sie hingen in Sesseln, tranken Raki und rauchten Zigaretten. Aus den Stereolautsprechern dröhnte es ohrenbetäubend. Wie sich herausstellte, sprach einer der Männer Englisch. Wir mußten brüllen, um einander zu verstehen. Doch niemand war bereit, die Lautstärke herunterzudrehen. Laute Musik war, wie ich registrierte, eine Form von Protest.

»Aus welchem Land sind Sie?«

»Amerika.«

»Kennen Sie den Schriftsteller Jack London?«

»Ja«, antwortete ich. »Er schrieb Geschichten über den amerikanischen Nordwesten zu Anfang dieses Jahrhunderts.«

»Das hat man uns auch gesagt. Wie es heißt, werden womöglich bald einige seiner Bücher in der Bibliothek stehen.«

Das Gespräch geriet ins Stocken; die Musik dröhnte weiter. Das Ufer war vor lauter Dunst kaum auszumachen.

»Unsere Herzen schlagen heftig. Wir haben gehört, was in Rumänien und in den anderen Ländern Osteuropas geschehen ist. Albanien steht immer noch allein da, und darauf sind wir beileibe nicht stolz... Wir nehmen uns an Jugoslawien ein Beispiel. Wir haben Freiheit nötig, um an der Seite unserer Brüder im Kosovo kämpfen zu können.«

Im albanischen Süden war mir aufgefallen, daß die Leute dort immer wieder über Griechenland sprachen, wo so viele griechische Albaner Verwandte wohnen hatten. Doch hier in der Mitte Albaniens war der Kosovo und der Kampf gegen die Serben das übergeordnete Thema. Jahrzehntelang hatte sich das kleine Land hinter seinen Kalksteinmassiven verschanzen können. Jetzt schien es, als würden die Berge versinken. Albanien wurde wieder einmal von Serbien und Griechenland aus bedroht. Und der Westen, von dem Hilfe kommen könnte, war unbekannt, unbekannt bis in die Zeit Jack Londons zurück.

»Da kommen sie«, warnte der neben mir stehende Journalist, ein Serbe aus Belgrad. »Rankovic hat recht behalten; er wußte, wie man diese Leute in Schach halten muß.«

Horden von grob aussehenden jungen Männern mit akneentstellter Haut und leeren *Piva*-(Bier)Flaschen in der Hand strömten aus dem Stadion direkt auf uns zu. Sie trugen Kunstlederjacken voller Reißverschlüsse. Manche hatten keine Socken an den Füßen und latschten in braunkarierten Pantoffeln daher. Solche Gestalten waren mir in ganz Pristina aufgefallen. Samstags gingen sie mit ihren Frauen spazieren, deren Gesichter mit dunklen Kopftüchern halb verhüllt waren. Sonntags gingen sie zum Fußballspiel. An den anderen Tagen der Woche schufteten sie ohne Ende für wenig Geld oder vertrieben sich als Arbeitslose die Zeit.

Die *Milicija* stand da wie eine Wand. Einer der Soldaten verdrehte die Augen. Einsätze dieser Art fanden nun schon seit fast zehn Jahren in aller Regelmäßigkeit statt, sechs Jahre länger als die palästinensische Intifada.

»*A-zen Vla-si, A-zen Vla-si*«, begann die albanische Jugend zu skandieren. Es klang, als setzte sich eine Dampflok in Bewegung. Azen Vlasi war ein albanischer Politiker – »ein Wüstling«, wie Mutter Tatiana meinte –, dem Milosevics serbische Behörden gerade wegen Landesverrats den Prozeß machten.

»*Eh-o, Eh-o.*« Der neue Slogan bezog sich auf Enver Hoxha,

den letzten stalinistischen Diktator Albaniens. »Was für arme Schweine«, bemerkte der serbische Journalist. »Hoxha ist der einzige Held, den sie haben.«

Einer der Jungen warf eine *Pina*-Flasche in unsere Richtung. Die Soldaten brachten einen Wasserwerfer zum Einsatz und jagten die Demonstranten den Hügel hinauf. In einiger Entfernung setzte eine andere Gruppe von Jugendlichen einen Berg von Autoreifen in Brand. Schaulustige zeigten sich auf den Balkons. »Faschisten«, schrien sie, als die Soldaten, hauptsächlich aus Serben bestehend, zu ihren Knüppeln griffen. Jetzt fing die Gewalt erst richtig an. Unter mir lag die Skyline des »neuen Pristina«: ein Auswurf an Betonklötzen, die Tito gebaut hatte, um entzweiende, »reaktionäre« Vergangenheit zu tilgen. Doch in Pristina hatte sich nun diese Vergangenheit zurückgemeldet; die Gebäude gerieten in Verwüstung.

Die Sonne ging unter. Schwärme schwarzer Krähen hockten krächzend in den kahlen Akazienbäumen, die die Hauptverkehrsstraße Pristinas säumten. Ich mußte an die Aasvögel denken, die über die gefallenen Soldaten Lazars hergefallen waren. Ins Grandhotel zurückgekehrt, schaltete ich den BBC World Service ein.

Es war der 8. November 1989. Das Jugoslawienproblem wurde von der Weltöffentlichkeit noch nicht zur Kenntnis genommen. Die DDR-Regierung hatte gerade verkündet, daß die Berliner Mauer teilweise durchbrochen und Berlin von Mitternacht an eine offene Stadt sein werde. Der kalte Krieg und die falsche Trennung Europas waren überwunden. Eine andere, historisch fundierte Trennungslinie würde, wie ich ahnte, wieder in Kraft treten. Statt der Aufteilung Europas in einen demokratischen Westen und kommunistischen Osten würde nun erneut eine Kluft zwischen Europa und dem Balkan aufreißen. Aber wen kümmerte das? Andere Themen beherrschten die Schlagzeilen. Und ich registrierte mit Sorge, daß der Balkan sowohl zeitlich als auch räumlich von diesen Schlagzeilen weit entfernt war.

KAPITEL DREI

Makedonien: »Eine Hand, die zu den Sternen greift«

Die hiesige Landschaft darf nicht nur betrachtet, sondern muß auch gelesen werden. Ich schloß die Augen, um mir das sandige, rauchverhangene Tableau zu vergegenwärtigen, und zwar gemäß seiner ethnischen und linguistischen Zonen sowie der unterschiedlichen Deutung seiner Geschichte. So klein das Bild an sich, so lang und verwirrend ist die Beschreibung.

Der Weg führte mich in südliche Richtung von Altserbien nach Makedonien. Wie die Hänge, so waren die Dächer der Häuser geneigt. Kohlenstaub lag als dünner Grauschleier auf den Schneezungen, die das gefurchte Gelände durchzogen. Ich sah Fichtenwälder und stattliche Pappeln. Kastanienbraun und sienarot gescheckte, samtene Schals drapierten die Hügel, deren Falten hinabfielen auf weidenumwucherte Flüsse. Wieder wehte mir feiner Ruß ins Gesicht, und ich schloß die Augen. Die Schönheit des Landes schien mir so, wenn auch nicht als Realität, wohl aber als verlorenes Ideal um so kostbarer. Ich verstand, warum seine Poeten bitter waren und in Hyperbeln sprachen.

In Skopje, der Hauptstadt Makedoniens, ragen türkische Minaretts über silberne Kuppeln und Basarbuden hinaus, Ausrufezeichen gleich, die die Einsamkeit und Weite des Tals betonen, das dem Wind schutzlos ausgeliefert ist und einen Vorgeschmack gibt auf die Wüste Asiens.

Vieles in Skopje ist von türkischem Einschlag. Männer in weißen Kappen spielen Backgammon und trinken Hagebuttentee aus kleinen Tassen, die wie Stundengläser aussehen. Ich zog meine verdreckten Schuhe aus und wärmte die Füße in den tiefen Teppichen der Moschee von Mustafa Pascha aus dem fünfzehnten Jahrhundert. Mein Blick verlor sich im arabesken Wandschmuck. Unentschlüsselbar, unendlich oft wiederholten sich die Muster in linearer

Form. Wie die Wüste in ihren Konturen, so ist der Islam eine Welt der Abstraktion, von mathematischer Strenge, für die mystischen Christen des Ostens fremd und bedrohlich.

Das orthodoxe Christentum setzte sich gegen den islamischen Vormarsch mit Sympathiezauber zur Wehr. In der nahegelegenen Kirche des Heiligen Dimitrios sah ich Ikonen hinter Glas, in dem sich das Licht dergestalt brach, daß der Eindruck entstand, als seien die Gesichter der Heiligen lebendig und in ständiger Bewegung. Ihre Körper liegen unter einer Unzahl billiger Silbertafeln verborgen, worauf Leiden dargestellt sind, von denen geheilt zu werden die Bittsteller erhoffen. Ich atmete den Duft der Bienenwachskerzen ein, die so zahlreich brannten, daß die Wände der Kirche schwarz verrußt waren. Dies ist eine Welt, die das wundersame Dunkel der Wiedergeburt versinnbildlicht, eine Welt, die vom Einfluß der Türken unberührt geblieben ist.

Den Fluß der Vardar überquerte ich auf einer Steinbrücke, gebaut auf römischen Fundamenten, die den schweren Erdbeben der Jahre 518, 1535 und 1963 widerstanden haben (nach dem letzten Beben waren hunderttausend Menschen ohne Obdach). Lehmfarbene Gestalten zogen an mir vorüber. Es mochten Griechen sein, Türken, Serben oder Bulgaren; mein Versuch ihrer Zuordnung hing ab von der Volksweise, die ich gerade summte, oder dem Buch, das ich zuletzt gelesen hatte. Ein Zigeunerjunge bot Armbanduhren zum Verkauf an. Die Auslage in der Pappschachtel beschwerte Bündel von 100-Dinar-Scheinen, die der Wind davonzublasen drohte. Die Inflation hatte diese Noten fast wertlos gemacht.

Vor mir lag das »neue« Skopje, das sich trotzig aus den Trümmern des letzten Erdbebens erhob: massive Betonformen, die wie in Pristina bereits zerbröckelten und von Feuchtigkeit durchzogen waren. Graffiti allenthalben – nicht auf slawisch, sondern in einem geradebrechten Englisch:

Hors hav hardons ... bad end ... no futur, mucky pup

Gane Todorovski, dein Poet dieser Stadt, verstand, worum es geht:

Die Vardar ist stumm. Sie schwillt und schwemmt
seit Ewigkeiten, Tag für Nacht mit sich davon
den Dreck, die Illusionen, vergessene

Namen, Überlebtes, wurzellose
Stämme, Stümpfe, Schicksale, Reiche, Größen,
spült fort, zermalmt und wendet alles,
was haltlos, niedrig ist und ohne Würde.[1]

Auf festem Fundament zu stehen schienen nur die türkische Moschee, die rauchgeschwärzte Kirche und die römische Steinbrücke. Makedonien, das Land, von dem Alexander der Große auszog, um die antike Welt zu erobern, und wo Spartakus' Sklavenrevolte ihren Ausgang nahm, gleicht historisch wie geographisch einem Reaktor-Ofen. Durch den Niedergang des osmanischen Reiches ausgelöst, entlud sich hier erstmalig ethnischer Haß, der bis in die heutige Zeit ausstrahlt auf die Konflikte zwischen Europa und dem Nahen Osten. Makedonien ist wie das Chaos vor der Schöpfung, aus dem, wie mir der Dichter Todorovski sagte, »das kleinste Licht erzeugt oder auch ausgelöscht werden kann«.

»Wer außer dem Teufel hätte ein so heiteres Beinhaus bauen können«, kommentierte die britische Gelehrte Mercia MacDermott in *Freedom or Death: The Life of Gotse Delchev*, der Geschichte des Mannes, der den makedonischen Guerillakampf gegen die Türken angeführt hatte. Nach Ansicht von MacDermott ist Makedonien der Westteil Bulgariens, weil Delchov Bulgare war. Die Ansprüche auf makedonisches Gebiet und Blut sind Legion. Hier überlappen die tektonischen Erdkrusten von Afrika, Asien und Europa, was zu einem einmaligen Formenreichtum der Landschaft geführt hat. Vulkanische Eruptionen ungeheuren Ausmaßes prägen das Bild. Afridische Stämme aus dem östlichen Afghanistan prahlen damit, von Alexanders Soldaten abzustammen, die bis nach Indien vordrangen.

Ich schloß die Augen und blendete die sichtbaren Zeichen der fünfundvierzigjährigen Herrschaft des kommunistischen Jugoslawien aus. In diesem Moment sah ich die Landschaft Nordgriechenlands: das klare ägäische Licht, das friedvolle Bild diesig spiegelnder Seen, das herbstliche Laub, unübertroffen in der nuancenreichen Zartheit seiner Grau- und Brauntöne. Und ich sah – solange ich den heulenden Wind aus Zentralasien überhörte – eine Form östlichen Mysteriums und Zaubers, die sich, durch

---

[1] Gane Todorovski, »By the Old Bridge in Skopje«

81

den Westen gebändigt, in Vollendung zeigt: die Kulisse eines Märchens. »Makedonien ist das Land, das ich immer schon zwischen Schlaf und Erwachen gesehen habe«, schreibt Madame Rebecca, und zwar »von Kindheit an, als mir der Ort, an dem ich lebte, zu fade erschien und eine Stadt vorschwebte wie Yaitse oder... Bitolj oder Ochrid.«

Von solchen Städten nahm das zwanzigste Jahrhundert seinen Ausgang, und dort könnte es enden. Ich holte John Reeds *The War in Eastern Europe* aus dem Rucksack. 1916 schrieb Reed:

> Die makedonische Frage ist für jeden großen Krieg, der während der vergangenen fünfzig Jahre in Europa stattfand, von ursächlicher Bedeutung, und solange diese ungelöst bleibt, wird es auf dem Balkan und ringsum keinen Frieden geben. Makedoniens Bevölkerung besteht aus einem ethnischen Nebeneinander unvorstellbarer Sprengkraft. Türken, Albaner, Serben, Rumänen, Griechen und Bulgaren leben Seite an Seite, ohne sich zu vermischen – und so leben sie seit den Tagen des Apostels Paulus.

Laut Lord Kinross, der Reeds Argumentation aufgreift, ist Makedonien eine verkleinerte Projektion des Osmanenreiches. Das Land liegt mitten im Herzen des südlichen Balkan und wurde um die Jahrhundertwende »die Türkei in Europa« genannt. Die Türken selber bezeichnen es als »Rumeli«, was soviel wie »Land der Römer« bedeutet und schon für die byzantinischen Griechen der Name Makedoniens war.

»Die Türkei in Europa« fing im frühen neunzehnten Jahrhundert zu zerfallen an, als sich Griechen, Serben und Montenegriner in blutigen Befreiungskämpfen vom osmanischen Reich lösten. Doch im April 1877 zog der russische Zar Alexander II. in den Krieg, um Bulgarien von der türkischen Besatzung zu befreien, womit die erste identifizierbare Saat der späteren Großmachtkonflikte gelegt war.

Die Truppen des Zaren, denen sich rumänische Verbände und viele bulgarische Guerillaeinheiten auf dem Marsch nach Süden anschlossen, drangen über den Schipka-Paß ins mittlere Bulgarien vor. Obwohl sie dem Gegner zahlenmäßig im Verhältnis von eins zu vier unterlegen waren, brachten sie der türkischen Streitmacht im Sommer 1877 die entscheidende Niederlage bei. Im Dezember nahmen die Russen die bulgarische Hauptstadt Sofia in Besitz. Als im April die russischen Truppen vor Adrianopel standen, fuhr Fürst Ignat'ev, der russische Gesandte am Hof des Sultans Abdul Hamid II., in eine staubige thrakische Stadt, wo er den geschlagenen Türken die Bedingungen des Vertrags von San Stefano diktierte und damit Lunte legte an das »balkanische Pulverfaß«.[2]

Der Vertrag erklärte Bulgarien zum Fürstentum, das, obwohl nominell unter türkischem Protektorat bleibend, de facto eine Neuauflage des bulgarischen Königreichs aus mittelalterlicher Zeit darstellte. Es umfaßte nicht nur die derzeit gültigen Grenzen Bulgariens, sondern auch das gesamte makedonische Land – das heißt aus heutiger Sicht: die jugoslawische Teilrepublik Makedonien, Teile des albanischen Westens und ein großes Stück von Griechenland rund um die Stadt Saloniki, wodurch Bulgarien einen Zugang zum ägäischen Meer erwarb.

Erstaunlich ist, daß das durch russische Hilfe aus der Taufe gehobene »Großbulgarien« ziemlich genau jenem Standard nationaler Selbstbestimmung entsprach, das der amerikanische Präsident Woodrow Wilson Jahrzehnte später für die Länder Europas forderte. Zum Beispiel: In dem großen, Bulgarien zugeschlagenen Teil des griechischen Makedonien lebten zu jener Zeit überwiegend Bulgaren; Griechen, Türken und Juden waren Minoritäten. Dasselbe traf auch für den Rest Makedoniens zu, was heute dort von fast allen Seiten vehement bestritten wird. John Reed, der dem Zeitgeschehen sehr viel näher stand als ich, bemerkte, daß »die überwiegende Mehrheit der makedonischen Bevölkerung aus Bulgaren« bestand. »Als Makedonien noch türkische Provinz war, hatten sie sich schon als Nation zusammengefunden und eigene Schulen gegründet. Und als die bulgarische Kirche gegen den griechischen Patriarchen revoltierte..., gewährten ihr die Türken die Einrichtung von bischöflichen Diözesen, denn es konnte nicht geleugnet werden, daß Makedonien bulgarisch war.« Im folgenden berichtet Reed, daß Serben und Griechen in Makedonien Schulen gründeten – und dort Guerillakämpfer aufzogen –, nur um sich gegen den in dieser Region auflebenden Nationalismus Bulgariens zur Wehr zu setzen.

---

[2] San Stefano, die Stadt am Marmarameer westlich von Istanbul, wird heute Yeşilköy genannt.

Mit der bulgarischen Einverleibung Makedoniens entstand auf dem Balkan ein äußerst machtvoller pro-russischer Staat, den weder Großbritannien noch Deutschland und schon gar nicht dessen Verbündeter Österreich-Ungarn tolerieren konnten, zumal die k. u. k. Monarchie eigene Balkanbesitzungen zu verteidigen hatte. Der Vertrag von San Stefano war zu korrigieren. Der deutsche Reichskanzler Fürst Otto von Bismarck verabredete zu diesem Zweck ein Treffen, um dieses und andere Großmachtprobleme zu lösen. Die Verhandlungen in den Monaten Juni und Juli 1878 machten als Berliner Kongreß Geschichte.

Bismarck, ein weitsichtiger Zyniker, erkannte genau, worauf die Großmächte angesichts der Balkankrisen zusteuerten. »Der ganze Balkan«, mahnte er, »ist nicht die gesunden Knochen eines einzigen Pommerschen Musketiers wert.«

Der deutsche Reichskanzler wollte solche Äußerungen als doppelte Warnung verstanden wissen: zum einen an die Adresse Großbritanniens, das er aufforderte, den russischen Einfluß auf dem Balkan im Zaum zu halten, zumal Deutschland – zumindest solange er an der Regierung war – nicht die Absicht hatte, sich dort zu involvieren. Zum anderen ging die Warnung an Deutschlands Hauptverbündeten Österreich-Ungarn: Der Habsburger Hof brauchte nicht mit deutscher Unterstützung zu rechnen, falls er so töricht wäre, wegen eines armseligen Landes wie Bulgarien einen Krieg gegen Rußland anzuzetteln. Doch Bismarcks Balkanpolitik fehlte. Zwar löste eine Krise in Serbien den Ersten Weltkrieg aus, sein eigentlicher Grund aber lag in der bulgarischen Beanspruchung Makedoniens.

Bismarck glich, was sein Genie, aber auch seinen großen Fehler anging, einem anderen herausragenden Politiker der deutschsprachigen Welt jener Zeit: Fürst Klemens von Metternich. Beide Männer waren Handwerker, die es verstanden, den Lauf der Zeit aufzuhalten, indem sie aus den Stücken der Vergangenheit eine fragile Gegenwart zusammenstückelten. Bezeichnend für dieses Vorgehen waren Metternichs Bemühungen während des Wiener Kongresses 1814, als er den Versuch unternahm, die prä-napoleonische Ordnung wiederherzustellen. Ein ähnliches Ziel verfolgte Bismarck auf dem Berliner Kongreß von 1878.

Unterstützung erfuhr Bismarck durch den britischen Delegierten Benjamin Disraeli, der den Russen klargemacht hatte, daß eine Fortsetzung ihrer Bestrebungen, ein bulgarisches Großreich zu schaffen, den Krieg gegen Großbritannien heraufbeschwören würde. So führte Bismarcks Kongreß zum Abbau Großbulgariens, noch bevor dieses errichtet war. Dem Vertrag von San Stefano gemäß wurde dem bulgarischen Norden zwischen Donau und Balkangebirge Souveränität zuerkannt.[3] Die südliche Hälfte Bulgariens jedoch, das gesamte Gebiet zwischen Balkangebirge und griechischer Grenze, wurde zur türkischen Provinz erklärt, die von einem bulgarischen christlich-orthodoxen Statthalter autonom verwaltet werden sollte. Makedonien geriet somit wieder unter türkischen Einfluß. Die Erstürmung Bulgariens durch russische Truppen und der Vertrag von San Stefano waren ohne Folgen geblieben.

Allerdings waren die Russen nicht unzufrieden, als sie Berlin verließen. Bismarck hatte sie für den Verlust Makedoniens entschädigt, und zwar mit der Übereignung von Gebieten in Bessarabien, die den Rumänen genommen wurden, und im Nordosten Anatoliens, auf die die Türkei verzichten mußte. Außerdem garantierte der Berliner Vertrag den Serben als Alliierten Rußlands völlige Selbständigkeit. Und um Österreich-Ungarn für diese neuerliche Provokation zu entschädigen, sorgte Bismarck dafür, daß Bosnien, die Provinz an der Grenze zu Serbien, deren Bevölkerung ebenfalls selbständig sein wollte, den Osmanen genommen und unter die Regierungsgewalt der Habsburger gestellt wurde – womit der unmittelbare Anlaß des Ersten Weltkriegs gegeben war. Großbritannien erhielt von den Türken die Insel Zypern.

Anstatt das makedonische Problem zu lösen, wurde es durch Bismarcks Berliner Kongreß zugespitzt. Die »Ostfrage«, die 1914 zur Katastrophe führte, war im Grunde lediglich eine Vorformulierung der »makedonischen Frage«, die nach wie vor Haß schürt und an den ehemals türkischen Besitzungen in Europa rüttelt.

In Makedonien entfachte der Berliner Kongreß von einem Tag auf den anderen eine Orgie der Gewalt. Die Streitkräfte des Sultans zogen sich nicht etwa zurück, wie es der Vertrag von San Stefano verlangte, sondern wüteten nun hemmungsloser denn je. In Ochrid vergewaltigten Türken junge Mädchen und folterten sie dann mit siedendem Öl und glühendem Eisen. Sie raubten Vieh,

---

[3] Abgesehen von der Dobrudscha, jenem nordöstlich gelegenen Gebiet am Schwarzen Meer, das Rumänien angegliedert wurde.

plünderten Geschäfte und verscharrten Bauern, die sich geweigert hatten, den maßlosen Steuerforderungen nachzukommen, im Mist ihrer Schweineställe. In Skatsinti südlich von Skopje vergriffen sich die Türken an einem gewissen Petur Lazuv, dem sie die Augen ausstachen, Ohren und Nase abschnitten und erst nach Tagen schlimmster Qualen den Kopf abschlugen.

Hinzu kam, daß der Vormarsch des russischen Heers durch die gerade erst befreite Nordhälfte Bulgariens zu einem Exodus wutentbrannter Türken führte, die zusammen mit den vor den Habsburgern fliehenden Moslems aus Bosnien nach Makedonien zogen, wo sie sich der türkischen Armee anschlossen und die orthodoxe Bevölkerung terrorisierten.

Unter der Führung Natanails, des Bischofs von Ochrid, reagierte die orthodoxe Priesterschaft sofort. Es wurden Sammelstellen für Pistolen und Messer eingerichtet, um die mobilen Verbände der *Ceti*-Partisanen zu bewaffnen, die bereits im Oktober 1878 einen Aufstand gegen die türkische Fremdherrschaft geführt hatten. Diese makedonische Freischärlerbewegung sollte sich während der nachfolgenden fünfzig Jahre einer Serie von radikalen Umwälzungen unterziehen. Makedonien wurde zur Brutstätte nicht nur der modernen Kriegsführung, sondern auch des modernen Terrorismus und des klerikalen Fanatismus.

Der erste bekannte makedonische Freischärleraufstand endete 1881 unter türkischen Peitschen und Gewehrkolben in den Todeszellen des Gefängnisses von Bitolj. Zwar waren die Türken noch stark genug, einen offenen Aufstand niederzuschlagen, doch konnten sie nicht verhindern, daß ständig neue Rebellen und Propagandisten vor Ort auftauchten.

Im selben Jahr mußte Serbien notgedrungen die österreichisch-ungarische Besetzung von Bosnien anerkennen, die der Berliner Kongreß drei Jahre zuvor beschlossen hatte. Im Gegenzug erlaubte der Habsburger Hof den Serben, Soldaten und Waffen nach Makedonien zu bringen, um einen Keil zu schlagen zwischen osmanische Türken und pro-russische Bulgaren. 1885 führte der fortwährende Druck Rußlands auf die Türkei zur Vereinigung der bulgarischen Südhälfte mit dem bereits unabhängigen Norden. Aus Angst, die Bulgaren könnten ihr Ziel eines Großreichs verwirklichen, schlug sich die Türkei auf die Seite der Serben im Kampf gegen die makedonischen Bulgaren.

Spätestens 1897 war die Lage unentwirrbar verwickelt. Ein Aufstand auf Kreta führte zum Krieg zwischen Griechenland und der Türkei. Um zu verhindern, daß bulgarische Streitkräfte den Griechen zur Hilfe kämen, änderte Sultan Abdul Hamid seine Makedonienpolitik schlagartig. Statt weiterhin an der Seite der Serben die dort ansässigen Bulgaren in Schach zu halten, ließ der Sultan dem bulgarischen König Ferdinand freie Hand in dessen Bestreben, mit serbischer Hilfe die Griechen zu zügeln.

In der südöstlich von Skopje gelegenen Stadt Stip hatten inzwischen sechs Verschwörer, darunter auch der einundzwanzigjährige Schullehrer Gotse Delchev, aus den Resten der *Ceti*-Freischärlerbewegung die »Makedonische Revolutionäre Organisation« gegründet. Um diese einheimische Gruppierung von der anderen, aus der bulgarischen Hauptstadt Sofia heraus operierenden makedonischen Untergrundorganisation zu unterscheiden, nannten sich die Revolutionäre bald die *Innere* Makedonische Revolutionäre Organisation oder kurz: IMRO. In den 90er Jahren des vorigen Jahrhunderts hatte die IMRO starken Zulauf und finanzierte sich über Bankeinbrüche sowie erpresserische Geiselnahmen.

Um die Jahrhundertwende herrschte in Makedonien ein Machtvakuum, in dem die Gewalt sektiererischer Gruppierungen ungehindert um sich greifen konnte. Das Fehlen einer verläßlichen Zentralregierung oder eines klaren, nationalstaatlichen Konzepts machte es den verschiedenen Fremdmächten leicht, ihre jeweiligen Rivalitäten auf dem Boden Makedoniens auszutragen. Hier kämpften christliche gegen islamische Milizen; verwilderte Freischärler legten Bomben in Cafés, Freilufttheatern und Eisenbahnstationen, führten geheime Tribunale durch, exekutierten Zivilisten, die der Kollaboration mit dem »Feind« bezichtigt wurden, und nahmen Geiseln wie die amerikanische protestantische Missionarin Ellen Stone. »Zweihundertfünfundvierzig Banden versteckten sich in den Bergen. Serbische und bulgarische *Komitadschis*, griechische *Andartes*, Albaner und Walachen... alle führten Krieg«, schreibt Leon Sciaky in *Farewell to Salonica: Portrait of an Era*. Zu Anfang des neuen Jahrhunderts war Makedonien der Schauplatz von Verbrechen und Flüchtlingslagern, für die der Westen nur noch zynischen Spott übrig hatte, zumal die Zeitungskorrespondenten mit immer neuen Schreckensmeldungen aufwarteten und keine Lösung in Sicht war.

Um 1990 aber hatte der Westen diese Zeit längst vergessen; an sie erinnerte nur noch eine Handvoll vergilbter Schwarzweiß-Fotografien in verstaubten Rahmen in den Museen von Skopje und anderen Städten.

Makedonien, dessen Name die Franzosen zu einem gemischten Salat inspiriert hat (*macedoine*), bringt das Hauptübel des Balkans auf einen Nenner: widerstreitende Träume von verlorenem Glanz. Jede Nation fordert eine Revision der Grenzen zurück auf den Verlauf zur Zeit der größten Expansion. Weil Philipp von Makedonien und sein Sohn Alexander der Große im vierten Jahrhundert v. Chr. ein großmakedonisches Königreich errichtet hatten, glaubten die Griechen, Anspruch auf dieses Gebiet zu haben. Weil die Bulgaren gegen Ende des zehnten Jahrhunderts unter König Samuel und im dreizehnten Jahrhundert unter König Iwan Assen II. die bulgarische Westgrenze bis zur Adria verschoben hatten, glaubten die Bulgaren, Anspruch auf Makedonien zu haben. König Stefan Dusan hatte Makedonien im vierzehnten Jahrhundert erobert und Skopje zu einer – wie Rebecca West sagt – »großen Stadt« gemacht, »in der er an einem Ostersonntag zum Kaiser und Alleinherrscher über Serben, Byzantiner, Bulgaren und Albaner gekürt worden war«. Aus diesem Grund halten die Serben Makedonien für ihren Besitz. Im Unterschied zum Westen versteht man auf dem Balkan die Geschichte nicht als einen chronologischen Prozeß. Statt dessen springt sie umher und bewegt sich im Kreis, und wo Geschichte auf diese Weise wahrgenommen wird, fassen Mythen Wurzeln. Evangolos Kofos, der in Makedonien herausragende griechische Gelehrte, hat beobachtet, daß »dieses historische Erbe ... die Nationen begleitet auf ihrem steilen Weg zur Staatsbildung, zur nationalen Vereinigung oder womöglich zur Wiederbelebung längst untergegangener Reiche«.

»Wie unterteilen Sie denn die Vergangenheit?« fragte mich der Dichter Todorovski. Es war gegen neun Uhr morgens in Skopje, und er bot mir Pflaumenschnaps an zusammen mit einer Tasse türkischen – Verzeihung, »makedonischen« – Kaffees.

»Sie streiten wohl um des Kaisers Bart«, antwortete ich.

Einen solchen Streitpunkt verkörpert zum Beispiel Gotse Delchev, dessen Konterfei mit langem Schnurrbart, dichtem, pechschwarzem Haar und finster dreinblickenden schwarzen Augen durch die Museen und Amtsstuben in Bulgarien und dem ehemals jugoslawischen Makedonien geistert. Delchev kam am 4. Februar 1872 nördlich von Saloniki im osmanischen Reich zur Welt. Sein Geburtsort wurde von den bulgarischen Einwohnern Kukus genannt. Während des Zweiten Balkankrieges flohen am 2. Juli 1913 die Bürger von Kukus vor dem anrückenden Heer der Griechen, glaubten aber, daß sie in wenigen Tagen zurückkehren könnten, sobald die Angreifer von den bulgarischen Streitkräften »ins Meer« getrieben wären. Doch die Griechen legten Kukus in Schutt und Asche, und seine Bewohner kehrten nie zurück. Auf den Trümmern entstand die griechische Stadt Kilkis, die heute von Schnellimbißrestaurants beherrscht wird. »Kommen Sie mir nicht mit Kilkis«, hatte mir 1985 ein rotgesichtiger bulgarischer Diplomat in Athen gesagt. Zu dieser Zeit galt Bulgarien noch als loyaler Satellitenstaat des Kreml. »Sie sind von Amerika und haben keine Ahnung. Aber lassen Sie sich eins sagen: Es gibt kein Kilkis, sondern nur Kukus, und eines Tages, wenn sowohl die NATO als auch der Warschauer Pakt zu existieren aufgehört haben, wird Kukus neu erstehen.«

Delchev erhielt eine weiterführende Ausbildung auf einem bulgarischen Gymnasium in Saloniki (der heute rein griechischen Stadt). Im Anschluß daran besuchte er die Militärakademie in der bulgarischen Hauptstadt Sofia. Den Rest seines kurzen Lebens verbrachte er als Schullehrer und Guerillakämpfer in »Makedonien«, in jenem Gebiet, das heute Teile des griechischen Nordens, des bulgarischen Südwestens und den Südosten des ehemals jugoslawischen Makedoniens umfaßte. Er starb am 4. Mai 1903 im Hagel türkischer Gewehrsalven, »den Umhang über die linke Schulter geworfen, in die Stirn gerutscht der weiße Fez mit blauem Band, den Gewehrgurt um den linken Ellbogen geschlungen«, erinnerte sich der Augenzeuge Mihail Cakov. Das Scharmützel hatte stattgefunden in dem bulgarischen Dorf Banitsa, dem heutigen Karie auf griechischem Boden. Doch die Bulgaren finden sich mit diesem Wandel nicht ab: »Das Land hält alle im Gedächtnis, selbst die ungeborenen, noch namenlosen Kinder«, tönt MacDermott, Delchevs Biograph und Bewunderer.

Nach Gotse Delchevs Tod rankten die Legenden um seine Person ins Bizarre. 1923 bewilligten die griechischen Behörden die Überführung seines Leichnams nach Bulgarien. Um Tito zu besänftigen und seinem drohenden Austritt aus der Kominform zuvorzukommen, drängte Stalin die bulgarischen Kommunisten, Delchevs Gebeine abzutreten. Heute liegen sie unter einer Fichte auf dem Friedhof der Kirche von Sveti Spas in Skopje begraben; der Grabstein ist mit Kränzen geschmückt. Wer glaubt, die Bulgaren hätten Stalin oder den Russen diesen Diebstahl jemals verziehen, verkennt die Leidenschaft, die den Balkan beherrscht.

»Kommen Sie mir nicht mit Makedonien!« hatte sich der bulgarische Diplomat in Athen erregt. »Es gibt kein Makedonien. Es ist der Westen Bulgariens. 80 Prozent der Bevölkerung sprechen bulgarisch. Aber das verstehen Sie nicht; Sie haben keine Ahnung von unseren Problemen... Gotse Delchev war Bulgare. Er wurde in Sofia erzogen. Bulgarien hat seine Guerilla-Operationen finanziert. Er sprach einen westbulgarischen Akzent. Wie könnte er etwas sein, das nicht existiert?« Der Diplomat überreichte mir ein Exemplar der von MacDermott verfaßten Biographie – die ich schon von einem anderen bulgarischen Beamten zugesteckt bekommen hatte – sowie ein rund tausend kleingedruckte Seiten umfassendes, blaugebundenes Buch mit dem Titel *Macedonia: Documents and Material*, das von der bulgarischen Akademie der Wissenschaften herausgegeben wurde. Ich schlug es auf und las:
»Ein Überblick über die in dieser Urkundensammlung zum Thema Makedonien untersuchten Sachverhalte belegt in überzeugender Weise, daß die slawische Bevölkerung dieser Region bulgarisch ist... Eine Vielzahl von Dokumenten deckt die historische Wahrheit auf...«

»Die Bulgaren sind notorische Dokumentenfälscher. Was kann man von Tartaren anderes erwarten?« erklärte mir Orde Ivanovski, ein Staatshistoriker des ehemals jugoslawischen Makedonien, den ich kurz nach meinem Umtrunk mit dem Dichter Todorovski interviewte. Mir fiel auf, daß diese Leute im Gegensatz zu Israelis und Arabern offenbar nicht gelernt hatten, ihre haßgeladenen Äußerungen diplomatisch zu verschlüsseln, um Rücksicht zu nehmen auf die Sensiblitäten westlicher Beobachter. Vielleicht lag dies daran, daß die internationalen Medien den Balkan so lange ignoriert hatten (bis 1992 war kein einziger Korrespondent der großen Nachrichtensender in Makedonien). Auf dem Balkan sprachen die Leute sehr viel offener als im Nahen Osten und darum auch viel brutaler.

Dr. Ivanovski fuhr fort: »Wissen Sie, die Bulgaren haben Spezialisten, die Bücher wie das über Gotse Delchev erfinden. Sie bestechen ausländische Autoren mit Bargeld und verleihen ihnen Professorentitel, damit sie ihre Namen unter solche Machwerke setzen. Ich habe erfahren, daß die Bulgaren gerade jetzt dabei sind, Werbeflächen in Indien zu mieten, um propagandistisches Material über Makedonien und Gotse Delchev zu verbreiten. Gotse Delchev soll ein Bulgare gewesen sein? Er stammte aus Makedonien und sprach makedonisch, nicht bulgarisch. Wie kann er Bulgare gewesen sein? Er war ein Kosmopolit und wollte einen demokratischen Nationenbund in der Art, wie er zur Zeit in Mitteleuropa angestrebt wird... Der Chauvinismus vergiftet die Herzen der Menschen. Wir Makedonier verachten niemanden und sind ohne Dünkel. Wir suchen in der Dunkelheit nach einem Freund.« Dr. Ivanovski umfaßte meinen Unterarm und gab mir dann die Delchev-Biographie in einer Ausgabe, die von der ehemaligen Republik Jugoslawiens gedruckt worden war. »Sie müssen uns helfen«, bat er mich.

Was würde Delchev wohl sagen, wenn er aus seinem Grab aufstünde: Makedonier zu sein oder Bulgare?

Fachleute stimmen darin überein, daß der von Delchev – und der in Makedonien – gesprochene slawische Dialekt dem Bulgarischen verwandter ist als dem Serbischen. Doch nach Titos Bruch mit Stalin propagierte die jugoslawische Regierung mit Unterstützung der Serben eine separate ethnische und linguistische Identität für Makedonien in der Absicht, alle emotionalen Beziehungen zwischen der dortigen Bevölkerung und dem moskauhörigen Bulgarien zu kappen. Zu Delchevs Lebzeiten hatte niemand eine eigenständige makedonische Identität befürwortet.

Nur in einem Punkt stimmen beide Seiten überein, nämlich darin, daß – zum Teufel mit den Fakten – Delchev kein Terrorist gewesen sei. »Er war ein Apostel«, sagte Dr. Ivanovski.

Am 20. Juli 1903, knapp drei Monate nach Delchevs Tod, explodierte das Pulverfaß Makedonien. Die IMRO erhob sich zu Ilinden, dem Festtag des Heiligen Iliya (Elia). Nach bulgarisch-orthodoxer Tradition ist Elias eine Inkarnation des Perun, eines heidnischen Gewittergottes, dem die vorchristlichen Slawen Stiere und Menschen opferten. Die Kirchenglocken läuteten, als die IMRO türkische Telegraphenleitungen durchtrennte und

Steuerregister verbrannte, als Bauern Opferstiere verkauften, um sich Gewehre kaufen zu können. In der Stadt von Krusovo, mehr als 1000 Meter hoch in den makedonischen Bergen gelegen, rief die IMRO die »Republik Krusovo« aus. Sie existierte zehn Tage; dann wurde die Stadt von 2000 türkischen Soldaten, die mit schwerer Artillerie aufzogen, gestürmt. Von den 1200 Widerständlern blieben vierzig am Leben, doch um sich nicht dem Feind zu ergeben, schossen sie sich in den Mund, nachdem sie untereinander Abschiedsküsse ausgetauscht hatten. Die Türken gaben zu Protokoll, 150 Frauen und Mädchen von Krusovo vergewaltigt zu haben. Wildschweine und streunende Hunde verschlangen die nackten Leichen.

Überall in Makedonien fanden ähnliche Gemetzel statt. Der zweimonatige Aufstand kostete 4694 Zivilisten und 994 IMRO-Aktivisten das Leben. Schätzungen nach wurden insgesamt über 3000 Frauen und Mädchen von Türken vergewaltigt.[4] Im Nordwesten Makedoniens vergewaltigten fünfzig türkische Soldaten ein und dasselbe Mädchen, bevor sie es töteten. Einem anderen Mädchen schnitten Soldaten die Hand ab, um an seine Armspangen zu kommen. A. G. Hales, ein vor Ort stationierter Korrespondent der Londoner *Daily News*, schrieb für die Ausgabe vom 21. Oktober 1903: »Ich will versuchen, diese Geschichte sachlich, ruhig und gelassen zu schildern... man muß die Schrecken mildern, denn in ihrer Unverhohlenheit sind sie nicht auf Papier zu bringen...« Großbritannien und der Westen legten dem türkischen Sultanat eine offizielle Protestnote vor. Auf Druck des britischen Premiers Arthur James Balfour, des russischen Zaren Nikolaus II. und des Habsburger Kaisers Franz Joseph wurden 1904 internationale Friedensstreitkräfte nach Makedonien entsandt.

Es ist kein Zufall, daß die Hurriyet (»Jungtürkische« Revolution), die das osmanische Sultanat umstürzte, in der makedonischen Hafenstadt Saloniki gegründet wurde, wo ein junger türkischer Major mit Namen Enver (später als Enver Pascha bekannt) am 23. Juli 1908 auf den Balkon des Olympos-Hotels hinaustrat und die jubelnde multinationale Menge grüßte mit den Worten »Freiheit, Gleichheit, Brüderlichkeit, Gerechtigkeit«.

Mustafa Kemal »Atatürk«, der zukünftige Vater der modernen

---

[4] Diese Zahlen stützen sich auf bulgarische und makedonische Quellen und wurden von Beobachtern des British Relief Fund bestätigt.

Türkei, war auch Makedonier, 1881 in Saloniki geboren.[5] Er stand an diesem historischen Tag direkt hinter Enver Pascha auf dem Balkon und hegte von Anfang an Zweifel an der Revolution. Den von Enver Pascha angeführten »jungtürkischen« Offizieren gelang es zwar, gegen Sultan Abdul Hamid eine liberale Verfassung durchzusetzen, doch ihnen fehlte ein klar umrissenes Konzept. Wie Michail Gorbatschow und seine verbündeten Reformer in der Sowjetunion waren Enver Pascha und die Jungtürken entschlossen, den Staat zu erhalten – wenn auch in liberalisierter Form. Ihm drohte ihrer Meinung nach hauptsächlich Gefahr durch ein reaktionäres Sultanat und dessen starre Weigerung, sich einem Wandel zu öffnen. Kemal jedoch argwöhnte, daß Enver Pascha und die Jungtürken die Brisanz der Nationalitätenfrage auf dem Balkan unterschätzten. Die orthodoxen Christen wollten mehr als den verfassungsmäßig verbrieften Schutz innerhalb einer von Moslems bestimmten Konföderation. »Die Revolution«, schreibt Lord Kinross in seiner Biographie Kemal Atatürks, »konnte nicht, wie von den Jungtürken erhofft, den Zerfall des Reiches aufhalten; im Gegenteil, sie beschleunigte ihn«, und nicht nur im Nahen Osten, sondern auch auf dem Balkan.

Im Oktober 1908 verkündete der bulgarische König Ferdinand die völlige Unabhängigkeit seines Landes, die zwar de facto schon seit langem bestand, aber noch nicht rechtlich anerkannt war. In derselben Woche stimmte Kreta (das bis dahin noch ein Teil der Türkei war) für den Anschluß an Griechenland, und die Habsburger annektierten die türkische Provinz Bosnien-Herzegowina, die sie seit dem Berliner Kongreß bereits verwalteten.

Kurzum, die von Bulgarien finanzierten Freischärler in Makedonien hatten unter den dort stationierten türkischen Offizieren eine Revolution angezettelt, die im ganzen Osmanenreich Raum griff. Diese Entwicklung wiederum ermutigte Österreich-Ungarn zur Annexion Bosniens; die Habsburger tyrannisierten die serbische Bevölkerung so sehr, daß ein bosnischer Serbe später den Erzherzog tötete und damit den Ersten Weltkrieg auslöste.

Der Zerfall des osmanischen Reiches brachte die moslemischen Fundamentalisten in der Türkei auf die Barrikaden. Im April 1909 rebellierten Einheiten der Streitkräfte, denen sich Theologiestudenten und Geistliche anschlossen mit dem Ruf: »Wir wollen die

[5] Atatürk heißt übersetzt »Vater der Türken«.

Scharia [das islamische Recht].« Sie forderten die Wiederherstellung der absoluten Macht des Sultans. Die Jungtürken zerschlugen die Konterrevolution mit grausamer Gewalt und zwangen Sultan Abdul Hamid ins Exil. Als dieser erfuhr, daß man ihn nach Saloniki zu verbannen beabsichtigte, also in die makedonische Hauptstadt, von der die Revolution ausgegangen war, fiel er, wie es heißt, ohnmächtig in die Arme eines Eunuchen.

Das zunehmend autoritäre Vorgehen des jungtürkischen Regimes gipfelte 1915 in dem Massenmord an schätzungsweise 1,5 Millionen Armeniern, dem ersten Holocaust des Jahrhunderts. Das von der Regierung sanktionierte Verbrechen wurde verübt, weil die Armenier – im Unterschied zu ihren christlichen Brüdern und Schwestern auf dem Balkan – aus demographischen Gründen für moslemische Türken eine Bedrohung in deren historischem Kernland Anatolien darstellten. Der junge, skeptische Kemal Atatürk wußte in weiser Voraussicht, daß es weder für das osmanische noch für irgendein anderes Großreich in diesem neuen Zeitalter eine Zukunft geben konnte.

Mit der Zeit übertrumpften die Jungtürken das alte Sultanat an Brutalität und Schlagkraft, und weil die anderen Großmächte keine Bereitschaft zeigten einzugreifen, brachten Bulgarien, Serbien und Griechenland etwas fertig, das ihnen niemand zugetraut hatte: Sie schoben alle Differenzen beiseite und schlossen sich zu einer Allianz zusammen.

Zwischen 1909 und 1912 rüsteten sie ihre Streitkräfte auf und erklärten dem osmanischen Reich im Oktober 1912 den Krieg. In strömendem Regen und durch knöcheltiefen Morast ging schwere Artillerie, von Männern und Pferden gezogen, in Stellung. Das Hauptziel der Alliierten war es, Makedonien zu befreien.

Der Erste Balkankrieg endete im Dezember 1912 mit der völligen Auflösung der türkischen Herrschaft in Europa. In Makedonien besetzte das serbische Heer Stefan Dusans alte Hauptstadt Skopje, während die Griechen Saloniki in Besitz nahmen. Bulgarien dagegen sah sich von diesem seit Jahrzehnten beanspruchten und fast schon annektierten Gebiet abgetrennt, obwohl seine Truppen das türkische Thrakien überrannt, die Tore Istanbuls erreicht und somit einen Zugang zur Ägäis gefunden hatten.

John Reed beschreibt, wie Serben und Griechen in den Nachwirren des Ersten Balkankrieges den bulgarischen Einfluß auf Makedonien zu beseitigen versuchten:

Tausend Publizisten aus Serbien und Griechenland erklärten unaufhörlich und lautstark der Welt den essentiell griechischen, beziehungsweise serbischen Bevölkerungscharakter in den strittigen Einflußsphären. Die Serben stellten den unglücklichen Makedoniern ein vierundzwanzigstündiges Ultimatum, ihren Anspruch als Nation fallenzulassen und sich als Serben zu bezeichnen. Die Griechen verlangten dasselbe. Eine Weigerung hätte Mord oder Vertreibung zur Folge gehabt. Griechische und serbische Kolonialisten strömten in das besetzte Land... Bulgarische Schullehrer wurden erschossen... Bulgarische Priester mußten wählen zwischen Tod und Konversion... In griechischen Zeitungen stand zu lesen, daß Makedonien ausschließlich von Griechen bevölkert sei – und die Tatsache, daß dort niemand griechisch sprach, wurde mit dem Hinweis erklärt, bei den Einwohnern handele es sich um »bulgarophone« Griechen... Griechische Soldaten nahmen Dörfer ein, in denen nicht einer ihre Sprache verstand. »Wie, ihr sprecht Bulgarisch? Was soll das heißen?« schrien die Offiziere.

Derweil schwelte es in der Regierung und der Bevölkerung Bulgariens. Am 30. Juni 1913 überquerten gegen ein Uhr in der Nacht bulgarische Truppen ohne Vorwarnung oder Kriegserklärung die Bregalnitsa, einen Zufluß der Vardar, und attackierten serbische Stellungen auf der anderen Seite. Der Zweite Balkankrieg hatte begonnen.

Die Schlacht dauerte mehrere Tage. Die Serben erkämpften sich Vorteile und wurden bald von griechischen Verbänden unterstützt. Schließlich trat auch Rumänien der serbisch-griechischen Allianz bei und marschierte von Norden in Bulgarien ein. Im Verlauf dieses Feldzugs starben mehr Menschen an Cholera als an Schußverletzungen. Im August fand in der rumänischen Hauptstadt Bukarest eine Friedenskonferenz statt. Bulgarien verlor alles: seinen Zugang zur Ägäis, seine thrakischen Eroberungen aus dem Ersten Balkankrieg und jeden Quadratzentimeter makedonischen Bodens.

Dieses Desaster hatte für die ganze Welt schwere Konsequenzen.

Als John Reed im Sommer 1915 Sofia besuchte, bot die Stadt einen Vorgeschmack auf die zukünftigen Verhältnisse in Beirut,

Damaskus und Amman: »Die Hälfte der Bewohner Sofias bestand aus makedonischen Flüchtlingen, und in den Außenbezirken waren Lager errichtet, in denen sechzehntausend Menschen in Zelten hausten – zum Ärger und auf Kosten der Regierung... Tagtäglich brachten Zeitungen bittere Flüchtlingsberichte und Kolumnen voller Haß gegen die Serben...«

Im Herbst 1915 griff Bulgarien an der Seite der Mittelmächte (Deutschland und Österreich-Ungarn) in den Ersten Weltkrieg ein, um das makedonische Territorium von den Serben zurückzugewinnen, die sich ihrerseits mit der Tripelentente (Rußland, Großbritannien und Frankreich) zusammenschlossen. Während die habsburgischen Streitkräfte von Norden aus durch Serbien marschierten, drangen bulgarische Truppen von Osten nach Makedonien ein. Um sich nicht ergeben zu müssen, zog sich das serbische Heer den Winter über in die verschneiten albanischen Berge zurück, begleitet von einer Großzahl von Zivilisten. Weil ihnen nicht einmal Mulis, geschweige denn Fahrzeuge zur Verfügung standen, konnten sie keine zusätzlichen Nahrungsvorräte mit sich nehmen und mußten ihre Verwundeten auf Tragen transportieren. Dieser Winterrückzug war ähnlich verheerend wie der von Napoleons Soldaten aus Rußland ein Jahrhundert zuvor oder der von Xenophons griechischen Truppen aus Mesopotamien, die sich 401 v. Chr. in die Berge Anatoliens zu retten versucht hatten.

Französische und italienische Schiffe nahmen 125000 Mann des zerriebenen serbischen Heers an der albanischen Adriaküste auf und brachten sie auf die griechische Insel Korfu, wo sie sich erholen und mit Proviant versorgen konnten. Von 1916 bis zum Waffenstillstand im Jahre 1918 wüteten überall in Makedonien unerbittliche Grabenkämpfe zwischen Franzosen, Griechen, neu formierten Serbenverbänden und Truppen des Commonwealth, die sich vor der Übermacht habsburgischer und bulgarischer Streitkräfte aus Gallipoli zurückgezogen hatten. Für Bulgarien endete der Erste Weltkrieg genauso wie der Zweite Balkankrieg: Es verlor Makedonien an Serbien und Griechenland.

Das Fallbeispiel Makedonien steckt voll von historischen Lehrstücken, und es wäre zu wünschen, daß aus der Geschichte tatsächlich gelernt würde. Der derzeitige Zerfall der Sowjetmacht spiegelt den Niedergang des osmanischen Reiches unter Enver Pascha, so wie er sich zu Anfang unseres Jahrhunderts abgespielt hat; und die politische Tragödie der arabischen Welt während der zweiten Jahrhunderthälfte spiegelt diejenige Bulgariens während der ersten.

Nachdem er zwei Kriege um Makedonien begonnen und verloren hatte, dankte der bulgarische König Ferdinand im Jahre 1919 ab. Zwanzig Jahre lang, bis zum Ausbruch des Zweiten Weltkrieges, stand sein Sohn König Boris III. einem politischen System vor, das zerrissen wurde von Staatsstreichen und anderen gewalttätigen Verschwörungen im Zusammenhang mit dem Verlust dessen, was die Bulgaren als ihr angestammtes Heimatland erachteten. Die IMRO, radikalisiert durch die Niederlagen von 1913 und 1918, entwickelte sich zu einem Terrorstaat im Staat und wurde im Ausland zum Synonym für Haß und nihilistische Gewalt, wozu ihr Signum aus Schädel und gekreuzten Knochen nicht unmaßgeblich beitrug. Mit Profiten aus dem Handel mit Opium finanzierte die IMRO den Kauf von Waffen. Die Durchschnittsgebühr für ein IMRO-Attentat lag bei zwanzig Dollar. Bulgarische Politiker umgaben sich dementsprechend mit einer Phalanx von Leibwachen. Der *New York Times*-Journalist C. L. Sulzberger kommentierte: »Aus irgendeinem seltsamen Grund sind die Bulgaren Europas vorzüglichste Mörder.«

Die Terroristen rekrutierten sich aus dem makedonischen Flüchtlingsheer, das in den Slums von Sofia lebte und in der orthodoxen Geistlichkeit Unterstützung fand. Während der 30er Jahre verdingten sich makedonische Terroristen bei radikalen Gruppierungen in ganz Europa – vor allem bei der kroatischen Ustascha, deren Zahlmeister der faschistische Diktator Italiens, Benito Mussolini, war. Ein bulgarischer Makedonier mit dem Spitznamen »Vlado der Chauffeur« tötete König Alexander von Jugoslawien – was Rebecca Wests Interesse für dieses Land geweckt hatte.

Der Zweite Weltkrieg war das entsetzliche Replay des Ersten sowie des Zweiten Balkankrieges. Wieder trat Bulgarien der von Deutschland angeführten Allianz gegen das von Serben dominierte Jugoslawien bei, um Makedonien zurückzugewinnen. Wieder marschierten bulgarische Verbände von Osten her in Makedonien ein, während im Norden die deutsche Wehrmacht Serbien besetzte. Und wieder trieben serbische und griechische Widerstandstruppen, unterstützt durch Großbritannien, die Bulgaren zurück hinter die verhaßten Grenzen, die im August 1913 zum Abschluß des Zweiten Balkankrieges gezogen worden waren. Währenddessen verabschiedete sich der kommunistische Totalitarismus vom Rest der Weltgeschichte. Nichts von alledem ist bislang gelöst worden.

Während des Zweiten Weltkriegs kämpften bulgarische Okkupationstruppen in Makedonien an der Seite der Nazis. Die erzwungene »Bulgarisierung« der Bevölkerung wiederholte die barbarischen Praktiken der serbischen und griechischen Okkupationstruppen aus der Zeit von 1913. Während das Regime von König Boris den Juden in Bulgarien Aufenthalt gewährte, kollaborierten Bulgaren in Makedonien mit den Nazis bei der Deportation von Juden in Vernichtungslager. Dies tilgte alle pro-bulgarischen Sympathien, die über Jahrzehnte unter Nicht-Serben und Nicht-Griechen in Makedonien gehegt worden waren. Es führte außerdem zu einem weiteren Irredentismus, also einer neuen Unabhängigkeitsbewegung. Zusätzlich zu bulgarischen, griechischen und serbischen Ansprüchen auf Makedonien regte sich nun auch ein hausgemachter »Makedonianismus«, der Gebiete von Bulgarien und Griechenland reklamierte.

»Zwei Drittel von Makedonien wird von Fremdmächten besetzt gehalten und muß befreit werden«, erklärte mir Ante Popovski, ein einheimischer Dichter, den ich eines verkaterten Morgens kennenlernte. Er rauchte eine Zigarette nach der anderen und kritzelte ständig etwas in sein Notizbuch. Sein Gesicht wirkte auf mich wie eine geballte Faust. »1989 hat der Rest Europas seine nationalen Rechte gewonnen, doch die Makedonier werden nach wie vor von Griechenland und Bulgarien kontrolliert.«

»Teilen unserer Nation werden die Menschenrechte vorenthalten; dieser Mißstand ist das Resultat imperialistischer *Friedens*verträge«, sagte der Historiker Dr. Ivanovski und bezog sich mit dieser Äußerung auf die »unbefriedigenden« Abschlüsse nach dem Zweiten Balkankrieg sowie dem Ersten und Zweiten Weltkrieg. Nach seinem Dafürhalten hätte Bulgarien noch mehr Land einbüßen und der Norden Griechenlands an die makedonische Republik abgetreten werden müssen.

An diesem Tag wurden mir immer wieder Landkarten vorgelegt, auf denen ein blattförmiges Territorium eingezeichnet war, dessen Ausmaße die der gegenwärtigen Republik Makedonien bei weitem übertrafen. Innerhalb der mit einer dicken schwarzen Linie gekennzeichneten Grenzen dieses makedonischen Idealstaates lagen ein Drittel des griechischen Festlandes, die griechische Insel Thasos (das sogenannte ägäische Makedonien), ein großer Teil des bulgarischen Südwestens (nach dem Pirin-Gebirge das »pirinische Makedonien« genannt), ein Stück Albaniens sowie die ehemals jugoslawische Teilrepublik Makedonien, das einzige inzwischen »befreite« Gebiet, »vardarisches Makedonien« genannt nach dem Fluß, der durch Skopje fließt.

Die makedonische Sprache wurde wiederentdeckt und durch zahlreiche Gedichts- und Geschichtsbücher propagiert. Neben wunderschönen Landschaftsbeschreibungen finden sich so vermessene Forderungen, daß selbst Istanbul zu Makedonien gehören solle. Ein Beispiel dafür ist das Gedicht »Schweigen« von Bogomil Guzel:

> Der Abend rußt allmählich Schnee,
> und Vieh wie Vogel schweiget unter schweren Fichten...
> Der Raum verbirgt in seiner Krümmung
> des Felsenlöwen jähen Sprung,
> und morgen, wenn die Sonne steigt
> mit ihrer Zornesaura gurgelnd über Land, das schmilzt,
> die Lüfte werden schrein, von Sporen blutig...
> Welch blitzstrahliges Gebet, welch Leiden oder Winseln...

Und auf den Mauern in der Nähe des griechischen Konsulats in Skopje entdeckte ich das Graffito: »Solun ist unser!«

Solun ist das makedonische Wort für Saloniki, Griechenlands zweitgrößte Stadt. Solche Bekundungen von Unabhängigkeitsbestrebten mußten in Griechenland zu einer Welle von Feindseligkeiten führen, die sich auch dadurch nicht beschwichtigen ließen, daß Makedonien, als es schließlich seine Unabhängigkeit von Jugoslawien proklamierte, alle Ansprüche auf griechisches Gebiet offiziell zurücknahm. Die Griechen fürchteten, daß allein die Erwähnung des slawischen Ausdrucks für Makedonien ein Hinweis sei auf einen zukünftigen Irredentismus auf Kosten Griechenlands. Als es die Anerkennung Makedoniens von der Forderung einer Namensänderung abhängig machte, lachte der Rest der Welt. Was dieser griechischen Argumentation jedoch im wesentlichen zugrunde liegt, wurde trefflich erklärt in einem Artikel des

Gelehrten Kofos. Kofos schreibt, daß der Makedonianismus eine Erfindung Titos sei, mit der er beabsichtigte, eine kulturelle Pufferzone an der Grenze zu Bulgarien zu installieren. Laut Kofos gehört dieser Teil des ehemaligen Jugoslawien tatsächlich zum serbischen Süden. Vielleicht hat er recht, aber ob recht oder unrecht – die dort ansässigen Slawen verstehen sich als Makedonier, nicht als Serben, und das müssen sowohl Griechen als auch Serben zur Kenntnis nehmen.

Der Effekt dieser Mißlage ist, daß sich auf dem Balkan heutzutage wieder jene Allianzen bilden, die schon 1913 zur Zeit des Zweiten Balkankrieges existierten: Griechenland, Serbien und Rumänien auf der einen, Bulgarien und die Slawen Makedoniens auf der anderen Seite.[6]

»Ich bin zur Zeit der türkischen Sklaverei in Stip geboren worden. Mein Vater war ein Schüler von Gotse Delchev. Ich bin ein echter Makedonier. Ich weiß, was ich bin, nämlich ein Spatz, kein Bulgare und auch kein serbischer Adler.«

Der Metropolit Mikhail hob die Hand wie Christus in jener Darstellung, die in vielen orthodoxen Kirchen das Kuppelgewölbe schmückt. Sein weißes Haar war streng in den Nacken zurückgekämmt. Wenn er sprach, dampfte es aus seinem Mund.

»In unseren Adern fließt ein Teil von Alexanders Blut, das ist wahr. Wir sind wie Jesus gekreuzigt worden, und zwar ans Kreuz der Balkanpolitik... Was Sie da trinken, ist makedonischer Kaffee, nicht etwa türkischer oder griechischer...

Nicht Serbien, sondern Makedonien ist die eigentliche Wiege der Renaissance. Was ist schon Gracanica im Vergleich zu Ochrid? Was ist Giotto, gemessen an unseren Künstlern? Sagen Sie, wie könnte Giotto einem solchen Vergleich standhalten?«

Der Metropolit berichtete mir dann von seiner Kirche. »Sie müssen Geduld haben, junger Mann. Die Geschichte ist lang.«

Ich werde sie kürzen. Kyrillos und Methodios, jene beiden Apostel aus dem neunten Jahrhundert, die den Slawen das Christentum brachten, stammten aus Saloniki. Sie waren also Griechen, Bulgaren oder Makedonier – je nach Sichtweise. Welche Sicht-

---

[6] Rumänien, weil es sowohl seine Wasserressourcen als auch die wichtige Westgrenze mit Serbien teilt und nicht riskieren kann, Belgrad zu verstimmen, egal, wer dort an der Macht ist.

weise der Metropolit Mikhail einnahm, läßt sich leicht erraten. Kyrillos und Methodios hatten überdies zwei Schüler: Sveti (»Sankt«) Kliment und Sveti Naum, die in Ochrid, dem Ort im Südwesten Makedoniens, unterrichtet wurden. Dort ist aller Wahrscheinlichkeit nach auch das kyrillische Alphabet, das Kyrillos und Methodios im Zuge ihrer slawischen Übersetzung der griechischen Bibel erfunden hatten, für den täglichen Gebrauch weiterentwickelt worden.

Ochrid ist auch der Ort, an dem die Makedonier unter König Samuel gegen Ende des zehnten Jahrhunderts ein unabhängiges orthodoxes Patriarchat gründeten. Als der serbische Heerführer Stefan Dusan im vierzehnten Jahrhundert Makedonien eroberte, sanktionierte er die Unabhängigkeit dieses Patriarchats. »Aber 1767 schritten die Türken ein, weil wir einen Aufstand gegen den Sultan planten. Erst seit 1967 gibt es wieder eine unabhängige makedonische Kirche. Warum wollen Serben, Griechen und Bulgaren unsere Kirche nicht anerkennen? Makedonien ist schließlich das Geburtsland des slawischen Christentums. Wir sind bessere Christen als die anderen. Warum sind wir ohne Freunde? Erklären Sie mir das.«

Der Metropolit ließ mich nicht gehen. Er wollte mir unbedingt alles über König Samuel erzählen, den »makedonischen Feudalherrn«, der im Jahre 976 n. Chr. seine Feste bei Ochrid verließ, um ein Reich zu gründen, das sich von der Adria im Westen bis zu den Toren Konstantinopels erstreckte.

»Aber Samuel herrschte im Auftrag Bulgariens«, entgegnete ich. Michael Psellus, der Berater mehrerer byzantinischer Kaiser war und dessen *Chronographia* die wichtigste Geschichtsquelle jener Zeit ist, bezeichnete Samuel als »Bulgaren«. Dem byzantinischen Kaiser Basileias wurde, nachdem er Samuel im Jahre 1014 besiegt hatte, der Beiname »Bulgaroctonos« verliehen, was soviel bedeutet wie »der Bezwinger des Bulgaren«.

»Nein, nein, junger Mann«, ereiferte sich Mikhail, der Metropolit. »Sie verstehen das falsch. Es gibt so immens viel Material zu dieser Frage, daß Sie Jahre benötigen würden, um das Problem wirklich zu verstehen.«

Unter den Büchern, die er mir gab, bevor ich sein Büro in Skopje verließ, befand sich ein Gedichtband von Blazhe Koneski, der die Identitätssuche und Liebe in Makedonien definiert als die »Bewegung einer Hand, die zu den Sternen greift«.

Zlatko Blajer, der Chefredakteur der *Vecher* (Abend), Skopjes größter Tageszeitung, zählt zu jenen siebenundzwanzig Juden, die übriggeblieben sind von einer Gemeinde, die vor dem Zweiten Weltkrieg aus 3795 Mitgliedern bestand. Ich traf ihn abends in einem Restaurant, war müde von zahlreichen Interviews und abgefüllt mit Kaffee und Alkohol. Er saß vor einem Spiegel, und während er sprach, betrachtete ich sein Spiegelbild. Seine Stimme kam mir so körperlos vor wie die eines abgeschirmten Augenzeugen. Er war der einzige in Skopje, der mir weder Geschichts- noch Gedichtbücher anpries.

»Wir leben hier auf dem unbeständigsten Teil des Balkan. Unsere schwache, junge Nation ist von alten Feinden umgeben. Wie zu Beginn des Jahrhunderts könnte es wieder Krieg geben. Jahrzehntelang hat uns die jugoslawische Föderation geschützt. Nach ihrem Zerfall ist in Makedonien erneut ein Machtvakuum entstanden. Und vergessen Sie nicht, wir sind ein stilles Kosovo: Dreiundzwanzig Prozent der makedonischen Bevölkerung ist albanischer Herkunft, und dieser Teil nimmt zu, weil die Geburtenrate der Albaner wesentlich höher ist als die unsere. Wir sehen dem gleichen Schicksal entgegen wie die Serben in ihrem angestammten Land. Das zwanzigste Jahrhundert geht zu Ende, und wir versuchen, Untrennbares zu entzweien, das eine vom anderen zu trennen, weil das eine womöglich makedonisch, das andere eventuell bulgarisch sein könnte... Hier bei uns lehnen sich Männer wie die kretischen Greise auf ihren Stühlen zurück und reden nationalistisch und voller Haß daher, während ihre Frauen die Arbeit tun.«

Je obskurer und unergründlicher der Haß und je kleiner eine entsprechend gestimmte Volksgruppe ist, desto länger und verwickelter scheint sich die Geschichte dahinzuziehen. Ich fragte mich, was wohl ein Geschichtsstudent in hundert Jahren zum Beispiel aus den Verhältnissen im Libanon lernen würde.

KAPITEL VIER

Die Weiße Stadt und ihr Prophet

Ich erreichte Belgrad mit dem Bus aus Skopje und bezog Quartier im Hotel Moskva. Am nächsten Morgen machte ich mich in fast schon ritualisierter Weise mit meiner Umgebung vertraut, wie sie sich mir historisch und geographisch darstellte. Dies war immer nötig, da es sonst einem Auslandskorrespondenten durchaus passieren konnte, sich in der Stadt nicht mehr zurechtzufinden, die während der Jahrzehnte nach dem Zweiten Weltkrieg einem mehr oder weniger zufälligen Wandel unterworfen war.

Obwohl das 1906 gebaute Moskva im Zentrum Belgrads alle Annehmlichkeiten eines Grandhotels aufzuweisen hatte – verbindliches Personal, wulstige Matratzen und eine geräuschvolle Zentralheizung –, war vor dem Krieg nicht das Moskva, sondern das Srbski Kralj (der Serbische König) *das* Hotel in Belgrad. Rebecca West und ihr Ehemann stiegen im Srbski Kralj ab; so auch der *New York Times*-Korrespondent C. L. Sulzberger, der Autor und Journalist Robert St. John und andere Chronisten der Vorkriegszeit.

Sulzbergers Beschreibung des Srbski Kralj hätte in etwa auch auf das Moskva zutreffen können. *In A Long Row of Candles* schildert er seine Unterkunft als ein »großes, altmodisches« Gebäude, »dessen gute Küche und freundliche Betreuung Ausgleich waren für den ansonsten ziemlich antiquierten Komfort«. Allerdings ist die Lage des Srbski Kralj für Schriftsteller überaus günstig: Das Hotel steht am Rand des großen Parks, der rund um die Festung Kalemegdan auf der bewaldeten Landzunge zwischen dem Zusammenfluß von Donau und Save angelegt wurde, wo die Kelten im dritten Jahrhundert v. Chr. eine Siedlung errichtet und damit entschieden hatten, daß die Geschichte Belgrads und Serbiens hier ihren Ausgang nahm. Madame Rebecca berichtet, daß sie von ihrer Frisierkommode im Srbski Kralj aus einen bezaubernden Ausblick auf die Flußlandschaft von Donau und Save genoß.

Die nahegelegene Festung Kalemegdan wurde nach und nach erbaut von Römern, Byzantinern, mittelalterlichen Serben, osmanischen Türken, Habsburgern (während einer kurzen Besatzungszeit) und schließlich wieder von osmanischen Türken. Vor ihren Mauerresten breitete sich Beograd, die »Weiße Stadt«, aus, die Belgrad ihren Namen gab. Für Reisende aus dem achtzehnten und neunzehnten Jahrhundert war dieser Mündungswinkel zwischen den beiden Flüssen die eigentliche Grenze zwischen West und Ost: Hier endete das habsburgische Reich, und das osmanische begann. Und tatsächlich, sooft ich über die weite, grüne Flußebene spazierte, wähnte ich mich in einer Frontregion, am Rand neuer Welten.

Als John Reed im Frühjahr 1915 Belgrad besuchte, bildete die Kalemegdan die Frontwehr gegen die serbische Armee, die zusammen mit österreichisch-ungarischen Artillerieverbänden jenseits der Flüsse Stellung bezogen hatte. Im voraufgegangenen Dezember hatten diese Truppen Belgrad eingenommen und zwei Wochen lang besetzt gehalten, waren aber dann übers Wasser zurückgedrängt worden.

Doch sie sollten wiederkommen, und zwar im Oktober 1915, und sich über drei Jahre festsetzen, bis ihnen eine endgültige Niederlage bereitet wurde. Reeds Besuch fiel in die Zeit zwischen jenen beiden Besetzungsphasen, als in der Stadt eine Typhusepidemie ausgebrochen war:

Wir besuchten die alte türkische Zitadelle, die den Mündungswinkel zwischen Donau und Save überragt. Hier, wo die serbischen Geschütze aufgestellt worden waren, hatte die österreichische Artillerie die schlimmsten Verwüstungen angerichtet. Fast jedes Gebäude war zerstört. Auf Straßen und offenen Plätzen hatten schwere Granaten zahllose Krater hinterlassen... Bäuchlings krochen wir bis an den Klippenrand, um über den Fluß hinauszublicken.

»Bleibt nur ja in Deckung«, warnte der Hauptmann, der uns begleitete. »Sobald die Swabos eine Bewegung sehen, feuern sie eine Granate ab.«

Von unserem Posten aus hatten wir einen phantastischen Ausblick auf die braune Donau... und die weiten Ebenen Ungarns.

Das Srbski Kralj überstand diesen, aber nicht den nächsten Krieg. Sämtliche Zimmer waren von Journalisten belegt, als in der Abenddämmerung des 6. April 1941 (Palmsonntag) 234 Nazi-Bomber einen Luftangriff auf Belgrad starteten. Das Hotel war eins von 700 zerstörten Gebäuden. »Ich hatte den Eindruck, als zielten die Jäger nicht aufs Dach, sondern auf mich persönlich... Insgesamt steuerten mindestens zehn Maschinen im Sturzflug auf das Hotel zu«, erinnerte sich Robert St. John.

Ich ging über die Pariska-Straße in Richtung Kalemegdan-Park, wo das Srbski Kralj gestanden hatte. Im Park betrachtete ich die byzantinischen Wälle, die wenigen verbliebenen türkischen Bauten, die orthodoxe Kathedrale und die wiederaufgebauten, neobarocken Monumente. Von hier aus betrachtet – das heißt, von der Stelle aus, an der das Srbski Kralj gestanden hatte –, wirkte die Stadt nicht nur ansehnlich, sondern auch auf gewisse Weise verständlich. Vom Moskva aus bot sich dieser Eindruck nicht.

»Wir zogen durch eine typische Parkanlage«, schreibt Madame Rebecca, »wo Kinder spielen zwischen Fliederbüschen, kleinen Teichen und den Büsten verstorbener Lokalgrößen... In einem liebevoll angelegten Blumengarten steht das herrliche, von Mestrovic geschaffene Mahnmal zum Gedenken an jene Franzosen, die während des großen Krieges in Jugoslawien starben; es zeigt eine Gestalt, badend in einem Meer von Tapferkeit. Viele sähen es lieber beseitigt und durch ein freundlicheres Marmorbild ersetzt.«

Die Skulptur von Ivan Mestrovic steht immer noch am Eingang zum Kalemegdan-Park. Es hat die Bombardierung am Palmsonntag und den Zweiten Weltkrieg überlebt. Auch ist es nicht beseitigt und durch ein »freundlicheres Marmorbild« ersetzt worden. In dem »liebevoll angelegten« Blumengarten und zwischen den Fliederbäumen spielen auch heute noch Kinder. Beim Anblick des Standbildes fühlte ich mich um Jahrzehnte zurückversetzt, und es schien, als ließe sich die kommunistische Zeit ausblenden.

Doch das war, wie ich wußte, nicht möglich, und so ging ich zurück zum Hotel, um zu erfahren, was sich demnächst in Jugoslawien zutragen würde.

Während der 80er Jahre bereiste ich Jugoslawien als Journalist. Es war ein einsames Unternehmen, weil nur wenige am Zustand und an der Entwicklung dieses Landes interessiert waren. Sooft mein Weg nach Belgrad führte, stattete ich Milovan Djilas einen Besuch in dessen Wohnung ab. Mit der Zeit nahmen unsere Gespräche eine fast unheimliche Note an, denn Djilas behielt in allem, was er sagte, recht. Er schien die Zukunft vorhersehen zu können. Seine prognostischen Methoden sind Osteuropäern möglicherweise geläufig; mir als Amerikaner kommen sie äußerst ungewöhnlich vor: Er schien die täglichen Pressemeldungen zu ignorieren und ausschließlich in historischen Dimensionen zu denken. Für ihn war die Gegenwart eine Bühne, auf der sich das Vergangene zügig auf Zukünftiges hin entwickelt. Was konventionell vorgehenden Analytikern unvorstellbar blieb, war für ihn immer ein natürliches Resultat.

Djilas hatte die Siebzig bereits überschritten, als ich ihm 1981 das erste Mal begegnete. Er war einer von Titos ranghöchsten Offizieren im Partisanenkampf gegen die Nazis gewesen. Während der Nachkriegsphase wurde er Vizepräsident Jugoslawiens und galt als Titos Nachfolger. Djilas hatte persönlich die schwierigen Verhandlungen mit Stalin geführt, die den 1949 erfolgten Bruch zwischen Jugoslawien und dem Sowjetkommunismus einleiteten. In *Gespräche mit Stalin* hat Djilas seine Erinnerungen an jene mitternächtlichen, wodkaseligen Treffen festgehalten. Das Buch vermittelt auf einzigartige Weise subjektive Eindrücke von einem der größten Verbrecher der Geschichte. Zu Anfang der 50er Jahre entwickelte Djilas schwerwiegende Zweifel am Titoismus und forderte – um drei Jahrzehnte der *Perestroika* voraus – eine Demokratisierung des Systems, was dazu führte, daß er aus der kommunistischen Partei Jugoslawiens ausgeschlossen wurde und neun Jahre lang in Haft verbringen mußte. In seiner Gefängniszelle verfaßte Djilas *Die neue Klasse* und andere kommunismuskritische Essays, die unter Dissidenten zu Klassikern wurden. Darüber hinaus schrieb er zwei Romane, zwei autobiographische Werke und mehrere Bände Kurzgeschichten. Aus der Haft entlassen, lebte er während der 60er Jahre in völliger Abgeschiedenheit. In der Geschichte des osteuropäischen Kommunismus war und ist Djilas der überragende Systemkritiker. Wenn die Abendsonne auf die Bücherwände seines schlichten Arbeitszimmers leuchtete und Schatten auf das faltige Gesicht des Alten fielen, rückte die Vergangenheit in den Blickpunkt, und in groben Umrissen tauchte die Zukunft auf.

1981, nach Ausbruch der albanischen *Intifada* auf dem Kosovo, an der die Weltöffentlichkeit nicht das geringste Interesse zeigte, erklärte mir Djilas, daß »unser System ausschließlich auf Tito zugeschnitten ist. Jetzt, da er nicht mehr lebt und die wirtschaftliche Lage kritisch geworden ist, setzt eine Entwicklung ein, die zwangsweise zur verstärkten Zentralisierung der Macht führt. Doch diese Zentralisierung wird nicht gelingen, weil sie den ethno-politischen Machtbasen innerhalb der einzelnen Republiken zuwiderläuft. Es handelt sich nicht um den klassischen, sondern um einen weitaus gefährlicheren, bürokratischen Nationalismus auf der Grundlage ökonomischer Eigeninteressen. Daran wird das jugoslawische System letztendlich zugrundegehen.«

Seine Worte bewahrheiteten sich schon 1982, aber immer noch merkte das Ausland nicht auf. Im November desselben Jahres richtete die Welt ihre Aufmerksamkeit auf Yuri Andropov, den neuen Präsidenten der Sowjetunion, von dem gesagt wurde, daß er moderne ungarische Möbel sammele (was immer das sein mochte) und sich deshalb als großer Reformer erweisen könne. Djilas blieb skeptisch: »Andropov ist achtundsechzig, also in dem Alter, als Charles de Gaulle an die Macht zurückkehrte. Allerdings werden Sie sehen, daß Andropov kein de Gaulle ist: Er hat keine neuen Ideen. Er ist bloß als Mann des Überganges von Bedeutung und könnte den Weg ebnen für einen wirklichen Reformer.«

1985 tauchte dieser Reformer auf. Gorbatschow. Djilas jedoch war in seinen Vorstellungen bereits weiter: »Sie werden sehen, daß auch Gorbatschow nur ein Mann des Übergangs ist. Ihm sind wichtige Reformen und die Hinführung zur Marktwirtschaft zuzutrauen, aber dann spitzt sich die eigentliche Systemkrise zu, und die Probleme in Osteuropa werden drastisch schlimmer.«

»Was ist mit Jugoslawien?« fragte ich. Er schmunzelte spöttisch und sagte: »Libanesische Verhältnisse. Warten Sie's ab.«

Anfang 1989 machte sich Europa endlich Sorgen um Jugoslawien, insbesondere um den neuen Hardliner in Serbien, Slobodan Milosevic. Aber diese Sorgen wurden erst Monate später wirklich ernst genommen, als Bürger der DDR über Ungarn in den Westen strömten und dadurch eine Lawine lostraten, die zum Zerfall kommunistischer Regime in ganz Osteuropa führte. Erst jetzt rückte Osteuropa in die Schlagzeilen.

Aber Djilas sah bereits die 90er Jahre vor sich: »Milosevics autoritärer Führungsstil provoziert die tatsächliche Separation. Erinnern Sie sich an Hegels Ausspruch, daß sich die Geschichte als

Tragödie und Farce wiederholt. Was ich sagen will, ist folgendes: Wenn Jugoslawien diesmal zerfällt, wird das Ausland nicht wie damals im Jahre 1914 intervenieren... Jugoslawien ist das Versuchslabor des Kommunismus. Seine Auflösung wird Auskunft geben über die Auflösung der Sowjetunion. Wir sind in diesem Prozeß sehr viel weiter fortgeschritten als die Sowjets.«

Mir kam der Gedanke, daß, wenn Jugoslawien wirklich das Versuchslabor des Kommunismus wäre, dieser seinen Atem hier in Belgrad aushauchen würde. Und in Anbetracht der Wende, die Milosevic Anfang 1989 nahm, war damit zu rechnen, daß sich der Kommunismus bei seiner Verabschiedung von der Weltbühne als das zeigen würde, was er war: als Faschismus ohne dessen Vermögen, die Eisenbahnen pünktlich fahren zu lassen.

Elf Monate später sah ich Djilas wieder. In der Zwischenzeit hatte sich die ganze Welt verändert. Im Dezember 1989 vollzogen Slowenen und Kroaten den friedlichen Übergang zu demokratischen Strukturen. Auch hier in Serbien – das so byzantinisch, so orthodox, so östlich ist – machte sich unmißverständlich Liberalisierung bemerkbar. Djilas' Bücher, deren Publikation in seiner Heimat jahrzehntelang verboten war, wurden nun erstmalig in serbo-kroatischer Sprache herausgebracht. Es wurde sogar spekuliert, daß Milosevic als »Mann von gestern« bald die Macht verlieren würde. Doch Djilas war weniger optimistisch. Sein Lachen klang wieder spöttisch, als er mir sagte:»Milosevic hat immer noch alle Möglichkeiten... Die von Ihnen beobachtete Liberalisierung hatte eine schlechte Ursache. Sie ist die Folge des nationalen Streits zwischen Serbien und den anderen Republiken. Jugoslawien könnte in Zukunft eine lose Föderation von Handelsstaaten darstellen nach dem Muster des britischen Commonwealth. Doch ich fürchte, am Anfang stehen nationale Kriege und Aufstände. Hierzulande herrscht abgrundtiefer Haß.«

Teil II

Rumänien:
Lateinisches Passionsspiel

...der Teufel führt in Rumänien ein emsiges und unermüdliches Dasein.

E. O. HOPPE, In Gipsy Camp and Royal Palace

KAPITEL FÜNF

Palasthotel Athenee, Bukarest

Der junge Nachtportier des Palasthotels in Bukarest zeigte ein heiteres Lächeln und machte einen durch und durch gutmütigen Eindruck auf mich. Für meine Dollars gab er mir das Fünffache des amtlichen Wechselkurses und schob mir zwanglos Bündel rumänischer *Lei* über den Rezeptionsschalter. Dann bot er mir eine Frau an. Als ich ablehnte, sah er mich bestürzt an und sagte, daß er auch in jeder anderen Beziehung behilflich sein könnte.

An die Rezeption grenzte eine Kolonnade aus marmornen Säulen mit vergoldeten korinthischen Kapitellen, so wie im Inneren einer Kathedrale. Auf einer Couch hinter einer dieser Säulen saß eine attraktive, schlanke Frau mit dunkel schimmernder Haut, schwarzem Haar, knabenhaft kurz geschnitten, und mandelförmigen Augen, violett geschminkt, passend zu ihrem Minikleid.

»Wollen Sie mir den Champagner abkaufen?« rief sie mir zu und hob eine Flasche.

»Nein, danke«, antwortete ich.

»Kommen Sie.« Sie stand von der Couch auf und schlenderte auf mich zu. »Führen Sie mich auf Ihr Zimmer; da können wir die Flasche gemeinsam leeren.«

»Nein, danke.«

»Haben Sie sich nicht so. Sie zahlen bloß für den Champagner, ich bin gratis.«

In der Hoteldiskothek trat später wieder eine Frau auf mich zu – grünlich blond mit teigigem Gesicht. Sie stellte sich an meinen Tisch und ließ ein zerknülltes Stück Papier auf mein Gedeck fallen. Ich faltete es auseinander und las: »Mein Name ist Claudia Cardinale. Ich bin telefonisch zu erreichen unter der Nummer 708254.«

Ich schüttelte den Kopf, worauf sie mir den Zettel aus der Hand nahm und es bei einem anderen Mann versuchte.

Ich bestellte mir zwei Flaschen Mineralwasser und machte mich auf den Weg zu meinem Zimmer. Als ich den Fahrstuhl bestieg, bedrängte mich erneut die dunkelhaarige Frau mit dem Champagner. »Nehmen Sie mich mit aufs Zimmer.«

»Lassen Sie mich in Ruhe. Ich bin mit meiner Frau hier«, antwortete ich spontan. »Da sehen Sie, ich habe zwei Flaschen Wasser, eine für mich, die andere für sie.«

»Ich glaube Ihnen nicht«, entgegnete sie unbeirrt. »Ich habe Sie heute abend ankommen sehen. Sie waren allein. Mir scheint, Frauen liegen Ihnen nicht.«

Unter der kalten Oberfläche des Kommunismus nahm das Leben in Rumänien seinen Lauf, unaufhaltsam, unveränderbar.

John Reed hatte 1915 im Athenee-Palast gewohnt, als das Hotel gerade erst ein Jahr alt war. Er berichtet: »Zehntausend käufliche Frauen flanieren umher, und ein wahrer Bukarester prahlt damit, daß seine Stadt im Verhältnis zur Bewohnerzahl viermal mehr Prostituierte zu bieten hat als jede andere Stadt der Welt.«

»Es sind westliche Frauen«, schrieb Goldie Horowitz im Jahre 1941, »doch ihnen hängt Haremsgeruch an.«

»Bukarest«, beobachtete C. L. Sulzberger zu Anfang des Zweiten Weltkrieges, »ist auf bezaubernde Weise verkommen... Die Menge der professionellen Prostituierten hat es schwer, da ihnen Amateurinnen aus allen Schichten bis hinauf zu Prinzessinnen den Markt streitig machen. Korruption ist der Motor aller Geschäfte«, fuhr er fort. »Der erste Beamte, mit dem ich zusammenkam, öffnete seine Schreibtischschublade, zeigte mir Bündel ausländischer Währung und versprach eine Schwarzmarktrate von fünfzehn Prozent über dem, was mir der Portier vom Palasthotel Athenee angeboten hatte.«

Hannah Pakula, die Biographin der rumänischen Königin Maria, zitiert ein Mitglied des alten Adels, das behauptet hatte, der rumänischen Sprache fehle der Ausdruck für Selbstbeherrschung: »Dieser Begriff ist für Rumänen ebenso unübersetzbar wie fremd.«

Nikolaus II., der letzte russische Zar und Vetter von Königin Maria, spottete: »Rumänien: das ist kein Land, sondern ein Beruf.«

Prositution, Schwarzmarkt und die Bespitzelung von Nachbarn und Freunden sind in Rumänien so alltäglich, daß ihnen eine geradezu charmante Natürlichkeit und Unschuld anhaftet. Was zunächst schockieren mag, ist nach wenigen Wochen Aufenthalt zur Gewohnheit geworden. Wer einen Hang zur Verschrobenheit hat, verliebt sich leicht in Land und Leute. Man ist geneigt zu glauben, daß die Rumänen eine Schläue und Lebenstüchtigkeit entwickelt haben, die dem Rest der Welt abgeht. Und man beginnt zu verstehen...

Ein solches Land wird Schriftstellern und Auslandskorrespondenten zur Qual. Laut Auskunft von Robert St. John, dem Bürochef der Associated Press in Bukarest, wohnten in den ersten Jahren des Zweiten Weltkriegs »selten weniger als fünfzig Korrespondenten zur selben Zeit im Palasthotel Athenee«. Es war das einzige Hotel im kriegerischen Europa, wo Nazis und Alliierte unter einem Dach schliefen und wo amerikanische und britische Journalisten SS-Offiziere zu einem Umtrunk überreden konnten. Doch die Hauptattraktion boten die Rumänen selbst, die die neue faschistische Ordnung begeistert annahmen und diese auf abmildernde Weise korrumpierten. Die Nazis, so beobachtete Goldie Horowitz, »gerieten aus der Fassung angesichts der glutäugigen Töchter aus vornehmen Häusern, die sie ins Bett lockten, bevor es den Ariern möglich war, deren Stammbaum zu begutachten«.

Horowitz stammte aus einer wohlhabenden jüdischen Familie aus Berlin und war nach Amerika eingereist. Unter dem Pseudonym R. G. Waldeck verfaßte die forsche, attraktive Journalistin klatschhafte Memoiren über hotelinterne Sexintrigen, zusammengefaßt unter dem Titel *Athenee Palace Bucharest*. Robert St. John schreibt in *Foreign Correspondent*: »Wenn die Deutschen den Speisesaal des Hotels in Beschlag nahmen, bot sich oft ein ganz ungewöhnlicher Anblick, dann nämlich, wenn Goldie Horowitz zu Tisch saß bei hochrangigen Nazi-Offizieren – von denen manche später als Kriegsverbrecher hingerichtet wurden.«

Horowitz' Buch, das seit fast fünfzig Jahren nicht mehr gedruckt wird, bietet eine genaue, detaillierte Nahaufnahme der rumänischen Sitten. Olivia Manning, die junge Frau eines Dozenten des British Council, verbrachte ebenfalls lange Zeit im Palasthotel Athenee und beschreibt in *The Balkan Trilogy* ein breiter angelegtes Sittengemälde Rumäniens. Der Paperback-Bestseller wurde auch für eine kleine Fernsehreihe verfilmt. Und es gibt noch andere Zeugnisse dieser Art. Rumäniens Abstieg in den Faschismus zwischen 1939 und 1941, betrachtet aus dem Foyer und den Zimmern des Palasthotels, lieferte den Stoff für zahlreiche Romane und journalistische Memoiren, die den historischen Hintergrund beleuchten, vor dem sich Rumänien in den 70er und 80er Jahren zu einem Faschismus eigener Prägung entwickelte. Rumäniens derzeitige Situation verleiht diesen Werken eine zusätzliche Relevanz, da sie Außenstehenden scheinbar Unerklärliches verständlich machen.

Das Hotel erstreckt sich über die gesamte Breite eines großen Platzes, der auf der einen Seite vom königlichen Palast begrenzt wird und von einer Konzerthalle im Stil der Pariser Oper mit grünen Rasenflächen und Gladiolenbeeten auf der anderen Seite. In den Tagen von Reed hatte das Hotel eine »strahlende, neo-französische Fassade« mit Türmchen und Karyatiden. 1938, noch bevor Horowitz und Manning zu Besuch kamen, wurde dieser Schmuck entfernt zugunsten einer modernistischen Front aus Chrom und weißem Stein. Als ich im Frühjahr 1990 dort ankam, war die weiße Fassade von Einschußlöchern zernarbt, die von der Revolution im voraufgegangenen Dezember stammten.

Im Hotelinnern sind noch gravierendere Veränderungen vorgenommen worden. Jenseits der Kolonnade der korinthischen Säulen befindet sich seit den 50er Jahren ein düsteres, spiralförmig angelegtes Treppenhaus mit purpurrotem Teppichbelag. Die Securitate, der rumänische Geheimdienst, hatte unter Mithilfe des KGB das Palasthotel Athenee in eine logistische Schaltzentrale umgewandelt. Telefonleitungen wurden angezapft, Mikrophone im Restaurant, an der Bar und in sämtlichen Zimmern installiert. Der Hotelmanager war ein Oberst der Securitate, und alle 300 Bediensteten fungierten als Agenten, selbst die Putzfrauen, die jedes Dokument in den Gästezimmern zu fotografieren hatten.

Gegen Vorschußhonorar oder zusätzliche Rationsmarken von der Securitate legten Hotelprostituierte Berichte an über Gespräche mit Freiern. Doch in den 80er Jahren herrschte auch unter Huren große Verzweiflung. Während meines Aufenthaltes 1983 klopfte es um Mitternacht an meine Zimmertür. Ich öffnete. Im dunklen Flur stand eine Frau und streifte den Träger ihres Hemdchens von der Schulter. Sie sagte, daß ihr eine Tasse Kaffee als Honorar genügen würde.

Kaffee war zu dieser Zeit in Bukarest äußerst knapp. Trotz winterlicher Temperaturen und obwohl ich pro Nacht fünfundsiebzig Dollar für mein Zimmer bezahlen mußte, war weder die Heizung in Betrieb, noch gab es warmes Wasser. Zur Beleuchtung dienten zwei 25-Watt-Birnen. Ich war darauf eingestellt und hatte eine Taschenlampe sowie mein eigenes Toilettenpapier dabei. »Wenn wir ein bißchen mehr zu essen hätten, wäre es bei uns wie in Kriegszeiten«, witzelte man in Bukarest.

Irgendwann im Winter '88/89 – keiner weiß, wann genau – verschwanden die blumenverkaufenden Zigeunerinnen von den Straßen in der Nähe des Hotels. Diese Frauen hatten bis dahin das Stadtbild belebt und an ein freundlicheres Leben vor der kommunistischen Eiszeit erinnert.

Als das Eis im Dezember 1989 blutende Risse bekam, kehrten als erste die Zigeunerinnen zurück, die nun wieder – um Olivia Mannings Beschreibung zu übernehmen – »wie tropische Vögel dahockten« und rosafarbene Rosen und Berge von gelben und roten Tulpen verkauften. Die Blumen wurden zum Gedenken an die gefallenen Revolutionäre aufs Pflaster gelegt, dazu ein weihevolles Rauchopfer gebracht. Überall duftete es nach Bienenwachs, und die Hauptstadt des Landes, in dem seit über vier Jahrzehnten die öffentliche Religionsausübung verboten worden war, nahm den Charakter einer Freiluftkirche an.

PACE VOUA, ORTI NOSTRI, buchstabierte ein Graffito. »Ruht in Frieden, unsere Toten.«

Das Bild wirkte surreal. Während des osteuropäischen Revolutionsjahres von 1989 wunderte sich der Westen über kein anderes Land so sehr wie über Rumänien. Jene ersten unscharfen Szenen, die von den technisch antiquierten Fernsehsendern Rumäniens übertragen wurden, offenbarten eine Welt, in der, wie es schien, der Zweite Weltkrieg gerade erst geendet hatte und Heerscharen von Soldaten patrouillierten, deren graue Mäntel und Stahlhelme an die Russen in Stalingrad erinnerten. Die Atmosphäre war winterlich wirsch, slawisch. Die Menschen aber sehen südländisch dunkel aus und sprechen eine romanische Sprache, die dem antiken Latein in mancherlei Hinsicht ähnlicher ist als das moderne Italienisch oder Spanisch. Die mit der rituellen Bestattung der Opfer einhergehende Gewalt kennzeichnete eine theatralische, gespenstische Stimmung, die von einem Volk zeugt, das dazu neigt, seine Leidenschaft immer und immer wieder wie vor einem Spiegel in Szene zu setzen.

Man stelle sich vor: brennende Bienenwachskerzen zwischen

nackten und verwesenden Leichen auf offener Straße. Ein Diktator, der sich mit einem Zepter in der Hand hatte fotografieren lassen, den Fuß auf ein erlegtes Wildschwein gestützt; der eine Verbotene Stadt in faschistischer Architektur rings um einen Prunkbau in der Form eines riesigen Hochzeitskuchens hatte errichten lassen; den seine Anhänger das »Genie der Karpaten« genannt hatten, während das Volk ihm Schmähnamen wie »Dracula« oder »Antichrist« verlieh; dessen Hinrichtung zu Weihnachten wochenlang im Fernsehen wiederholt worden war und dessen Leiche Gerüchten nach verschollen beziehungsweise versteckt worden sein soll.

Hier vollzog sich mehr als der Niedergang einer kommunistischen Diktatur. Stalin mag den Grundstein gelegt haben, aber alles weitere war landeseigenes Dazutun.

Dicht gedrängt zwischen zwei anderen Grabstätten lag ein frisch aufgeworfener Erdhügel; davor ein Holzkreuz, auf dem mit weißer Farbe geschrieben stand: OBERST (RES.) POPA DAN, 1920–1989.

Hier liegt Nicholae Ceaucescu begraben, der ein halbes Jahrhundert lang Rumänien beherrscht hatte, bevor er zusammen mit seiner Frau Elena von der Armee hingerichtet wurde.

Zwanzig Schritte entfernt, dicht gedrängt zwischen zwei anderen Grabstätten, fand ich ein Kreuz mit der Aufschrift: OBERST (RES.) ENESCU-VASILE, 1921–1989.

Dort liegt Elena Ceaucescu begraben.

Einem offiziellen Hinweis folgend, hatte ich mit mehreren europäischen Journalisten diese beiden Gräber entdeckt. Daß auf diesem öffentlichen Friedhof inmitten von marmornen und steinernen Gedenkstätten schlichte Holzkreuze zwei Reserveoffiziere identifizieren, scheint in der Tat merkwürdig und verdächtig zu sein. Wenige Tage später, im Mai 1990, verschwanden die beiden Kreuze auf Nimmerwiedersehen, und zwar in derselben Nacht, als in Rumänien jüdische Friedhöfe verwüstet wurden. Allerdings waren die Ceausescus nicht das einzige rumänische Herrscherpaar dieses Jahrhunderts, dessen Gräber unbekannt sind.

Reisen Sie nach Lissabon. Gehen Sie durch die krummen, engen Gassen der Alfama, jenem Wohngebiet, dessen Geschichte bis in die Römerzeit zurückführt, bis hin zur Kirche Sao Vicente de

Fora. Vor dem Altar dieser Kirche befindet sich rechterhand eine Tür. Dahinter betreten Sie eine Kammer, die verziert ist mit weiß-blau bemalten Kacheln, die Szenen aus den Fabeln von La Fontaine darstellen. Von der Kammer zweigen mehrere Steingänge ab; halten Sie sich links, und Sie gelangen in einen Raum mit marmornem Gewölbe, der die Sarkophage sämtlicher portugiesischer Könige seit Mitte des siebzehnten Jahrhunderts aufbewahrt. Neben dem Eingang stehen zwei nicht gekennzeichnete Särge, aufgebockt, als warteten sie darauf, von den Möbelpackern abgeholt zu werden. Der mit den rumänischen Farben Gold, Blau, Rot bedeckte Sarg birgt den Leichnam des Hohenzollern-Königs Carol II., der Rumänien zwischen 1930 und 1940 regierte. Im Sarg daneben, den ein grobes, blaues Tuch mit weißem Kreuz bedeckt, liegt Elena Lupescu, Carols Frau jüdischer Abstammung, die einst wie Elena Ceausescu die eigentliche Macht hinter dem rumänischen Thron gewesen war.

Von seiner Mutter Königin Maria maßlos verwöhnt und einem schweizerischen Lehrer anvertraut, der mürrisch und homosexuell gewesen sein soll, und dann zur Komplettierung der Erziehung dem preußischen Militärregiment seines Vaters unterstellt, schlug der zukünftige rumänische König Carol trotz seiner englischen und deutschen Abstammung eine Entwicklung ein, die der Kehrseite rumänischer Urwüchsigkeit entsprach. Als deutsche Truppen während des Ersten Weltkriegs Bukarest besetzt hielten, die königliche Familie in der Provinzhauptstadt Jassy festsaß und die Bevölkerung vor Ort ihren ausländischen Monarchen für das Fiasko verantwortlich machte, desertierte Carol von seiner Einheit und machte sich mit der Landadeligen Jeanne »Zizi« Lambrino aus dem Staub. Da es den rumänischen Hohenzollern-Königen untersagt war, sich mit einheimischen Frauen zu vermählen (damit keinem der jeweiligen Adelsgeschlechter in Rumänien politische Vorteile erwachsen konnten), mußte Carol abdanken. Wenig später verließ er Zizi und kehrte nach Rumänien zurück. 1921 heiratete er die griechische Prinzessin Helen, von der er sich jedoch nach zwei Jahren wieder trennte, um mit der geliebten Lupescu zusammenzuleben. Da er nicht, wie es das Volk verlangte, seiner rechtmäßigen Gemahlin und Mutter seiner Kinder die Treue zu halten bereit war, dankte er im Januar 1926 ein zweites Mal ab.

Nach dem Tod seines Vaters kehrte Carol 1930 erneut aus dem Exil zurück und bestieg den rumänischen Thron, versprechend, daß er Lupescu verlassen und sich mit seiner Frau Helen versöhnen würde. Doch schon bald wurde er wortbrüchig und ließ Lupescu in den Königspalast einziehen.

Aber auch Lupescu konnte ihm nicht genügen. Einem populären Mythos zufolge, der mir 1990 auch von einem Historiker in Bukarest vorgetragen wurde, litt Carol unter einem »krankhaften Priapismus«, der ihn über längere Zeit ans Bett fesselte – in sexueller Aktivität. »Er ließ Zizi Lambrino in Paris links liegen... Jetzt besucht er die Freudenmädchen in der Calea Victoriei oder läßt sie in den Palast bringen«, schreibt Petru Dumitriu in *The Prodigals,* einem längst vergriffenen Roman über reiche Rumänen, die, bevor die Faschisten 1941 die Macht übernahmen, ihr Land und sich selbst in den Ruin stürzten.

Der Legende nach soll Carol enorm tüchtig im Bett gewesen sein, und es heißt, daß er der einzige Mann gewesen sei, der die »Krähe«, eine stadtbekannte Hure der 30er Jahre, habe befriedigen können. Die Krähe war großgewachsen, dünn und stets wie eine Hexe ausstaffiert; sie hatte schwarze Augen, von Kokain geweitet, und schwarzes Haar, kurzgeschoren wie das eines Schuljungen (was, wie mir im Hotelfoyer auffiel, nach wie vor in Mode zu sein schien). »Diese schwarze Hure mußte, halb ohnmächtig, wie sie war, aus Carols Schlafgemach herausgeschleppt werden«, versicherte mir ein Professor der Cluj-Universität. In Wahrheit jedoch hatte sich eine ganz andere Geschichte abgespielt. In *The Prodigals* beschreibt Dumitriu folgende Szene:

Sie [die Krähe] ging hinaus auf die Straße und schlenderte auf und ab, ohne Erfolg, denn lange ließ sich kein Freier blicken. Aber dann rief eine heisere Stimme:
»He, du – komm her!«
Sie drehte sich um und sah einen langen, schwarzen Wagen mit glänzendem Kühlergrill. Die Tür klappte auf, und der Chauffeur winkte sie herbei. Da saß der König. Sie hatte schon zuvor geschäftlich mit ihm verkehrt und stieg gehorsam ein, obwohl sie wußte, daß Seine Majestät schlecht bezahlte.

Carol war unersättlich, nicht nur im Hinblick auf Sex, sondern auch auf Geld. Die Kasinos und Nachtclubs der Landeshauptstadt zahlten ihm monatlich beachtliche Summen. Auf dem Schwarzmarkt tauschte Carol *Lei* in Dollars ein. Einmal setzte er das Gerückt in Umlauf, daß die in Rumänien zirkulierenden Hundert-Dollar-Noten falsch seien. Als der Dollarkurs tatsächlich kippte, kaufte Carol ein. Von jedem Staatsvertrag sicherte er sich einen Anteil und besaß Aktien von allen größeren Gesellschaften. Als Stalin Bessarabien annektierte, forderte und erhielt Carol von seinen eigenen Ministern eine Million Dollar als Entschädigung für verlorene Besitztümer, während es der Bevölkerung, die zum Teil alles verloren hatte, nicht einmal gestattet war, Ersatzansprüche zu stellen. Da die Bulgaren die Souveränität über die südliche Dobrudscha anstrebten, verkaufte Carol das dort gelegene Sommerhaus von Königin Maria – wo das Herz seiner Mutter in einer Glasvitrine aufbewahrt wurde – an den Staat. Nach Erhalt von umgerechnet 250 000 Dollar verhandelte er mit den Bulgaren über die Abtretung des Gebietes. Zwischen 1930 und 1940 hatte er nach eigenen Angaben 40 bis 50 Millionen Dollar im Ausland deponiert – eine für die damalige Zeit enorme Summe.

1938 hatte Carol alle politischen Parteien abgeschafft und eine königliche Diktatur ausgerufen. Die faschistische, antisemitische Legion des Erzengels Michael, die von ihm jahrelang finanziert worden war, wandte sich schließlich gegen Carol aufgrund seiner Liaison mit der Jüdin Lupescu. Also ließ er deren Anführer hinrichten. Das wiederum verärgerte Hitler, den Carol bislang ignoriert hatte. Nachdem aber Frankreich von den Nazis besetzt worden war, gründete Carol eine eigene faschistische Partei, die eine Reihe antisemitischer Gesetze verabschiedete und 800 000 rumänische Juden in den Untergrund zwang. Als Stalin im Sommer 1940 von Carol verlangte, Bessarabien abzutreten, rief der König Hitler zu Hilfe. Hitler antwortete mit der Forderung, den nördlichen Teil Siebenbürgens dem pro-nazistischen Ungarn zu übertragen.

Die Bevölkerung war empört über die territorialen Verluste. »Abdica!« (abdanken!) skandierten die Massen, die sich auf dem Platz vor dem Palasthotel Athenee versammelt hatten. Carol war in seinen Verhandlungen mit Hitler und Stalin »überschlau« gewesen, schreibt Manning in *The Balkan Trilogy*. »Er hatte ein doppeltes Spiel getrieben und verloren.«

Bei Nacht und Nebel verließen Carol und Lupescu Ende 1940 Rumänien in einem Zug mit neun Waggons, die gefüllt waren mit landeseigenen Gold- und Kunstschätzen. Die faschistischen Legionäre bekamen Wind von der Abreise des Paars und versuchten, den Zug zu stoppen, allerdings ohne Erfolg. »Wär's nicht schön gewesen, man hätte sie [Lupescu] in einem Käfig durch die Straßen geführt, splitternackt vor aller Augen?« sinnierte ein ungarischer Bauer während einer Führung durch die prunkvolle Villa Lupescus. »Man hätte sie nackt zum Spießrutenlauf antreten lassen und sie steinigen sollen«, meinte ein anderer Bauer ein halbes Jahrhundert später, als er die Villa von Elena Ceausescu besichtigte.

Nazismus und Kommunismus wirkten wie eine Lupe, die die tragischen Mängel der politischen Kultur in Rumänien extrem vergrößerten. So erschien Elena Ceausescu wie ein Monstrum. Zwar war sie auf unseren Fernsehschirmen zu sehen, doch es läßt sich nur schwer ein Bild von ihr machen. Lupescu dagegen ist, obwohl weiter entfernt, sehr viel durchschaubarer.

Sie wurde 1895 in Jassy geboren. In dieser moldauischen Provinzhauptstadt zu leben war für Bürger jüdischen Glaubens die reine Tortur. Bis auf die deutschstämmigen Gebiete Siebenbürgens und Banats stellten die Juden in Rumänien die Bourgeoisie schlechthin und standen in der gesellschaftlichen Hierarchie zwischen Landadel und Bauernschaft. Dies machte sie zur Zielscheibe intensiven Hasses selbst unter liberalen, aufgeklärten Bevölkerungsteilen. Die größten rumänischen Dichter und Intellektuellen wie etwa Mihai Eminescu oder Nicholae Iorga waren laut Goldie Horowitz »durch und durch antisemitisch«. Weil die Moldau aufgrund ihrer geographischen Lage besonders verwundbar ist und gleichzeitig von alters her das nationale Zentrum Rumäniens bildet, war hier der Antisemitismus extremer ausgeprägt als in anderen Landesteilen. Da der Judenhaß bereits in den 20er Jahren weniger religiös als rassisch motiviert war (die Faschistenorganisation des Erzengels Michael wurde in Jassy gegründet), half es der Lupescu nicht, daß ihre Eltern zum Christentum konvertiert waren, denn für rumänische Bauern blieb ein Jude jüdisch.

Mit einem Artillerieleutnant verheiratet, hatte Lupescu etliche Liebschaften mit anderen Offizieren aus dem Regiment ihres Mannes unterhalten, bevor sie ihn endgültig verließ. Großgewachsen, mit »flammend rotem Haar«, grünen Augen, einer »magnolienweißen Haut« und »wiegenden Hüften« ausgestattet, war sie entschlossen, das Beste aus sich zu machen. Mit intriganter List heckte sie einen Plan aus, um in die Nähe des Königs zu gelangen und ihm aufzufallen, was ihr auch bei zwei Gelegenheiten gelang. Königin Marias Biographin Hannah Pakula vertritt die Ansicht, daß sich Carol »wahrscheinlich durch Lupescus selbstbewußt zur Schau gestellte Vulgarität« betören ließ. Nachdem sie ihn für sich gewonnen hatte, erschien sie in schwarzen Chanel-Kleidern in der Öffentlichkeit, die – wie Goldie Horowitz beschreibt – »die weiße Haut und das flammende Haar zur Geltung brachten«.

Die Situation in Rumänien entsprach der der jüdischen Purim-Geschichte unter umgekehrten Vorzeichen. Da aber die Vorkriegsatmosphäre in Rumänien weitaus grimmiger war als im alttestamentarischen Persien, hätte nicht einmal Lupescu ihre Talente im königlichen Schlafgemach zur Rettung ihres Volkes einsetzen können, wie es der biblischen Esther gelungen war. Im Gegenteil, die Rumänen fühlten sich gedemütigt, daß ihr König wegen einer Jüdin seine Frau verlassen hatte.

Als die faschistischen Legionäre in Bukarest damit anfingen, Juden zu erschlagen, reiste Lupescu gerade mit dem exilierten König quer durch Europa auf dem Weg nach Mexiko. Dort blieben sie bis Kriegsende. Anschließend zogen sie nach Brasilien, wo sie heirateten und Lupescu den Titel der königlichen Prinzessin Elena erhielt. Danach machten sie in Portugal Station. Als Carol dort 1953 starb, quartierte sich Lupescu bei dessen ehemaligem Premierminister Ernesto Urdareanu ein. In Saus und Braus residierten die beiden in dem Küstenort Estoril, vom Gold und den anderen Wertsachen zehrend, die sie und Carol in neun Waggons außer Landes geschafft hatten. 1977 schied Lupescu aus einem für sie durch und durch befriedigenden Leben.

In den Romanen von Petru Dumitriu scheint diese Frau wieder zum Leben zu erwachen: habgierig, rücksichtslos, verschlagen. In dem Buch *The Prodigals* kommt eine Figur vor mit dem Namen Elvira Vorvoreano, geborene Lascari, eine Frau mit »großen, grünen Augen«, die sich bis ins Königsbett hinaufschläft, dann aber kläglich versagt, als es darum geht, den König zu befriedigen. Aus Angst, als Namenlose auf der Straße zu enden, wirft sich Elvira zu Boden, »ringt die geballten Fäuste, beißt sich ins eigene Fleisch und winselt wie ein kleines Tier«. Eine ähnliche Reaktion wäre Lupescu in ähnlicher Lage zuzutrauen gewesen.

In eine Welt aus Feinden hineingeboren, bedroht von gewalttätigem Rassenwahn, tat Lupescu, was sie tun mußte, um sich zu schützen: Sie trug ihren einzigen Besitz, ihren Körper, zu Markte und spielte einen Interessenten gegen den anderen aus, um schließlich den König zu interessieren. Wie überall auf dem Balkan bleibt dem, der ums Überleben zu kämpfen hat, nur wenig Raum für moralische Erwägungen.

Lupescus Geschichte ist die Geschichte Rumäniens. Dumitriu, der begabteste Romancier der rumänischen Gegenwart, muß dies erkannt haben, da die meisten seiner lebendigsten Gestalten Variationen von ihr sind. Auch war dieses Land stets allein, stets umringt von Feinden, die Teile von ihm haben wollten.

Die Rumänen halten sich für Nachfahren der antiken Römer; sie sprechen eine romanische Sprache mit slawischem Einschlag.

Für Rumänen beginnt die Geschichte 101 n. Chr., als römische Legionen unter Kaiser Trajan die Dakien genannte Landschaft im Südosten Europas eroberten. Der rumänischen Geschichtsschreibung zufolge mischten sich während der nächsten 150 Jahre die Soldaten unters Volk und zeugten mit einheimischen Frauen eine »romanische Rasse«, die bis zur Gegenwart »ethnisch rein« geblieben sei. In Wirklichkeit aber traf das Land nicht nur die römische, sondern zahlreiche Invasionen anderen Ursprungs, die alle ihre Spuren in der Bevölkerung hinterließen. Der aus Ungarn stammende amerikanische Historiker John Lukacs urteilt treffend, wenn auch ein wenig gehässig: »Offizieller rumänischer Propaganda und Geschichtsschreibung zufolge sind die Rumänen direkte Nachkommen von Trajans Legionen. Mit derselben Berechtigung könnte Ronald Reagan behaupten, von Pocahontas abzustammen. Allerdings sprechen Rumänen in der Tat eine Art Pseudo-Latein; sie erinnern auf komische Weise an die pseudo-europäischen Eigenarten der Argentinier.«

Es kann jedoch nicht geleugnet werden, daß die Rumänen dem äußeren Anschein nach romanischer sind und weniger mit ihren slawischen oder ungarischen Nachbarn gemein haben. Ihre Sprache enthält zwar slawische, türkische und griechische Elemente, ist aber dem Wesen nach lateinisch. In ihren politischen wie privaten Angelegenheiten, ja sogar in ihren Gesten lassen sie eine pathetische Sinnlichkeit erkennen, die an Italiener erinnert und in keinem anderen osteuropäischen Land zu finden ist.

Adrian Poruciuc, ein Experte der rumänischen Geschichte und Ethnologie an der Cuza-Universität in Jassy, stellt fest: »Hundertfünfzig Jahre sind ein winziger Zeitraum. Auf den britischen Inseln waren die Römer sehr viel länger als in Rumänien. Welche ethnischen und linguistischen Spuren haben sie bei Engländern hinterlassen? Nur sehr wenige. Aber schauen Sie uns an. Darum vermute ich, daß in unserem Volk außer lateinischen Einflüssen ein romanisches Element enthalten ist, von dem wir noch nichts wissen.«

Wir können die Möglichkeit nicht ausschließen, daß sich im Verlauf der frühen Jahrhunderte nach dem Rückzug der Legionen andere Einflüsse breitmachten. Von allen Ländern Europas hat Rumänien die am wenigsten beneidenswerte geographische Lage. Seine historischen Kerngebiete an der Donau, die Moldau und die Walachei, liegen östlich und südöstlich der Karpaten und öffnen einer Invasion aus Rußland, Ukraine und Türkei Tor und Tür. Nicht einmal Polen ist so oft überfallen worden. Byzantiner, Westgoten, die Hunnen unter Attila, Awaren, Gepiden, Slawen, Bulgaren, Ungarn, Tartaren, Türken – sie alle nahmen Besitz und viele mehr. Christianisierte Bulgaren besetzten das Land im neunten Jahrhundert und zwangen die Rumänen, ihren römisch orientierten Gottesdienst (eingeführt von Kaiser Konstantin im Jahre 325 n. Chr.) aufzugeben und den östlich-slawischen Ritus anzunehmen. Dieses Ereignis führte zur psychologisch schmerzlichen Trennung von der romanischen Welt.

Vom vierzehnten Jahrhundert an hielten Türken die rumänische Bauernschaft dauerhaft in Angst und Not. Nur gelegentlich waren heimische *Voivods* (Bauernanführer) mächtig genug, um mit türkischen Invasoren ein bescheidenes Maß an Selbstbestimmung für sich aushandeln zu können. 1391 zahlte Mircea der Alte den Türken einen hohen Tribut für deren Verzicht, die Walachei weiterhin zu plündern. Fünfundsechzig Jahre später gelang es Vlad, dem Pfähler (der historische »Dracula«), und Stephan III. dem Großen, Teile der Moldau und Walachei für sich zu gewinnen; dabei gingen sie mit äußerster List vor und richteten ein gewaltiges Blutbad unter Ungarn, Türken und anderen an. Doch nach ihrem Tod zerfielen die gewonnenen Gebiete wieder.

Vlads Grausamkeit ist emblematisch für das fünfzehnte Jahrhundert auf dem Balkan. Die von ihm bevorzugte Hinrichtungsart war das Pfählen (daher sein Beiname): Dem Opfer wurde ein langer, zugespitzter Pfahl durch den Mastdarm und quer durch den Unterleib gestoßen. Schergen pflanzten den Pfahl samt Opfer auf, das sich oft stundenlang quälen mußte, bevor der Tod eintrat. Auf diese Weise ließ Vlad Tausende von Türken und nicht wenige der eigenen Landsleute töten.

1600 vereinigte Michael, der Tapfere, die Moldau und die Walachei, und zum ersten Mal standen beide Gebiete unter heimischer Führung. Doch das junge Königtum zerfiel bereits im Jahr darauf. Auch in Unabhängigkeit mußten die Bauern leiden; die eigenen Häuptlinge besteuerten und schikanierten sie fast ebenso drastisch wie die Türken. In den 30er Jahren des siebzehnten Jahrhunderts stellten die Türken Moldau und Walachei unter die Verwaltung griechischer Fanarioten. Sie stammten aus dem reichen Fanar (»Leuchtturm«)-Distrikt von Konstantinopel und trugen Pelze, Samtroben und diamantenbesetzte Turbane. In ihrer Fähigkeit, die Bauern bluten zu lassen, standen sie den Türken in nichts nach. Gleichzeitig wurde die rumänische Bauernschaft in Transsilvanien, der Region jenseits der Karpaten und in der Einflußsphäre Europas, von Ungarn und Deutschstämmigen ausgebeutet und auf die unterste Stufe eines mittelalterlichen Apartheidsystems gedrückt.

»Die rumänischen Bauern sind wie *Mamaliga* [Maisbrei]«, behauptet ein Sprichwort dieser Gegend, »sie kochen nie über.«

Aber sie kochten dann doch über: während der Aufstände in Transsilvanien von 1437 und 1514 sowie zweihundertsechzig Jahre später in der Moldau und Walachei. Die Grausamkeit war unbeschreiblich. Leichen wurden mit Zangen zerrissen, gekocht und anderen Opfern zum Verzehr aufgezwungen. Das Muster der rumänischen Geschichte blieb unverändert, wie der Aufstand gegen Ceaucescu 1989 offenbarte: Auf lange Perioden servilen Gehorsams folgen kurze, aber extreme Gewaltausbrüche.

Türken und Ungarn waren nicht die einzigen Schinder der Bauernschaft. Im achtzehnten und neunzehnten Jahrhundert fielen russische Zaren etliche Male in Rumänien ein. Und 1878, nachdem die Rumänen Rußland dabei geholfen hatten, Bulgarien aus dem türkischen Joch zu befreien, wurde ihnen diese Hilfe vergolten mit der Unterzeichnung des Berliner Vertrages, der verlangte, Bessarabien an den Zaren abzutreten.[1] Der in Paris wirkende Kolumnist William Pfaff schreibt, daß es in Rumänien »im-

---

[1] Bessarabien umfaßt den Ostteil der Moldau zwischen den Flüssen Pruth und Dnjestre.

mer eine Nähe zum Verrat und einen Hang zum Scheitern gegeben hat«.

Mit Hilfe französischer Diplomatie wurden schließlich die Moldau und die Walachei unter der Regierung von Fürst Alexandru Ion Cuza wiedervereint und am 23. Dezember 1861 zur unabhängigen rumänischen Nation erklärt. Doch Cuzas Regierung war sowohl korrupt als auch inkompetent. Bald schon forderten der Adel und die Bauernschaft seinen Kopf. Als 1866 Offiziere des Heers sein Haus in Jassy stürmten, um ihn zum Rücktritt zu zwingen, fanden sie ihn mit der Schwiegertochter des serbischen Königs im Bett liegend. »Rumänien«, schreibt Manning in *The Balkan Trilogy*, »gleicht einem Narren, der zu einem großen Vermögen gekommen ist [Wälder, Flüsse, Öl, Mineralien...]. Alles wird für ordinären Unsinn verschleudert.«

Die Rumänen hofften, von einem Ausländer besser regiert zu werden, und beriefen den Cousin des Preußenkaisers Wilhelm I., Prinz Karl von Hohenzollern-Sigmaringen, zu ihrem König. Karl (der Großonkel von Carol II.) ist seitdem unter seinem rumänischen Namen Carol I. bekannt.

Im Frühjahr 1866 reiste der siebenundzwanzigjährige Carol I. in einem Eisenbahnabteil zweiter Klasse inkognito nach Bukarest, denn er hatte Angst, in Österreich erkannt zu werden (das wie Rußland und die osmanische Türkei den neuen rumänischen Staat zu zerteilen beabsichtigte). Er trug zum Schutz gegen den Staub rosafarbene Brillengläser und hatte einen Ranzen voller Geld bei sich. So unauffällig begann eine Monarchie, die den von Cuza hinterlassenen Morast in einen lebensfähigen und um große Gebiete erweiterten rumänischen Staat verwandeln sollte, der jedoch von Carol II. wieder verspielt wurde.

John Reed schätzt Carol I. gering und spricht von einem »niedlichen kleinen König in einem niedlichen kleinen Palast«. Trotzdem entsprach Carol genau dem, was seinem Land nutzen konnte. Er war ein verklemmter, arbeitswütiger Preuße, der sich in spartanischer Umgebung wohler fühlte als im Luxus und lieber Akten studierte, als der Sinneslust zu frönen. Trotz seiner engen Verbindung zum Preußen seiner Geburt weigerte sich Carol kurz vor seinem Tod im Jahre 1914, an der Seite des kaiserlichen Cousins in den Krieg zu ziehen – eine weitreichende Entscheidung, die schließlich dazu führte, daß Rumänien in Allianz mit Großbritannien und Amerika in den Ersten Weltkrieg eingriff und während der anschließenden Friedensvereinbarungen große Gebiete zugesprochen bekam.

Allerdings waren nicht alle Entscheidungen Carols so weise. Daß er die Interessen der Bauernschaft vernachlässigte, rächte sich 1907 durch eine landesweite Orgie der Gewalt, die mit einer (unzureichenden) Landreform aufgehalten werden konnte. Ein weiterer Fehler war seine Heirat mit Prinzessin Elisabeth von Wied, einer überspannten Dichterin, die unter ihrem Pseudonym Carmen Sylvia besser bekannt ist und im königlichen Palast einen Künstlersalon unterhielt, in dem weder Korrektur noch Kritik erlaubt war. Elisabeth verlangte, daß alle Anwesenden bei Hofe folkloristische Trachtenkostüme trugen. Zweifellos erwies sie den Rumänen (zumindest der nachfolgenden Generation) einen großen Dienst damit, daß sie keinen Erben zur Welt bringen konnte. So war Carol I. gezwungen, seinen Neffen Prinz Ferdinand von Hohenzollern-Sigmaringen zu seinem Nachfolger zu bestimmen.

Ferdinand hatte nur wenig Selbstvertrauen. Zeit seines Lebens fiel es ihm schwer, Entscheidungen zu treffen. Zum Glück für Rumänien machte er eine gute Ehepartie. Maria Windsor Hohenzollern von Rumänien, die gebürtige Prinzessin Maria von Edinburgh und Enkelin von Königin Victoria, war eine Königin wie aus dem Märchenbuch.

Maria war wunderschön, lebhaft und unheilbar romantisch. Als tüchtige Reiterin führte sie ihr eigenes Kavallerieregiment. Sie lernte fließend Rumänisch zu sprechen und machte Barbo Stirbey, einen brillanten, gutaussehenden Adeligen des Landes, zu ihrem Geliebten. Während des Zweiten Balkankriegs schloß sie sich den von der Cholera heimgesuchten Truppen in Bulgarien an, watete »mit ihren Reitstiefeln durch tiefen Morast, ... feuerte die Soldaten an und verteilte Proviant«, schreibt ihre Biographin Hannah Pakula in *The Last Romantic*. Nachdem sich während des Ersten Weltkriegs die königliche Familie aus Bukarest zurückgezogen hatte und von deutschen Verbänden in Jassy festgesetzt wurde, weigerte sich die Königin im Gegensatz zu den Krankenschwestern der Typhusstation, Gummihandschuhe zu tragen, und legte die bloße Hand auf die Lippen sterbender Soldaten. Ihre Bereitschaft, an vorderster Front den Kampfwillen ihrer Truppen zu stärken, brachte ihr den Beinamen »Kriegerkönigin« ein.

In ihren letzten Lebensjahren sorgte sich Königin Maria zunehmend über das Aufkommen von Faschismus und Kommunismus, und es grämte sie zu sehen, wie die chaotische Politik ihres Sohnes Carol II. die Zukunft Rumäniens bedrohte. Sie starb 1938, bevor sich ihre schlimmsten Befürchtungen bestätigten.[2]

Mit der Auslandsflucht von Carol II. und Lupescu im September 1940 glaubten die Rumänen, daß die Nation nun endlich von ihren Dämonen befreit sei. Tatsächlich aber tobten sie sich erst richtig aus, wozu ihnen Hitler und dann auch Stalin Mut machten.

Die rumänischen Sitten sind immer schon ein unglückliches und gefährliches Palimpsest gewesen. Eben dieser Umstand hat Autoren und Journalisten ständig angelockt. Der romanische Hang zum Pathetischen wird gekrönt von einer byzantinischen Neigung zur Intrige und zum Mystizismus, ererbt von der orthodoxen Religion und dem Jahrhunderte währenden politischen wie kulturellen Einfluß des Byzantinerreiches. Dieser mystische Zug wurde außerdem begünstigt durch die karpatische Landschaft mit ihren dunklen, von Wölfen und Bären bewohnten Fichtenwäldern, die ein Pantheon von Spukgestalten und abergläubischen Vorstellungen, aber auch die reichste Volkskultur in Europa hervorbrachten. Es ist kein Zufall, daß Bram Stoker, der aus Dublin gebürtige Autor von *Dracula*, den Handlungsort seines Romans nach Rumänien verlegt hat.

Corneliu Zelea Codreanu stammte aus dieser Welt. 1927, er war achtundzwanzig Jahre alt, hörte Codreanu die Stimme Gottes; sie sprach zu ihm aus einer Ikone des Erzengels Michael, jener streitbaren Himmelsgestalt, die für die Bauern des Balkan den Kampf gegen die moslemischen Türken personifizierte. Codreanu war ein gebildeter Bauernsohn und beeinflußt von den antisemitischen Lehren seiner Universitätsprofessoren in Jassy. Er hörte auf die göttliche Stimme und formierte die Legion des Erzengels Michael, deren militärischer Flügel später auch unter dem Namen »Eiserne Garde« bekannt wurde. Nach Codreanus Vorstellung war die Legion »ein religiöser Orden«, der alle Rumänen vereinte, die sich »einem heroischen Dasein« verpflichtet fühlten, einschließlich derer, die noch nicht geboren oder bereits gestorben waren. Er unterteilte die Legion in *Cuibs* (»Nester«) zu je dreizehn Mitgliedern. Um einem solchen Cuib beitreten zu können, mußte der Anwärter das Blut jedes einzelnen Mitgliedes aus einer

[2] siehe den Epilog zu *The Last Romantic* von Hannah Pakula.

selbst beigefügten Wunde trinken und dann mit dem eigenen Blut einen Schwur unterzeichnen, mit dem er gelobte, auf Befehl zu töten. Vor jeder Mordaktion mußten die einzelnen Mitglieder eines Nestes eine Unze Blut in einen Kelch fließen lassen, aus dem alle tranken und sich damit Treue bis in den Tod gelobten. Die Legionäre waren außerdem verpflichtet, Kreuze und Bündel mit rumänischer Erde um ihren Hals zu tragen. Die rumänischen Faschisten waren, wie ihre kommunistisch organisierten Landsleute, alles andere als Durchschnitt.

Codreanu war großgewachsen und gutaussehend; er hatte stechende Augen und die markanten Gesichtszüge einer römischen Statue. Seine Anhänger nannten ihn Capitanul (»Kapitän«). Er trug vornehmlich Weiß und ritt auf einem weißen Pferd durch die karpatischen Dörfer, wo er als eine Art Bauerngottheit verehrt wurde, als Erzengel Michaels Stellvertreter auf Erden. Als er heiratete, kamen 90000 Menschen zum Hochzeitsmarsch zusammen.

König Carol II. erkannte in Codreanu einen gefährlichen Rivalen, vor allem, nachdem Hitler dem König 1938 während eines Besuches in Berchtesgaden ins Gesicht gesagt hatte, daß er lieber Codreanu als »Diktator über Rumänien« sähe. Carol war bei aller Arroganz kein Feigling. Auf den Wunsch Hitlers reagierte er damit, daß er im November 1938 Codreanu und dreizehn andere Legionäre erdrosseln und dann das Gerücht verbreiten ließ, Codreanu habe sich »den Juden verdingt« (eben das hatte Codreanu dem König vorgeworfen aufgrund dessen Liaison mit Lupescu).

Doch die Rumänen glaubten kein Wort. Für die Massen der Bauern lebte Codreanu weiter, und zwar als »Märtyrer und Prophet in der Vorstellung der Rumänen«, wie Horowitz schreibt. Viele Bauern behaupteten, den »Kapitän« Wochen und Monate nach seiner vermeintlichen Hinrichtung gesehen zu haben, reitend auf seinem weißen Pferd bei Nacht durch die Wälder. Später weihte die Rumänisch-Orthodoxe Kirche Codreanu zum »Nationalheiligen«.

Sein Geist erwies sich dem König als zu mächtig. Im Spätsommer des Jahres 1940 schrien die Massen, die sich auf dem Platz vor dem Palasthotel Athenee versammelt hatten: »Abdica!« Sie glaubten, daß die territorialen Verluste (Bessarabien ging an die Sowjetunion, die Dobrudscha an Bulgarien und das nördliche Siebenbürgen an die Ungarn) Gottes Strafe dafür sei, daß sie, die

Rumänen, einen König tolerierten, der mit einer Jüdin schlief und den »Kapitän« ermordet hatte. Nach Carols und Lupescus Flucht tauchten in ganz Bukarest Plakate mit dem Bild Codreanus auf mit der Aufschrift »Corneliu Zelea Codreanu – Präsident«; in anderen Worten: Er war nach wie vor lebendig.

Die Revolution von 1940, die König Carol stürzte, hievte dessen achtzehnjährigen Sohn Michael auf den Thron. Die eigentliche Macht aber lag in den Händen einer von den Nazis unterstützten Militärjunta, der der rothaarige Veteran des Ersten Weltkriegs Marschall Ion Antonescu voranstand. Er litt unter syphilitischen Fieberanfällen und war besser bekannt unter dem Spitznamen »Roter Hund«. Antonescus erste Amtshandlung als Staatsoberhaupt war die Berufung verschiedener Legionäre in sein Kabinett. Außerdem rief er alle Rumänen auf, in die Kirche zu gehen und den Ex-König zu schmähen.

Aber die Legionäre waren nicht zufrieden. Als im November 1940 ein Erdbeben an die 10000 Gebäude in Bukarest zerstörte, fanden sie ihren Argumenten zusätzliches Gewicht verliehen. In *Athenee Palace Hotel* schreibt Horowitz: »Ohne das Erdbeben hätte die ›Nacht der langen Messer‹ womöglich nicht stattgefunden. Auf die so tief religiösen und abergläubischen Rumänen wirkte das schreckliche Beben wie eine göttliche Bestrafung des Versäumnisses, ihre Märtyrer gerächt zu haben.«

Also übten die Legionäre endlich Rache. Zuerst ermordeten sie vierundsechzig Beamte und Helfershelfer des alten Regimes unter Carol; dann stürmten sie das jüdische Viertel in Bukarest, »mordeten, plünderten und brandschatzten«, wie Robert St. John, der Bukarester Korrespondent der Associated Press, berichtete. Anschließend brachten die Legionäre Rumäniens bekanntesten Intellektuellen um: Dr. Nicholae Iorga. Sie rissen ihm den langen, weißen Bart aus, stopften ihm die Ausgabe einer liberalen Zeitung in den Hals und folterten ihn zu Tode. (Iorga galt zwar in der Öffentlichkeit als Antisemit, war aber für rumänische Standards viel zu liberal.) Schließlich ordneten die Legionäre eine offizielle Trauerfeier in Bukarest an und die Umbettung von Codreanu samt seiner dreizehn Mitstreiter, die Carol zwei Jahre zuvor hatte ermorden lassen.[3] St. John beschreibt die riesige Menschenmenge während des Begräbnisses: »Sie schienen allesamt verrückt zu

---

[3] weitere Details siehe Vorwort

spielen... Die Erinnerung daran wird immer lebhaft bleiben, denn ich spürte an diesem Tag, wie beängstigend religiöse Ekstase sein kann, wenn sie außer Kontrolle gerät... Es war eine Lynchmeute aus 155 000 Menschen.«

St. Johns Befürchtungen erwiesen sich als begründet. Ein paar Wochen später, am 21. Januar 1941, machten sich die Legionäre zu einer dreitägigen Mordkampagne auf in der Absicht, Antonescu die Macht zu entreißen, denn der war ihnen zu wenig faschistisch. Sie brannten sieben Synagogen nieder und gingen im jüdischen Viertel von Haus zu Haus, vergewaltigten und quälten Frauen vor den Augen der Familie zu Tode. Eine Gruppe von Juden wurde in den verschneiten Wald von Baneasa im Norden Bukarests geschleppt, nackt ausgezogen und erschossen. Am nächsten Morgen kamen Zigeuner vorbei und brachen den Opfern Goldkronen von den Zähnen. In der darauffolgenden Nacht überwältigten die Legionäre weitere 200 Juden, die ins städtische Schlachthaus getrieben, nackt ausgezogen und durch alle Stationen einer automatisierten Schlachtung geschickt wurden.

»Die Berichte von den hier verübten Greueltaten sind sicherlich von kaum einem je für wahr gehalten worden, aber wir haben einiges davon gesehen, wir haben die Leichen gezählt, die Verstümmelungen registriert... Die Jüdische Universalenzyklopädie spricht von ›einem der brutalsten Pogrome der Geschichte‹. Diese Feststellung geht sehr weit, wenn man bedenkt, daß sie nach Ende des Zweiten Weltkrieges geschrieben wurde«, erklärt St. John.

Die Legionäre kämpften verdeckt weiter; Ende Januar 1941 schossen sie von Hausdächern auf Passanten, auf die Panzerfahrzeuge des »Roten Hundes« Antonescu und auf reguläre Truppenverbände, die in den schneebedeckten Straßen von Bukarest patrouillierten. Aber auch auf die Legionäre wurde Jagd gemacht. Wer nicht erschossen oder gefangengenommen wurde, ging ins Exil – ins Nazi-Deutschland, ins faschistische Italien oder (vor allem) nach Spanien. Zu den Flüchtlingen zählte auch Horia Sima, jener langhaarige Wahnsinnige, der nach Codreanus Tod die Führung der Legionäre übernommen hatte und die Hauptverantwortung trug für den Pogrom und das Schlachthausmassaker. Es gibt Hinweise aus dem Jahre 1990, wonach er womöglich noch immer in Spanien lebt, in völliger Anonymität und vergessen sowohl vom israelischen Geheimdienst als auch von allen übrigen Nazijägern.

Die Legionäre verloren alle Aussicht auf eine totale Machtübernahme, als Hitler sie zugunsten Antonescus aufgab. Nach einem Treffen mit Antonescu Ende 1940 in Berlin vertraute Hitler seinem Mitarbeiterstab an, daß er unter »all den Romanen« (ein Begriff, der Mussolini, Franco, Pétain und Laval einschloß) den rothaarigen Marschall bevorzuge. Hitler interessierte sich für rumänische Rohstoffe, vor allem für das Öl aus den reichhaltigen Vorkommen bei Ploiesti dreißig Kilometer nördlich von Bukarest, womit er die deutschen Panzer für die geplante Invasion Rußlands betanken wollte. Und im Gegensatz zu den wankelmütigen Legionären war auf Antonescu Verlaß. Er war in der Lage, die notwendige Ordnung und eine reibungslos funktionierende Wirtschaft zu gewährleisten, die es den Deutschen ermöglichte, das kostbare Öl zu fördern und abzutransportieren. Hitlers Wahl erwies sich in seinem Sinne doppelt günstig, denn Antonescu, der schon bald Conducator (rumänisch für »Führer« – ein Titel, den auch Ceaucescu später annahm) genannt wurde, zeigte sich dem organisatorischen Problem des massenhaften Judenmordes durchaus gewachsen und unterstützte somit Hitlers Vernichtungsprogramm.

So fiel der Vorhang vor der Geschichte, wie sie aus dem Foyer des Palasthotels Athenee zu betrachten gewesen war. Goldie Horowitz verließ das Hotel im Januar 1941, als die Revolte der Legionäre gerade niedergeschlagen war und Conducator Antonescu deutsche Militärberater und Geheimdienstler ins Land holte. Horowitz schrieb: »Bukarest, die letzte europäische Metropole mit internationalem Glanz, war nun nichts anderes mehr als eine Haltestelle für deutsche Truppen auf dem Marsch nach Süden.« Und wie in unbewußter Ahnung zukünftiger Ereignisse fügte sie hinzu: »Ein scharfer Wind wehte von Rußland herbei, als ich zum Bukarester Bahnhof fuhr...«

Im Dezember 1989 füllten sich – seit damals zum ersten Mal wieder – die Hotels in Bukarest mit Journalisten, die nun jedoch das Intercontinental dem Athenee vorzogen. Das revolutionäre Spektakel, von dem sie berichten wollten, war dennoch dem, das Horowitz, St. John, Sulzberger und alle anderen im Palasthotel Athenee erlebt hatten, auf gespenstische Weise ähnlich.

Auf demselben Platz vor dem Hotel, wo einst die Menge dem König Carol »Abdica!« zugeschrien hatte, forderten die Rumänen nun: »Nieder mit dem Diktator« Ceaucescu. Wie Carol und sämtliche Fürsten des Mittelalters hatten Ceaucescu und seine Frau Elena ein doppeltes Spiel mit den Großmächten gespielt und verloren. Die Securitate-Milizionäre des Diktators kamen in orgiastischen Gewaltexzessen um, die an den selbstmörderischen Widerstand der Legionäre gegen die Panzer und Soldaten Antonescus erinnerten. Wer von der Securitate überlebte und nicht gefangengenommen wurde, soll Gerüchten zufolge nach Libyen geflohen sein. Ion Iliescu und seine Nationale Heilsfront – eine Gruppe, die nicht nur aus Altkommunisten, sondern auch aus mysteriösen Gestalten und Demagogen von krimineller Vergangenheit besteht – wurden nun als »nationale Retter« willkommen geheißen, genau wie damals Antonescus Junta-Regierung, nachdem sie König Carol abgelöst hatte.

Doch nur wenige Journalisten dieser Generation haben die Bücher und Berichte ihrer älteren Kollegen vor Ort gelesen, und darum stellten sie die nun stattfindende Revolution als einzigartig dar, was selbst nach den Begriffen der modernen rumänischen Geschichtsschreibung ganz und gar nicht der Fall war.[4]

Ich blieb nur ein paar Tage im Palasthotel Athenee. Dann packte ich einen Stoß neuer Bücher in meinen Rucksack – vor allem Bücher von britischen Autoren, die zur Zeit von Königin Maria und König Carol II., also zu Anfang dieses Jahrhunderts, in Rumänien über Land gereist waren. Dort gab es viel zu sehen. Nach Polen war Rumänien der größte und bevölkerungsreichste Staat des Warschauer Paktes. Die Karpaten schwingen sich mitten hindurch und teilen das Land in deutlich voneinander abgegrenzte Gebiete. Das ländliche Rumänien ist darum viel abwechslungsvoller als zum Beispiel Polen (oder jedes andere Land Osteuropas) und sehr viel weniger erschlossen. Ich wollte herausfinden, welche Spuren fünf Jahre Nazismus, gefolgt von viereinhalb Jahrzehnten Stalinismus, bei Land und Leuten hinterlassen haben.

Im Vorfrühling 1990 verließ ich noch vor Sonnenaufgang das Palasthotel Athenee und machte mich auf den Weg zum Bahnhof.

---

[4] Der Kolumnist William Pfaff und der *New York Times*-Korrespondent David Binder sind herausragende Ausnahmen der behaupteten Verallgemeinerung.

KAPITEL SECHS

Das bittere Ende der Donau

Die Sitze in dem dunklen, kalten Erste-Klasse-Abteil waren zerrissen und durchgesessen. Im Nordbahnhof von Bukarest hatte es nichts zu essen gegeben. Im Zug entdeckte ich einige Waggons weiter hinten eine Snackbar, wo auf einer schmierigen, metallüberzogenen Theke trockener Kuchen und lauwarmer, leberbrauner Kaffee angeboten wurde. Ich dachte an Prinz Yakimov, Olivia Mannings bettelarmen Aristokraten – den liebenswertesten Charakter in *The Balkan Trilogy* –, der, »trockenen Kuchen aus Sojamehl kauend und grauen Kaffee schlürfend«, 1940 mit einem Zug den Nordbahnhof verließ, um nach Siebenbürgen zu reisen, wo, wie ihm ein anderer Passagier mitteilte, »niemand etwas zu essen hat«.

Siebenbürgen (oder Transsilvanien) liegt im Nordwesten. Dahin wollte ich später fahren. Im Augenblick war meine Richtung östlich, hin zum Schwarzen Meer, von wo aus ich nach Norden zu reisen plante und gegen den Uhrzeigersinn im Bogen durch ganz Rumänien bis zurück nach Bukarest. Im Zugabteil roch es nach Betonstaub, Urin, altem Käse, Würstchen, Tabak, Pflaumenschnaps, säuerlichen Körperausdünstungen und ungewaschenen Kleidern. In ihrer Mischung waren diese Gerüche sonderbar behaglich und durchaus nicht so schlimm, wie es die einzelnen Elemente vermuten lassen. Dieses Aroma begleitete mich – mehr oder weniger – während all meiner Reisen durch Rumänien. In Mannings Geschichte assoziiert Prinz Yakimov diesen Geruch mit »abgestandenem Bier«.

Über zwei Stunden bot sich vor dem Fenster das gleiche Bild: ein trübes, flaches Meer aus Staub mit grünen Feldern dazwischen. In gefängnishafter Isolation ragten hier und da Kornspeicher und Wohnblocks auf, billige Plattenbauten, aus denen lehmfarbene Gestalten auftauchten mit Kopftüchern oder braunen Fellmützen mit Ohrenwärmern. Ich befand mich im rumänischen

Kernland, in der Walachei, die sich quer durch den Südteil des Landes erstreckt vom Flußtal der Jiu – dem Bergbauzentrum – im Westen über Bukarest bis zur Donau im Osten.

Die Donau ist doppelt so lang wie der zweitgrößte Strom Europas und fließt auf ihrem 2850 Kilometer langen Lauf durch sieben Länder, entspringt im deutschen Schwarzwald und mündet im Schwarzen Meer.[1] Das macht sie zu einem Symbol der Einigung, zu einem Fluß der Hoffnung, Inspiration und des Klischees. Die Donau »harmonisiert Zwietracht und nationalen Dünkel, und ihr Geist ist der Geist eines Pan-Europa«, meint Walter Starkie, ein irischer Exzentriker, der 1929 mit Zigeunern durch Ungarn und Rumänien reiste und dessen Buch *Raggle-Taggle* ich im Rucksack mitführte.

Ich aber fuhr zur vergessenen Flußmündung, die nur wenige Reisende – einschließlich Starkie – je besuchten, insbesondere nicht während der letzten Jahrzehnte.

Der Verlauf der Donau ist über weite Strecken idyllisch; sie strömt durch die Voralpenlandschaft Deutschlands und Österreichs und passiert Budapest und Belgrad, bevor sie die rumänische Südwestgrenze zu Jugoslawien und die Südgrenze zu Bulgarien bildet. Nicht weit vom Schwarzen Meer entfernt, ändert sie ihre Richtung. Anstatt ihren internationalen Charakter beizubehalten, wird sie rein rumänisch, biegt nach Norden ab und fließt noch einmal fast zweihundert Kilometer durch Rumänien, bevor sie nach Osten abknickt und, sich in unzählig viele kleine Wasserläufe auffächernd, ins Meer ergießt.

Mein Zug erreichte den Strom bei Cernavoda (»Schwarzes Wasser«), einer Stadt, deren Name eine ominöse Verwandtschaft mit Tschernobyl anklingen läßt. Ausgerechnet hier, in einer der erdbebenaktivsten Zonen der Welt, hatte Ceaucescu Rumäniens erstes Atomkraftwerk bauen lassen. Dabei befand sich in der Nähe bereits ein monströses Wasserkraftwerk samt Transportkomplex – jenes industrielle »Heldenprojekt« der kommunistischen Regierung, das 1949 gebaut wurde und nach dem Wortlaut eines Prospektes von dieser Anlage die »sozialistische Allianz von Mensch und Maschine« symbolisierte.

Es heißt, daß Stalin im Verlauf eines Treffens mit dem rumäni-

---

[1] Die sieben Länder sind Deutschland, Österreich, die Tschechei, Ungarn, Serbien, Bulgarien und Rumänien.

schen Vorsitzenden der Eisenbahnarbeiter Gheorghe Gheorghiu-Dej beschlossen habe, die Führung Rumäniens Gheorghiu-Dej zu übertragen.[2] Bevor sich Gheorghiu-Dej im Jahre 1947 dieser Aufgabe stellte, soll ihm Stalin folgenden Rat gegeben haben: »Sie müssen die Massen beschäftigen. Geben Sie ihnen ein großes Projekt in Auftrag. Lassen Sie die Arbeiter einen Kanal bauen oder irgendwas anderes.« Und so verkündete Gheorghiu-Dej, der bis zu seinem Tod im Jahre 1965 Rumänien regierte, den Plan, einen »Donau-Schwarzmeer-Kanal« zu bauen. Wenn dieser fertiggestellt sei, würden Frachtschiffe auf einen 400 Kilometer langen Umweg verzichten und von Cernavoda direkt zum sechzig Kilometer entfernten rumänischen Schwarzmeerhafen von Konstanza fahren können.

Der Plan war verrückt. Es gab überhaupt keine Anzeichen dafür, daß sich ein solcher Kanal für Rumänien rentieren könnte, zumal die Schiffahrt von und nach Mitteleuropa nicht besonders rege war. Der Romancier Petru Dumitriu behauptet, daß zwischen 1949 und 1953 über 100 000 Arbeiter beim Bau des ersten Kanalabschnitts ihr Leben verloren aufgrund von Unfällen, Erschöpfung und Unterernährung. Die meisten Arbeiter kamen aus Gefängnissen; darunter waren auch politisch Inhaftierte, die mit der jüdischen Intellektuellen Anna Pauker in Verbindung standen. Gheorghiu-Dej hatte Paukers »internationalen« Flügel der kommunistischen Partei brutal zerschlagen, und zwar mit Hilfe eines gewissen Ceaucescu, eines ehemaligen Schusters und Taschendiebs aus der Walachei, der damals Mitte Dreißig war.

1953, nachdem Gheorghiu-Dej alle Spuren politischer Unterdrückung sowohl in als auch außerhalb der Partei verwischt hatte, wurde die Arbeit am Kanal abrupt ausgesetzt. Über zwanzig Jahre, während in Rumänien von kommunistischen Liberalisierungsabsichten kaum etwas zu spüren war, schien das Kanalprojekt offiziell vergessen zu sein. Im Zusammenhang einer groß angelegten Selbstverherrlichungskampagne, die seinen Rückzug zum Stalinismus einleitete, verkündete Ceaucescu 1973, daß die Arbeit am Kanal wieder aufgenommen, dazu ein neuer Hafen bei Konstanza sowie ein Atomkraftwerk gebaut würden.

Acht Jahre später besuchte ich im Winter 1981 den Kanal und

---

[2] Antonescus faschistisches Regime war gestürzt und das Land nach dem für Rußland siegreichen Abschluß des Zweiten Weltkriegs besetzt worden.

die Baustelle der Atomanlage bei Cernavoda. Ich trug meine ältesten Klamotten und hatte eine in braunes Papier gewickelte Flasche Pflaumenschnaps unter den Arm geklemmt, um bei der Miliz beziehungsweise der Securitate keinen Verdacht zu erregen, denen es nicht gefiel, daß Ausländer herumschnüffelten. Ich erinnere mich an rauhreifüberzogene Äcker, an den Wald der Baukräne, die auf Plattformen in der zugefrorenen Donau standen, und an die von Hand ausgehobenen Erdlöcher für den Kanal und das Fundament der Atomanlage. Die Lastwagen, die den Erdaushub abtransportierten, bildeten eine endlos lange Schlange. Überall war das Dröhnen von Zementmischmaschinen zu hören. Morast, Gehölz und Fluß – alles schien zu einem konturlosen Bild der Hoffnungslosigkeit zu verschmelzen. Ich erinnere mich an eine überfrorene Lehmstraße, auf der Hunderte von Arbeitern in Mützen und Overalls schweigend für ihre Ration, bestehend aus Brot, dünner Suppe und zehn Gramm Butter, anstanden. Milizionäre in dicken Mänteln, die bis zu den Knien herabreichten, bewachten die Arbeiter mit automatischen Gewehren. So sah es in den 80er Jahren an diesem Abschnitt der Donau aus, ein Bild, das an Stalins Rußland der 30er Jahre erinnerte. Nach Auskunft westlicher Diplomaten bezifferte sich die Zahl der »Sklavenarbeiter« in Ceaucescus »rumänischem Gulag« auf rund 700 000.

Inzwischen waren zehn Jahre vergangen und die Baustellen in Folge der Revolution zum Teil geräumt. Cernavoda sah nun im Vorfrühling 1990 weniger finster aus. Trotzdem, die Arbeit war nicht beendet, und ich fragte mich, ob Ceaucescu und Gheorghiu-Dej jemals wirklich daran interessiert gewesen waren, dieses Pharaonenprojekt zur Vollendung zu bringen. Vielleicht hatte es mit dem Kanal eine ähnliche Bewandtnis wie mit den Stahl- oder Petrochemiekombinaten, die, kaum fertiggestellt, bereits allesamt obsolet waren. Vielleicht hatten sie ausschließlich den Zweck, der von Stalin nahegelegt worden war: die Massen beschäftigt zu halten, ihnen etwas zu tun zu geben und sie gleichzeitig auf ein Existenzminimum zu drücken, das jeden freien Geist erstickt. Elena Ceaucescu gab dies unumwunden zu. Des öfteren bezeichnete sie ihre Untertanen als »Würmer«, die mit schwerer Arbeit und knappen Lebensmittelrationen zur Räson zu bringen seien.

Ich überquerte mit der Eisenbahn die Donau; dann führten die Gleise parallel zum Strom nach Norden. Dieser Teil Rumäniens, zwischen Donau und Schwarzem Meer gelegen, wird die Dobrudscha genannt. Hier lebte der römische Dichter Ovid im Exil, hier starb er auch. Die Landschaft ist nicht mehr wie westlich der Donau flach, sondern gleicht einem aufgewühlten Meer aus grauem Schlick. Kalksteinhügel erheben sich aus weiten Niederungen, auf deren sonnenverbrannter Oberfläche moderne Dörfer und Fabriken wie Pusteln ausschlagen. Von der Nähe aus betrachtet, zeigen sich diese »Dörfer« als Konglomerate aus Holz- und Blechbaracken, umgeben von rostigen Metallzäunen und mäandernden Betonwällen, die wie eine verkleinerte Version der Berliner Mauer aussehen. Die Gärten zwischen den Baracken gleichen Müllkippen. Die Fabriken spotten jeder Beschreibung.

Wüst und abscheulich wie überall in der kommunistischen Welt scheinen die rumänischen Fabriken einem inneren Kreis der Hölle anzugehören: Hinter Stacheldraht und Betonmauern lagern Kohlenberge, Abfall und abgewrackte Traktoren voller Rost und Schmutz, zwischen denen hier und da ein verirrtes Vieh Nahrung sucht; in der Mitte das Fabrikgebäude, einem enthäuteten Körper gleich, grünlich auseiternd, mit einem Darmgeschlinge aus Röhren, dazwischen verrostete Stege kreuz und quer und durch lange Wände führend, die aus Industrieglas und rauchgeschwärztem Zement bestehen und Dächer aus Asbest tragen, deren blecherne Kamine schwarzen Rauch in die Luft stoßen.

Frachtwaggons, mit Gascontainern beladen, rangieren übers Gelände, gezogen von Pferden oder ausgemergelten Rindern, »in der Farbe von Elefanten und so träge und unbeholfen wie das Vieh im Innern Afrikas«, beschreibt Sacheverell Sitwell, dessen 1937 herausgegebenes Buch *Roumanian Journey* ich bei mir trug. Die Landschaft erinnerte Sitwell an die »tatarische Sowjetrepublik im Innern Asiens«. Und in der Tat scheint der Vergleich zutreffend, obwohl diese Gebiete längst nicht mehr so ansehnlich sind wie zu Sitwells Zeiten.

Fünf Stunden saß ich in der Eisenbahn. Trotz Kälte, zerbrochener Sitzplätze und mangelnder Verköstigung war dies, wie sich herausstellte, meine komfortabelste Zugreise in Rumänien. In Tulcea am Ausgang des Donaudeltas hielt der Zug zum letzten Mal. Hier zerteilt sich der große Strom in mehrere Seitenarme und Hunderte kleiner Wasserläufe, die zusammen ein über 4000 qkm großes Sumpfland zwischen Tulcea und dem Schwarzen Meer angeschwemmt haben.

Eigentlich könnte Tulcea eine malerische Stadt sein mit ihrem

Fischerhafen und den Häusern der Jahrhundertwende, zwischen denen türkische Minaretts und silberne Kirchenkuppeln hervorragen. Was ich jedoch antraf, war eine Zeile hoher Wohnblöcke, die den Blick aufs Wasser, auf die alten Bauwerke und Kirchen versperrte. Die Zementfassaden dieser Wohnhäuser waren mit häßlich brauner Farbe bemalt. Vor den Fenstern standen Blumentöpfe, die aber das Bild nicht aufheitern konnten. Bei genauerem Hinsehen wußte ich auch, warum. In den Töpfen wuchsen nicht etwa Tulpen und Rosen, für die Rumänen so sehr schwärmen, sondern Gemüse, vor allem Zwiebeln und Knoblauch. Anscheinend waren diese Früchte in den Geschäften vor Ort nicht zu erstehen.

Ich betrat den Eingang eines dieser Wohnsilos. Das Treppenhaus bestand aus nacktem Beton, aus Spanplatten waren die Türen. Jedes Detail sah billig und krude aus. Auf dem Pflaster zwischen den Gebäuden lagen Eisenträger und unfertige Betonteile. Amerikanische Slums sind wohl noch schlimmer verunstaltet und nicht weniger gefährlich, was an der Vernachlässigung des Eigners und dem Mißbrauch der Mieter liegt. Die Verwahrlosung der Häuser, die ich hier in Tulcea sah, schien jedoch weder fahrlässig noch willkürlich entstanden zu sein.

Auf dem Weg zum Hafen fiel mir an einer Hauswand ein Schild auf mit dem Hinweis: »Künstlergewerkschaft«. Neugierig stieß ich die Metalltür auf, stieg ein paar Stufen nach oben und klopfte. Die Tür ging knarrend um einen Spalt auf. Dahinter zeigte sich ein Mann mit offenem Kittel, unter dem ein alter Anzug samt Krawatte zum Vorschein kam. Er sah mich nervös an und sagte: »Wer sind Sie?« Ich fragte, ob er Französisch spreche, was er nickend bejahte. Ich stellte mich vor als amerikanischen Schriftsteller, der durch Rumänien reist. Die Tür ging weiter auf.

Stefan Stirbu, so sein Name, ist ein Künstler in den Fünfzigern. 1974 hatte er in Memphis ausgestellt, 1977 in Pittsburgh. Er schüttete mir ein Glas Tee auf, holte dann die amerikanischen Ausstellungskataloge und Zeitungsbesprechungen aus ihrem Versteck und zeigte sie mir voll Stolz – die scharfen Grafiken und das glatte Papier waren so ganz anders als die welken Blätter und körnigen Kunstdrucke rumänischer Publikationen. Seit 1977 war es Stirbu verboten, das Land zu verlassen. Er wurde allmählich zum Gefangenen seiner vier Wände und der verrußten Fenster. Tagtäglich las er die Zeitungskritiken seiner Ausstellungen von neuem, um sich daran zu erinnern, daß außerhalb eine Welt existierte, die er zweimal hatte bereisen dürfen.

»Anfang der 80er Jahre wurde es schwierig, an eine anständige Leinwand, an Farbe und all die anderen Malsachen zu kommen, und schließlich ganz unmöglich. Und im Winter gab es nichts zu heizen.«

Nach der Revolution verbesserte sich die Versorgungslage ein wenig, also fing Stirbu wieder zu arbeiten an. Er malt religiöse Ikonen in tiefen, leuchtenden Farben, vom Stil her naiv und volkstümlich. Alle seine Werke erzählen dieselbe Geschichte über den letztendlich mißglückten Versuch des Kommunismus, rumänische Tradition zu zerstören. In jüngster Zeit hatte Stirbu Dutzende dieser Ikonen gemalt, fast eine pro Tag. Ich erstand ein Bild. Darauf ist ein Holzkreuz zu sehen, an dem unter Hammer und Sichel ein Bauernpaar hängt; daneben die Szene der Wiederauferstehung: Das Bauernpaar triumphiert mit Zeichen des Hofs und der Herde.

»Die Religion hat mir über die 80er Jahre hinweggeholfen, und nach der Revolution wollte ich nur noch religiöse Themen malen.«

Er bot mir ein Bett in seinem Atelier an. Ich könne so lange bleiben, wie es mir beliebe, sagte er; ich sei seit 1977 die erste Person aus dem Westen, mit der er gesprochen habe. Daran zweifelte ich nicht. Ceaucescu hatte den Rumänen verboten, mit Fremden zu verkehren, ohne anschließend der Securitate Bericht zu erstatten. Einen Ausländer unerlaubterweise ins Haus einzuladen, hätte eine Haftstrafe zur Folge gehabt.

Der Abschied von Stirbu fiel mir nicht leicht. Weil es auf Ostern zuging, verließ ich ihn mit den rumänischen Worten:

»*Hristos a inviat* [Christus ist auferstanden].«

»*Adevarat a inviat* [er ist wahrhaftig auferstanden]«, war seine Antwort.

Mir war, als hätte mein spontaner Entschluß, an seiner Tür haltzumachen, eine für den Künstler dunkle Ära abgeschlossen.

Ich betrachtete die Boote auf dem Fluß und wurde mit einem Male unruhig. Ich beglückwünschte mich zu dem Entschluß zu einer sechswöchigen Reise mit spärlichem Gepäck, das zur Hälfte aus alten Büchern und Toilettenartikeln bestand, was bedeutete, daß ich nur eine Kombination zum Wechseln hatte. Doch mein Äußeres war wohl einerlei, wie ich fand, zumal ich mit Rumänen zusammentraf, deren Kleider noch schäbiger waren als meine. Und die Vorzüge meiner Ausstattung machten sich schon bemerkbar: Ich konnte spontan reisen, mich aufhalten, wo ich wollte, ohne Sorge ums Gepäck, ohne Hotelreservierungen im voraus. Ich beschloß, mich auf einem der Flußboote einzuschiffen, das sich gerade mit Passagieren füllte. Daß ich schließlich die Fähre nach Sfintu Gheoghe (St. Georg) wählte, hatte zwei Gründe:

- Von allen Dörfern des Deltas liegt Sfintu Gheoghe am weitesten entfernt, in unmittelbarer Nähe zur Schwarzmeerküste, sechzig Kilometer stromabwärts.
- Nicht einmal die unerschrockenen Autoren von *The Rough Guide to Eastern Europe* waren dort gewesen. Sie durften nicht auf die Fähre, da es in Sfintu Gheorghe kein Hotel gab und Übernachtungen in Privathäusern – bis vor kurzem – verboten waren.

Wenige Minuten, bevor es ablegte, sprang ich aufs Boot und hatte dabei das Gefühl, einen Sprung ins Ungewisse zu tun. Der Monat nach der Dezemberrevolution war sehr kalt gewesen, und es hatte viel geschneit; darum hoffte ich, der erste Westler in dieser entlegenen Gegend zu sein. Es war Mittag. Die Fähre würde erst nach Sonnenuntergang in Sfintu Gheorghe ankommen, und mir bliebe nicht viel Zeit, eine Unterkunft zu suchen. An wessen Tür ich wohl klopfen würde?

Für die Fahrkarte zahlte ich 66 Lei, also dank des günstigen Wechselkurses im Hotel Athenee umgerechnet 66 Cent. Die zusätzlichen 26 Cent für »Erster-Klasse« hätte ich mir sparen können, da diese ebenso gerammelt voll war wie der Rest der Fähre und nur unerheblich weniger schmutzig.

Das Boot verdiente eine abenteuerlichere Bezeichnung: Es bestand aus einem verrosteten Skelett mit modernden Planken und abblätternder Farbe, stank nach Diesel und entsprach einem jener Kähne, über die bisweilen ein paar kurze Zeitungszeilen melden, daß sie irgendwo im fernen Ausland gekentert und mit Mann und Maus untergegangen sind. Schon Stunden vor der Abfahrt waren alle Plätze besetzt worden, und die Gänge, die zur einzigen Toilette an Bord führten, standen voller Menschen. Es reichte nicht einmal an Raum, um in die Knie gehen zu können. Wasser, Bier oder Wein gab es nicht zu trinken, nur *Tuica*, den rumänischen Pflaumenschnaps (der auch manchmal aus Dörrobst gebrannt wird).

Das Boot war immer noch nicht ausgemustert, weil der Regierung Geld für neue Fähren fehlte. Der Staat sparte nicht zuletzt an Treibstoff, und so fuhren nur ganz selten Schiffe bis hinauf nach Sfintu Gheorghe, die deshalb entsprechend überbelegt waren. Aus dem gleichen Grund stand es um die Eisenbahnen so schlecht, ganz zu schweigen von den innerstädtischen Verkehrsbetrieben, die fast sämtlich kollabierten. Ceaucescu hatte gesagt, daß diese Einschneidungen notwendig seien, um Schulden im Ausland zu begleichen. Er war darauf erpicht gewesen, die geschuldeten Summen noch vor Ablauffrist zurückzuzahlen, um Rumänien »völlig unabhängig« zu machen (so wie Albanien). Doch das bezweifelte ich. Während ich dastand, mir Ellbogen in die Seite stießen und Alkoholfahnen meine Nase umwehten, kam mir der Gedanke, daß die Schuldentilgung nur ein Vorwand gewesen war und die Kürzung der öffentlichen Ausgaben – wie auch der Kanalbau und die Wohnblöcke – zu einer Politik gehörten, die darauf abzielte, den Willen der Bevölkerung zu brechen.

Die Lebensverhältnisse waren so schlecht geworden, daß sogar der Schnaps zu wünschen übrig ließ. In allen kommunistisch regierten Ländern müssen die Bauern einen Teil der Ernte an den Staat abführen. Doch nirgendwo war die Quote so extrem hoch und das Abgabesystem so korrupt wie in Rumänien. Die Bauern füllten ihr Soll mit den schlechtesten Früchten auf. Es gab guten Pflaumenschnaps in Rumänien zu trinken, doch der war ausnahmslos hausgemacht. Flaschen wurden mit Zeitungspapier verstopft, weil auch Korken Mangelware waren.

Die Mühe, die ich hatte, durch das Gedränge hindurch an Deck zu gelangen, lohnte sich. Trotz Wind und feuchter Kühle war es draußen angenehmer. Bedingungen, wie ich sie hier vorfand, hatten mich früher immer davon abgehalten, in Booten den sudanischen Nil hinauf oder den Kongo in Zaire hinunterzuschippern, wo die Landschaft so ähnlich aussah.

Hinter den letzten Docks und Telefondrähten von Tulcea erstreckte sich immer gleiches Braun und Grün: das Braun der Donauarme und das Grün der *Grind* – der weiten, gewellten Schlickebenen, auf denen schlanke Weiden und Pappeln, zahlreiche Schilfsorten und Ranken wachsen. Dies ist laut *The Rough Guide* to *Eastern Europe* »Europas jüngste und unbeständigste Landschaft«. Hier lassen sich Falken aus der Mongolei nieder, Enten und Kormorane aus China, aus Sibirien Kraniche und Schnepfen sowie jede Menge anderer Vogelarten aus Indien oder sonstwo. An diesem Punkt seiner Reise gelangte Sitwell zu der Feststellung: »Die Donau strömt aus der Zivilisation ins Nichts, der Tatarensteppe entgegen.« E. O. Hoppe, ein anderer Rumänienreisender aus England Anfang dieses Jahrhunderts und Autor von *In Gipsy Camp and Royal Palace*, assoziiert mit dem Donaudelta die »Wüste, wie sie von Conrad in *Herz der Finsternis* beschrieben ist«.

Die Passagiere ringsum verstärkten mein Gefühl, Europa verlassen zu haben. Ich sah russische Lipowaner mit langen, strähnigen Bärten und schwarzen, zylindrischen Hüten, deren fanatische Vorfahren während des siebzehnten und achtzehnten Jahrhunderts als religiöse Emigranten in dieses Delta gekommen waren, weil sie sich nicht den säkularistischen Reformen von Peter dem Großen hatten beugen wollen. Ich sah blonde Ukrainer, deren christlich-orthodoxe Vorfahren vor 200 Jahren das Delta besiedelt hatten, um der Verfolgung durch ukrainische Katholiken zu entgehen. Da waren auch Zigeuner (*Tziganes* auf rumänisch) in lebhaft bunten Kleidern. Einer Theorie zufolge sind sie im dreizehnten Jahrhundert mit den tatarischen Horden von Batu Khan als Kupferschmiede nach Rumänien gekommen.

In den 70er und 80er Jahren hat sich die Zahl der Zigeuner in Rumänien wahrscheinlich von zwei auf vier Millionen verdoppelt, während die Gesamtbevölkerung bei 23 Millionen gleichgeblieben ist. Ceaucescu hatte zwar Abtreibung und Geburtenkontrolle verboten – um die verhaßten Ungarn zahlenmäßig majorisieren zu können –, aber die von ihm verschuldete Armut und Hungersnot führten nicht nur zu einer ansteigenden Säuglingssterblichkeit, sondern zwangen Frauen zur illegalen Abtreibung, weil der Familie ohnehin kaum genug zu essen blieb. Die Zigeuner aber zeugten Nachwuchs, als wäre alles beim alten geblieben. Sie hatten stets in Armut und am Rande der Legalität gelebt.

Die Zigeuner, die ich auf der Fähre antraf, bestätigten die übelsten Klischees; sie waren betrunken, bedrohlich und schienen ständig auf Beutezug zu sein. E. O. Hoppe schreibt, daß der »teuerste Besitz« eines rumänischen Zigeuners seine Geige sei; »wird sie ihm abgenommen, ist er ein gebrochener Mann«. Hier auf dem Boot hatte keiner der Zigeuner eine Geige bei sich. Mit *Raggle-*

Taggle verfaßte Walter Starkie ein ganzes Buch über Zigeunermusikanten in Ungarn und Rumänien. Aber nirgends – weder hier noch sonstwo in Rumänien – hörte ich deren »Musik mit ihren fremd anmutenden Kadenzen und blumigen Ornamenten«, wie sie Starkie beschrieb. Vor langer Zeit hatte Ceaucescu darauf bestanden, daß Zigeunermusik in der Öffentlichkeit mit marxistischen Texten vorzutragen sei. Die Folge war, daß nur noch wenig gespielt wurde und die Tradition allmählich verkümmerte. Auf der Fähre dröhnte statt dessen die übelste westliche Popmusik aus Transistorradios. Doch was mich am meisten entnervte, war der Alkoholkonsum.

Fast alle Männer an Bord (und Männer überwogen die Frauen bei weitem) waren betrunken und tranken immer noch mehr – auf unangenehmste Weise. Als an der Bar keine *Tuica* mehr zu haben war, wurden Flaschen aus Hanfsäcken gezogen. Manche davon enthielten hausgemachten Schnaps, andere medizinischen Alkohol. Von Anlegestelle zu Anlegestelle leerte sich die Fähre, und mir fiel auf, daß die maßlosesten Zecher an Bord blieben und sich im Fahrgastraum zusammensetzten, wohin mich das schlechte Wetter an Deck ebenfalls trieb.

Die Luft war zum Schneiden, der Sauerstoff verbraucht, kein Fenster geöffnet. Es stank nach Schnaps, Schweiß und beißendem Knaster. Ein Wald leerer Flaschen bedeckte die Tische. Zigeuner, Ukrainer und all die anderen brüllten aggressiv aufeinander ein. Sie trugen Sweater und verschossene Trainingsjacken, die völlig abgetragen und offenbar noch nie gewaschen worden waren. Die Füße steckten in billigen Galoschen oder silbernen Plastiksandalen, um nur zwei Beispiele dessen zu benennen, was kaum als Schuhwerk zu bezeichnen war. Ich war hungrig und müde vom Stehen, also setzte ich mich auf einen freien Platz inmitten der Männer.

Ich spreche nur ein paar Brocken Rumänisch, weiß mich aber auf französisch und deutsch zu unterhalten. Pech für mich, daß mein Gegenüber Deutsch zu radebrechen verstand.

Er beugte sich über den breiten Tisch, stieß eine leere Flasche um und stierte mich mit scheelem Blick an. Sein Speichel sprühte mir ins Gesicht, als er brüllte: »*Ja, ich spreche Deutsch, ja ja ja...*«

Ich stellte mich taub, doch er plapperte drauflos und erzählte mir seine Lebensgeschichte. Er war in einem der Deltadörfer zur

Welt gekommen als Sproß einer ukrainisch-rumänischen Mischehe. In den 60er Jahren, als Gheorghiu-Dej und Ceaucescu das große Stahlwerk bei Galati sechzig Kilometer nordwestlich von Tulcea bauen ließen (an der Donaumündung der Pruth), war er zur Arbeit dorthin abkommandiert worden. Seither lebte er in Galati in einem Arbeiterwohnheim und besuchte nur ab und zu Frau und Kinder im Delta. Er sprach Ukrainisch und Russisch und hatte irgendwo auch ein paar deutsche Wörter aufgeschnappt.

Als ich ihm schließlich antwortete und mich als Amerikaner zu erkennen gab, sagte er unvermindert laut: »Ceaucescu *nix gut*, Iliescu *gut, sehr gut.*«

Er hielt mich wohl für schwerhörig und wiederholte den Satz mehrere Male. Dann: »*Studenten auch nix gut.*«

»Warum?« fragte ich.

»*Faschisten*«, sagte er und sabberte mich wieder voll.

»Aha.« Ich wollte nicht mit ihm streiten.

Unter den Flaschen lag eine regierungsfreundliche Zeitung auf dem Tisch. Die Schlagzeile erwähnte den ehemaligen König Michael (auf rumänisch: *Mihai*). »Was ist mit Michael?« fragte ich.

»Nicht gut, nicht gut... ein Hohenzollern, ein Ausländer.« Er übersetzte meine Frage für die anderen, die gleich darauf zu fluchen anfingen. Ich verstand nichts, aber die Worte klangen deftig. Mein Gegenüber erklärte, daß Michael 1947 Rumänien in einem Privatzug verlassen und Landesschätze mit sich fortgeschleppt habe. Das war natürlich die Geschichte von Michaels Vater Carol und seiner Geliebten Lupescu, die 1940 ins Ausland getürmt waren.[3] Als ich dies dem Mann zu erklären versuchte, protestierte er entschieden. Ich schloß die Augen und tat, als ob ich schliefe. Die Zechtour wurde fortgesetzt.

Ein weiteres Erbe Ceaucescus war die Bildung jener Unterschicht, wie sie George Orwell in *1984* charakterisiert: urbanisierte Bauern, die – nach hiesigen Begriffen – »weder Pferd noch Esel« darstellten, entwurzelt und aller Traditionen ledig in Arbeiterwohnheimen hausten, in denen extremer Mangel herrschte und nur eins im Überfluß vorhanden war: Alkohol und Propaganda. Nach Carols Tod im Jahre 1953 stellte Michael eine Bedro-

---

[3] Auch Michael wurde beschuldigt, Rumänien ausgeplündert zu haben. Aber den Details nach zu schließen, die mir der Mann nannte, schien er König Michael tatsächlich mit dessen Vater zu verwechseln.

hung dar; folglich hängte ihm das kommunistische Regime Carols Verbrechen an. Die von Ceaucescu ausgehungerten und ge-
triezten Arbeiter waren nun zu allem fähig. Aus dieser sozialen
Schicht kamen jene Bergarbeiter aus dem Jiu-Tal, die im Juni
1990, mit Knüppeln und Äxten bewaffnet, ein Blutbad unter den
Studenten anrichteten, die den Universitätsplatz in Bukarest besetzt gehalten hatten. Dieser Vorfall läßt sich in Parallele setzen
zu den Ukrainern, die als Wachen in den Konzentrationslagern
der Nazis gedient hatten; die Opfer der Stalinschen Kollektivierung während der 20er und 30er Jahre hatten sich als Werkzeuge
der SS mißbrauchen lassen, weil ihnen und ihren Familien von
den Deutschen zu Anfang des Krieges Schutz und Sicherheit ge-
boten worden war. Mit den Bergarbeitern hatte Iliescu wieder
einmal demonstriert, wie sich solche Menschen durch die Ge-
währung eines zusätzlichen Quantums an Nahrung und Selbstvertrauen dazu bringen lassen, als brutal entschlossene Büttel zu
fungieren.

Es war dunkel, als ich in Sfintu Gheorghe von Bord stieg. Nirgends brannte Licht, und nur vage waren die Umrisse von Zäunen
und Hütten zu erkennen. Im Hintergrund rauschte das Meer. Ein
barockes Giebeldach, das sich einsam hervortat, war der einzige
Hinweis darauf, daß ich mich nicht in Afrika befand. Der Schlick-
boden und die Ödnis erinnerten mich ständig an die Nilgebiete in
Uganda und im südlichen Sudan, die ich bereist hatte.

In der Menge am Pier entdeckte ich einen alten Mann mit ge-
pflegtem Bart, Barett und Spazierstock. Spontan sprach ich ihn
auf französisch an. Zu meiner Erleichterung verstand er mich und
versprach, mir eine Unterkunft zu besorgen. Dann trat eine groß-
gewachsene Frau Mitte Zwanzig auf ihn zu. Es sah nicht so aus, als
käme sie von Sfintu Gheorghe. Sie war nicht nur sehr attraktiv
mit ihrem hellblonden Haar und geschmackvoll aufgetragenem
Make-up, sondern trug auch westliche Kleidung. Der alte Mann
und die junge Frau fingen sofort zu streiten an, was mir peinlich
war. Als sie verärgert davoneilte, fragte ich den Mann, wer sie sei.

»Meine Frau«, antwortete er.

Er war, wie ich erfuhr, dreiundsechzig Jahre alt, wirkte aber
älter. Er hatte als Anwalt gearbeitet, war jedoch – aus Gründen,
die ich nicht so recht verstand – schon zu Anfang der Regierung
Ceaucescus in Schwierigkeiten geraten. Nach einer kurzen Zeit in
Haft hatte er in einer Bleifabrik arbeiten müssen. »Mein Leben

war ruiniert, jetzt wohne ich hier und male. Vor kurzem habe ich diese Frau geheiratet, aber seit zwei Wochen bin ich wieder allein. Warten Sie hier«, sagte er. »Ich kenne jemanden, der Sie bestimmt interessieren wird.«

Zehn Minuten stand ich allein im Dunkeln, dann kam ein junger Mann, hob meinen Rucksack vom Boden auf und sagte in fließendem Englisch: »Kommen Sie mit. Ich bin Mircea, der Dorfarzt. Sie können bei mir und meiner Frau wohnen. Wir haben uns bestimmt viel zu erzählen, sehr viel. Sie werden die ganze Nacht kein Auge zumachen.«

Mircea führte mich in ein einstöckiges Betonhaus mit Ziegeldach. Eine Frau hockte auf dem Boden, las ein Buch und hörte eine Kassettenaufnahme von Neil Young aus dem Jahre 1972.

Sie sprang auf und schüttelte mir die Hand. »Das ist meine Frau Ioanna, ebenfalls Ärztin. Wir sind beide aus Bukarest und leisten unseren einjährigen Sozialdienst hier in Sfintu Gheorghe ab. Entschuldigen Sie die altmodische Musik. Neueres haben wir nicht zu bieten.«

Ich sagte ihm, daß die Musik nach meinem Geschmack sei, wie auch das Mineralwasser, die gekochten Eier, der geräucherte Haifisch, die Tomaten und frischen Früchte. Am wohltuendsten aber waren die entspannten, freundlichen Gesichtszüge von Mircea und Ioanna. Obwohl Mircea dunkle Haare und einen Schnäuzer hatte und seine Frau blond war, kamen sie mir wie eineiige Zwillinge vor. Ihr klarer, offener Augenausdruck unterschied sich auf angenehme Weise von den ignoranten stieren Blicken der Männer auf dem Boot, von dem taxierenden Geringschätzen der Prostituierten und Beutelschneider oder von der Traurigkeit so vieler anderer, denen ich begegnet war. Meine Reiseerlebnisse in Rumänien kamen mir oft wie Szenen aus Dostojewski-Romanen vor.

»Willkommen in Afrika«, sagte Mircea mit spöttischem Lächeln. »Hier sind wir, zwei Ärzte, haben aber kein Penizillin, kein Bier, kein fließendes Wasser, rein gar nichts, bis auf das, was die Fischer fangen und was uns Schmuggler und Piraten zum Kauf anbieten. Fünfzehnhundert Menschen wohnen hier in Sfintu Gheorghe, hauptsächlich Ukrainer. Vierzig davon sind krebskrank. Wer weiß, warum? Tschernobyl liegt jenseits des Schwarzen Meers, kein Berg schützend dazwischen. Die Flüsse und das Meer spülen Ölschlamm herbei. Die Delphine sind tot, und im Frühling kommen immer weniger Vögel aus Asien. Ich schätze, daß die Hälfte der Dorfbewohner alkoholsüchtig ist. Das Delta könnte ein Touristenparadies sein. Statt dessen aber ist es ein soziales wie ökologisches Katastrophengebiet. Im vergangenen Dezember gab es hier keine einzige politische Demonstration. Eines Tages wurde das Bild von Ceaucescu abgehängt, das war alles.

Die Gesellschaft liegt am Boden; sie aufzurichten, mag Jahrzehnte dauern. Ich weiß nicht, ob Ioanna und ich so lange Geduld haben werden. In den Wochen nach der Revolution hatten wir ununterbrochen das Radio an. Wir dachten an unser Land und daran, wie wir den Menschen um uns herum helfen könnten. Aber alles wendet sich wieder zum Schlechten. Ioanna und ich denken wieder an Emigration. Die Erlaubnis dazu haben wir.«

Ich beendete meine Mahlzeit. Mircea und Ioanna führten mich ins Haus des Bürgermeisters. Den Weg dorthin leuchtete eine Taschenlampe. Wir kamen an einer kleinen orthodoxen Kirche vorbei. »Die ist von Ukrainern gebaut worden, nachdem ein mit Zement beladenes Schiff vor ein paar Wochen an unseren Strand gespült wurde«, erklärte Ioanna. »Sfintu Gheorghe ist in mancherlei Hinsicht besser dran als andere Orte in Rumänien. Das Meer bringt uns Geschenke. Und weil wir so entlegen wohnen, kümmert sich das Regime kaum um uns.«

Der Bürgermeister war nicht zu Hause. Seine Frau aber bereitete gerade das Abendessen vor, und Mircea stellte mich ihr dermaßen feierlich vor, daß ich nicht umhin konnte, am Tisch Platz zu nehmen. Obwohl ich mich noch soeben an Eiern und Haifischfleisch sattgegessen hatte, mußte ich nun ein gebratenes Schweinekotelett und Fischrogensalat mit reichlich Knoblauch nachstopfen. Zum Runterspülen gab es nur selbstgebrannten Schnaps.

Ein Mann trat ins Zimmer und setzte sich zu uns an den Tisch: mittelalt, rundlich und mit vorquellenden Adern an Stirn und Hals. Seine Hose wurde von breiten Hosenträgern gehalten. Er hatte eine strenge Alkoholfahne, und sein Gesicht war gerötet. Geräuschvoll schmatzend, fing er auf dozierende Weise zu erzählen an, wobei er Grimassen schnitt wie Mussolini. Mircea übersetzte.

»Roosevelt hat schuld. An allem«, sagte er und fuhr mit der Hand im Kreis durch die Luft. »Wenn er damals auf Jalta unser Land nicht verkauft hätte, stünde Rumänien heute so gut da wie Frankreich.«

»Er hat recht«, fügte Mircea hinzu und schien verärgert zu sein.

»Wegen dieses verfluchten Krüppels von Roosevelt müssen wir seit fünfundvierzig Jahren leiden.«

»Roosevelt hatte nicht mehr lange zu leben; er starb vier Wochen nach Jalta«, meinte ich beschwichtigend. »Die mit Stalin ausgehandelte Vereinbarung sah für Osteuropa freie Wahlen vor. Roosevelt konnte nichts dafür, daß die Rote Armee überall einmarschierte und die Wahlen unmöglich machte. Geben Sie Stalin die Schuld oder besser noch Hitler, der den Krieg angefangen hatte.«

»Roosevelt war ein Verräter«, entgegnete der Mann mit Hosenträgern und spuckte mich dabei fast an.

»Und jetzt werden wir wieder verkauft«, sagte Mircea. »Diesem Bush trauen wir nicht. Nur Reagan hatte Verständnis für uns.«

Als der Name »Reagan« fiel, hörten alle, die am Tisch saßen – die Bürgermeisterfrau, der Mann mit Hosenträgern, Mircea und Ioanna – schlagartig zu essen auf und nickten zustimmend mit den Köpfen. Es war sinnlos, mit diesen Leuten zu diskutieren, die soviel mitgemacht hatten und die Welt nur aus ihrer engen, dunklen Perspektive zu betrachten vermochten.

»Das ›Reich des Bösen‹. Ich habe Reagans Rede im rumänischen Rundfunk gehört«, sagte Mircea. Die anderen nickten wieder und sahen mich erwartungsvoll an. »Er war der einzige Präsident Ihres Landes, der die Wahrheit ausgesprochen hat. Aber dieser Bush, *ah* . . . auch nur so ein Roosevelt. Warten Sie's ab, Rumänien wird wieder verkauft werden. So ist's schon immer gewesen.«

»Die Welt jenseits von Pruth und Donau sieht weniger schön aus als die am Potomac«, sagte der Mann mit Hosenträgern in anklagendem Tonfall. »Die Pruth ist unser Fluch, und unsere wahre Ostgrenze verläuft woanders. Die Russen müssen verjagt werden.« Er unterstrich seine Worte mit einer eindeutigen Geste. »Bessarabien gehört uns, nicht Gorbatschow. Warum sind Bush und er wohl so gute Freunde? Beide wollen Rumänien an den Kragen.«

»Ist dieser Mann Ihr Bürgermeister?« fragte ich Mircea im Flüsterton.

»Nein«, flüsterte Mircea zurück. »Ich weiß selber nicht, wer er ist.«

Nach dem Essen gingen Mircea und ich am Strand spazieren, da, wo der Fluß gerade das Leergut aus meiner Fähre ins Meer spülte. Der Himmel war bewölkt, kein Stern zu sehen. Von der

Landschaft konnte ich nichts erkennen. Dafür war um so mehr zu hören: das Gequake von unzähligen Fröschen und die Schreie der Vögel. Ich wähnte mich wie in einer finsteren Blase und hatte den Eindruck, als seien all diese Laute menschliche Stimmen, die von außen auf diese Blase eindrangen.

»Sie müssen Verständnis haben«, sagte Mircea entschuldigend. »Wir werden seit Jahrhunderten malträtiert. Wie sollten wir dabei optimistisch bleiben? Sie sagen, die gegenwärtige Situation in Europa sei sehr viel hoffnungsvoller als 1945, und ich würde Ihnen allzu gern glauben. Aber mein Instinkt als Rumäne rät mir, an Ihren Worten zu zweifeln.«

»Wie können Sie so reden, nach dem, was im Dezember passiert ist? Sagen Sie nicht, das hätten Sie erwartet.«

»Schauen Sie sich um. Was sehen Sie? Ceaucescu ist hingerichtet worden, das freut mich; aber der Schaden, den er angerichtet hat, bringt uns zur Strecke. Und diese Schweinehunde sind immer noch an der Macht.«

Wir erreichten den Strand. Das Rauschen der Wellen übertönte die Rufe der Frösche und Vögel. Mircea deutete hinaus auf die Mündung der Donau. Aber ich sah nur Dunkelheit.

»Zur Zeit Ceaucescus sind immer wieder Leute bei Nacht zu den ankernden Booten hinausgeschwommen, um in die Türkei zu gelangen. Die meisten sind ertrunken, wenige haben es geschafft.«

Die Vorstellung, durch kaltes, schwarzes Wasser ins Ungewisse zu schwimmen, ließ mich erschauern. »Wer das versucht, muß wirklich verzweifelt sein«, antwortete ich.

»Nicht mehr als wir alle«, entgegnete Mircea.

Wir gingen zum Haus zurück. Mirceas düstere, pessimistische Stimmung konnte mir nichts anhaben. Ich war wie jeder Reisende voll von schierem Staunen über alles, was ich hier am ersten, langen Tag meiner Expedition durch Rumänien gesehen und gehört hatte. Allein die Tatsache, hierher nach Sfintu Gheorghe gekommen zu sein und Mircea getroffen zu haben, wäre mir vor wenigen Monaten, als Ceaucescu noch an der Macht war, unvorstellbar gewesen. Seit mehr als einem Jahrzehnt fand ich überall in Osteuropa neue Freunde – und nun endlich auch in Rumänien. Das war doch vielversprechend.

Mircea erwähnte, daß wenige Wochen zuvor zwei deutsche Ornithologen in Sfintu Gheorghe Station gemacht hatten, um Umweltschäden in ihrer Wirkung auf die Vogelwelt zu studieren. Ich

149

war mir sicher, daß in den nächsten Wochen, Monaten und Jahren noch viel mehr Besucher aus dem Westen hierher reisen würden. Fünfundvierzig Jahre nach Ende des Zweiten Weltkriegs schien der Alptraum endlich vorbei zu sein. Ich erlebte den Morgen danach. Doch der war noch trübe und würde wohl wie der erste biblische Schöpfungstag lange Zeit andauern.

KAPITEL SIEBEN

Die Moldau: »Auf Haß programmiert«

Meine nächste Zugreise führte mich nach Norden entlang der rumänischen Grenze zur ehemaligen Sowjetunion: von Galati, dem Flußhafen an der Donau, nach Jassy, der Provinzhauptstadt der Moldau.

Ich hatte einen Sitzplatz zweiter Klasse ergattert. Auf dem Fußboden bildeten sich Pfützen braunen Wassers, das von tropfnassen Kleidern und Pappkoffern zusammenlief. Durch die Ritzen zersprungener Fensterscheiben sickerte Regenwasser. Der Waggon war doppelstöckig und bestand hauptsächlich aus Stehplätzen. Die Metallsitze waren ungepolstert. Als der Zug losfuhr, strömte ein kalter, feuchter Luftschwall durch den Wagen. Überall wurde gehustet und die Nase geschneuzt, wobei man hier nicht etwa Taschentücher, sondern die Finger zu Hilfe nahm. Kinder schrien unablässig.

Tulucesti, Foltesti, Tirgu Buhor. In der Moldau sah eine Stadt wie die andere aus; allenthalben hing die Luft voller Braunkohlenrauch und anderer Abgase einer Industrie, die keinen Fortschritt mit sich gebracht hatte. Beim Blick durchs Fenster wünschte ich, den Zug nie verlassen zu müssen, obwohl der alles andere als behaglich war. Die Szene glich einem wehenden, gelb-grünen Orientteppich, über den jemand Teer geschmiert hatte.

Die turbanförmigen Kirchkuppeln, das Fehlen von Autos, die Kolonnen der pferdegezogenen Leiterwagen an den Bahnschranken, die weite Landschaft mit geschwungener Hügelkette – all das könnte einem Reisenden unter anderen Umständen ein romantisches Bild vom Schnittpunkt zwischen Europa und Asien vermitteln. Doch auf diesem Bild lag ein verschleiernder Schmutzfilm. Keine einzige Pflasterstraße war in Sicht. Mein Blick folgte einer kilometerlangen Abwasserleitung, die verrostet und häßlich, einen halben Meter im Durchmesser messend, an Häuserzeilen entlangführte, durch Spielplätze, über Felder und an Fabriken vorbei und von Stadt zu Stadt mit anderen Zuleitungen zusammentraf. Das, was mir unauslöschlich in Erinnerung bleibt, ist der Anblick eines in schwarze Lumpen gekleideten Hirten, der seine Herde unterhalb einer dieser Abwasserschläuche über einen Gebirgsbach trieb.

Der Zug rollte durch eine Reihe von Tunnels. Da in den Gewindefassungen der Waggonbeleuchtung die Glühbirnen fehlten, hatten einige der Passagiere Kerzen angezündet. Sie warfen ein dramatisches Licht auf die schwarzen, wäßrigen Augen, denen ein ernster, fast hingebungsvoller Zynismus eigen zu sein schien und die wie als vererbtes Merkmal all jene Schrecken widerspiegelten, die Generationen von Vorfahren miterlebt hatten.

Ich mußte den Zug wechseln.

Wie der reisende Ire Walter Starkie 1929 beobachtete, sind Bahnsteige in Rumänien ein »Euphemismus« für »schmale Streifen zwischen Gleisen«. Bei strömendem Regen stand ich wartend auf einem solchen Bahnsteig aus Betonplatten, die nicht breiter als zwei Meter waren und ein Gleis vom anderen trennten. Zwei Züge – ein Personen-, ein Güterzug – rauschten aus entgegengesetzter Richtung herbei und verursachten einen Winddruck, der mich fast aus dem Gleichgewicht gebracht und mit einem der aus dem Güterzug vorspringenden Metallteile hätte zusammenprallen lassen. Der Rest der wartenden Menge wußte sich in Sicherheit zu bringen und stand Schulter an Schulter in der Mitte des Betonstreifens. Die Gesichter wirkten stoisch gelassen. An diese Verhältnisse waren alle zeit ihres Lebens gewöhnt.

Der nächste Zug, den ich bestieg, war noch voller als der erste. Ich wurde in eine Ecke zwischen zwei Sitzplätzen gedrängt. Mit Blick nach draußen folgte ich wieder der endlos langen Abwasserleitung, um mich von der Not, zur Toilette zu müssen, abzulenken, was mir auch über eine Viertelstunde gelang. Nachdem eine weitere Viertelstunde vergangen war, wurde der Druck unerträglich.

»Toaleta«, sagte ich und adressierte an die Menge allgemein.

Ein junger Mann hob die Augenbrauen, als wollte er mir sein Beileid bekunden, und deutete aufs andere Ende des Waggons. Die Leute standen dicht an dicht knietief in Gepäckstücken, doch ohne zu murren und ohne eine Miene zu verziehen, machten sie mir irgendwie Platz. »Multsumesc [Vielen Dank]«, wiederholte ich immer wieder. Schließlich erreichte ich die Toilettenzelle und mußte feststellen, daß eine Zigeunerfamilie mitsamt Gepäck darin campierte. Die Frauen traten hinaus in den Gang, doch die Männer gaben mir zu verstehen, daß sie zu bleiben und aufs Gepäck aufzupassen beabsichtigten. Ich verzichtete auf jeden Protest und tat, was ich tun mußte.

Im Toilettenfenster fehlte die Glasscheibe, und der Regen fiel in die Kabine. Immerhin war die Luft angenehm frisch. Über der Kloschüssel hatte jemand an die Wand gekritzelt: »*jos nomenklatura* [nieder mit der Nomenklatur].«

Nach neun Stunden Fahrt erreichte ich Jassy – hungrig, durchfroren, verdreckt und in nicht allzu guter Stimmung. Wie würden solche Verhältnisse mit der Zeit auf mich abfärben? dachte ich und ahnte schon die Antwort in Erinnerung an Mircea und den Mann mit den breiten Hosenträgern.

Auf manchen Landkarten ist Jassy auch als »Iasi« vermerkt. Rumänen sprechen den Namen wie »Jasch« aus. Sitwell stellte fest, daß Jassy die Stadt ist, die in der Geschichte des Landes am meisten Erwähnung findet.

Seit dem Mittelalter ist sie die wichtigste Stadt in der Moldau, jener Provinz, die unmittelbar an die ukrainische Steppe angrenzt und dem eisigen Wind von dort schutzlos ausgesetzt ist. Im achtzehnten und neunzehnten Jahrhundert erlebte die Stadt nicht weniger als sechs russische Invasionen. Mitte des vorigen Jahrhunderts, als Bukarest noch ein Dorf war, galt Jassy als Brutstätte des rumänischen Nationalismus. Hier rief im Jahre 1859 Alexandru Ion Cuza den ersten rumänischen Staat der Neuzeit aus. In den 70er und 80er Jahren des neunzehnten Jahrhunderts lebte Mihai Eminescu, der größte Dichter des Landes, in Jassy und verfaßte die satirische »Epistel III« über »die lang- und hakennasigen« Fremden:

Der Häftlingsrotz, der Haufen Mist, die dreckig faule Brut,
hat sie tatsächlich doch geerbt das nationale Gut!

Nicholae Iorga, Rumäniens renommiertester Intellektueller, der im hohen Alter von den faschistischen Legionären zu Tode gefoltert wurde, weil er nicht genügend nationalistisch und antisemitisch gesinnt war, wuchs zu jener Zeit in Jassy auf, da Eminescu seine Gedichte schrieb. Um die Jahrhundertwende lebte auch Lupescu hier. Während des Ersten Weltkriegs suchten Königin Maria und andere Mitglieder der königlichen Familie in Jassy Schutz, nachdem die Deutschen Bukarest besetzt hatten. Zwischen 1916 und 1918 war Jassy die Hauptstadt des freien Rumänien. Nach dem Krieg lehrte Professor A. L. Cuza (nicht verwandt mit Alexandru Ion Cuza) an der Universität von Jassy. Später rühmte er sich, seine erste antisemitische Rede bereits im Geburtsjahr von Hitler (1889) gehalten zu haben. Einer seiner Schüler war Corneliu Zelea Codreanu, der Gründer der faschistischen Legion des Erzengels Michael. Codreanu startete in den 20er Jahren seine politische Karriere in Jassy und organisierte judenfeindliche Demonstrationen auf dem Campus der Cuza-Universität (benannt nach dem Erklärer der Unabhängigkeit).

All diesen Haß bedingte eine unterschwellige Angst und das Gefühl der Verletzbarkeit. Bis 1918 lag Jassy weniger als zwanzig Kilometer von der russischen Grenze an der Pruth entfernt. Jenseits des Flusses erstreckte sich die Osthälfte der Moldau, besser bekannt als Bessarabien, benannt nach dem walachischen Fürstengeschlecht Bessarab, das diese Region zuerst besiedelte. In den Friedensverhandlungen nach dem Ersten Weltkrieg forderte Rumänien nicht nur Bessarabien zurück, sondern auch einen Nordteil der Moldau, der unter österreichisch-ungarischer Herrschaft gestanden hatte. Doch die Verschiebung der russischen Grenze um rund hundert Kilometer nach Osten bis an die Dnjestr reichte nicht aus, um das nationalistische Feuer zu löschen, das nach dem Ersten Weltkrieg in Jassy loderte und zusätzlich geschürt wurde durch die Demokratisierung der politischen Parteien in Rumänien, die weltweite Wirtschaftskrise und die Mißregierung von König Carol II. während der 30er Jahre.

Im Juni 1940 holte sich Stalin Bessarabien zurück, und über fünf Jahrzehnte bildete die Pruth am Horizont von Jassy die Grenze zur Sowjetunion. Mit der Dezemberrevolution von 1989 konnten die Bewohner der Stadt endlich wieder frei ihre Meinung äußern über das, was sie betraf.

Das Hotel Trajan ist ein Prunkbau im Empirestil und steht am Zentralplatz von Jassy. Foyer und Restaurant zeigen sich in verkommener Grandeur: fleckige Teppiche in Rot und Braun; Sektkühler voller Dreck und Zigarettenasche; Männer und Frauen, in Mäntel gehüllt, mit teigigen Gesichtern und nikotinverfärbten

Fingern; ein Zigeunerjunge, bettelnd von Tisch zu Tisch wandernd; Kellnerinnen, die in der Ecke sitzen und ihre Gäste ignorieren.

Eine Wasserstoffblonde, mit billigem Modeschmuck behangen, mit wuchtigen Brüsten und schlecht aufgetragenem Make-up, bewachte die Rezeption. Ich fragte sie auf französisch, ob ein Einzelzimmer frei sei.

»*C'est trop cher pour vous* [Das ist zu teuer für Sie]«, antwortete sie kurz angebunden; ich solle es im Hotel Unirea versuchen, einer Absteige nebenan.

Als ich fragte, wieviel das Einzelzimmer im Trajan kosten würde, nannte sie mir den Preis von $ 63.

»Oh, das kann ich mir leisten«, entgegnete ich und zückte meine American Express Card, mit der sie offenbar nichts anzufangen wußte.

»*Voluta*«, forderte sie auf rumänisch und rieb Daumen und Zeigefinger aneinander. Ich zeigte ihr ein Bündel Dollarnoten. Sie lächelte und gab mir den Zimmerschlüssel. Da gab's kein Federlesen.

Das Zimmer mit seinem weißen Empiremobiliar, knallig roter Polsterung und violetten Tapeten glich dem Empfangsraum eines billigen Bordells. Es gab weder Seife noch Toilettenpapier, und manchmal kam, wie ich feststellte, kein Wasser aus der Leitung. Ich rief in der Rezeption an. Toilettenpapier werde, wie man mir sagte, sofort hochgeschickt; Seife sei jedoch knapp bemessen. Ich meldete mich beim Zimmerservice und erfuhr, daß alle Vorräte an Rotwein, Bier und Mineralwasser aufgebraucht wären; zu haben sei nur Weißwein, allerdings nur warm, da kein Eis zur Verfügung stünde. Zu essen gab es nur Schweinefleisch. Es war kalt und zäh.

Rumänien ist auf einzigartige Weise durchwachsen: Die Menschen sehen italienisch aus, tragen aber den Gesichtsausdruck russischer Bauern. In der Architektur sind Einflüsse aus West- und Mitteleuropa unverkennbar. Dienstleistungen und Lebensumstände gleichen denen in Afrika.

Gegen Abend hörte es zu regnen auf; die Sonne lugte hinter den Wolken hervor. Ich ging spazieren.

Wäre es möglich, die allenthalben in den Blickfang geratenden Schandflecken kommunistischer Bauwerke zu ignorieren, ließe sich Jassy als getreue, wenngleich provinzielle Kopie Wiens auch heute noch wiedererkennen. Vor dem neobarocken Nationaltheater (gebaut im späten neunzehnten Jahrhundert und eines der schönsten Gebäude Rumäniens) liegt ein Garten, der umsäumt wird von Standbildern rumänischer Komponisten, Pädagogen und Poeten, einschließlich einer Skulptur von Eminescu. Doch die labyrinthförmig angelegten Hecken, hinter denen diese Standbilder hervorragen, sind seit Jahren nicht geschnitten worden und verleihen der Anlage einen verwilderten Ausdruck. Neben dem Garten steht der eckige Betonklotz der inzwischen geräumten Zentrale der kommunistischen Partei.

Die nahegelegene Metropolitan-Kathedrale wurde 1833 in klassizistischem Stil erbaut. Sie steht auf einem grünen, bewachsenen Sockel hoch über den Schornsteinen der Unterstadt, beherrscht das Bild aber keineswegs, denn unmittelbar neben ihr türmt sich wie ein frontaler Betonangriff auf Tradition und Religion eine gigantische Wohnanlage auf: eine noch im Aufbau befindliche Monstrosität, die wohl mit Bestimmtheit zum Slum verkommen wird.

In der Kathedrale liegen, wie behauptet, die Gebeine der Heiligen Freitag (Sfinta Vineri) in einem offenen Goldsarg. Ich sah eine Gruppe von Rumänen davor Schlange stehen, um das Skelett zu berühren und zu küssen. Was mich überraschte, war die Inbrunst und der Schrecken in den Gesichtern der Wartenden. Sie bekreuzigten sich ständig und rutschten zum Teil mit den Knien über den Boden. Manche waren naßgeschwitzt, obwohl es in der Kirche durchaus kühl war. Einige beschrieben Zettel um Zettel, adressiert an die Heilige. Nur in schiitischen Heiligtümern hatte ich bis dahin eine so gespannte, explosive religiöse Atmosphäre erlebt. Mir war angst und bange.

»Rumänien ist zu entlegen, um Hilfe vom Westen erwarten zu können. Je blutiger und chaotischer der Zerfall des Sowjetimperiums sein wird, desto größer sind unsere Chancen auf eine Demokratie und die Wiedervereinigung mit unseren Brüdern und Schwestern Bessarabiens.«

Petru Bejan war Redakteur der *Timpul* (Zeit), einer Wochenzeitung, die 1990, wenige Wochen nach der Dezemberrevolution, von Studenten der Cuza-Universität herausgegeben wurde. Im Impressum dieser Zeitschrift steht der religiöse Ausspruch *Adeverat a inviat* (»Er ist wahrhaftig auferstanden«). Die Ausgabe, die mir Bejan zur Ansicht gab, enthielt mehrere Artikel über die Angliederung Bessarabiens an Rumänien im Jahre 1918 sowie die dort verübte »Kulturvernichtung« durch die Russen nach dem Zweiten Weltkrieg. Außerdem entdeckte ich einen Artikel über orthodoxe Heilige und eine Würdigung der Poesie Eminescus.

Bejan meinte, daß eine »zweite Revolution« in Rumänien erforderlich sei, um die Wurzeln »allen Zwangs, der Bürokratie und des Sozialismus« auszujäten. »Man wird uns nicht mit Kaffee, Eiern und Fleisch abspeisen können.« Bejan behauptete, daß Marschall Ion Antonescu, der dem Nazideutschland nahestehende rumänische Conducator während des Zweiten Weltkriegs, ein Patriot gewesen sei und im besten Interesse Rumäniens gehandelt habe.

Bejans Büro stand voller Schreibmaschinen. Er trug ein dunkelrotes Hemd und eine schmale, braune Krawatte aus Kunstleder. Das kurze Haar war ungewaschen, und mit seiner starren, ernsten Miene sah er einem russischen Revolutionär von 1917 ähnlich. Die grünen Augen funkelten und fixierten einen kleinen Lichtfleck unter der Zimmerdecke.

Ich verließ die Büroräume der *Timpul* und suchte diejenigen der *Opinia Studeneasca* (Studentenmeinung), ein weiteres Wochenblatt, das seit dem Sturz Ceaucescus von Universitätsstudenten herausgegeben wurde. Ich hatte Schwierigkeiten, die Redaktion zu finden, und fragte einen Studenten auf der Straße, von dem ich erfuhr, daß er Techniker des Donaukanal-Projekts bei Cernavoda gewesen war. Im Verlauf unseres Gesprächs über die Revolution behauptete der Student, Ceaucescu sei nicht tot, sondern verstecke sich nur. Angeblich hatte Ceaucescu des öfteren einen Doppelgänger stellvertretend für sich bei öffentlichen Anlässen erscheinen lassen, und dieser Doppelgänger, so argwöhnte der Student, sei an Ceaucescus Statt hingerichtet worden. »Wenn Sie das Gesicht auf dem Videofilm genau betrachten, werden Sie feststellen, daß es sich nicht um Ceaucescu handelt.« Ich entgegnete, daß die Gesichtszüge eines Menschen im Tod entstellt sein können. »Aber nicht so sehr«, konterte er. Ich erinnerte mich an eine Passage aus Bram Stokers *Dracula*, wo zu lesen steht, daß »aller Aberglauben der Welt im Hufeisen der Karpaten versammelt ist...«

Es ging auf Mitternacht zu. Der Redaktionssaal der *Opinia Studeneasca* war voller Studenten; einige saßen vor alten Schreibmaschinen um einen Tisch herum, doch keiner tippte. Alle unterhielten sich unablässig in gedämpftem, verschwörerischem Tonfall und rauchten billige, filterlose Zigaretten. Ansonsten hatten diese Leute nur wenig Ähnlichkeit mit den Studenten amerikanischer Universitäten während der 60er Jahre. Ihre Schuhe waren durchlöchert, die Kleider aus zweiter, dritter Hand, schmutzig die Hände, verfilzt die Haare. Ein Leben in aufgezwungener Armut hatte ihre Gesichtshaut früh welken lassen. Ihre Blicke glichen denen einer Person, die nächtens einsam durch eine dunkle Gasse irrt. Die Ängste dieser Studenten waren real und existentiell.

»Studenten starben im vergangenen Dezember auf den Straßen, aber Kommunisten und Agenten der Securitate überlebten. Die korrupten Professoren, die ausländische Studenten gegen Schmiergelder durchs Examen hievten, lehren nach wie vor an der Universität von Jassy und werden gedeckt von der Securitate«, erklärte mir Cristian Mungiu.

Mungiu hatte ein freundliches Gesicht und schwarze Locken. Er trug eine Baumwolljacke westlichen Zuschnitts und war im Gegensatz zu seinen Kommilitonen im Redaktionssaal einem amerikanischen Durchschnittsstudenten zum Verwechseln ähnlich. Er sagte mir: »Der Mangel an politischer Kultur im heutigen Rumänien ist gravierender, als es sich ein Außenstehender vorstellen kann... Ceaucescu ist tot, aber Iliescu ist fast ebenso schlimm und wird zunehmend schlimmer. Petru Roman [der Premierminister] und Sylviu Brucan [ehemaliger Botschafter in den Vereinigten Staaten und Vordenker der kommunistischen Partei] sind machtbesessene Autokraten.«

Mungiu hatte Angst, weil »die Securitate immer noch am Ruder ist«. Er war zerknirscht, weil die Dezemberrevolution seinem Dafürhalten nach in Jassy und nicht in Temesvár hätte ausbrechen sollen.

Am 14. Oktober, zwei Tage vor den ersten Demonstrationen in Temesvár, hatten die hiesigen Studenten zu einer Protestkundgebung auf dem Platz vor dem Hotel Trajan aufgerufen. Doch Agenten der Securitate hielten den Platz rechtzeitig besetzt und kontrollierten den Verkehr. »Wir waren viel zu leicht kleinzukriegen«, bemerkte Mungiu bitter. »Wären wir doch so entschlossen gewesen wie die Studenten von Temesvár. Temesvár gilt jetzt als Stadt der Revolutionäre. Sie liegt nahe der Grenze zum Westen. Zugegeben, Jassy hat eine lange und stolze Tradition als nationales Zentrum, liegt aber in der Nähe Rußlands und zum Osten, und der orientalische Einfluß auf uns ist insgesamt schlecht.«

Ein paar Tage später traf ich Mungiu erneut in der Redaktion der *Opinia Studeneasca* an. Diesmal war er in Begleitung seiner älteren Schwester Alina, einer promovierten Medizinerin, die ihre Karriere als Ärztin aufzugeben beabsichtigte, um ausschließlich schriftstellerisch tätig sein zu können. Ihr erster Roman stand kurz vor seiner Veröffentlichung.

Mungiu erzählte mir von seiner Familie. Hin und wieder unterbrach ihn die Schwester und korrigierte das eine oder andere Detail.

»Meine beiden Großmütter sind wie auch meine Mutter jenseits der Pruth in Bessarabien zur Welt gekommen. Mein Großvater war in russischer Kriegsgefangenschaft, denn Rumänien stand während des Zweiten Weltkriegs auf seiten der Deutschen. Die Nazis waren nicht schlecht zu uns, ganz und gar nicht. Glauben Sie mir, unter den Nazis lebten die Rumänen besser als unter den Kommunisten.

Zweimal konnte mein Großvater dem russischen Gefangenenlager entfliehen; beide Male wurde er wieder eingefangen und zurückgeschickt, dabei hatte er es beim zweiten Versuch schon fast bis zur Pruth geschafft. Beinahe wäre er hingerichtet worden, aber irgendwas passierte, ich weiß nicht genau was; jedenfalls hat ihm ein Landsmann das Leben gerettet. Nach dem Weltkrieg hörten er und meine Großmutter zehn Jahre lang Nacht für Nacht Radio Freies Europa. Sie hofften, daß Amerika Rumänien von den Russen befreien würde, ja, sie waren überzeugt davon. Doch die Amerikaner haben die beiden bitter enttäuscht.

Als die rumänischen Truppen gezwungen wurden, sich aus Bessarabien zurückzuziehen, mußte meine Großmutter innerhalb von achtundvierzig Stunden ihr Haus räumen, ihre Eltern, ihren Bruder und alles, was sie besaß, zurücklassen. Später erfuhr sie, daß ihr Vater und ihr Bruder von Russen getötet worden waren. Sie gab den Amerikanern die Schuld daran, weil sie Rumänien nicht zur Hilfe gekommen waren.

Wenn heute die Älteren meiner Verwandtschaft zusammenkommen, sprechen sie immer wieder von Bessarabien, über den Wandel dort und über das, was die Russen den Nachbarn von einst angetan haben.

In der Schule wurde uns beigebracht, daß König Carol II. und Antonescu rumänisches Territorium abtreten mußten, weil sie mit den Nazis verbündet waren. Aber von unseren Eltern wissen wir, wie es sich in Wirklichkeit verhalten hat. Und deshalb verehren wir Antonescu als großen Patrioten, als Helden. Die Russen und die rumänischen Kommunisten waren allesamt Verbrecher.« Ich fragte ihn nach seiner Einstellung Juden gegenüber.

»Das waren keine Patrioten. Während Rumänien mit den Nazis verbündet war, machten rumänische Juden mit den Russen gemeinsame Sache. Während des Krieges haben die Juden hier in Jassy alles kontrolliert, und auch nach Ende des Krieges besaßen sie viel Macht.«

»Aber zu Kriegsbeginn gab es doch einen Pogrom in Jassy. Wie ist es möglich, daß es danach noch Juden gab, die mächtig waren?« fragte ich.

»Viele Juden haben den Pogrom überlebt und nach wie vor eine große Rolle in der heimischen Wirtschaft gespielt.«

»Wie alt sind Sie?« wollte ich wissen.

»Zweiundzwanzig.«

»Glauben Sie alles, was die Großeltern Ihnen erzählen?«

Für eine Weile sagte er nichts. Dann: »Ich glaube, was sie mir an Fakten vortragen, ja. Aber vermutlich sind ihre jeweiligen Schlußfolgerungen nicht immer richtig.«

»Ein Beispiel«, unterbrach seine Schwester Alina. »Es ist durchaus verständlich, daß die Juden den Russen geholfen haben. Das kann ihnen keiner zum Vorwurf machen. Hier bei uns sitzen alle – nicht nur die Juden – in der Klemme zwischen Großmächten. Jeder versucht sich zu schützen und geht zu diesem Zweck auch unselige Allianzen ein.«

Rumänien liegt so entlegen am Rand Europas, daß der Westen kaum registriert, was dort passiert, egal, wie schrecklich die Ereignisse auch sein mögen. Der Holocaust war keine Ausnahme dieser Regel. Goldie Horowitz und andere Journalisten verließen das Palasthotel Athenee im Januar 1941, obwohl vor Ort gerade ein neues, finsteres Kapitel der Geschichte aufgezogen wurde. Kein westlicher Beobachter war geblieben, um darüber zu berichten.

Conducator Antonescu hatte Truppen und Panzer aufgeboten, um den Putsch der Legionäre des Erzengels Michael niederzuschlagen; als nächstes nahm er sich vor, Bessarabien zurückzuge-

160

winnen, das Stalin sieben Monate zuvor, im Juni 1940, unter Duldung Carols II. annektiert hatte. Dies war nur möglich in Allianz mit Nazi-Deutschland. Antonescu versprach Hitler, daß seine Soldaten an einer Invasion Rußlands mit Begeisterung teilnehmen würden, wenn die Befreiung Bessarabiens Teil des Gesamtplans wäre. Am 22. Juni 1941 marschierten deutsche Truppen in die Sowjetunion ein. Als rumänische Verbände am 25. Juni die Pruth überquerten, um Bessarabien zu befreien, desertierten etliche Soldaten und suchten Zuflucht bei der Zivilbevölkerung von Jassy, also wahrscheinlich auch bei Juden. In der Stadt verbreitete sich nun das Gerücht, daß ausnahmslos alle Fahnenflüchtigen in jüdischen Familien Unterschlupf gefunden hätten. Außerdem wurde behauptet, daß diese Soldaten keine Rumänen wären, sondern paramilitärische Kämpfer aus der Sowjetunion, die über Nacht in den Außenbezirken der Stadt gelandet seien. Obwohl dieses Gerücht völlig aus der Luft gegriffen war, löste es einen Pogrom aus. Während der folgenden Tage tötete die rumänische Armee 4000 Juden in Jassy und Umgebung; anschließend wurden 8000 Juden aus dieser Gegend zwangsevakuiert. Soldaten pferchten sie in geschlossene Viehtransporter, die aufgrund des allgemeinen Chaos und der unklaren Befehlslage tagelang in der Moldau umherfuhren, bis alle 8000 Gefangenen verdurstet oder erstickt waren.

Die wenigen noch in Jassy zurückgebliebenen Juden lebten während des Krieges in ständiger Angst, ebenfalls Opfer von Deportationen oder Pogromen zu werden. Doch dazu kam es nicht – jedenfalls nicht diesseits der Pruth.

Als seine Truppen den Fluß überquerten, kannte Antonescu nur noch ein Ziel: territorialen Zugewinn. Auch nachdem die Ufer der Dnjestr (des Flusses, der die Ostgrenze Bessarabiens markiert und parallel zur Pruth verläuft) erreicht waren, hatte Antonescu immer noch nicht genug. Er befahl den Truppen, weiter ostwärts vorzurücken bis zum südlichen Bug in der Ukraine; das besetzte Gebiet erklärte Antonescu schließlich zur »Republik von Transnistrien«. Da die Nazis alle Juden zu vernichten trachteten und Rumänien mit den Nazis alliiert war, betrachtete Antonescu alle Juden, die dem Vormarsch seiner Soldaten im Wege standen, als potentielle Fünfte Kolonne. Zur Bestätigung dieser Ansicht dienten ihm Gerüchte, wonach bessarabische Juden mit den Russen kollaborierten und jüdische Kinder Handgranaten gegen rumänische Soldaten warfen. »Die Juden begrüßen die Rote Armee mit Blumen«, sagte Antonescu.

Zwischen 1941 und 1942 beaufsichtigte Antonescu die Deportation von 185000 Juden aus Bessarabien und dem Nordteil der Moldau (der gerade zurückerobert war) nach Transnistrien, wo Einheiten der rumänischen Streitkräfte das einzige nichtdeutsche Vernichtungslager in Europa errichteten. Bis Mitte 1942 wurden an diesem entlegenen, unauffälligen Kriegsschauplatz alle Inhaftierten bei Minusgraden nackt ausgezogen und erschossen. Wenn den Soldaten die Munition ausging, erschossen sie nur die Erwachsenen und begruben die Kinder bei lebendigem Leib.

Damit war nicht einmal Adolf Eichmann einverstanden, der SS-Offizier und Beauftragte für die Vernichtung der Juden in Europa. Anfang 1942 bat er Antonescu, die Massenhinrichtungen vorläufig auszusetzen, um sie dann speziellen und effizienter vorgehenden deutschen Einsatzgruppen zu überlassen, sobald die Eroberung der Ukraine abgeschlossen sein würde, womit nach Eichmanns Einschätzung in wenigen Monaten zu rechnen war. Aber die Rumänen befanden sich offenbar im Blutrausch, und Antonescu ignorierte Eichmanns Vorschlag.

Im Spätsommer 1942 wurde jedoch damit begonnen, das rumänische Vernichtungslager in Transnistrien zu schließen. Antonescu spürte genau, woher der politische Wind wehte. Er hatte die Notwendigkeit einer Allianz mit Nazi-Deutschland früh erkannt. Auch sah er den eigenen Fall voraus, der zwei Jahre später tatsächlich erfolgte. Als der Krieg mit der Belagerung Stalingrads im September 1942 einen anderen Verlauf nahm, bedachte Antonescu die Möglichkeit der Niederlage Hitlers und fand, daß es nun angebracht war, Brücken zum Westen zu bauen und die rumänische Judenpolitik radikal zu verändern. Als die Sowjetarmee 1943 sämtliche an Rumänien verlorenen Gebiete – zuerst Bessarabien, dann Transnistrien – zurückeroberte, verschaffte sich Antonescu unter internationalen jüdischen Organisationen den Ruf eines Staatsmannes, der zwar pro-nazistisch eingestellt, aber bestrebt war, die Juden vor der Vernichtung zu schützen und ihnen die Flucht nach Palästina zu ermöglichen.

Doch politische Hintergründe allein können diesen abrupten Gesinnungswandel nicht hinlänglich erklären. Der Historiker Raul Hilberg hat den Holocaust in Rumänien in seinem 1961 erschienenen Buch *The Destruction of the European Jews* dokumentiert. Er kommt zu dem Schluß, daß das Nationalbewußtsein in keinem anderen Land – abgesehen von Deutschland – einen so entscheidenden Einfluß auf die Bereitschaft zur Judenvernichtung ausübte wie in Rumänien.

Die rumänische Geschichte ist tragischerweise ein permanenter Hickhack, der verzweifelte und rücksichtslose Versuch, drohendes Unheil abzuwenden. Antonescus Politik war, ob Juden, Nazis oder Russen gegenüber, im Prinzip stets die gleiche. Hilberg weist darauf hin, daß rumänische Soldaten unter den deutschen Militärs den Ruf genossen, besonders tapfer und wildentschlossen zu sein. Als aber 1944 die siegreichen Russen die Pruth querten und ins Kernland Rumäniens vordrangen, wechselten rumänische Soldaten die Seiten und kämpften begeistert gegen die Nazis. Alliierte Offiziere waren schon bald beeindruckt von der Aggressivität, mit der Rumänen gegen ihre vormals Verbündeten (Deutsche und Ungarn) in Siebenbürgen zu Felde zogen, um dieses Gebiet – wie Bessarabien ehedem – zurückzuerobern.

Explosive und strohfeuerartige Gewaltausbrüche kennzeichnen ebenfalls die rumänische Geschichte. Hinzu kommt die charakteristische Fähigkeit, opportune und kontradiktorische Verträge einzugehen. Vor diesem spannungsgeladenen Hintergrund ist der Holocaust in Rumänien zu sehen. Nach Hilbergs Analyse waren die Rumänen schlichtweg überfordert. Den Einmarsch in Bessarabien beflügelte ein nationalistischer, antisemitischer Wahn. Der Erfolg ließ Antonescus Truppen durchdrehen. So kalkuliert der Pogrom gegen die Juden auch war, im Grunde folgte er der emotionalen Fallkurve der rumänischen Soldaten in Transnistrien, wo sich in kurzer Zeit blindwütige Gewalt austobte, nicht zuletzt gegen Kinder. Die Mordlust von Antonescu und seinen Truppen hatte sich ausgerechnet in dem Augenblick erschöpft, als der Krieg eine andere Wendung nahm und Rumänien zusammen mit Deutschland ins Hintertreffen geriet. Antonescus Judenhaß hatte sich völlig verausgabt. »Diese schrecklichen Morde werden meinen Ruf schädigen«, klagte er Mitte 1942.

Doch der Conducator hätte sich darüber keine Sorgen zu machen brauchen. Zwar wurde er 1944 entmachtet und zwei Jahre später von den Kommunisten als Kriegsverbrecher hingerichtet, aber 1990 galt er in Rumänien als die populärste Figur der Geschichte des zwanzigsten Jahrhunderts und rangierte sehr viel höher als jedes Mitglied der königlichen Familie.

An König Carol I. und Königin Maria erinnerte sich 1990 kaum noch jemand, obwohl sie dem Land durch die Absage einer Allianz mit dem deutschen Kaiser den Ersten Weltkrieg erspart und dadurch den Weg geebnet hatten für die Wiedervereinigung mit Bessarabien, der nördlichen Moldau und Siebenbürgen im Jahre 1918.

Der entthronte König Michael war wie die ganze Bevölkerung in Folge der jahrzehntelangen kommunistischen Herrschaft völlig fehlinformiert.[1] Als junger König ohne Vollmacht hatte er gegen Antonescu und die Nazis konspiriert, und zwar zu einer Zeit, da Widerstand nicht nur gefährlich, sondern auch unpopulär war. 1944, im Alter von nur zweiundzwanzig Jahren, trug er maßgeblich zum Sturz Antonescus bei und sagte dem Kommunismus den Kampf an. Trotz mangelnder Unterstützung seitens der Vereinigten Staaten und anderer Weststaaten widersetzte er sich der kommunistischen Zentrale in Moskau, bis diese ihn Ende 1947 zwang, das Land zu verlassen. Michael lebte anschließend im Schweizer Exil und finanzierte die Familie als Testpilot und technischer Berater. Er war der erste Hohenzollern, der Rumänisch als Muttersprache und ohne englischen oder deutschen Akzent beherrschte.

Antonescu aber erntete posthum nur Lob von den Rumänen. Er galt als »Patriot«, der stets im besten Interesse Rumäniens gehandelt hatte, und als »Opfer« der Kommunisten, die ihn zu Unrecht zum Kriegsverbrecher gestempelt hatten, obwohl (angeblich) feststand, daß die Juden in Transnistrien entweder von Russen oder von Deutschen umgebracht worden waren. Rumänen, so lautete die einhellige Meinung, hatten damit nichts zu tun.

Petru Bejan, Cristian und Alina Mungiu und all die anderen Studenten der Cuza-Universität, mit denen ich sprach, verrieten keinerlei Feindseligkeit den Juden gegenüber. Ihr Zorn richtete sich nun auf die arabische Welt. Dazu sei folgendes erklärt:

Ceaucescus Politik glich, je länger er regierte, zunehmend der von Carol II. Dieser hatte durch sein Vorbild die Prostitution befördert. Ceaucescu unterstützte vergleichbare Machenschaften,

---

[1] 1992 wurde Michael in den Straßen Bukarests von einer großen Menge willkommen geheißen. Es ist durchaus möglich, daß die Begeisterung für den ehemaligen König zunimmt und dieser auf Dauer nach Rumänien zurückkehrt.

wenn auch weniger direkt. Aus politischen Gründen erlaubte er einer großen Anzahl arabischer Studenten, an Universitäten in Jassy, Bukarest und Cluj zu studieren. Nach nur kurzer Zeit standen sie in dem Ruf, das Studium schleifen zu lassen und statt dessen anderen Aktivitäten nachzugehen, und zwar vornehmlich im Drogenhandel. Das versicherten mir nicht nur Studenten, mit denen ich sprach, sondern auch Polizeibeamte aus dem Westen, die ich seit Jahren auf dieses heikle Problem anspreche. Die Drogen, so der Verdacht, kamen aus der Türkei und Bulgarien und wurden durch Rumänien in den Westen verschoben, was die Securitate stillschweigend duldete. Viele junge Araber – und nicht zuletzt der Geheimdienst – gelangten so in den Besitz beachtlicher Devisenvermögen. Ein rumänischer Professor behauptete mir gegenüber, daß während der Ceaucescu-Ära die Foyers der vornehmsten Hotels in Jassy, Bukarest und Cloj zu Bordellen verkommen seien, wo sich rumänische Prostituierte um die Gunst dieser jungen, dollarschweren Araber gegenseitig ausstachen.

»Wir hassen arabische Studenten. Unsere Zivilisation ist europäisch, egal, welches Regime an der Macht ist. Die Araber haben andere Sitten und keinen Respekt vor den unsrigen. Sie kaufen und demütigen uns und unsere Frauen. Sie bestechen auch die Professoren. In der Universität weiß jeder, daß Araber die schlechtesten Studenten sind. In ihrer Heimat waren sie arm, hier sind sie reich«, erregte sich Mungiu.

Ein anderer Student erklärte mir, daß sich die Araber »uns gegenüber wie Feudalherren verhalten. Wenn sie für ihre religiösen Feste ein Schaf oder eine Ziege brauchen, gehen sie ins Dorf und kaufen vom Bauern. Daran ist an sich nichts auszusetzen. Aber Sie sollten mal in deren Gesichter schauen. Die Araber behandeln die Bauern, als wären diese ihre Leibeigenen.«

Ich wies darauf hin, daß die arabische Kultur nicht zu beurteilen sei am Beispiel einiger Studenten, die nach Rumänien kämen, zumal nur die schwächeren und weniger beflissenen nach Osteuropa geschickt, während die besseren stets im Westen studieren würden.

Aber man glaubte mir nicht. »Die Araber unterdrücken uns«, widersprach mir ein Student heftig.

Adrian Poruciuc, ein Assistent an der Cuza-Universität und Experte für rumänische Folklore, beschrieb mir den Zustand Rumäniens anhand einer volkstümlichen Parabel:

Ein junger Held enthauptet einen bösen Drachen mit dem Schwert, doch das Blut, das aus dem Hals spritzt, bringt dem ganzen Land über Jahre hinweg die Pest. »Denken Sie nur an die Studenten von Temesvár, die im vergangenen Dezember die Revolution auslosten; sie entsprechen dem jungen Helden«, meinte Poruciuc. »Alles andere, das, was Sie um sich herum hören und sehen, die Ignoranz der Menschen im Hinblick auf ihre eigene Geschichte, die Unvernunft und Intoleranz, der Alkoholismus, die Gewalt... das ist das Blut des Drachen.

Vor allem die Menschen in der Moldau haben darunter zu leiden«, fuhr Poruciuc fort. »Sie wurden von drei Mächten in die Zange genommen: von Österreich-Ungarn, der osmanischen Türkei und Rußland. Das ist heute nicht viel anders. Die Menschen hier sind auf Haß programmiert.«

Poruciuc stammt aus einer Bauernfamilie und wuchs auf in einem kleinen Dorf in der Moldau. Wir tranken im Hotelrestaurant eine Flasche Weißwein aus seiner Heimat. »Das ist einer der besten Weine Rumäniens«, sagte er, »im Unterschied zu anderen garantiert ohne chemische Zusätze.«

Ich sprach ihn an auf Elias Canettis Theorie der Massensymbole. »Die Kroaten haben ihre katholische Kirche, die Serben mittelalterliche Klöster und das Amselfeld, die Juden ihren Exodus aus Ägypten und so weiter. Was ist Ihrer Meinung nach das Massensymbol der Rumänen?« fragte ich.

Poruciuc dachte eine Weile nach und leerte sein Glas mit einem Zug. »An solchen Fragen habe ich meinen Spaß«, antwortete er, und seine Augen strahlten dabei.

»Die karpatischen Berge und Wälder sind das natürliche Bollwerk vor der ukrainischen Steppe. Im Mittelalter bauten die Rumänen ihre Kirchen im tiefsten Wald, um sie vor Eindringlingen zu schützen. Sehen Sie nur, wo unsere Klöster liegen. Wie alle orthodoxen Kirchen ist auch die rumänische während der türkischen Unterdrückung das Herz der eigenen Kultur gewesen. In psychologischer Hinsicht war sie sogar noch mehr. Sie wurde zum obersten Symbol für Heim und Herd, als Plünderungen und Hungersnöte das Land heimsuchten. *Das Zuhause, die vor bescheidener Mahlzeit am Tisch versammelte Familie – das ist das rumänische Massensymbol.* Es kommt einem Heiligtum gleich, das es zu schützen gilt.

Wir sind ein Volk, dessen Haß in der Furcht vor leerem Magen gründet. Während der Regierungszeit Ceaucescus war ein Rumäne überaus stolz, wenn er seine Familie ernähren konnte.

Ceaucescu herrschte wie die Türken von einst. Im Geiste verbirgt sich unser Volk immer noch tief in den Wäldern. Jetzt erst schließen sie die Türen ihrer Häuser auf und schauen heraus, und das sehr vorsichtig.«

KAPITEL ACHT

Das Land hinter Draculas Schloß: Die bemalten Klöster der Bukowina

Bram Stoker hat Rumänien nie bereist. Immerhin waren seine Recherchen im Britischen Museum sehr gründlich. In seinem 1897 erstmalig aufgelegten Roman *Dracula* plaziert Bram Stoker »Draculas Schloß« auf ein »Bergplateau am Dreiländereck zwischen Transsilvanien, der Moldau und der Bukowina, inmitten des karpatischen Gebirges, einer der wildesten und unbekanntesten Gegenden Europas«.

Die Bukowina (rum.: Bucovina) ist genaugenommen der nördliche Teil der Moldau; er wurde 1774 von Österreich-Ungarn annektiert, das seinem neuen Besitztum aufgrund der ausgedehnten Buchenwälder den Namen »Buchenland« (d. h. Bukowina) verlieh. Die Provinz ist in eine nördliche und südliche Hälfte unterteilt. Die Nordhälfte fiel zusammen mit Bessarabien 1940 an Stalin, wurde aber ein Jahr später von Antonescu zurückerobert (wie auch Bessarabien), der daraufhin die Juden der nördlichen Bukowina nach Transnistrien deportieren und von rumänischen Soldaten umbringen ließ. Wie im Falle Bessarabiens, kehrten sowjetische Truppen 1943 in die Bukowina zurück. Die südliche Hälfte blieb jedoch in rumänischem Besitz. Stokers Dracula bewohnt die Gegend, wo die Südhälfte der Bukowina an die Moldau und den nordöstlichen Zipfel Transsilvaniens angrenzt. Jonathan Harker, einer der fiktionalen Erzähler in Stokers *Dracula*, reist mit einer Pferdekutsche, von der transsilvanischen Seite kommend, über einen Gebirgspaß zum Schloß hinauf. Die übrigen Passagiere der Kutsche fahren weiter in die südliche Bukowina. Die Landschaft vor den Fenstern des mystischen Schlosses ist auch hundert Jahre nach ihrer Beschreibung durch Stoker nach wie vor »eine der wildesten und unbekanntesten Gegenden Europas«.

Am Vorabend des Zweiten Weltkriegs beschrieb Sacherverell

Sitwell die Bukowina auf eine Weise, wie sie auch heute noch zutrifft: »In keinem anderen Land, das ich besucht habe, sei es Spanien oder Portugal, Schweden oder Westirland, ist eine solche Isolation zu spüren... Grüne Weiden und Fichtenwälder liegen in unvorstellbarer Entfernung von Zeitungen und Straßenbahnen.«

Ich folgte Adrian Porcucius Rat und fuhr den Wäldern im äußersten Norden Rumäniens entgegen, also der südlichen Bukowina, die aufgrund ihrer geographischen Entlegenheit von den sozialen und ökologischen Verheerungen des Kommunismus weitestgehend verschont geblieben ist.

Wie in anderen Teilen des ländlichen Rumänien sah ich Heufuder und pferdegezogene Leiterwagen mit Bauern in ärmellosen Wämsen aus Schaffell, weißem, handgewebtem Leinen und schwarzen Vliesmützen. An anderen Orten in Rumänien vermittelt eine solche Aufmachung vor dem Hintergrund häßlicher Fabriken und Wohnblocks den Eindruck wirtschaftlichen Elends. In der Bukowina aber passen diese Details in ein idyllisches Bild aus früherer Zeit.

Hinter langen Buchenspalieren erheben sich sanft geschwungene Hügel, von Kiefern, Birken und dunklen Tannen begrünt. Pappeln und Linden säumen die Straßen, auf den Feldern daneben stehen Apfelbäume. Ich genoß die frische, unverpestete Luft und den blauen Himmel, der sich nach Tagen des Regens endlich wieder zeigte, und hatte den Eindruck, als sei meine Reise vom Schwarz-Weiß-Teil Rumäniens in ein Technicolor-Format übergewechselt.

Eingebettet zwischen den karpatischen Bergen und nahe der sowjetischen Grenze, war die südliche Bukowina von Ceaucescu kaum beachtet worden. Hier hatte die Kollektivierung kaum um sich greifen können, und die meisten Äcker waren in Privatbesitz geblieben. Daß die Landschaft den Stolz ihrer Bewohner widerspiegelte, hatte nicht zuletzt mit jener Sauberkeit und Ordnung zu tun, die, wie die Einheimischen sagen, von den Österreichern anerzogen worden waren.

Statt Betonmauern sah ich frisch gestrichene Holzzäune. Bauern hatten die langen Mähnen ihrer Pferde mit roten Troddeln geschmückt. Handgeschnitzte Türstürze und metallenes Gitterwerk zierten die Bauernhäuser. Sogar die Vogelscheuchen waren kunstvoll hergerichtet, und an den Wegen standen Kruzifixe, mit Schindeln überdacht. In *Raggle-Taggle* schreibt Starkie, daß diese naiv gestalteten Winkel von »der religiösen Demut zeugen, die der Bauernschaft eigen ist«.

In all den Tagen, die ich durchs Land reiste, zählte ich nur zwei Traktoren. Die Bauern arbeiteten mit Hacken und Sensen. Trotzdem waren überall gepflegte Getreide- und Kartoffeläcker zu sehen; die so rückständige Gegend schien die erträglichste in ganz Rumänien zu sein.

John Reed reiste in einer Pferdekutsche, die ihm ein jüdischer Bauer geliehen hatte, durch die südliche Bukowina: »Hier wirft der Boden gewaltige Wellen... Wie Vogelschwingen schlagen die Flanken der Täler aus, deren bunt betupftes Kleid in der Ferne verschwimmt. Weit hinten im Westen ragt blaßblau der Karpatenkamm aus dem Horizont. Umringt von Bäumen schmiegen sich Dörfer zwischen tiefe Geländefalten – Dörfer aus Lehmhäusern, bucklig und schön mit der Hand geformt, makellos weiß getüncht... und kunstvoll gedeckt.«

Wundersamerweise hatte sich nur wenig verändert. Die Wälder der Bukowina schienen in einer paradiesischen Zeitschleife zu existieren. Ich reiste zu Fuß, versuchte mein Glück als Anhalter (statt mit dem Daumen wird in Rumänien mit dem Zeigefinger gewinkt). Autostopp in Rumänien ist weniger gewagt als in anderen Ländern. Ceaucescus Wahnsinn kam mir in diesem Fall zugute. Der Mangel an Autos, die Unbequemlichkeiten einer Bahnreise und der Zusammenbruch des öffentlichen Verkehrs hatten landesweit zu einem formlosen, privaten Beförderungssystem geführt. In den ländlichen Gegenden reist jeder per Anhalter, einschließlich Kinder und alter Frauen. Die meisten Fahrer halten an. Mir stand eigentlich im Sinn, ein gutes Stück zu wandern, und so war ich nicht selten frustriert, wenn ein Auto anhielt, obwohl ich gar nicht gewinkt hatte. Es ist üblich, dem Fahrer zehn Prozent dessen zu zahlen, was ein Taxi für eine entsprechend lange Strecke kosten würde. Doch sobald ich mich als Amerikaner zu erkennen gab, mußte ich meine *Lei* wieder einstecken. Einer Person aus dem Westen zu begegnen, war selbst Monate nach der Revolution für die meisten Rumänen eine neue Erfahrung.

Nachdem ich einige Tage auf diese Weise gereist war, nahm ich mir vor, Porcucius Rat zu befolgen und die Klöster der Bukowina zu besuchen. Weil ich auch mit den Nonnen sprechen wollte, brauchte ich einen Dolmetscher. Der wurde mir im Touristenbüro der Provinzhauptstadt Suceava vermittelt. Er hieß wie mein Freund von Sfintu Gheorghe Mircea. Um Verwechslungen zu vermeiden, werde ich ihn Mihai (»Michael«) nennen, zumal er mir später mitteilte: »Meine Eltern wollten mich eigentlich Mihai taufen. Aber unter den Kommunisten erregt dieser Name Argwohn, weil so auch der im Schweizer Exil lebende König heißt. Vor Gott bin ich jedoch Mihai.«

Suceava ist eine moderne Stadt, aufgebaut aus den Trümmern des Zweiten Weltkriegs. Im Unterschied zu den meisten anderen Orten der Bukowina hat die Provinzhauptstadt nur wenig Flair. Dennoch ist sie längst nicht so deprimierend wie zum Beispiel Jassy oder Galati. Es gibt viele Parks, die Qualität der Gebäude ist (nach rumänischen Standards) hoch, und die Bewohner wirken nicht so niedergeschlagen. »Bukarest liegt von Suceava weiter entfernt als von Jassy, und der Einfluß Österreich-Ungarns ist vorteilhaft gewesen«, erklärte mir Mihai.

Kaum hatten wir uns kennengelernt, als Mihai mich in eine Bar führte, die mit geschmackloser Teppich-Auslegeware an den Wänden und auf dem Boden eingerichtet war. In dieser ungemütlichen und unpersönlichen Umgebung vertraute mir Mihai seine Lebensgeschichte an – offenherzig wie alle anderen Personen, die ich in Rumänien getroffen hatte.

Mihai war 1959 in Tirgu Mures zur Welt gekommen, einer Stadt in Transsilvanien, wo sich einst Rumänen und Ungarn bekriegt hatten. Mihais Vater war Rumäne, seine Mutter Ungarin.

Vor dem Zweiten Weltkrieg hatte der Vater als Buchhalter in einer jüdischen Zellstoffabrik gearbeitet. Wie der Großteil Transsilvaniens war Tirgu Mures während des Krieges von Ungarn, dem Verbündeten Deutschlands, besetzt worden. Der jüdische Fabrikbesitzer verschwand für immer in einem Konzentrationslager. Als nach dem Krieg die Kommunisten unter Gheorghiu-Dej an die Macht kamen, übernahmen sie die Leitung des Zellstoffwerkes und stellten Mihais Vater wieder als Buchhalter ein.

»Die neuen Betreiber stammten aus der untersten Gesellschaftsschicht«, sagte Mihai. »Das waren Verbrecher ohne jede Bildung, die sich nur für das an der Fabrik interessierten, was sie stehlen konnten. Sie wirtschafteten den Betrieb herunter und verkauften die beste Ware auf dem Schwarzmarkt. Weil mein Vater die Bücher führte, wußte er genau Bescheid. Ihr im Westen könnt euch nicht vorstellen, wie es ist, von Bauern regiert zu werden.

Jahrelang ging das so. Aber mein Vater hat sich nie daran gewöhnen können. Er war ein nervöser Mensch und hat allen Ärger in sich hineingefressen, bis ihm eines Tages die Hutschnur platzte. Er schrie den Betriebsleiter an: ›Ich weiß, was Sie hier treiben. Sie und Ihre Partei sind mir zuwider. Sie haben eine schöne Fabrik ruiniert, die ein Mann in langer, harter Arbeit errichtet hat.‹«

Mitten in der Nacht kam die Polizei ins Haus der Familie, um den Vater zu verhaften. Das war 1964, im letzten Jahr der Regierung Gheorghiu-Dejs. Mihai war viereinhalb Jahre alt. Er lag damals schlafend im Bett und kann sich heute an die Verhaftung nicht erinnern. Doch unvergeßlich ist ihm, daß die Polizei drei Tage später erneut auftauchte, um Bestand aufzunehmen von den Besitztümern des Vaters.

»Mein Vater las gerne. Er hatte viele Bücher. Ich weiß noch, wie die Männer alle Bücher und Papiere aus seinem Arbeitszimmer entfernten. Sogar seine Uhr und seinen Ring nahmen sie mit. In einem Kissenbezug war ein persischer Teppich versteckt. Die Polizei holte einen Nachbarn, der einmal bei uns übernachtet hatte und wußte, wo der Teppich steckte. Das verriet er der Polizei, und die nahm den Teppich mit.

Ein Jahr verbrachte mein Vater im Gefängnis, 366 Tage genau, denn es war ein Schaltjahr. Er hockte in seiner Zelle und konnte nichts tun. Die Wächter erlaubten ihm nicht einmal zu lesen.«

Nach der Verhaftung des Vaters lebten Mihai und seine Mutter bei deren ungarischer Familie, die ihr nachdrücklich riet, sich von ihrem Mann scheiden zu lassen.

»Daß meine Mutter mit einem Rumänen verheiratet war, hatte meiner Großmutter nie gepaßt. Jetzt sah sie ihre Chance gekommen, die beiden zu trennen. Doch meine Mutter wollte sich nicht scheiden lassen. Sie wandte sich an einen Freund, einen rumänischen Anwalt. Der meinte: ›Kein Problem. Reich ruhig die Scheidung ein, wie es deine Verwandtschaft verlangt. Das Verfahren wird sich über ein Jahr hinstrecken. Bis dahin ist dein Mann aus der Haft entlassen, und du kannst die ganze Sache fallenlassen.‹ Und das hat meine Mutter dann auch getan.

Als mein Vater aus dem Gefängnis kam, lebten wir wieder zusammen. Aber meine Eltern konnten keine Arbeit finden. Die alten Freunde meines Vaters wagten es nicht, mit ihm zu sprechen. Das hat ihm wohl das Herz gebrochen. Er starb wenige Jahre später, nämlich 1969. Er hatte sich von Ceaucescu viel versprochen, weil der das System verändern wollte und den sowjetischen Einmarsch in die Tschechoslowakei verurteilte.

Im Sommer 1971 kam die große Wende. Ceaucescu unternahm seine erste Reise nach China und Nordkorea. Das werde ich nicht vergessen. In unserem Kino lief gerade der Film *Butch Cassidy and the Sundance Kid.* Ceaucescu kehrte an einem Sonntag oder Montag zurück, so genau weiß ich das nicht mehr. *Butch Cassidy* wurde aus dem Programm genommen und durch einen sowjetischen Dokumentarfilm ersetzt. Da war uns klar, daß sich was verändert hatte. Euereins in Amerika hat das erst zehn Jahre später gemerkt.

Stellen Sie sich das vor: Ihr Präsident geht nach Asien und kommt mit neuen Vorstellungen über Handel und Elektronik zurück. Ceaucescus Reisesouvenir war der Personenkult à la Mao und Kim Il Sung.«

Die Tragödie seines Vaters machte erst richtig Eindruck auf Mihai, als er Teenager war. »Ich saß mit ein paar Freunden im Café, als ein Betrunkener mich beleidigte und sagte, mein Vater sei kriminell. Ich fing an, meine Eltern zu verachten. Jetzt hasse ich mich dafür, sie verachtet zu haben.«

Mihai lernte Ungarisch von der Familie seiner Mutter; Deutsch beherrschte er auch. Im philologischen Institut von Suceava legte er einen Magister in Englisch und Französisch ab. Aber das reichte immer noch nicht für eine Anstellung im örtlichen Touristenbüro, in dem nicht einer der Angestellten eine Fremdsprache sprach. Dem Büro stand ein enger Freund von Emil Bobu voran, einem Berater von Ceaucescu, der aus Suceava stammte (und nach der Revolution zu lebenslager Haft verurteilt wurde). Mihai mußte vorliebnehmen mit einem Job als Übersetzer für technische Texte in einer Werkzeugfabrik.

»Sehen Sie, unter Ceaucescu hatte jemand mit Fremdsprachenkenntnissen nur Nachteile. Er machte sich verdächtig. Im Touristenbüro waren Leute, die mit Reisenden kommunizieren konnten, ganz und gar nicht willkommen. Denn wer weiß, was man von denen alles zu hören bekam? Und daß ich der Sohn eines ehemals politisch Gefangenen bin, hat mich doppelt verdächtig gemacht.«

Als die Securitate am 17. Dezember 1989 auf demonstrierende Studenten zu schießen anfing, hatte Mihai seiner Frau gesagt:

»Glaub mir, jetzt kommt alles anders. Sobald die Rumänen das Blut ihrer Kinder sehen, werden sie wild.«

Für Mihai änderte sich das Leben grundlegend. Was ihm einst nachteilig ausgelegt wurde, gereichte ihm nun zum Vorteil. In Suceava kamen Fremde an – nicht viele, nur ein paar französische Journalisten und Rotkreuzhelfer aus der Schweiz. Aber wer hätte sich mit ihnen unterhalten können? Verlegen riefen die Angestellten des Reisebüros nach Mihai. Die Ausländer bezahlten ihn mit Devisen, die er infolge eines wenige Wochen nach der Revolution verabschiedeten Gesetzes rechtmäßig sein eigen nennen und auf einem Sparkonto anlegen durfte. Der Leiter des Touristenbüros mußte seinen Hut nehmen. Mihai wurde stellvertretender Direktor. Aber die meiste Zeit verbrachte er als privater Reisebegleiter. Zwar kamen nach wie vor nur wenig Fremde nach Suceava, doch alle, die sich hierher verirrten, verlangten nach Mihai und zahlten ihm umgerechnet fünfzig Dollar pro Tag.

Als bekannt wurde, daß Ceaucescus sozialer Krieg gegen die Geburtenkontrolle zu einer Unzahl von Heimkindern geführt hatte, baten Fremde, die zu adoptieren wünschten, Mihai um Hilfe. Gegen harte Währung erledigte er die notwendigen Formalitäten.

Und Mihai verfolgte eigene Pläne. Als ich ihm begegnete, versuchte er gerade, eine Clubniederlassung von Rotary International in Suceava zu etablieren, »um den Leuten hier beizubringen, daß Geldverdienen nicht alles ist und daß ein Teil des Gewinns für wohltätige Zwecke ausgegeben werden sollte«.

Mihai fand kaum Ruhe. »Ich habe mich mein ganzes Leben lang auf diesen Moment vorbereitet.« Und er fuhr fort: »Schauen Sie sich um: die Wälder, die Klöster. Suceava liegt in der schönsten Landschaft Rumäniens. Es ist ein Touristenparadies, das aber noch keine entsprechende Infrastruktur hat. Dafür will ich sorgen.«

Mihais unmittelbares Ziel bestand darin, genug Devisen für den Kauf eines Kleinbusses zu sparen, um damit nicht nur einzelne, sondern Touristengruppen führen zu können. »Irgendwann werde ich den Bus besitzen und eine Firma gründen, an der sich Fremde dann beteiligen können. Solange ich der Manager vor Ort bleibe, verkaufe ich sie auch ganz.«

Mihai hatte auch vor, mit der Familie Amerika zu besuchen: »Verstehen Sie mich nicht falsch. Auswandern will ich nicht.

Warum sollte ich als armer Rumäne nach Amerika ziehen, wo sich doch hier in Suceava reichlich Gelegenheit bietet, Geld zu machen? Aber ich will einmal Alamo sehen und das Lincoln Memorial berühren, um mich davon zu überzeugen, daß es sie wirklich gibt. Ich will meinem Sohn Amerika zeigen; er soll die Gesellschaft kennenlernen, die das Unmögliche wahrmacht. Halten Sie mich für einen Spinner? Ich kenne die amerikanische Geschichte wahrscheinlich besser als Sie. Zumindest schätze ich sie mehr.«

Mihai war mittelgroß und schlank. Wie die meisten Rumänen hatte er schwarze Haare und dunkle Augen. Seine Kleider waren schäbig. Was ihn auszeichnete, waren der Augenausdruck und die Art, wie er sprach. Mihai war auf Erfolgskurs. Er ging auf Fremde zu, forsch und unbekümmert, mit einer Ware zum Verkauf: die Fähigkeit zu dolmetschen und Touristen zu führen. Er sprühte vor Ehrgeiz und wußte zu rechnen.

Obwohl er die Geschichte der Moldau aus dem Effeff kannte, schien ihn die Vergangenheit nicht zu berühren. Ich versuchte ihn mit Angriffen gegen Antonescu zu provozieren, doch er reagierte kaum. Auch Ceaucescu kümmerte ihn nicht mehr. Er lebte in der Gegenwart und hatte das Gelobte Land zu Hause gefunden. Mir waren nur wenige Rumänen begegnet, die so wenig Energie auf Haß verschwendeten.

Mihai erklärte mir, wie Stefan Cel Mare (»Stefan der Große«) gegen Ende des fünfzehnten Jahrhunderts einen unabhängigen, lateinisch sprechenden, moldauischen Staat auf osmanischem Herrschaftsgebiet gegründet hatte. Um den ungebildeten Bauern christliche Religion und Landesgeschichte beizubringen, bauten Stefan und sein Hof Klöster, die, im tiefen Wald versteckt, vor den moslemischen Türken sicher waren. Sie schmückten die Klöster mit traditioneller Malerei, nicht nur im Innern, sondern auch auf den Außenwänden.

Am nächsten Morgen fuhren Mihai und ich mit dem Auto los, um uns die »bemalten Klöster« anzusehen. Nach einer Dreiviertelstunde erreichten wir Humor, das kleinste der bemalten Klöster, umringt von einer Festung aus Bäumen. Es wurde zwischen 1532 und 1536 erbaut, und zwar von Gefolgsleuten Petru Rares', dem unehelichen Sohn von Stefan dem Großen.

Auf den ersten Blick war ich fasziniert von Humor. Die künstlerischen Visionen von Leid und Erlösung wirkten auf mich wie eine ferne Erinnerung, und die kilometerlange, wunderschöne Fahrt durch den Wald hierher kam mir im nachhinein vor wie eine Zeitreise. Der fade, verelendete Rest Rumäniens schien Lichtjahre entfernt zu liegen von dieser Zuflucht aus funkelndem Kupfer, lackiertem Holz und rein mineralischen oder pflanzlichen Farben.

Trotz feuchten Klimas und fast 500jährigen Alters befinden sich die Gemälde der Außenwände in hervorragend konserviertem Zustand. Das fächerförmige, weit überbordende Dach schützt vor Regen und verleiht dem Gebäude einen heimeligen Charakter. Diesen Eindruck verstärken die Fichten ringsum. Was die Farben so dauerhaft macht, ist die Reinheit der Pigmente: Das Rot wurde aus Krapp gewonnen, das Blau aus Kobalt und Lapislazuli, aus Schwefel das Gelb und so weiter. Nach seinem Besuch von Humor schrieb Sitwell 1937: »Die Außenfresken in der Bukowina wurden mit der gleichen Sorgfalt und Genauigkeit gemalt wie mittelalterliche Miniaturen.«

Die dominierende Farbe des Klosters von Humor ist Krapprot; Schwefelgelb und Kobaltblau treten in den Hintergrund. Auf der unteren Wandhälfte sind die Propheten dargestellt und die orthodoxen Kirchenväter, darüber die streitbaren Heiligen wie zum Beispiel Georg und Michael. Die anonymen Künstler schmückten biblische Geschichten mit heimischen Motiven aus. Zum Beispiel ist der Teufel, der Abraham in Versuchung bringt, nach Art einer türkischen Huri gekleidet. Die Szene des Jüngsten Gerichts auf der Rückwand zeigt die gefallenen Engel als Türken und Habsburger, während der Trompete blasende Engel einem moldauischen Hirten nachempfunden ist.

In einem wunderschönen Tal wenige Kilometer unterhalb von Humor entdeckten Mihai und ich einen jüdischen Friedhof, der von einer Zigeunerfamilie, die gleich nebenan in einer Hütte wohnte, liebevoll gepflegt wurde. Es war kein trauriger Ort. Die Daten auf den Gedenksteinen verrieten, daß den hier Begrabenen ein langes Leben vergönnt gewesen und der Holocaust erspart geblieben war, während Glaubensbrüder und -schwestern aus der nördlichen Bukowina nach Transnistrien deportiert wurden.

»Ich kann mir kaum vorstellen, daß Rumänen einem Juden Leid zufügten«, sagte Mihai. »Kommunisten vielleicht, solche, die meinen Vater mißhandelt haben, denen ist so was zuzutrauen, aber nicht dem einfachen Volk oder unseren Soldaten.«

Ich war in einer viel zu heiteren Stimmung, um dieses Thema weiter zu verfolgen.

Wir erreichten das Kloster von Voronets, das in einem Tal des Moldauflusses versteckt liegt und von hohen Buchen überragt wird. Voronets ist das älteste der bemalten Klöster und von Stefan dem Großen 1488 persönlich errichtet worden. Die Außenwände gleichen denen Humors und der anderen Klöster, nur hier herrscht die Farbe Blau vor, die so intensiv leuchtet, daß der besondere Ton als »Voronets-Blau« bekannt wurde. Das Fresco zum Jüngsten Gericht ist besonders sehenswert. Die Hölle wird dargestellt als endloser Tunnel voll Blut und ertrinkenden Seelen. Auf den Waagschalen der Gerechtigkeit symbolisieren Engel die guten Taten, die die schlechten überwiegen, dargestellt als Affen und Drachen.

Im Innern der Kirche bilden Ikonen die Chorschranken. Der Zugang führt durch ein Steinportal, das so niedrig ist, daß ich den Kopf beugen mußte. »Es entspricht exakt der Körpergröße von Stefan, der samt Krone auf dem Kopf aufrecht hindurchpaßte«, erklärte Mihai. Der König war nur etwa ein Meter sechzig groß. »*Nu mare de stat* [nicht groß an Wuchs]«, zitierte Mihai einen moldauischen Chronisten aus dem sechzehnten Jahrhundert.

Humor und Voronets sind unbewohnt im Unterschied zu den anderen Klöstern, die wir besuchten.

Das Kloster von Moldovitsa wurde 1532 errichtet, also zur gleichen Zeit wie Humor. König Petrus Rares war der Bauherr dieser vergleichsweise großen Anlage, die von hohen Steinmauern umgeben ist. Die vorherrschende Farbe ist Schwefelgelb, das bei Sonnenschein wie Blattgold leuchtet.

»Verstehen Sie jetzt, warum unsere Nationalfarben Rot, Blau und Gelb sind?« fragte Mihai. »Weil sie die Farben unserer großen Klöster sind: Rot für Humor, Blau für Voronets, Gelb für Moldavitsa.«

Fichten- und Tannenduft mischte sich mit Tau zu einem ätherischen Aroma. Wir trafen Mutter Tatulici Georgeta Benedicta im Klosterhof. Sie lebte seit dreiundzwanzig Jahren hier und hatte merkwürdig orangegrüne Augen. Sie deutete auf eine Schulklasse, die das Kloster besichtigte. »Das war während der Herrschaft des Tyrannen nicht erlaubt. Bald werden auch in Humor und Voronets wieder Nonnen leben können. Denn warum sollten diese Klöster leer bleiben, da nun Gott zurückgekehrt ist und über

Rumänien regiert? Sehen Sie, unser Land steht unter dem besonderen Schutz der Heiligen Jungfrau. Deshalb haben uns fünfundvierzig Jahre kommunistischer Macht nicht zerstören können.«

Mutter Benedicta berichtete mir, daß sie und ihre Schwestern die Nacht über in der Kirche gewacht hatten, als erste Nachrichten über die Demonstrationen in Temesvár zu hören gewesen waren. Das taten sie jede Nacht, bis »der *Drac* [Teufel] aus Bukarest floh«. Daß dieser *Drac* »am Geburtstag unseres Herrn« hingerichtet wurde, war für Mutter Benedicta der Beweis dafür, daß Gott Rumänien als Himmelreich auf Erden auserkoren hatte. Sie leugnete nicht »die Sünden der Vergangenheit«, glaubte aber fest daran, daß die Rumänen in Zukunft ebenso leidenschaftlich Gutes tun würden wie früher Schlechtes.

»Die Menschen müssen ihre Seelen reinigen und den Glauben wiedererwecken. Sie sind dabei. Über Ostern drängten sie sich in der Kirche und auf dem Gelände ringsum. Eine so große Menge habe ich noch nie gesehen. Gegen Mitternacht ließen wir die Glocken läuten. Ein jeder zündete eine Kerze an; davon brannten Tausende. Die Menschen weinten und blieben bis zum Morgen. Es war wie der erste Ostertag auf Erden. Früher habe ich bloß geglaubt, daß Er erstanden ist. Jetzt weiß ich es mit Gewißheit.«

Sucevitsa war das letzte der bemalten Klöster unserer Rundfahrt. Die Abtei wurde 1584 während einer Phase des Waffenstillstands mit den Türken gebaut. Diese relativ ruhige Zeit nutzten die Gründer – Iremia und Simeon Movila, zwei moldauische Adelige – zum Bau einer dreifachen Schutzwehr aus Türmen und Wällen. Sucevitsa ist das bei weitem größte aller hiesigen Klöster. Sitwell schreibt: »Schon auf den ersten Blick offenbart Sucovitsa eine völlig neue Erfahrung. Die Byzantiner hatten auf der Höhe ihres geistlichen Schaffens die Fähigkeit entwickelt, den Gottesstaat sichtbar werden zu lassen...«

Von Buchen und Fichten abgeschottet, schimmern die Außenwände dunkelgrün, in einer Farbe, die, wie Mihai meinte, »die Wälder der Bukowina repräsentiert«. Wie bei den anderen Klöstern sind Darstellungen des Jüngsten Gerichts, der Tugendleiter, von der Wurzel Jesse, von Heiligen, Kirchenvätern und Propheten zu sehen. Der Maßstab ist hier jedoch insgesamt großartiger angelegt.

Die Nonnenquartiere liegen innerhalb der Befestigungsanlage. Äbtissin Adriana Cojocariu lud Mihai und mich zum Mittagessen ein. Wir setzten uns in einem großen, kühlen Raum mit kahlen Steinwänden an einen langen Holztisch. Eine Schwester servierte Salami, Ziegenkäse, eine Gemüsesuppe mit Nudeln, Sauerkraut, Pflaumenschnaps und Roséwein. Ein köstlicheres Mahl habe ich in Rumänien nirgends zu mir genommen. Alles, was aufgetischt wurde, stammte aus eigener Herstellung. Zum Aufwärmen trank ich mehrere Becherchen Pflaumenschnaps, bevor ich mich an den Rosé heranmachte.

Die Äbtissin saß am Kopfende des Tisches. Sie war alt, hatte eine große Warze auf der Nase und einen breiten Mund. Sie war 1948 in das Stift gekommen und hatte während der gesamten Zeit der kommunistischen Herrschaft die massiven Klostermauern nicht verlassen. »Aber es waren immer Besucher da. Sie kamen für einen Tag oder zwei, um zu meditieren und Kraft zu gewinnen für das Leben draußen.«

Ihre Interpretation der Dezemberrevolution entsprach der von Mutter Benedicta: »Gott hat durch die Jungen und Unschuldigen gewirkt wie damals vor zweitausend Jahren, als Herodes die Kinder Palästinas töten ließ. Jetzt sind alle staatlichen Gesetze im Grunde überflüssig, denn wir werden von Gott regiert.«

Die Äbtissin sprach weiter, und ihre Stimme hallte von den kahlen Wänden wider:

»Die Revolution war Gottes Geschenk an das rumänische Volk. Es muß sich nun dafür erkenntlich zeigen und sein Herz öffnen für alle, die glauben, und besonders für diejenigen, die in der Vergangenheit Leid zu tragen hatten.

Rumänien ist eine der ältesten christlichen Nationen. Andreas, einer der zwölf Apostel des Herrn, predigte in Konstanza. Vor fünfhundert Jahren legten moldauische Klöster ein Zeugnis davon ab, wozu ein kleines Volk in der Lage ist. Jetzt können wir erneut der Welt einen großen Dienst erweisen.«

Mihai schien vom Pflaumenschnaps in Schwung geraten zu sein und sagte: »Wir sind groß gewesen und werden es wieder sein.«

Eine Schwester brachte türkischen Tee und klebrige Süßigkeiten.

»In Zukunft wird das Wetter kein Problem mehr für uns sein«, meinte die Äbtissin. »Unter dem Tyrannen war es uns verboten, die Ikonen und heiligen Gebeine aus der Schatzkammer zu holen. Falls nun eine Trockenzeit hereinbricht, bringen wir die Ikonen und Gebeine nach draußen und bitten um Regen. Und dann wird es regnen.

Auch die Störche sind zurückgekehrt. Seit Jahren haben wir keine gesehen, erst in diesem Frühjahr wieder.«

Später erklärte mir Mihai, daß kurz nach der Revolution die Kunststoffabrik von Suceava geschlossen worden sei, die an der Luftverpestung in dieser Region einen großen Anteil gehabt habe. Vielleicht sind deshalb die Störche zurückgekehrt.

Auf unserem Programm stand noch der Besuch eines weiteren Klosters, das außen zwar nicht wie die anderen bemalt, aber trotzdem von großer Bedeutung ist.

Mihai fuhr am nächsten Tag zwei Stunden in nördlicher Richtung, bis wir eine Straße erreichten, die im Abstand von rund fünf Kilometern parallel zur ukrainischen Grenze durch einen dichten Nadelwald verläuft. Auf dieser Straße erreichten wir wenig später das befestigte Kloster von Putna. Stefan der Große hatte es – vor allen anderen Klöstern – 1466 erbaut. Hier in der Hauptkirche wurde er am 2. Juli 1504 beigesetzt.

Stefan der Große sicherte die Nord- und Ostgrenzen der Moldau, die zu seiner Zeit längs der Dnjestr verliefen. An diesem Fluß baute er eine Reihe von Forts zum Schutz seiner Besitzungen vor Angriffen der Türken und Russen. Mihai zählte die Namen der Forts auf: »*Catatea* [Festung] Alba, Tighina, Orhei, Soroca, Hotin.« Weil Putna tief im Wald und weit entfernt von den feindlichen Linien lag, ordnete Stefan der Große an, dort zur letzten Ruhe gebettet zu werden. Sein Grab liegt jedoch nun genau an der Grenze zur Ukraine, und zwar seit 1940, ausgenommen jene kurze Zeit, da Antonescu die nördliche Bukowina besetzt hielt.

Wir betraten die Kirche, ein wahrhaft moldauisches Pantheon. Unter dem marmornen Gewölbe der ersten Kammer ruhen die Überreste der Könige Petru Rares und Bogdan des Einäugigen, von Petru Rares Gemahlin Maria und der Tochter von Stefan dem Großen, die ebenfalls Maria hieß.[1]

Mihai leuchtete mit einer Taschenlampe voran und führte mich vor den Altar der hinteren Kammer. Zur Linken sind die Grabmale von Stefans zweiter Frau und deren beiden Söhnen, die schon im Kindesalter an einer Krankheit gestorben waren. Rechts

---

[1] Bogdan verlor ein Auge in einer Schlacht gegen die Krimtataren.

steht der aus Carrara-Marmor gehauene Sarkophag von Stefan Cel Mare, darüber drapiert die rot-blau-gelbe Trikolore Rumäniens und frische Schnittblumen. Hoch unter dem Gewölbe hängt ein Kerzenleuchter, verziert mit sieben Straußeneiern, die zu Stefans Lebzeiten ausgebrütet worden waren.

Der kalte, nackte Stein ringsum vermittelt feierliche Strenge. Über dem Portal des Hauptschiffs hängt ein düster ernstes Porträt von Stefan. Mihai meinte: »Kein rumänischer Künstler würde es wagen, den König lächelnd darzustellen, bevor nicht Bessarabien und die nördliche Bukowina wiedervereint sind und mit dem Rest der Moldau unter rumänischer Flagge stehen, so daß Stefans Grab und die Gräber der anderen wieder tief im Landesinnern liegen, geschützt vor den Slawen.« Mihais Stimme hatte sich nicht verändert; sie klang nach wie vor nüchtern und informell, als wollte er sagen: »So jedenfalls denken die Menschen hier, ob es anderen nun paßt oder nicht.«

KAPITEL NEUN

Transsilvanische Stimmen

Auf dem platten Land hatte sich das Regime am meisten ausgetobt. Die Berge hingegen boten ein gewisses Maß an Schutz, wie es schon im Mittelalter der Fall gewesen war. Ich überquerte, von der Bukowina kommend, die Karpaten in westlicher Richtung und sah kaum Anzeichen der Kollektivierung. Nicht Beton und Blech beherrschten das Bild, sondern Wald und Fels. Ich wanderte talwärts und fuhr auch eine kurze Strecke mit einem Leiterwagen, stellte aber fest, daß ich zu Fuß schneller vorankam. Selten begegnete ich einem Auto auf der Straße. Mir war bewußt, wie glücklich ich mich schätzen durfte, gerade jetzt in Rumänien unterwegs zu sein, nämlich zur nachrevolutionären Zeit, in der ich mich frei bewegen konnte, der Modernisierungsprozeß aber noch nicht begonnen hatte.

Tirgu Mures war die erste Stadt in Transsilvanien, in der ich Station machte. Ich kam morgens an, als die Sonne den Dunst von den Hügeln ringsum vertrieb und spitze Giebeldächer, Zinnen und bleibedeckte Kuppeln in ihren Umrissen hervortreten ließ, so auch die Skulpturen auf dem sogenannten Rosenplatz, einer weiten Rasenfläche, die von barocken und gotischen Fassaden umgeben ist. Im Gegensatz zu Jassy sind hier die Kirchen katholisch, und auf den Straßen wird nicht nur rumänisch, sondern auch ungarisch gesprochen. Der Anblick des Platzes vermittelte mir ein Gefühl von Intimität und Vertrautheit, hervorgerufen durch die harmonische Architektur, die von einer stetigen, ununterbrochenen kulturellen Entwicklung zeugt. Hier gibt es noch eine Kaffeehauskultur, obwohl seit vielen Jahren kein Kaffee zu haben ist. Ich befand mich wieder in Mitteleuropa, wenn auch nur an seiner Hintertür.

Im Westen beschwört allein der Name *Transsilvanien* Bilder von heulenden Wölfen herauf, von mitternächtlichen Gewitterstürmen, Bauern mit finsteren Mienen und von jener schaurigen

Gestalt des Grafen Dracula, so wie ihn Bela Lugosi porträtierte. Das historische Vorbild Draculas war jedoch »Vlad der Pfähler«, und der bewohnte ein Schloß auf dem Flachland der Walachei. Außerdem ist der Schauplatz der Stokerschen Geschichte nicht so sehr Transsilvanien, als vielmehr die Landschaften der Bukowina und Moldau.

Ich will nicht pedantisch sein, aber die Walachei, Bukowina und Moldau gehören zum Osten, zur Welt des orthodoxen Christentums, des bäuerlichen Aberglaubens und der mystischen Ekstasen. Die Bürger Transsilvaniens dagegen grenzen sich entschieden vom Osten ab und sind im wesentlichen westlich geprägt.

In betonter Sachlichkeit behauptet der Historiker John Lukacs, daß die westliche Identität Transsilvaniens »der Schlüssel zu seiner Geschichte« und zu seiner »menschlichen Fauna« sei. Die Begründung:

Transsilvanien hatte ein hohes Mittelalter, Kathedralen, Zisterzienserklöster, einen Hauch von Renaissance, sein Barock und seine Aufklärung – alle historischen Phasen, die auch Europa durchlaufen hat im Unterschied zu Rußland oder Rumänien, den Provinzen der Moldau, Oltenia oder Walachei, Bessarabien, Bulgarien, Serbien, Makedonien, Albanien, Thrakien, Griechenland oder der Ukraine.

Lukacs und andere Autoren weisen darauf hin, daß die Türkei im Mittelalter den ganzen Balkan und halb Ungarn eroberte, aber niemals Transsilvanien einnehmen konnte. Während das Tal von Athen – und nicht zuletzt die Moldau und Walachei – in orientalisch-osmanischem Schlaf verharrten, hielt in Transsilvanien die Aufklärung Einzug und forderte Freiheit und Gleichheit für Katholiken und Protestanten. William Penn war davon so beeindruckt, daß er seine amerikanische Quäker-Kolonie »Transylvania« nannte.

Die religiöse Freiheit war jedoch relativ. Die Masse der einheimischen Bauernschaft – in der Mehrheit aus orthodoxen Rumänen bestehend – hatte keinen Vorteil von dieser Aufklärung. Sie plackten auf der untersten Stufe des mittelalterlichen Apartheidsystems, während die protestantischen beziehungsweise katholischen Ungarn und deutschen Sachsen alle Rechte und Privilegien genossen. (Graf Dracula hat einen rumänischen Namen, weil er aus der Moldau stammt. In Transsilvanien hätte die ungarische Elite die Bildung einer rumänischen Adelskaste nie geduldet.) Die Rumänen sind deshalb ganz und gar nicht angetan von der historischen Rolle Transsilvaniens als einer in den Osten hineinragenden Speerspitze des Westens und Mitteleuropas. (Schwarze Südafrikaner wären genausowenig einverstanden mit der Behauptung, daß weiße Siedler die Speerspitze westlicher Progressivität und Effizienz auf dem afrikanischen Kontinent darstellten.)

Den kulturellen Konflikt schürte darüber hinaus die transsilvanische Sonderrolle sowohl in der rumänischen als auch ungarischen Tradition. Für Rumänien ist das Gebiet (rum.: Ardeal, »Land jenseits der Wälder«) die Geburtsstätte des eigenen Volkes, da hier die dakischen Vorfahren ihre Kolonie gegründet hatten. Für die Ungarn ist Transsilvanien (ung.: Erdely) der Schauplatz ihrer größten Siege über die Türken und des demokratischen Aufbegehrens gegen die österreichische Herrschaft, das 1867 zur k. u. k. Doppelmonarchie führte. János Hunyadi, der Mitteleuropa gegen die Osmanen verteidigte; Matthias Corvinus, der größte König der ungarischen Geschichte und Wegbereiter der Renaissance; János Bolyai, einer der Erfinder der nichteuklidischen Geometrie; Béla Bartók, der Komponist – sie alle waren Ungarn aus Transsilvanien.

Der nach dem Ersten Weltkrieg ausgehandelte Friedensvertrag von Trianon[1] sprach – neben Bessarabien und der nördlichen Bukowina – Transsilvanien den Rumänen zu. Die Städte erhielten nun zusätzlich zu den ungarischen rumänische Namen: Kolozsvar wurde auch »Cluj«, Marosvasarhely »Tirgu Mures« genannt. In diesen Städten bauten die Rumänen nach dem Ersten Weltkrieg Kathedralen, die die protestantischen und katholischen Kirchen der Ungarn weit überragten. In der mitten auf dem Rosenplatz stehenden orthodoxen Kathedrale von Tirgu Mures ist ein Wandgemälde zu sehen, das Jesus in rumänischer Bauerntracht darstellt, gegeißelt von Männern, die nach Art der ungarischen Adeligen und Soldaten gekleidet sind. Im Innern der Kirche werden außer Bienenwachskerzen und schlechten Postkartenreproduktionen auch Broschüren verkauft, die von der Verfolgung orthodoxer Rumänen während des Zweiten Weltkriegs und der ungarischen Besetzung Transsilvaniens berichten.

[1] benannt nach einem Palast in Paris

Zu dieser Zeit herrschte in Ungarn – wie auch in Rumänien – eine faschistische, Hitler-hörige Diktatur. Die an der orthodoxen Bevölkerung (vor allem aber auch an den Juden) Transsilvaniens verübten Verbrechen waren nicht weniger grausam als anderswo in Rumänien. Da die Rumänen die Fronten wechselten, als Hitler den Krieg zu verlieren begann, gewannen sie schließlich Transsilvanien zurück. Das kommunistische Regime sorgte in Transsilvanien für einen Rückschritt zu mittelalterlichen Apartheidsverhältnissen; doch nun hatten die orthodoxen Rumänen das Sagen.

Ceaucescu verbot den öffentlichen Gebrauch der ungarischen Sprache. Städte und Dörfer trugen nun ausschließlich rumänische Namen. Ungarische Zeitungen wurden eingestellt, Hunderte von Schulen geschlossen oder rigoros rumänisiert wie auch sämtliche Fakultäten der Universität von Kolozsvar-Cluj, die im neunzehnten Jahrhundert von Ungarn errichtet worden war und sich zu einer der weltweit bedeutendsten Hochschulen entwickelt hatte. Ceaucescu ordnete nicht nur an, den ungarischen Namen der Stadt zu streichen, sondern ließ Cluj in »Cluj-Napoca« umbenennen. Dieser pseudohistorische Bezug auf die alte Dakersiedlung stand ganz im Zeichen seines kryptofaschistischen Blut-und-Boden-Nationalismus. Um die demographischen Verhältnisse zu ändern, untersagte Ceaucescu rumänischen Frauen Abtreibung und Geburtenkontrolle. Dort lebenden Ungarn verbot er, ihren Kindern ungarische Namen zu geben. Schließlich ließ er Hunderttausende moldauischer und walachischer Bauern und Arbeiter nach Transsilvanien umsiedeln und verdrängte die Ungarn in andere Teile Rumäniens. Die Grenze zwischen Ungarn und Rumänien – den ehemaligen Partnern des Warschauer Paktes – war jahrzehntelang strengstens bewacht und noch furchterregender als die Berliner Mauer. Reisende, woher sie auch kamen, wurden stundenlang aufgehalten, während rumänische Grenzer argwöhnisch jedes Gepäckstück durchsuchten, damit nur ja keine ungarische Publikation oder andere subversive Dinge eingeschmuggelt werden konnten. 1983 mußte ich einen rumänischen Grenzbeamten bestechen, um zu verhindern, daß er mir meine Schreibmaschine konfiszierte.

Die 2,1 Millionen Ungarn in Rumänien bildeten Europas größte ethnische Minderheit außerhalb der Sowjetunion und waren doppelt so zahlreich wie die Araber des Gaza-Streifens unter israelischer Besetzung. Aber obwohl die Ungarn zur Zeit Ceaucescus ebenso schweren Repressalien ausgesetzt waren, wie es die palästinensischen Araber heute sind (die 120000 jüdischen Siedler auf der Westbank sind nur wenige im Vergleich zur Anzahl der Rumänen, die Ceaucescu nach Transsilvanien umsiedelte), wußten die amerikanischen Medien vor 1989 über Transsilvanien nicht viel mehr zu berichten als das, was in *Dracula* zu lesen stand.

Zu guter Letzt entzündeten Ceaucescus Repressalien gegen die rumänischen Ungarn das Feuer der Revolution von 1989.

Laszlo Tokes, der ungarische Pfarrer der reformierten Kirche von Timisoara (ungarisch für Temesvár), hatte sich in seinen Predigten öffentlich gegen das Regime und dessen diskriminierende Politik gewandt. Temesvár liegt nicht in Transsilvanien, sondern in der Provinz Banat, jener westlichen Grenzregion, wo die sozialen Spannungen zwischen Rumänen und Ungarn nie so groß gewesen waren wie in Transsilvanien. Als Ceaucescus Regime Tokes unter Hausarrest stellte, protestierten nicht nur Ungarn, sondern auch Rumänen auf den Straßen Temesvárs und setzten damit eine Kettenreaktion in Gang, die zehn Jahre später zur Exekution des Diktators führte.

In Transsilvanien jedoch wurde die in Temesvár aufkeimende Solidarität zwischen beiden Volksgruppen zerdrückt unter der Schwere der Geschichte und den sozialen Lasten, die durch Ceaucescus Umsiedlungspolitik entstanden waren. »Bitte, lassen Sie uns nicht über Tokes reden«, wehrte ein rumänischer Englischlehrer ab, dem ich in Tirgu Mores begegnete. »Meine Aufgeschlossenheit hat Grenzen. Dieser Mann ist nicht mehr als ein ungarischer Chauvinist. Haben Sie gelesen, was er sagte? Daß für die Ungarn unter Ceaucescu die rumänische Sprache ein Werkzeug der Unterdrückung gewesen sei? Das ist doch Unsinn.«

»Das Paradoxe ist, daß wir zusammen gelitten haben«, meint Ion Pascu, Neurologe und Rektor des medizinischen Instituts von Tirgu Mores. »Jetzt aber ist plötzlich alles vergiftet.«

Paradox war die ganze Atmosphäre in Transsilvanien: Die Bevölkerung war sehr viel westlicher orientiert als die der Moldau oder Walachei, doch selbst in intellektuellen Kreisen klangen die plumpesten Vorurteile an. In gewisser Hinsicht entsprach das Transsilvanien von 1990 dem Wien oder Berlin der 30er Jahre. Ich erreichte Tirgu Mores Ende April, wenige Wochen, nachdem rumänische und ungarische Banden aus den umliegenden Dörfern mit Messern und Knüppeln auf dem Rosenplatz zusammengeprallt waren. Am Ende hatte es mehrere Tote und 250 Verletzte gegeben.

Während am Rosenplatz von Tirgu Mores Panzerwagen patrouillierten, sammelte sich im achtzig Kilometer entfernten Cluj (bzw. »Cluj-Napoca«) eine große Zahl von Studenten auf dem Freiheitsplatz, als ich dort nachmittags ankam. Sie hatten das kommunistische Symbol aus der rumänischen Fahne herausgeschnitten und diese über den Sockel jener Statue gelegt, die den ungarischen König Matthias Corvinus darstellt. Die Studenten schmetterten den zackigen Marsch »Rumänien erwache«, der von Andrei Muresamu 1884 während des Aufstands gegen die ungarischen Herrscher von Transsilvanien verfaßt worden war. Die Forderung der Studenten: eine zweite Revolution, um Rumänien von der neokommunistischen Nationalen Heilsfront zu befreien.

Auf dem ganzen Balkan habe ich keine schönere Stadt kennengelernt als Cluj mit ihren spitzen Giebeldächern und ockerfarbenen Barockfassaden an engen Pflasterstraßen, durch die abends bei warmem Wetter würzige Landluft weht. Dieser provinzielle Außenposten Mitteleuropas hat etwas Märchenhaftes. Zur Zeit, da Cluj noch Kolozsvar hieß, diskutierten ungarische Romantiker liebestrunken und in brillanter Rede in den Cafés am Hauptplatz bis tief in die Nacht hinein. Deren Geist schien immer noch präsent zu sein, so greifbar nahe wie die Erinnerung an eine gute Tasse Kaffee oder einen ganz besonderen Kuß.

Patrick Leigh Fermor, der renommierte britische Reisende und Balkangelehrte, behauptet, daß Mozarts *Don Giovanni* in Cluj eher aufgeführt worden sei als in Budapest und daß Liszt hier konzertierte. Ich bezog im Hotel Continental am Hauptplatz Quartier, einem gelb-weißen Barockgebäude mit silbernen Kuppeln. Zwischen den vergoldeten, korinthischen Säulen des Hotel-Cafés saß Fermor, um mit ungarischen Freunden zu trinken und zu reden. Das war im Juli 1935. In seinen Reisebeschreibungen *Between the Woods and the Water* erinnert sich Fermor, »gedämpfte Walzerklänge aus *Die Fledermaus*« gehört zu haben, die vom Speisesaal ins Café herüberwehten. 1990 waren von dort weder Walzerklänge noch Zigeunermelodien zu vernehmen. Statt dessen dröhnte aus Lautsprechern metallisch scheppernd, was für die betrunkenen jungen Leute an den Tischen die Freiheit und den Wohlstand des Westens symbolisierte. Im Unterschied zu Fermors Zeiten saß hier niemand im Dinnerjackett und schlürfte Cocktails. Die Gäste trugen Mäntel, und auf den dreckigen Tischtüchern standen leere Flaschen Bier, das verwässert und, Gerüchten zufolge, mit Reinigungsmitteln gepantscht ist. Im Foyer wurden Touristen von Zigeunern umringt, die Westzigaretten, rosafarbene Luftballons und Prostituierte feilboten.

Aber trotz der sozialen und kulturellen Mißstände, hervorgerufen dadurch, daß rumänische Bauern in die Stadt geholt und alteingesessene Ungarn von den Kommunisten vertrieben worden waren, hatte sich das besondere Fluidum von Cluj und Kolozsvar behaupten können. Für Starkie war Cluj 1929 »eine ideale Stadt für kontemplative Reisende. Mit seinen Studenten und historischen Bauten ist sie das Oxford Osteuropas.« Obwohl die Universität längst nicht mehr den guten Ruf besitzt wie zur Zeit von Starkie, prägt sie, wie ich selbst erfahren konnte, nach wie vor die Stadt entscheidend.

Auf einer Dinnerparty, an der ich an meinem ersten Abend in Cluj teilnahm, traf ich Nigel Townson, einen Anglistikdozenten an der Universität. Er ist zur Zeit der einzige Lehrer in Rumänien, der vom British Council vermittelt wurde. Das British Council unterhält englische Büchereien und Lehrbeauftragte auf der ganzen Welt. Obwohl es eine rein kulturelle Institution ist und in keinerlei Verbindung zum Auswärtigen Amt Großbritanniens steht, haben seine Beziehungen zu Botschaftsangestellten in manchen Ländern immer wieder zu Unstimmigkeiten geführt: Bisweilen wurde geargwöhnt, daß seine Dozenten Geheimdienstagenten seien. Die Schriftstellerin Olivia Manning war mit R. D. Smith, einem Dozenten des British Council, verheiratet, der zwischen 1940 und 1941 in Bukarest unterrichtete. Damals machte sich der absurde, wenngleich gefährliche Verdacht breit, er und die anderen Bücherwürmer des British Council in Rumänien hätten als Spione das Material für *The Balkan Trilogy* besorgt.

Auch Ceaucescu hielt die Bediensteten des British Council für Agenten. Unter seiner Regierung wurde das Verfahren ihrer Lehrzulassung dermaßen verschärft, daß sich das Personal des British Council in den 80er Jahren deutlich reduzierte. Schließlich blieb nur noch Nigel, der Dozent in Cluj, als einziger übrig.

Er machte großen Eindruck auf mich. Wie Guy Pringle, der fiktionale British-Council-Dozent in *The Balkan Trilogy*, war Nigel von stämmiger Gestalt; er trug eine Nickelbrille und kümmerte sich intensiv um die Belange seiner rumänischen Studenten, sorgte dafür, daß der eine ein Studium in England stipendiert bekam und daß der andere aus seiner Depression herausfand. Nigel las pro Tag ein Werk der englischen Literatur. Er sprach Rumänisch, Portugiesisch, Deutsch und noch ein paar andere Sprachen. Mit seiner serbischen Frau und der gemeinsamen Tochter wohnte er in einem der typischen Appartementhäuser am Stadtrand und nahm die für Rumänien typischen Alltagssorgen gelassen in Kauf. Der Anblick von frischen Eiern oder Bier in der Auslage eines Lebensmittelgeschäfts erregte Nigel ebensosehr wie seine Nachbarn. Das Leben war nicht leicht für ihn, aber er verstand seine Umgebung besser als jeder auswärtige Diplomat.

Ohne Nigel hätte ich in Cluj nie jene Bekanntschaften gemacht, durch die ich in Gesprächen unter vier Augen auf eine unangenehme Wahrheit gestoßen wurde: Die westliche Aufklärung in Transsilvanien war nach wie vor eine hauptsächlich ungarische Angelegenheit und hatte nur wenig Einfluß auf die rumänische Bevölkerung.

Sandra Danciu übersetzt Bücher von Nikos Kazantzakis aus dem Griechischen ins Rumänische. An meinem ersten Morgen in Cluj war ich zum Frühstück bei ihr zu Hause eingeladen.

»Haben Sie *Alexis Sorbas* gelesen?« fragte sie. »Dann wissen Sie, was es heißt, wenn der Teufel im Kloster auftaucht. Ähnliches erleben wir hier. Zum Beispiel: In der Kirche von Alba Julia waren Wanzen im Beichtstuhl installiert. Soweit ich unterrichtet bin, kennt die rumänische Geschichte keinen einzigen redlichen Herrscher. Stets hat hier das Böse triumphiert. Und jetzt sorgen die Ungarn für Ärger. Das sind wirklich Chauvinisten. Sie sprechen über ihre madjarische Kultur, als handele es sich dabei um heilige Reliquien.«

Ich wollte von ihr wissen, was sich am 22. Dezember 1989 in Cluj zugetragen hatte, am Tag, als Ceaucescu aus Bukarest geflohen war.

»Sobald ich daran zurückdenke, möchte ich am liebsten verzweifeln, denn obwohl Ceaucescu tot ist, haben wir uns immer noch nicht von uns selbst befreien können.«

»Können Sie beschreiben, was Sie gesehen und empfunden haben?«

»In der Nacht zum 22. Dezember fand ich keinen Schlaf. Ich

betete. Tagsüber hatte es auf dem Platz eine Demonstration gegeben, und etliche Menschen waren von der Armee getötet worden. Am nächsten Morgen stand ich um halb sieben auf und ging mit meiner Tochter auf die Straße, um zu sehen, was passierte. Ich weiß nicht, was uns dazu antrieb. Wir mußten einfach raus, obwohl überall Verräter steckten und die Lage äußerst gefährlich war. Soldaten und Agenten der Securitate patrouillierten in der Stadt. Trotzdem, ich habe sie mit unverhohlenem Haß taxiert. Ich wollte mich rächen an der Tragödie meines Volkes. Den Verantwortlichen werde ich nie verzeihen, niemals. Sie verdienen kein Mitgefühl.

Meine Tochter und ich waren nicht die einzigen, die auf den Straßen zu erfahren versuchten, was passiert war. Alles strömte auf den Platz zu, wo die Statue von Michael dem Tapferen steht. Doina Cornea war dort und sprach zur Menge.[2] Wir alle gelobten beim Geist des Königs Michael, jeden Morgen um die gleiche Zeit zu diesem Standbild zurückzukehren, bis Ceaucescu gestürzt sein würde. Anschließend gingen wir in die orthodoxe Kathedrale.

Wir marschierten durch zwei Panzerreihen hindurch. Vielleicht töten sie uns, sagte ich zu meiner Tochter. Dann trat ein junger Geistlicher aus der Kathedrale. Mit ergreifender Stimme betete er: ›*Total nostru carele esti in ceruri*... [Vater unser, der du bist im Himmel].‹

Danach bewegte sich die ganze Menge auf den Freiheitsplatz zu. Plötzlich schrie irgend jemand aus einem Fenster: ›*Tyrannul a fugit Bucuresti* [Der Tyrann ist aus Bukarest geflohen].‹ In diesem Moment liebte ich jeden Bettler und alle, die auf der Straße waren...

Ceaucescus Hinrichtung kam einer Reinigung der Seele gleich, einem heilenden Aderlaß; sie war ein nationales Exerzitium. Aber es half nichts, es reichte nicht aus. Ich hatte Lust, sein Fleisch zu fressen. Nein, erlöst waren wir an diesem Tag noch nicht.«

»Wer war der junge Geistliche, der vor die Kathedrale trat?« fragte ich.

»Priester Ion Bizau. Sie treffen ihn jederzeit in der Kathedrale an.«

---

[2] Doina Cornea ist eine bekannte Dissidentin aus Cluj.

Ich fand den Geistlichen im Kirchenschiff; unter seinem Arm klemmte ein Laib Brot. Er trug die schwarze Soutane und den schwarzen zylindrischen Hut der orthodoxen Priesterschaft. Ich stellte mich ihm vor. Er lächelte, legte mir aus unerfindlichem Grund das Brot in die Hand und forderte mich winkend auf, ihm zu folgen. »Kommen Sie, seien Sie mein Gast zu Mittag.«

Priester Bizau hörte nicht auf zu lächeln. Unter dem Hut verbarg sich dunkles Haar, doch sein langer Bart war rot. Er schien um die Vierzig zu sein, hatte also ungefähr mein Alter, wirkte matt und mild wie jemand, der seit einigen Tagen fastete. Er war klein von Statur, doch als er mir das Brot reichte, fielen mir seine kräftigen, sehnigen Hände auf und die hervortretenden Adern. Spontan dachte ich an Michelangelos David-Skulptur in Florenz, dessen Hände in Proportion zum Körper ebenfalls deutlich größer ausfallen. Ich erinnerte mich vage, gelesen zu haben, daß Michelangelo die Hände seines Heroen bewußt vergrößert dargestellt hatte, um dessen Virilität und Bevorzugung durch Gott zum Ausdruck zu bringen.

Im Haus des Priesters herrschte lautes Geschrei. Er und seine Frau hatten zwei kleine Kinder. (Orthodoxe Priester können heiraten, es sei denn, sie streben die Mönchweihen an.) »Der kleine Ion ist sechs Jahre alt«, erklärte Vater Bizau. »Dumitru wurde im vergangenen Oktober geboren. Zwölf Jahre haben wir auf unser erstes Kind gewartet. Dann kam Ion. Dumitrus Geburt deutete ich als Gottes Zeichen dafür, daß sich im ganzen Land etwas Gutes zutragen würde. Kommen Sie mit in mein Arbeitszimmer; da ist es still.«

Die Wände im Arbeitszimmer standen voller Bücher, unter denen ich Werke von Shakespeare, Camus, Plato, O'Neill, Baudelaire und Joyce entdeckte.

»Ein Priester, der Camus liest, den Existentialisten und Atheisten?« fragte ich.

Bizau war, wie ich erfuhr, ein Mann, der, wenn ihm zum Schreien zumute war, die Zähne aufeinanderbiß und seine gewaltigen Hände zum Himmel reckte. Er sagte: »Camus ist gottgefälliger als alle Männer, die seit König Ferdinand und Königin Maria über uns geherrscht haben. Ohne Gott und Hiob könnte es keinen Existentialismus geben. Hiobs Analyse seiner Leiden – das ist Existentialismus. Kommen Sie, nehmen wir ein Stück Brot und einen Schluck *Tuica* zu uns.« Er nahm mir den Laib aus der Hand und riß ihn über dem Tisch in Stücke. »Wie Sie sehen, trägt die *Tuica*-Flasche ein ungarisches Etikett. Das ist ein guter Tropfen. Rumänen und Ungarn müssen lernen, sich gegenseitig zu respektieren.«

»Ich habe gehört, daß Sie während der Revolution im vergangenen Dezember eine wichtige Rolle gespielt haben.«

»Ach was«, antwortete der Priester. »Langes Schweigen hat uns alle zu Kollaborateuren gemacht. Wir alle sind mitverantwortlich, nicht nur für die Verbrechen, die hier bei uns geschehen sind, sondern auch für diejenigen der kommunistischen Regime in Kuba, Äthiopien und Nordkorea. An der Hungersnot in Äthiopien waren auch wir schuld . . .

König Michael von Hohenzollern ist im Unterschied zu unseren kommunistischen Herrschern weder Heide noch Dieb. Ihm ist es seit Jahrzehnten verboten, seinen Fuß auf rumänischen Boden zu setzen. Aber ein Bandit wie Yassir Arafat durfte kommen. Was soll man davon halten? Erklären Sie mir das!« Wie eine Märtyrergestalt streckte er die Arme von sich und legte die Stirn in Falten.

»Trinken Sie«, befahl er mir. »Der Pflaumenschnaps wurde rumänisch gebrannt und ungarisch abgefüllt. Verstehen Sie?« fuhr er fort. »Es ist das Amt eines Priesters, zwischen Recht und Unrecht zu unterscheiden, zu sagen, wo das Licht zu finden ist und wo Dunkelheit droht.«

Seine Frau servierte uns ein Mittagessen im Arbeitszimmer, bestehend aus Rotwein, gebratenem Schweinefleisch und Eiern. »Sind Sie bereit, ein Gebet mit mir zu sprechen?« fragte er.

»Natürlich, allerdings bin ich kein Christ.«

»Aber Sie glauben doch an etwas, oder?«

»Ich bin Jude.«

»Dann müssen Sie Ihr eigenes Gebet sprechen. Und meine Frau muß das Fleisch wegräumen und Ihnen was anderes zubereiten.«

»Nein, nein«, winkte ich verlegen ab. »Es ist recht so. Ich bin nicht religiös. Das heißt, ich . . .«

Er sah mich mißbilligend an.

Ich fing zu essen an und versuchte das Thema zu wechseln: »Sagen Sie mir, was ist passiert, als die Demonstranten am 22. Dezember 1989 zur Kathedrale kamen?«

»Der Kathedrale gegenüber, auf der anderen Seite des Platzes befindet sich die kommunistische Parteizentrale. Als ich die Menge durch das Spalier der Panzer von der Zentrale aus auf die

Kathedrale zuströmen sah, fing ich an zu weinen. Ja, ich weinte. Denn was da passierte, war vom Himmel aus gelenkt. Die Menschen Rumäniens verließen den heidnischen Ort und kehrten in Gottes Haus zurück. Ich fiel auf die Knie und betete: ›*Tatal nostru carele esti in ceruri*...‹«

»Und was jetzt?«

»Jetzt gibt es viel zu tun. Den Menschen mangelt es immer noch an Glauben. Sie sind voller Argwohn, auch Doina Cornea und dem Ungarn Laszlo Tokes gegenüber. Tokes ist ein Held, aber keiner sagt ein freundliches Wort über ihn. Wir kennen die Wahrheit, wagen es aber nicht, sie auszusprechen. Wir sind ein religiöses Volk, aber geistlich verkümmert.«

Priester Bizau gab mir zum Abschied eine hausgemachte Flasche Pflaumenschnaps. Er lud mich ein, täglich zum Essen zu kommen, solange ich in Cluj bliebe. Ich kannte ihn keine zwei Stunden und war unangemeldet bei ihm aufgekreuzt.

Ich war ziemlich beschwipst, als ich zum Hotel zurückkehrte, und dachte an die intensive Leidenschaft, die hier in Rumänien unter den besten wie auch charakterlosesten Menschen anzutreffen war. Vielleicht hatten die Nonnen in der Bukowina recht: Ein Erlöser kann nur dort in Erscheinung treten, wo großes Übel begangen wurde.

»Ich finde, es ist an der Zeit, daß Sie sich mit Gheorghe unterhalten«, sagte Nigel augenzwinkernd. »Sie werden sich bestimmt sehr gut mit ihm verstehen.«

Ich traf mich mit Gheorghe und Nigel zu Mittag in einem Restaurant nahe der Universität. Gheorghe war groß und athletisch gebaut, hatte kurzes, graumeliertes schwarzes Haar und einen kleinen Schnäuzer. Er war von charismatischer Ausstrahlung, aber auch undurchsichtig. Als ich mein Notizbuch hervorkramte, sagte er: »Es wäre mir lieb, wenn Sie meinen wirklichen Namen für sich behielten.« Also nenne ich ihn hier »Gheorghe«. Als ich später meine Brieftasche öffnete, um die Rechnung zu bezahlen, meinte er: »Wie ich sehe, haben Sie auf dem Schwarzmarkt getauscht. Die Scheine sind auf verräterische Art gefaltet.«

Gheorghe war bei allen Kellnern bekannt. Sie bedienten uns schnell und zuvorkommend, wechselten zuvor das Tischtuch und gaben uns sauber polierte Gläser – in Rumänien eine Seltenheit. Aber ich vermute, daß, auch wenn keiner Gheorghe gekannt hätte, die Bedienung gut gewesen wäre, denn sein ganzes Auftreten ist so bestimmend, daß es überall Aufmerksamkeit finden würde. Schmunzelnd vertraute er mir an: »Rumänien ist ein Land von Warteschlangen. Allerdings habe ich noch nie in meinem Leben Schlange stehen mussen.«

Er war Anfang Vierzig. Sein Gesichtsausdruck wirkte permanent besorgt. Er lebte nach der Devise: Rechne ständig mit dem Schlimmsten! In Rumänien war diese Vorsicht durchaus angemessen.

Der Eindruck, den Gheorghe auf mich machte, läßt sich am besten beschreiben im Vergleich mit Rod Steigers Darstellung des Victor Kamarovsky in *Doktor Schiwago*. Kamarovsky ist ein prominentes Mitglied der russischen Aristokratie und ein Anhänger des Zaren. Er verführt die Tochter eines Freundes, eine Frau, die halb so alt ist wie er und schließlich ein Kind von ihm erwartet. Erst gegen Ende des Films taucht Kamarovsky wieder auf. Die Revolution von 1917 ist vorüber. Er steht jetzt auf seiten der Bolschewiken und zeigt sich ständig mit sorgenvoller Miene. Yuri Schiwago (Omar Sharif) herrscht ihn an: »Die Bolschewiken vertrauen dir!« Kamarovsky grinst spöttisch und antwortet wie zu einem naiven Kind: »Sie trauen niemandem. Sie halten mich bloß für nützlich.«

Gheorghe war früher Mitglied der kommunistischen Partei gewesen. Jetzt gehörte er zur Vatra Romaneasca (»Rumänisches Herz«), einer geheimen nationalistischen Organisation, die dem Hörensagen nach und Berichten zufolge eine Neuformation der Legion des Erzengels Michael darstellt und ein Auffanglager für ehemalige Securitate-Agenten ist, die unter der Maske von Iliescus Nationaler Heilsfront immer noch tätig sind. Außerdem arbeitete Gheorghe für zwei Zeitungen: eine unterstützt die Nationale Heilsfront, die andere, ein Studentenorgan, opponiert dagegen.

Gheorghe hatte allerdings einige Fehler begangen. In London, wo er in den 70er Jahren studierte, war er Geschäften auf eigene Rechnung nachgegangen. Er verkaufte Gebrauchtwagen an Araber und handelte mit moldauischem Wein, den er über einen Diplomaten aus den Vorräten der rumänischen Botschaft bezog. Als Gheorghe für einen kurzen Besuch in seine Heimat zurückkehrte, wurde sein Reisepaß für ungültig erklärt. »Ich hatte siebenhundert Pfund Sterling in London deponiert; das ist für einen Rumänen eine Menge Geld. Aber die Schweine ließen mich nicht mehr ran an mein Erspartes.« Auf orientalische Weise äußerte er sein Mißfallen, indem er mit der Zunge schnalzte und die Augenbrauen hob.

In Cluj ging das Gerücht um, wonach Gheorghe ein Oberst der Securitate sei. Ich aber konnte nicht glauben, daß er Schlimmeres im Schilde führte als ein durchschnittlicher Profiteur und Überlebenskünstler. Zynisch und pessimistisch wie er war, verschmähte er sowohl das System als auch diejenigen, die so naiv waren, offen dagegen zu opponieren. Gheorghe zählte zu denen, die sich aus Revolutionen heraushalten, aber schnell zu reagieren verstehen, wenn es darum geht, aus einer neuen politischen Situation persönlichen Vorteil zu ziehen.

Gheorghe sprach Englisch, Deutsch und andere Sprachen. Die Romane von John Steinbeck hatten es ihm angetan. »Steinbeck ist der einzige Schriftsteller, der imstande wäre zu schildern, was der Kommunismus für die Bauernschaft bedeutet hat. Was während der 50er Jahre in Rumänien geschah – das ist eine Geschichte, die Steinbeck zeit seines Lebens interessierte. *Die Früchte des Zorns*, ha...«, meinte Gheorghe mit verächtlichem Lachen, »das ist Kinderkram verglichen mit dem, was hier passierte.«

Gheorghe hatte nur sich selbst im Sinn, seine schöne rothaarige Frau Augusta und seinen Sohn. Wenige Wochen nach der Revolution fing er damit an, Privatunterricht in Englisch zu geben; er trat der Vatra Romaneasca bei und engagierte sich in der Nationalen Heilsfront. Von dem Geld, das er verdiente, kaufte er eine Satellitenantenne auf dem Schwarzmarkt und installierte sie vor dem Wohnzimmerfenster. Jetzt konnte die Familie »Satellite News« aus London empfangen, »Love Boat« und andere Programme, während Gheorghe darüber spekulierte, welche politische Seite als Gewinner aus der postrevolutionären Ära hervorgehen würde. Davon wollte er die Antwort abhängig machen, ob es für ihn und seine Familie ratsam sei, in Cluj zu bleiben oder umzuziehen.

Augusta drängte ihren Mann, nach Amerika auszuwandern oder dahin, »wo die Familie ein menschliches Leben führen könnte. Da wir jetzt Pässe beantragen dürfen, sollten wir ins Ausland gehen, solange uns die Chance dazu bleibt. Hier weiß keiner, was morgen sein wird.« Gheorghe war zögerlich. Mit Händen gestikulierend, sagte er: »Ich bin nicht mehr der Jüngste und will nicht noch einmal neu anfangen müssen.« Er zog die schwarzen Brauen zusammen. »Was bin ich schon in Amerika? Irgendein immigrierter Streber, der vierundzwanzig Stunden am Tag schuftet, damit seine Frau Shopping machen und sich eine Mikrowelle kaufen kann. Nein«, winkte er ab, »wir sollten abwarten und sehen, was passiert. Vielleicht bieten sich auch hier noch Möglichkeiten. «

Nigel hatte recht. Gheorghe und ich verstanden uns prächtig. Nach dem Mittagessen ließ uns Nigel allein. Ich ging mit Gheorghe in dessen Wohnung und wurde der Familie vorgestellt. Während der folgenden Tage führten wir endlose Gespräche und tranken hausgebrannten Pflaumenschnaps. Oft war ich so beschwipst, daß ich mir keine Notizen machen konnte. Trotzdem erinnere ich mich auch an längere Passagen aus Gheorghes Monologen.

»Natürlich war ich Mitglied der kommunistischen Partei! Oder halten Sie mich für dumm?« Er schob den Unterkiefer nach vorn und drehte die Handflächen nach oben. »Was glauben Sie, warum ich Englisch und Deutsch spreche? Was glauben Sie, woher ich das Geld und die Erlaubnis hatte, um in den 70er Jahren nach England und Amerika reisen zu können, wo ich die Werke Steinbecks kennenlernte? Wohl kaum, weil ich Dissident war. Natürlich habe ich mitgespielt. Wer ins Ausland durfte und eine gute Ausbildung hatte, gehörte zur Partei. Darum gibt es auch heute keine Alternative zur Nationalen Heilsfront. In Rumänien herrschen andere Verhältnisse als in anderen Ländern Mitteleuropas. Wir sind eine Nation von ungebildeten Bauern. Die einzig qualifizierten Leute sind ehemalige Kommunisten.

Und glauben Sie mir, es gibt niemanden, der den Kommunismus entschiedener ablehnt als ein ehemaliger Kommunist. Wir Rumänen haben den Jugoslawen gegenüber einen Vorteil. Aufgrund ihrer Partisanentradition glaubten die Jugoslawen tatsächlich an den Kommunismus. Wir dagegen«, meinte er und setzte eine überhebliche Miene auf, »wir haben an nichts geglaubt. Das ist ein entscheidender Pluspunkt, und darum kann man sich auf uns verlassen im Gegensatz zu den jugoslawischen Kommunisten, die nur noch Mist produzieren.

Bob, das, was ich Ihnen jetzt sage, können Sie für bare Münze nehmen. Die Demonstranten in Cluj und in Bukarest, all die Studenten, die Iliescu und die Kommunisten zum Teufel wünschen –

wenn sich abzeichnet, daß sie Erfolg haben können, wird es zum Blutbad kommen. Denn alle, die nicht auf die Straße gehen, fühlen sich unter Iliescu sicherer als in den Reihen der Studenten.«

Es war Anfang Mai 1990, als Gheorghe mir dies sagte. Einen Monat später zerschlug die Polizei eine Demonstration auf dem Universitätsplatz von Bukarest. Kurz darauf hatten die Studenten den Platz jedoch wieder eingenommen. Ermutigt durch den Erfolg, kamen Tausende von Studenten hinzu und belagerten das naheliegende Regierungsgebäude. Diesmal schritt weder die Polizei noch die Armee ein, und schon wurde darüber spekuliert, ob Iliescu würde abdanken müssen. Doch vierundzwanzig Stunden später trafen Tausende von Bergarbeitern aus dem walachischen Jiu-Tal ein. Sie waren mit Knüppeln und Äxten bewaffnet und richteten ein Massaker an. Die Schwestern im Krankenhaus weigerten sich, die verletzten Studenten zu behandeln. Zum Entsetzen auswärtiger Diplomaten und Journalisten zeigte die rumänische Öffentlichkeit nur wenig Sympathie für die Opfer.

Gheorghe fuhr fort: »Ich will Ihnen sagen, was demnächst passiert. Iliescu wird mit überwältigender Mehrheit zum Präsidenten gewählt. [So war es.] In der Folgezeit von rund zwei Jahren wird sich die Nationale Heilsfront allmählich von innen heraus zersetzen. Neue Oppositionsparteien werden auftauchen und eine wichtigere Rolle spielen als die jetzigen. Erst dann – und nicht vor Mitte der 90er Jahre – hat eine nichtkommunistische Regierung eine Chance. Die dafür in Frage kommenden Politiker stehen zur Zeit noch im Abseits. Ich bin bei der Front. Sobald sie zerbricht, werde ich ihr den Rücken zukehren.«

»Was ist mit der Vatra, Gheorghe?« fragte ich. »Ist sie nicht die neue Legion des Erzengels Michael?«

»Sie meinen die Vatra Romaneasca. Das ist interessant. Die Vatra hat sich nach der Revolution gebildet, als die Rumänen plötzlich wach wurden und erkannten, daß sie zusammenstehen und der ungarischen Gefahr begegnen müssen. Ich bin zwar ein Mitglied dieser Organisation, weiß aber nicht genau, was sie darstellt und zum Ziel hat. Sie könnte eine Lawine lostreten. Wie Sie wahrscheinlich wissen, hat die Legion ähnlich angefangen wie die Vatra: als eine idealistische, rückwärtsgewandte nationale Bewegung, die jenseits aller Tagespolitik stand und darum nicht korrumpierbar war. Was uns die Vatra bringt, bleibt noch abzuwarten.«

Stundenlang sprach Gheorghe über Ceaucescu. Ich erinnere mich nur noch an einige besonders markante Aussagen:

»Ceaucescu war von der schlimmsten Sorte von Rumänen, ein walachischer Bauer, der Abstammung nach irgendwo zwischen Türke und Zigeuner. Das ist wichtig zu wissen, wenn man seiner Gedankenwelt auf die Spur zu kommen versucht. Glauben Sie wirklich, daß er aus nationaler Verantwortung heraus die Schulden im Ausland tilgen wollte? Welcher Staatsmann, der noch recht bei Verstand ist, würde Schulden vor der gesetzten Frist begleichen? Er kalkulierte so: ›Sobald das Geld bezahlt ist, gehört das Land ausschließlich mir, und ich kann nach Lust und Laune darüber verfügen.‹ So kauft sich ein Bauer von seinem Herrn frei. Wenn die Hypothek abgetragen ist, besitzt er den Hof. Er kann anbauen oder Feuer legen, ganz nach Belieben. Das ging in Ceaucescus Kopf vor. Er hielt Esel als Haustiere; stellen Sie sich vor.«

Gheorghe tippte mit dem Zeigefinger an die Stirn. »Esel machten Politik. Als Ceaucescu nach Gheorgiu-Dejs Tod im Jahre 1965 das Ruder übernahm, war er in der Öffentlichkeit völlig unbekannt – kein Wunder, denn bis dahin hatte er für den Inneren Geheimdienst gearbeitet. Wie Stalin verstand er es, den bürokratischen Apparat zu beherrschen; mangelnde Intelligenz machte er durch Gerissenheit wett. Ein rumänisches Sprichwort lautet: *Hirtia suporta maimult ca betonul* – Papier ist härter als Stein, was bedeuten soll, daß Folterei und Mord in großem Maßstab vom Schreibtisch aus begangen werden.

Stalin hatte immerhin ein gewisses Maß an Bildung. Er besuchte das Priesterseminar in Tiflis. Darum klangen seine Reden, die schließlich den Stil aller kommunistischen Redner prägten, wie orthodoxe Litaneien. Ceaucescu dagegen war völlig ungebildet. Mit fünfzehn verließ er die Schule. Er hatte einen Sprachfehler und wurde von seinem Vater geschlagen. Es heißt, er sei zu Kommunisten in die Zelle gesteckt worden, nachdem man ihn wegen Diebstahls zu einer Haftstrafe verurteilt hatte. Seine Zellengenossen schienen Verwendung für ihn gefunden zu haben. So wurde aus Ceaucescu ein Kommunist.« Gheorghe verzog die Brauen und zuckte mit den Schultern. »Ceaucescu wuchs auf in Scornicesti, einem Kaff in der hintersten Walachei. Es ist eins jener Dörfer, deren Bewohner alle ähnlich aussehen aufgrund von Inzucht, so etwa wie bei Ihnen in den...«, er dachte nach und schnippte dann mit den Fingern, »...Appalachen. Ihr Amerikaner habt Ceaucescu aufgebaut. Nixon lud ihn 1968 zu einem Besuch ein. Zugegeben, damals glaubten wir noch, Ceaucescu wäre eine Verbesserung gegenüber Gheorghiu-Dej. Immerhin kritisierte Ceaucescu den sowjetischen Einmarsch in der Tschechoslowakei. Wir alle dachten nur an uns und unseren Vorteil. So hatte Ceaucescu leichtes Spiel. Er ließ uns wie in Treibsand versinken. Was war ich doch für ein Idiot, als ich 1974 beschloß, nach Hause zurückzukehren. Ich hätte im Ausland bleiben sollen. In England oder Amerika wäre ich heute ein reicher Mann. Daß Ceaucescu dann 1976 auch von Carter eingeladen wurde, war ein unverzeihlicher Fehler, und unsereins fühlte sich wie mit Kot beschmiert. Denn mittlerweile wußte hierzulande jeder, was von Ceaucescu zu halten war. Ich erinnere mich, in einer Zeitung gelesen zu haben, daß ein Supermarkt – in Maryland, glaube ich – zu Ehren Ceaucescus nach seinem Namen benannt wurde. Carters Zuarbeiter hatten dem Gast wahrscheinlich jede Menge Honig um den Bart geschmiert; er fühlte sich gebauchpinselt und wollte, daß wir stolz auf ihn sind. Ihr Amerikaner seid in der Tat sehr erfolgreich, wenn es euch darum geht, ein anderes Volk zu demütigen.« Gheorghe tat so, als wollte er ausspucken. »Und Sie wundern sich, daß ich in den 70er Jahren Kommunist war?«

»Haben wir, Ihrer Einschätzung nach, überhaupt irgend etwas richtig gemacht?«

»Sie hatten einen guten Mann.«

»Wen meinen Sie?«

»Botschafter Funderburk.«

Ich zeigte mich überrascht.

David B. Funderburk war 1981 von Ronald Reagan kurz nach der Präsidentschaftswahl zum Botschafter der Vereinigten Staaten in Rumänien ernannt worden. Unter Fachleuten war Reagans Entscheidung heftig umstritten, denn Funderburk galt als ein Protegé des republikanischen Senators Jesse Helms aus North Carolina, dessen extrem rechtslastige Ansichten zu Fragen der Abtreibung, Schulgebeten und anderen Themen von Funderburk lautstark und nachdrücklich unterstützt wurden. Allerdings besaß er Fähigkeiten, die ihn für das neue Amt prädestinierten: Er sprach Rumänisch und hatte als Fulbright-Stipendiat in Rumänien studiert. Seine in den 30er Jahren verfaßte Magisterarbeit über die britisch-französische Appeasement-Politik rechtfertigte im vorhinein die rumänische Abhängigkeit zuerst von Hitler, dann von Stalin. Daß die

Rumänen zu Kriegsbeginn pronazistisch und nach dem Ende des Krieges prosowjetisch eingestellt waren, schien fast schicksalhaft vorherbestimmt gewesen zu sein. Funderburk war kein Karrierist, der auf irgendein Botschafteramt als Gegenleistung für seinen Einsatz im Präsidentschaftswahlkampf spekulierte, sondern ein ernsthafter Mann, ein kämpferischer Wissenschaftler, der ein ganz bestimmtes Ziel vor Augen hatte, nämlich als Botschafter in Bukarest tätig zu sein.

Der Außenminister und Funderburk standen beileibe nicht auf freundschaftlichem Fuß miteinander. Während der 70er und 80er Jahre wurde in Washington über die Rumänienpolitik sehr viel heftiger gestritten als über andere Ostblockbeziehungen.

Rumänien und Ungarn waren die beiden einzigen Staaten im Warschauer Pakt, denen die US-Regierung Handelsprivilegien einräumte. Im Falle Ungarns gab es diesbezüglich nur wenig Widerspruch. Das Land galt als ökonomisch und politisch liberal, gemessen an osteuropäischen Standards. Daß die Vereinigten Staaten auch Rumänien einen Sonderstatus zukommen ließen, hatte verschiedene Gründe. Nach Ansicht des Außenministeriums verfolgte Ceaucescu eine »einzelgängerische« Außenpolitik, die von der sowjetischen Linie abwich. Zum Beispiel hatte er Israel anerkannt und unterhielt enge Beziehungen zu China. Die »Nadelstreifen«, wie Funderburk seine Gegner im Außenministerium nannte, waren der Meinung, daß der privilegierte Status Rumäniens aufrechterhalten werden müsse, um Washingtons Einfluß auf den »Einzelgänger« Ceaucescu – und sei er noch so gering – nicht zu verlieren; denn das hätte wahrscheinlich eine Verschlechterung der Menschenrechtssituation in Rumänien zur Folge. Funderburks Antwort auf diese Argumentation lautete sinngemäß: Verschlechterung? Können sich die Verhältnisse in Rumänien denn überhaupt noch verschlechtern?

In Washingtoner Regierungskreisen galt Funderburk als Amateur, der von Diplomatie keine Ahnung hatte und nicht einmal sonderlich gut Rumänisch sprechen konnte. »Er hat nur Unfug angestellt. Jetzt muß ein neuer Botschafter her, der die Sache in Bukarest wieder in den Griff bekommt«, hatte mir seinerzeit ein Experte anvertraut.

Allerdings kamen Mitglieder der Botschaft vor Ort zu einer ganz anderen Bewertung. Von einem erfuhr ich: »Mag sein, daß Funderburks Rumänisch nicht besonders gut ist. Dafür aber kennt er sich hier bestens aus.« Ein weiterer Diplomat sagte: »Was andere von ihm halten, kümmert mich nicht. Ich habe ihn mit den Rumänen verhandeln sehen und empfinde großen Respekt für Botschafter Funderburk.«

Funderburk legte 1984 sein Amt nieder, und zwar auf spektakuläre Art und Weise. In aller Öffentlichkeit titulierte er Ceaucescu mit dem rumänischen Slangwort »*Schmecher*«, was soviel wie »Schwindler« bedeutet. Er warf ihm vor, das Auswärtige Amt der USA mit seiner vermeintlich unabhängigen Außenpolitik hinters Licht geführt zu haben. Bei Funderburks Vorgesetzten wurde dieser Ausspruch nur mit einem Schulterzucken quittiert, doch Gheorghe applaudierte noch Jahre später.

»Ich kann Ihnen kaum schildern, wie gut es tat, als Ihr Botschafter den Ausdruck *Schmecher* verwandte. Damals faßte ich zum ersten Mal Hoffnung. Endlich, so schien es, hatte ein Außenstehender erkannt, was bei uns vor sich ging.« Gheorghe nickte mit dem Kopf. »Ja, ein *Schmecher*, genau das war Ceaucescu. Mag sein, daß er den Amerikanern genehm war, weil er Beziehungen zu Israel unterhielt«, fuhr Gheorghe fort und lachte hämisch. »So ein Quatsch! Das tat er doch bloß, um Juden an Israel zu verkaufen, so wie er auch Deutsche an Westdeutschland verkaufte. Pro Ausreisevisum kassierte er umgerechnet viertausend Dollar. Das Geld ging auf ein Schweizer Konto, und zwar über seinen Bruder Marin, der später angeblich Selbstmord begangen hat. Er war Ceaucescus... wie sagt man?«

»Strohmann.«

Gheorghe schmunzelte. »Genau. Was glauben Sie wohl, warum Bruder Marin so lange als rumänischer Botschafter in Wien amtierte? Um das Geld in die Schweiz zu schaffen. Es heißt, er habe sich im Keller der Botschaft erhängt. Tatsächlich aber wurde ihm unter Folter die Kontonummer entlockt und dann der Strick um den Hals gelegt.«

»Wer hat ihn gefoltert? Botschaftsangestellte?« fragte ich.

»Na klar.«

»Dann kennt also die rumänische Regierung Ceaucescus Schweizer Kontonummer?« Ich bemühte mich, der Logik von Gheorghe zu folgen.

»Nein.« Er schloß die Augen und warf die Hände in die Höhe. *(Wie naiv diese Amerikaner doch sind.)* »Die Mörder Marins sind auf eigene Faust in die Schweiz gefahren und haben das Geld abgehoben. Jetzt stecken sie in Frankreich oder sonstwo. Glauben Sie denn im Ernst, daß ein Rumäne, der für Geld umbringt, die Beute an seine Regierung ausliefert?« Wieder warf er die Hände in die Höhe und fügte hinzu: »Natürlich behält er es für sich.«

Mit dem Zug fuhr ich über die samtgrünen Hügel der Munetia, der walachischen Landschaft an der Nordwestgrenze zu Transsilvanien. Mein Ziel war der alte Bischofssitz Curtea de Arges.

Eine Nonne bewachte mit strenger Miene das Kirchenportal. Im rechten Seitenschiff befinden sich die marmornen Särge von König Carol I., seiner Frau Elisabeth von Weid (Carmen Sylva) und von Neagoe Bessarab, dem walachischen Prinzen aus dem sechzehnten Jahrhundert, dessen Familie Bessarabien besiedelte. Auf der gegenüberliegenden Seite liegt König Ferdinand in einem Sarg, der wie die anderen mit kunstvollen Steinmetzarbeiten verziert ist und das königliche Wappen trägt. Daneben steht ein weiterer Sarg, in dessen Deckel nur ein schlichtes Kreuz eingemeißelt ist. Die letzte Ruhestätte seiner Mutter unmarkiert zu lassen, war nur eine der vielen Kränkungen, die König Carol II. seiner Mutter Königin Maria zugemutet hatte.

Von Nonnen war jedoch eine Marmortafel angebracht worden mit der Inschrift: MARIA, REGINA ROMANIEI 1914–1938.

Ich sah eine Gruppe von Schülerinnen Blumen aus dem Garten pflücken. Kaum hatte die Ordensschwester ihnen den Rücken zugewandt, schlüpften die Mädchen unter dem Seil der Absperrung hindurch und legten ehrfurchtsvoll und unter angehaltenem Atem die Blumen auf die Grabstätte Neagoe Bessarabs, von dem sie wahrscheinlich in der Schule erfahren hatten.

Vor der Kirche trat ich auf die Schülerinnen zu und erwähnte den Namen der Königin Maria. Die Mädchen zuckten mit den Achseln und schienen nicht zu wissen, von wem ich sprach. Ich hakte nach, versuchte, meine Frage anders zu formulieren. Aber die Mädchen hatten von ihr offenbar noch nie gehört.

Merkwürdig, dachte ich. Königin Maria hatte sich mehr als irgendeine andere Person dafür eingesetzt, daß Transsilvanien (sowie Bessarabien und die nördliche Bukowina) nach dem Ersten Weltkrieg Rumänien zugesprochen wurde. Während des Zweiten Balkankriegs und des Ersten Weltkriegs hatte sie ihre Soldaten bis an die Front begleitet und sich wie die Kriegergöttinnen der Daker gekleidet. Obwohl von englischer Herkunft, war sie eine durch und durch assimilierte Rumänin gewesen, und wie keiner der ihr nachfolgenden Oberhäupter – ob faschistisch oder kommunistisch – hatte sie es verstanden, den Patriotismus ihrer Untertanen zu fördern.

Ich pflückte eine gelbe Blume aus dem Garten, wartete wie die Schulmädchen ein wenig verlegen, bis die Schwester zur Seite blickte, und legte die Blume auf den Marmordeckel, unter dem Maria Windsor Hohenzollern, die letzte große Herrscherin Rumäniens, bestattet liegt. Draußen vor dem Portal schaute ich mich um und sah die strenge Ordensschwester lächeln.

Rebecca West *(UPI / Bettmann)*

Erzbischof Aloysius Stepinac *(UPI / Bettmann)*

Kemal Atatürk *(The Bettmann Archive)*

Milovan Djilas *(Foto des Autors)*

Das Palasthotel Athenee in Bukarest *(Foto des Autors)*

John Reed *(UPI / Bettmann)*

Präsident Nicolae Ceaucescu mit seiner Frau Elena
(UPI / Bettmann Newsphoto)

Nicolae Ceaucescus Grab. Um Spuren zu verwischen, wurde es mit einem falschen Namen versehen. *(Foto des Autors)*

Königin Marie von Rumänien *(The Bettmann Archive)*

König Carol II von Rumänien (damals noch Prinz Carol) und Magda Lupescu
(UPI / Bettmann Newsphoto)

Corneliu Zelea-Codreanu *(UPI / Bettmann)*

Mircea (»Mihai«), der ortskundige Führer des Autors in Bukowina, zwischen zwei Bauern *(Foto des Autors)*

Das bemalte Kloster zu Humor in Bukowina *(Foto des Autors)*

Pater Ion Bizau von Cluj mit einem Paar, das er gleich verheiraten wird
(Foto des Autors)

Lorenz Loock (unten links) mit seiner Familie vor ihrem Haus in Sibiu
(Foto des Autors)

Sonntag auf dem Heldenfriedhof *(Foto des Autors)*

Guillermo Angelov *(Foto des Autors)*

Das Rila-Kloster in Bulgarien *(Foto des Autors)*

Premierminister Andreas Papandreou und Dimitra Liani *(Reuters / Bettmann)*

Transsilvanisches Märchen: Die Kinder des Rattenfängers kehren nach Hameln zurück

Per Anhalter fuhr ich von Curtea de Arges los, wo ich in einer schmutzigen Herberge gewohnt hatte. Für dieselbe Miete bezog ich im Imperatul Romanilo (Hotel Römischer Kaiser) ein blitzsauberes Zimmer mit handgearbeitetem Mobiliar. Ich war in der Ortschaft Sibiu, zurück in der Provinz von Transsilvanien.

Es war, als sei ich aus der Tiefe aufgetaucht, um Luft zu schöpfen. Die Terrakottafliesen und Armaturen im Badezimmer blitzten blankpoliert. Die Seife war noch eingepackt. Das Hotelcafé servierte Cappucino mit Schlagsahne. Im Restaurant mit seinen Wänden aus Marmor, Blattgold und Spiegeln – da, wo auch schon Liszt und Johann Strauss bewirtet worden waren – bekam ich eine Suppe ohne Fettaugen und sauberen Salat. Wie die Zimmermädchen, so arbeiteten auch die rumänischen Kellner leise und effizient, ohne mir was von Wechselkursen oder Prostitutierten ins Ohr zu flüstern.

Beim Blick aus dem Fenster erging es mir wie Walter Starkie vor über sechzig Jahren: »Verwundert rieb ich mir die Augen. Die Stadt, in der ich mich befand, war, obwohl in Transsilvanien liegend, weder von rumänischer noch ungarischer Eigenart. Die engen Straßen und Giebeldächer erinnerten mich vielmehr an Nürnberg...«

Vor dem Hotel trat ich hinaus auf den gepflasterten Platz der Republik; ringsum bunte Barockfassaden mit Wappenschildern aus Holz und Gaubenfenstern und spitzen, bemoosten Ziegeldächern. Ich schaute in enge Seitengassen und Kolonnaden und entdeckte Zwiebeltürme auf »trutzigen Mauern«, die schon Patrick Fermor 1935 bestaunt hatte. Wäre hier und da ein frischer Anstrich aufgetragen oder eine teure Boutique eingerichtet worden, hätte der Platz von Sibiu auch in Deutschland liegen können. Ich hatte den südöstlichen Rand der alten deutschsprachigen Welt erreicht und befand mich doch mitten in Rumänien. Auf keiner anderen Station meiner rumänischen Reise war mir der empfundene Widerspruch zwischen Wirklichkeit und Magie so eindrücklich wie hier. Die von der Architektur erzählte Geschichte grenzte tatsächlich ans Phantastische.

Die beim niedersächsischen Hameln vom Rattenfänger in den Untergrund gelockten Kinder sind der Sage nach in den karpatischen Bergen, über anderthalbtausend Kilometer von der Heimat entfernt, wieder aufgetaucht. Das von Johann Wolfgang von Goethe, den Brüdern Grimm und Robert Browning überlieferte Märchen basiert auf der deutschen Kolonisation Transsilvaniens im zwölften Jahrhundert. Browning schreibt:

> *Und es sei nicht vorenthalten,*
> *daß im Transsilvanerland*
> *lebt ein Volk, das, kaum bekannt,*
> *seine fremde Tracht und Sitten,*
> *die von Nachbarn schlecht gelitten,*
> *zuspricht einer Ahnenschaft,*
> *die sich aus abgrundtiefer Haft*
> *und einem mächt'gen Fluch entwandt,*
> *der einst hatte sie verbannt*
> *aus Hameln, Stadt in Bruneswik.*
> *Doch ungeklärt bleibt ihr Geschick.*

Mit »Bruneswik« ist der Kreis Braunschweig gemeint. Zwar stammen die deutschen Siedler in Transsilvanien wohl ursprünglich aus flämischer Gegend, doch gelten sie nach wie vor als Siebenbürger Sachsen. Das Märchen erzählt von einem Flötenspieler, der die Stadt Hameln von Ratten befreite, indem er sie mit dem verführerischen Klang seiner Pfeife in die Weser lockte. Als ihm die Bürger den Lohn für seinen Dienst versagten, verzauberte er aus Rache mit seinem Spiel die Kinder der Stadt und entführte sie auf Nimmerwiedersehen in den Untergrund.

Der weitverbreitete Irrglaube, Zigeuner (deren Musikalität hinlänglich bekannt ist) würden Kinder stehlen, läßt vermuten, daß der Rattenfänger einer Zigeunergestalt entspricht, die die Kinder bis nach Transsilvanien lockte.

Tatsächlich aber war es der Madjarenkönig Geza II., der die Sachsen in die damals ungarische Ostprovinz holte, die an das Osmanische Reich grenzte. Dort gründeten die Siedler sieben befestigte Städte (Siebenbürgen), allesamt Meistewerke provinzieller Barockarchitektur. Der deutsche Name von Cluj oder Kolozsvar ist Klausenburg, der von Brasov Kronstadt; Sighisoara heißt auch Schäßburg und so weiter. Die einst mächtigste Stadt ist Hermannstadt, benannt nach einem sächsischen Herzog. Später erhielt sie den ungarischen Namen Nagy-Szeben, danach erst den rumänischen: Sibiu (benannt nach dem Fluß).

Trotz ihrer offiziell rumänischen Benennung tragen die Städte für Deutsche und Österreicher nach wie vor die ursprünglichen Namen. Wie selbstverständlich spricht Jonathan Harker in Stokers Roman *Dracula* von Cluj als Klausenburg, das er auf seiner Reise durch Transsilvanien passiert.

»Meine Deutschkenntnisse, so dürftig sie auch sind, kamen mir hier sehr zupaß; ja, ich weiß nicht, wie ich mich ohne sie hätte durchschlagen können«, schreibt Harker ins Tagebuch.

Die Sachsen trauten niemandem und befestigten ihre Ortschaften mit wehrhaften Mauern. Sie pflegten kaum Kontakt zu Rumänen oder Ungarn, die Transsilvanien mit den poetischen Begriffen Ardeal beziehungsweise Erdély belegen – mit Worten, die in der jeweiligen Landessprache den Waldcharakter der Region unterstreichen. Für die Sachsen aber heißt das Land Siebenbürgen.

Die protestantische Reformation verstärkte das Herkunftsbewußtsein der deutschen Siedler. Sie entwickelten sich nach der Einschätzung des Historikers Lukacs zu den »verbissensten Lutheranen der gesamten Christenheit«. Durch den Zusammenbruch des österreichisch-ungarischen Reichs im Jahre 1918 und die anschließende Übereignung Siebenbürgens an Rumänien fühlten sich die Sachsen zunehmend in die ethnische Isolation gedrängt, was sie in den 30er Jahren für die Nazipropaganda besonders empfänglich machte. Hitler erkannte ihnen den Status als »Volksdeutsche« zu. In großer Anzahl diente die siebenbürgische Jugend in der Waffen-SS, als deutsche Truppen während des Zweiten Weltkriegs nach Osteuropa stürmten. Aus ihnen rekrutierte sich im besonderen die SS-Division Prinz Eugen, denen schreckliche Kriegsverbrechen in Jugoslawien zur Last zu legen sind.[1] Für Lukacs sind die Sachsen die »stolzesten Anhänger des Führers«. Während einer im Jahre 1981 unternommenen Fahrt durch ein Siebenbürgener Dorf fiel dem Historiker »ein Junge mit Lederhose« auf, der, »als er das Wiener Nummernschild meines Wagens sah, den Arm zum Hitlergruß ausstreckte«.

Als Faschisten, Kleinbürger und Fremde, für die man sie hielt, hatten die Sachsen, die mehrere Millionen zählten, in der Nachkriegsära und unter dem kommunistischen Regime besonders stark zu leiden. In Absprache mit den Sowjets schickten die Rumänen alle sächsischen Männer zwischen achtzehn und fünfzig Jahren sowie alle Frauen von achtzehn bis fünfundvierzig zur Arbeit in die Kohlenzechen des Donez-Beckens in der östlichen Ukraine beziehungsweise Sibirien. Nur ein Viertel der dorthin Deportierten kehrte jemals zurück in ihre Heimat nach Rumänien. Ein weiteres Viertel siedelte nach der Freilassung nach Deutschland über. Die restliche Hälfte blieb verschollen in der Sowjetunion, wovon die Mehrheit wahrscheinlich während der 50er Jahre an Krankheit, Kälte oder Erschöpfung zugrunde ging.

Von den 60er Jahren an verfuhr Ceaucescu mit den Sachsen wie mit den Ungarn: Er unterband jeden Versuch kulturellen Eigenlebens. Gegen harte Währung verkaufte er sie als Visa-Geiseln an Westdeutschland, so wie er die Juden von Israel loskaufen ließ. Nach Auskunft von Ceaucescus Geheimdienstchef Ion Mihai Pacepa, der später in den Westen überlief, soll Ceaucescu ihm gegenüber eingestanden haben, daß neben dem Rohöl »Juden und Deutsche« Rumäniens »einträglichste Exportgüter« seien.

Gegen Ende der 80er Jahre lebten in Transsilvanien nur noch rund 200 000 Siebenbürger Sachsen. Als nach der Dezemberrevolution Pässe und Ausreisevisa leichter zu beschaffen waren, verließen sie zu Hunderten das Land in Richtung Deutschland.

In München interviewte ich 1989 Dorothea Pastior, eine betagte Emigrantin aus Rumänien. »Der Familienstammbaum meiner Mutter, die in Kronstadt lebte, läßt sich bis ins siebzehnte Jahrhundert zurückverfolgen«, erklärte sie. »Aber ich bin sicher, daß unsere Wurzeln in Siebenbürgen noch weiter zurückreichen.

---

[1] Der Name dieser Division geht auf den Savoyen-Prinzen Eugen zurück, einem habsburgischen Kriegshelden aus dem frühen achtzehnten Jahrhundert.

Meine Mutter lernte meinen Vater während eines Militärmanövers der österreichisch-ungarischen Armee bei Kronstadt kennen... Ich habe eine wunderbare Kindheit gehabt. Wir Deutsche lebten für uns allein in einer geschützten Welt. Merkwürdig, daß wir überhaupt kein Bedürfnis spürten, Sprache und Eigenart unserer rumänischen Nachbarn verstehen zu lernen, obwohl wir doch so nahe beieinander wohnten. Unsere Schulen waren sehr viel besser als die ihrigen. Schulpflicht gab es bei uns früher als irgendwo sonst im habsburgischen Reich, geschweige denn in Rumänien. Die Wirtschaftskrise der 20er Jahre blieb ohne Einfluß auf uns, da unsere Gemeinschaft autark lebte. Aus Deutschland wurden Kinder in Ferienlager nach Siebenbürgen geschickt, weil wir immer genug zu essen hatten.

In Kronstadt herrschte ein sehr bürgerlicher Lebensstil. Mein Vater sang im Kirchenchor. Wir besuchten Aufführungen von Wagner-Opern. Unser Nationalstolz war derart ausgeprägt, daß sich viele junge Männer verpflichtet fühlten, der Waffen-SS beizutreten. Wenn eine meiner Schulkameradinnen die Nachricht erhielt, daß ihr Bruder im Krieg gefallen war, blieb sie ein paar Tage zu Hause und besuchte dann in schwarzer Trauerkleidung den Unterricht. Ansonsten war der Krieg fernab für uns. Die Hitlerjahre waren durchaus angenehm.

Doch dann, als die deutsche Wehrmacht 1945 geschlagen war, kam alles anders, und mein Leben veränderte sich von Grund auf.«

Mit blank gezogenem Bajonett drangen sowjetische Soldaten ins Haus von Frau Pastior ein. Ihr Vater und der fünfzehnjährige Bruder wurden zur Zwangsarbeit verpflichtet. Der Bruder konnte fliehen; der Vater aber starb 1949 bei der Bergarbeit im Donez-Becken. Sein Tod wurde erst 1973 offiziell bestätigt. In den Jahren dazwischen erfuhr die Familie ein Leid nach dem anderen. Die rumänischen Behörden vertrieben Frau Pastior und die gesamte Verwandtschaft von ihrem angestammten Wohnsitz. Vierzehn Jahre lang mußten sie in einem einzigen Zimmer hausen.

»Ich empfinde keine Kriegsschuld«, sagte Frau Pastior, den Tränen nahe. »Ich bin, was ich bin: eine Deutsche. Und dafür habe ich genug gelitten.«

»Vor siebenhundert Jahren gab es hier nichts als Wald. Auf Bitten des ungarischen Königs kamen wir vom Rhein in dieses Land.

Hier siedelten wir uns an, gründeten die Stadt und machten aus ihr, was sie heute ist«, sagte 1923 ein alter Sachse aus Sibiu dem Reisenden E. O. Hoppe.

Ich betrat das Brukenthal-Museum am Platz der Republik; es wurde im achtzehnten Jahrhundert von dem österreichischen Gouverneur der Stadt gegründet. Nach wochenlanger Reise durch Rumänien war ich wie geblendet beim Anblick der Originale von Rubens und Van Dyke, der goldumrahmten Spiegel, Terrassentüren und Biedermeiermöbel vor kastanienbrauner Seidentapete. Ich konnte nachempfinden, welche Wirkung die vorwiegend bäuerliche Kultur Rumäniens auf Menschen ausgeübt haben mochte, die in diesem Milieu aufgewachsen waren.

In der Nähe des Platzes entdeckte ich ein Antiquariat, das womöglich auch schon Hoppe 1923 betreten hatte, zumal dieser, wie er berichtete, »eine Straße viele Male querte, gelockt vom bibliophilen Angebot alter Bände«. Die meisten Buchhandlungen, die ich in Rumänien besucht hatte, boten auf halb leeren Metallregalen eine kümmerliche Auswahl an billigen Taschenbüchern technischen Inhalts, von Ostblockautoren verfaßt. Um so mehr begeisterte mich, was ich hier vorfand.

Obwohl 1990 von den 170 000 Einwohnern Sibius nur noch rund 7000 zu den Siebenbürger Sachsen zu zählen waren, schien diese Gruppe nicht nur atmosphärisch, sondern auch in praktischer Hinsicht Einfluß zu nehmen. Das Hotel, viele Geschäfte und Restaurants zeigten eine für rumänische Verhältnisse ungewöhnlich hohe Effizienz. Wenn auch die Sachsen bestreiten, daß ihnen die Nachbarschaft mit Rumänen von Vorteil sein könnte, so ist umgekehrt doch deutlich festzustellen, daß die Nachbarn von ihnen profitieren.

Eines Abends traf ich im Hotel Beatrice Ungar, eine junge sächsische Journalistin der *Hermannstädter Zeitung*, die einmal wöchentlich in deutscher Sprache erscheint und – wie viele rumänische Blätter – kurz nach der Revolution gegründet wurde. Aber im Unterschied zu rumänischen Journalisten nutzen Beatrice Ungar und ihre Kollegen von der Hermannstädter Zeitung die neu gewonnene Freiheit dahingehend, daß sie die kommunale Vergangenheit zu durchleuchten versuchen. »Sowohl wir als auch die Rumänen haben mit den Nazis kollaboriert«, stellt Ungar fest. »Sowohl wir als auch sie müssen vieles bereuen. Allerdings unterscheiden wir uns insofern, als unsereins die

Mitschuld offen zugibt und zu erforschen bereit ist, während die Rumänen alles leugnen.«

Am nächsten Morgen feilschte ich auf dem Platz der Republik mit einem Zigeuner um den Preis einer Zeitung. Ein junger Mann radelte mit einem klapprigen Fahrrad herbei und erledigte für mich die Transaktion. Er war unrasiert und dreckig und trug ein löchriges, fleckiges Hemd. Das blonde Haar und die blauen, intelligenten Augen verrieten seine sächsische Herkunft. Er stellte sich vor als Lorenz Loock und lud mich zum Abendessen zu sich nach Hause ein.

Lorenz und seine Frau Katharine teilen sich ein Zimmer in einem Hinterhaus, das an einer teilweise aufgerissenen Straße in der Nähe des Bahnhofs liegt. Bei all dem Staub und Müll ringsum fühlte ich mich nach Nordafrika versetzt. Auf wackligen Stühlen saßen wir zu dritt im Hinterhof. Lorenz schenkte selbstgebrannten Pflaumenschnaps aus. Dann steckte er ein paar Bretter, die er von der Straße aufgelesen hatte, in ein Metallfaß, schüttete Schnaps darüber und legte ein brennendes Streichholz an. Über dem Feuer röstete er Schweinefleisch und Fisch.

»Soweit hab' ich's nach elf Jahren harter Arbeit in diesem Zigeunerland gebracht. Im Monat zahle ich achthundert *Lei* für Miete, Strom und Wasser (der einzige Wasserhahn befindet sich im Hof). Als Techniker verdiene ich zehn *Lei* die Stunde. Nach Abzug der Kosten für Lebensmittel bleibt am Monatsende nichts übrig, was gespart werden könnte.«

Lorenz zeigte mir einen großen Koffer aus Plastik und einen Pappkarton. Darin steckten seine Anziehsachen und die seiner Frau. Mehr hatten die beiden nicht mitzunehmen, wenn sie nach Deutschland übersiedelten, was in wenigen Tagen der Fall sein würde.

»Gut leben ließ es sich hier nur während der Hitlerzeit. Die deutschen Soldaten waren anständig zu uns – im Gegensatz zu Russen und Rumänen. Als ich in der rumänischen Armee diente, sind die Sachsen wie Schweine behandelt worden. Unsereins mußte schuften, die anderen führten ihre Gewehre spazieren. Die Nazis haben damals Schokolade an die Kinder verteilt. Aber heute... überall Zigeuner.« Lorenz verzog das Gesicht. Für ihn zählten auch Rumänen zu Zigeunern. »All die Demonstrationen auf dem Platz, das Gerede von Wahlen; nichts als Zigeunertheater. Vor dem Dezember gab's hier einen Zigeuner-Kommunismus; jetzt versucht man sich an einer Zigeuner-Demokratie. Ist doch gehupft wie gesprungen. Zigeuner bleiben sich immer gleich. Ich bin ein Sachse; an diesem Ort hier liegt mir nichts.« Lorenz trank hastig und füllte die Gläser immer wieder auf. Seine Frau sagte nicht viel. Lorenz holte einen Karton voller Familienfotos und reichte mir einen Abzug seines Hochzeitsbilds.»Behalten Sie's«, sagte er,»in Erinnerung an unsere Freundschaft.« Das grobkörnige Schwarzweißfoto war 1986 aufgenommen worden. Es sah aus wie ein über fünfzig Jahre altes Bild.

Lorenz brachte mich zurück zum Hotel. Mondlicht streifte die gotischen und barocken Fassaden und fiel auf die gepflasterten Straßen. Dunkelheit verhüllte die Armut. Da ich mit Lorenz Deutsch sprach, wähnte ich mich in Deutschland oder Österreich und vergaß fast, daß ich mich in Rumänien befand.

»Hier leben nur noch Zigeuner«, wiederholte Lorenz zum x-ten Mal.»In Deutschland, so fürchte ich, wird man mich für einen Zigeuner halten, weil ich von hier stamme. Egal. Ich will arbeiten, Geld verdienen, ein Auto kaufen, eine Waschmaschine, ein Videogerät...«

An meinem letzten Tag in Sibiu begleitete ich Lorenz zum Paßamt, wo er seine Ausreisepapiere abzuholen hatte. Eine Menschenmenge drängte sich um ein kleines Fenster, hinter dem ein Beamter saß und einzelne Namen aufrief. Nach ein paar Minuten war Lorenz an der Reihe. Er bahnte sich einen Weg durch die Menge, händigte dem Beamten ein Formular aus und erhielt je einen Reisepaß für sich und seine Frau. Die Abwicklung kam mir einfach und zügig vor.

Als Lorenz aus der Enge auftauchte, strahlten seine Augen. »Sie ahnen nicht, wie viele Jahre ich auf diesen Moment gewartet habe.« Lorenz begutachtete die Pässe Seite um Seite, prüfte das Papier zwischen Daumen und Zeigefinger.»Jetzt weiß ich, daß ich tatsächlich von hier fortkomme.«

Anschließend marschierten wir bis zum Stadtrand; dort hielten wir ein Auto an, das uns bis zum Dorf von Lorenz' Eltern mitnahm. Der offizielle Name des Dorfes lautete Rusi. Lorenz erklärte mir:»Eigentlich heißt es Reussen.« Die bereits im Mittelalter von Siebenbürger Sachsen gegründete Ortschaft liegt nördlich von Sibiu an einer kaum befahrenen Landstraße in grüner Hügellandschaft. Hinter einem Hang tauchten rote Ziegeldächer auf, die sich um eine barocke Kirche gruppieren. Lorenz bat den Fahrer anzuhalten und ließ es sich nicht nehmen, den üblichen Anhalterbeitrag aus eigener Tasche zu bezahlen, obwohl ich ihm meine *Lei* förmlich aufzudrängen versuchte.

Auf einer Schotterpiste näherten wir uns dem Dorf. Die Luft duftete nach Kamille und Pfefferminz; darunter mischte sich der strengere Geruch von Dung. Die Eltern von Lorenz trafen wir bei der Arbeit auf einem Kartoffelacker an. Sie blickten auf, schatteten die blauen Augen mit ihren kräftigen, sonnenverbrannten Händen ab und grüßten mich scheu. Von dem, was Lorenz zu ihnen sagte, verstand ich kein Wort. Sie sprachen einen Dialekt, der sich bereits im vierzehnten Jahrhundert ausgebildet hatte, also zweihundert Jahre nach der ersten deutschen Besiedelung Transsilvaniens. Das Vokabular mochte zwar deutsch sein, aber die Betonung war mir völlig fremd. Lorenz holte die Pässe aus der Tasche, hielt sie den Eltern winkend hin. Sie lächelten, nahmen je einen Paß zur Hand und inspizierten sie so gründlich wie zuvor der Sohn.

Ich sah mich um. Alles wirkte so idyllisch. Lorenz' Eltern bauten ihre eigenen Kartoffeln an, Mais, Knoblauch, Zwiebeln, Radieschen, Sellerie und anderes Gemüse sowie Obst. Auf dem Hof, der von schattenspendenden Apfelbäumen umgeben war, hielten sie ein paar Schafe, Schweine, Hühner und Kaninchen. Im Keller standen, wie ich später erfuhr, Fässer voll gärendem Wein und Pflaumenschnaps.

»Fast alles, was wir essen und trinken, ist aus eigenem Anbau oder selbstgemacht. In den Geschäften gibt es ja nichts«, erklärte mir Lorenz' Mutter. Sie hatte eisengraues Haar und ein rötliches, wettergegerbtes Gesicht. Ihre Hände waren wie die eines Mannes. Dem Aussehen nach schien sie an die sechzig zu sein. Doch was hieß das schon? Lorenz sah aus wie vierzig, war aber erst sechsundzwanzig. Sein Vater behauptete, achtundfünfzig zu sein, wirkte aber fünfzehn Jahre älter.

»Mein Vater trinkt viel; deshalb sieht er so alt aus«, sagte Lorenz.

»Trinkt er mehr als Sie?« fragte ich überrascht.

»Und ob. So viel trinke ich ja nicht. Offenbar sind Sie keine größeren Mengen gewöhnt.«

Lorenz' Eltern lachten. Und tatsächlich, sie tranken enorm viel. Den ganzen Nachmittag über versuchte ich, mit den dreien mitzuhalten, die einen Schnaps nach dem anderen kippten und mit Wein hinunterspülten. Als sie dann später noch einmal aufs Feld hinausgingen, machten sie ganz und gar keinen betrunkenen Eindruck.

Das Haus bestand aus zwei Räumen. Der Abort war draußen am Stall. An den Wänden hingen Tafeln mit frommen Sprüchen auf deutsch.

»Wir haben in Rumänien nun schon so lange überlebt; warum sollten wir jetzt noch von hier fort«, sagte Lorenz' Mutter. »Aber mein Sohn hat in Rumänien keine Zukunft; das Land ist ohne Zukunft.«

»Aber das Leben hier im Dorf scheint angenehm zu sein«, sagte ich.

»Ja«, antwortete Lorenz. »Wir haben ein paar Verwandte in Deutschland. Sie lassen meinen Eltern Deutsche Mark zukommen, womit sie die Kommunisten schmieren können. Deshalb haben sie ihre Ernte immer behalten können. Zigeuner muß man ständig schmieren.«

Seine Eltern nickten zustimmend. Die Mutter erwähnte, daß sie bei der nächsten Wahl für Iliescu stimmen würde.

»Aber er ist doch ein Kommunist«, entgegnete ich. »Die Nationale Heilsfront ist die kommunistische Partei Rumäniens ohne Ceaucescu.«

»Ja«, entgegnete Lorenz' Mutter. »Aber bei Iliescu wissen wir, woran wir sind. Die anderen sind völlig undurchsichtig. In diesem Land ist auf nichts Verlaß. Die Rumänen können uns Siebenbürger Sachsen nicht leiden. Wir arbeiten, sie faulenzen. Als 1945 die Russen kamen, sind wir davongelaufen und haben uns wochenlang im Wald versteckt. Aber die Rumänen haben den Russen geholfen, uns aufzustöbern. Meine Schwester wurde geschnappt und zur Zwangsarbeit nach Rußland verschleppt. Da ist sie auch gestorben.«

Lorenz' Mutter öffnete eine Dose Frühstücksfleisch aus Deutschland, das wir mit Pflaumenschnaps und Wein begossen. Ich hatte im Verlauf des heißen, staubigen Nachmittags so viel getrunken, daß mir im Sitzen fast die Augen zugefallen wären.

Die Dorfkirche war im achtzehnten Jahrhundert gebaut worden. Lorenz und ich stiegen auf den barocken Glockenturm, der stark verwittert war und einen frischen Anstrich nötig hatte. Doch die Kommunisten hatten eine Reparatur verboten, und mittlerweile lebten im Dorf nur noch wenig Sachsen. Lorenz sagte, daß im Turm eine Uhr gesteckt habe, die aber von den Türken während des Krieges gegen die Habsburger gestohlen worden sei. Das Kircheninnere war karg und makellos, abgesehen von den faulenden Deckenbalken. Der Wind pfiff durch die Löcher im Dach, tönte schaurig wie ein Orgelklang und ließ mich an Vergangenes denken, an die Zeit, als Bachsche Choräle aus den Holzpfeifen schallten. Neben dem Altar fiel mir eine Gedenktafel auf; darauf standen rund zwei Dutzend Namen von Dorfbewohnern, die für ein österreichisch-ungarisches Regiment gekämpft hatten und im Ersten Weltkrieg gefallen waren.

»Wo stehen denn die Namen der Reussener Sachsen, die im Zweiten Weltkrieg gefallen sind?« wollte ich wissen.

Lorenz wußte offenbar nicht Bescheid und gab die Frage an seine Mutter weiter. Sie zuckte mit den Achseln und setzte eine Miene auf, die schwer zu deuten war. Anscheinend weckte das angeschnittene Thema in ihr zwiespältige Gefühle. Ich ahnte, daß viele Tage gemeinsamen Trinkens nötig wären, um ihre Einstellung in Erfahrung zu bringen. Sie murmelte ein paar Worte in ihrem Dialekt; Lorenz übersetzte: »Die Hitlerzeit war gut für uns, aber ein großer Fehler, den wir lieber vergessen wollen.«

Lorenz und seine Mutter zeigten mir den Dorffriedhof. Manche Grabsteine waren mehrere hundert Jahre alt. Unter einem der neueren lag eine Kusine von Lorenz begraben, die an einer verpfuschten Abtreibung gestorben war. Mir schwante, daß »Deutschkenntnisse«, die Jonathan Harker in Transsilvanien sehr zupaß gekommen waren, in wenigen Jahren nur noch zum Entziffern sächsischer Grabsteine nützen würden. Nach dem Tod der Generation von Lorenz' Eltern gliche wohl dieser Friedhof jenem jüdischen in der Bukowina: beaufsichtigt und gepflegt von Zigeunern, die von einer Auswanderungsorganisation in Deutschland entlohnt würden. Ja, eines Tages würden Zigeuner in Lorenz' Elternhaus einziehen. Ob er sich dessen bewußt war? Vielleicht gebrauchte er deshalb den Namen »Zigeuner« wie ein Schimpfwort: aus Bitterkeit.

Wieder in Sibiu, erzählte mir Lorenz zum wiederholten Mal, daß er in Deutschland vor allem Geld machen wollte. »Ich nehme jeden Job, der sich mir bietet, Hauptsache, ich verdiene Mark statt *Lei*.« Dabei lachte er triumphierend.

Was für Deutschland ein Gewinn, ist der Schaden Rumäniens –

ein weiteres Beispiel für reicher werdende Reiche und zunehmend verarmende Arme. Die Siebenbürger Sachsen sind wie die rumänischen Juden eine Volksgruppe mit bürgerlichen Werten. In wirtschaftlicher Hinsicht stehen sie zwischen dem wohlhabenden Adel und der Masse der ausgebeuteten Bauern. Doch jetzt, da Rumänien den Kommunismus abzuschütteln versucht und dieser Leute dringend bedarf, um die Gesellschaft in Richtung einer mittelstandsorientierten Marktwirtschaft zu bewegen – ausgerechnet jetzt wandern die letzten jungen Sachsen nach Deutschland aus.

Und nicht nur sie wandern aus. Auch Millionen anderer ethnischer Deutscher: aus Schlesien und Pommern, aus Westpolen und Ostpreußen, der Wolgaregion und Zentralasien. Wie Lorenz sind Sie bereit zu arbeiten, Jobs zu übernehmen, die von Deutschen verschmäht werden, damit sie selber einmal zur Mittelschicht zählen können.

Ich dachte an die Massen der Anfang des zwanzigsten Jahrhunderts nach Amerika ausgewanderten Iren, Italiener, Polen und Juden, die mitgeholfen hatten, ihre neue Heimat groß und stark zu machen. Deutschland steht ein Aufschwung bevor, der noch größer ist, als es die Wiedervereinigung seiner beiden Teile vermuten ließ. Die Ära der Sowjetherrschaft auf dem Balkan weicht der deutschen Überlegenheit. Der ökonomische Imperialismus bietet womöglich die geeignetsten, wirksamsten Mittel, um auch nach Rumänien eine freie Marktwirtschaft, Demokratie und andere Traditionen westlicher Aufklärung zu bringen. Die europäische Geschichte des ausgehenden zwanzigsten Jahrhunderts wird – ironischerweise – von Lorenz und seinesgleichen geschrieben.

KAPITEL ELF

Flüchtige Blicke auf Temesvár und Bukarest

Der Zug brachte mich westwärts, weg von den Hügeln Transsilvaniens auf eine eintönige Ebene: das Banat.[1] Die ehemalige *Grenzmark* schließt an Ungarn und Jugoslawien an; hier leben Rumänen, Ungarn, Serben, Juden und Deutschstämmige.[2]

Die Geschichte und der Charakter Rumäniens wurde großenteils von seiner gebirgigen Topographie geprägt. Die Karpaten trennen die Moldau von Transsilvanien und Transsilvanien von der Walachei. In den Bergen ist das eine Dorf rumänisch, das andere ungarisch, ein weiteres deutsch und so weiter. Auf der Ebene aber, in den Randzonen, wo im Laufe der Zeit die nationalen Grenzen immer wieder verschoben wurden, mischen sich all diese ethnischen Gruppen, woraus – wie in Mitteleuropa – ein höheres Maß an sozialer Kohäsion resultiert. Hier widerstand die Gesellschaft den zerstörerischen Kräften des Kommunismus weitestgehend.

Weil außerdem das Banat in der Nachbarschaft zu Ungarn und Jugoslawien liegt, konnten seine Bewohner die Fernsehsender dieser Staaten empfangen und erfahren, wie sich ein öffentliches Leben ohne Ceaucescu darstellt. Temesvár ist die am wenigsten rumänische aller rumänischen Städte.

Die meisten Rumänen waren vom Ausbruch der Revolution im Dezember 1989 völlig überrascht. Jahrhundertelange Erfahrung mit zynischem Machtmißbrauch hatte sie zu einer Einstellung geführt, die allen Veränderungen mißtraute. Doch eines überraschte niemanden, daß nämlich die Revolution in Temesvár aus-

---

[1] Das slawische Wort *Banat* bezeichnete im Mittelalter eine südungarische Grenzmark, über die ein *Ban* Befehlsgewalt ausübte.

[2] Die in dieser Region ansässigen Deutschen stammen ursprünglich aus Schwaben und werden deshalb Banater Schwaben genannt.

gebrochen war. »Nur in Temesvár konnte es dazu kommen«, hörte ich allenthalben und immer wieder (obwohl die Studenten in Jassy gehofft hatten, daß ihre Stadt die Ehre haben würde). Diese einfache wie offensichtliche Tatsache aus Geschichte und Geographie wurde jedoch von den meisten Journalisten, die über die rumänische Revolution berichteten, nicht zur Kenntnis genommen. Für sie waren einzig und allein bestimmte Persönlichkeiten ausschlaggebend für den Aufstand.

Von allen, die ich in Temesvár interviewte, gehörte niemand einer bestimmten Ethnie an. Jeder hatte zumindest einen Verwandten in einer jeweils anderen Volksgruppe. Ein Journalist der *Neuen Banater Zeitung*, mit dem ich Freundschaft schloß, hatte einen Vater, der »ein serbischer Kommunist« war, und eine »nazideutsche« Mutter.

»Und sie sind miteinander klargekommen?« fragte ich.

»Sie stritten sich ständig über Politik«, antwortete er.

»Wer weiß, was in meinen Adern sonst noch an Blut fließt«, fuhr er fort und schloß nicht aus, daß seine Vorfahren rumänisch, ungarisch, bulgarisch und jüdisch gewesen sein könnten. »Unsereins ist eher kosmopolitisch und weniger anfällig für Fremdenhaß. Unsere Wut richtete sich ausschließlich gegen das Regime. Die Lebensmittelrationierung während des Ersten und Zweiten Weltkriegs war weniger drastisch als die unter Ceaucescu. Zu Kaisers und Hitlers Zeiten hatte es immerhin frisches Brot gegeben, manchmal sogar ein paar Apfelsinen. Unter Ceaucescu war daran nicht zu denken.«

Ich war ohne Empfehlung oder Kontaktadresse nach Temesvár gekommen. Doch nachdem ich den Hotelportier darum gebeten hatte, mir die Telefonnummern der lokalen Zeitungen aufzuschreiben, konnte ich an nur einem Morgen mehrere Interviews durchführen. Die Büros, mit denen ich Verbindung aufnahm, waren sauber, hatten Sekretärinnen, geleerte Aschenbecher und moderne Kunst an den Wänden hängen statt Ikonen oder Poster von Rockstars. Bedeutsamer jedoch war die Tatsache, daß sich keiner, mit dem ich sprach, verärgert zeigte oder zu unbeherrschten Äußerungen hinreißen ließ.

Temesvár wurde mir bald zu langweilig. Obwohl die Stadt ebenso arm war wie alle anderen Orte in Rumänien – die Menschen schlecht gekleidet, bröckelnder Putz an den Fassaden, die Restaurants mit einer Auswahl von höchstens zwei Menüs –, hatte ich den Eindruck, nicht mehr in Rumänien zu sein. Rumänien war wie ein Echo der Welt Dostojewskis, gab das Bild einer gespenstischen, byzantinischen Ikone ab, voller Leidensgestalten, deren Sinn und Verstand verzerrt war von Wut, Halbwahrheiten und verschwörerischen Umtrieben. In Temesvár war Rumänien weniger Realität als vielmehr eine machtvolle Erinnerung.

Ich kehrte nach Bukarest zurück. Der Diplomatensalon im Palasthotel Athenee war abends geöffnet. Ein Tisch mußte im voraus reserviert beziehungsweise erkauft werden, denn nur derjenige, der dem Chefkellner genug *Lei* in die Hand drückte, konnte sicher sein, einen Platz zu bekommen. Im Gegensatz zum Rest des Hotels war der Diplomatensalon den Zeiten treu geblieben, in denen *Athenee Palace Bucharest* oder *The Balkan Trilogy* geschrieben worden waren.

Acht Kristallüster hängen rund um ein gewölbtes Oberlicht aus gelb und grün gefärbtem Glas. Das Licht der Lüster reflektiert in polierten Spiegeln. Die barocken Säulen sind mit Blattgold verziert und die Vorhänge golddurchwirkt. Ein Zigeuner spielte leise auf der Geige. Kellner servierten Schwarzmeer-Kaviar und französischen Champagner für einen zu Schwarzmarktkursen erschwinglichen Preis. Die meisten Tische waren von Journalisten belegt, die in diesem Mai 1990 über die seit fünfzig Jahren (seit Carol II. eine monarchische Diktatur ausgerufen hatte) ersten freien Wahlen berichteten. Dazwischen saßen auch einige junge Paare aus England und Amerika, die nach Rumänien gekommen waren in der Hoffnung, ein Kind adoptieren zu können. Berichten zufolge steckten in rumänischen Heimen an die 40 000 verlassene Kinder, von denen nicht wenige aufgrund verheerender Umstände an Hunger oder Krankheit umkamen. Ein adoptierbares Kind zu finden, war nicht das Problem der Eltern in spe; Schwierigkeiten machte ihnen vor allem, mit den korrupten Behörden zu verhandeln, um das Kind außer Landes bringen zu können. Die Gespräche klangen erregt; es wurden die Namen von Rechtsanwälten und Vermittlern ausgetauscht wie auch die jüngsten politischen Gerüchte. Prostituierte warteten vor dem Ausgang des Salons und drängten sich ausländischen Männern auf.

Die Wahlen interessierten mich nicht. Daß Iliescu und die Nationale Heilsfront gewinnen würden, stand außer Frage. Als ich am vorletzten Tag meines Aufenthalts in Rumänien durch Bukarest schlenderte, hatte ich das Gefühl, von den Gespenstern der Vergangenheit förmlich angesprungen zu werden – trotz aller fast manischen Bemühungen, die Geschichte zu verdrängen. In den letzten fünf Amtsjahren hatte Ceaucescu seiner höllischen Zerstörungswut freien Lauf gelassen. Der jenseits der Dambovita gelegene Süden von Bukarest war zum größten Teil niedergewalzt worden, einschließlich seiner sechzehn Kirchen und drei Synagogen – architektonische Meisterwerke allesamt. Auf den Ruinen stand das »Bürgerzentrum«, Ceaucescus Verbotene Stadt des Stalinismus, mit einer derartigen Hast aufgebaut, daß den Einwohnern dieser Altstadtbezirke nur wenige Stunden blieben, um ihre Sachen zu packen, bevor ihre Häuser gesprengt wurden.

Ein Boulevard, breiter als die Champs-Elysées, gesäumt von Wohnhäusern mit neoklassizistischen, faschistischer Ästhetik nachempfundenen Marmorfassaden, führt nun zum Haus der Republik, jenem marmornen Hochzeitskuchen mit seinen vierundsechzig Hallen und tausend Räumen. Größer als das Pentagon, hat dieser Bau so viel Marmor verschlungen, daß es in Bukarest nun einen Schwarzmarkt für Grabmäler gibt. Im weiten Umkreis dieses vulgären Bauwerks liegt nun nichts als Ödland: So wollte es dieser größenwahnsinnige Bauer.

Noch schauriger als das Zerstörte muten jedoch die Reste an, die von den Bulldozern verschont geblieben waren.

Vor der Grenze zum Bürgerzentrum, direkt am Rand der Zerstörung, steht das *Abator* – das Schlachthaus von Bukarest. Es ist zugebrettert und nicht mehr in Betrieb, aber dennoch (auf fast wundersame Weise) intakt geblieben; barackenförmige Bauten aus rotem Ziegel mit verrosteten Rohrleitungen und Schornsteinen. Dort hatten die Legionäre im Januar 1941 den wohl grausamsten Akt des Holocaust verbrochen.

Auf der gegenüberliegenden Seite des Bürgerzentrums, etwa hundert Meter jenseits des Abbruchgebiets, steht die Kirche von Ilie Gorgani. Über dem Portal hängt eingerahmt ein Text, der die dreihundertjährige Geschichte dieser Kirche zusammenfaßt und alle wichtigen Daten aufzählt bis auf eines: Verschwiegen wird, daß hier im Jahre 1940 Codreanu und dreizehn seiner mit ihm hingerichteten Legionäre zu »Nationalheiligen« geweiht wurden. Vor dem mit Tulpen bedeckten Altar ist ein Porträt von Teoctist zu sehen, dem Patriarchen der rumänischen-orthodoxen Kirche.

Unmittelbar nach der Dezemberrevolution wurde er seines Amtes enthoben, ist aber seit kurzem wieder eingesetzt. Mehr als jeder andere galt Teoctist als Symbol für die Kollaboration der Kirche mit dem Regime Ceaucescus.

Den Wahltag verbrachte ich in Gesellschaft der beiden isländischen Journalisten Thorir und Atta Gudmundsson. Gemeinsam suchten wir nach Ceaucescus Grab. Wir befanden uns in der Südhälfte von Bukarest, nahe dem Bürgerzentrum, als sich uns ein alter Mann mit schwarzer Baskenmütze näherte.

»Sie sind doch ein Journalist, oder?« fragte er auf deutsch und musterte mich mit unverhohlener Neugier.

»Ja«, antwortete ich. Der Mann hatte kleine, aufmerksame Augen, und ich fühlte mich wie aufgespießt von seinem Blick. Ich sah ihn mir näher an.

Sein Regenmantel war an etlichen Stellen durchlöchert und so dreckig, daß ich erst beim zweiten Blick die ursprüngliche Farbe Weiß erkannte. Unter dem Mantel trug er einen verschlissenen Pullover in einer dunklen, unbestimmbaren Tönung und darunter ein Hemd, dessen Kragen fast vollständig abgerissen war. Auf dem Hals hatte sich ein übler Ausschlag gebildet.

Das Abstoßendste an ihm war sein Gestank. Er dünstete eine Fäulnis aus, als steckte ihm schon der Tod in den Kleidern; es war ein Verwesungsgeruch, der alten Leuten eigen ist, die sich weder waschen noch umziehen können.

Seine kleinen Augen funkelten spöttisch. Er wußte um seinen schlimmen Körpergeruch und schien an meinem Abscheu Gefallen zu finden.

»Sie sind ein Jude... aus Amerika«, bellte er mich an. Er fragte nicht, sondern stellte fest.

Ich war sprachlos.

»Auch ich bin Jude. Wir Juden müssen zusammenhalten. Sind das Ihre Freunde?« fragte er und deutete auf Thorir und Atta. »Gojim, eh? Aber nett. Ich glaube, es sind nette Leute; ich meine, Leute, die Juden leiden können. «

Inzwischen waren Thorir und Atta herbeigetreten. Sie sprachen Deutsch und konnten deshalb alles verstehen. Wir fragten den Alten, ob er von dem Gerücht gehört habe, wonach Ceaucescus Leiche in einem namenlosen Grab auf dem Friedhof von Ghensea liege.

»Kann sein«, antwortete er. »Sie wollen Gräber sehen? Ich zeig Ihnen welche.«

Thorir, Atta und ich sahen einander an und entschlossen uns mitzugehen. Der Alte interessierte mich; allerdings machte mich seine Art verlegen, und so hielt ich ihn auf journalistisch zynische Weise auf Distanz.

Wir halfen ihm in Thorirs Wagen. Er humpelte stark, hatte aber keinen Stock.

Er dirigierte uns zu einem der »Heldenfriedhöfe«, wo die Studenten lagen, die von Ceaucescus Securitate-Leuten im Dezember 1989 getötet worden waren. »Gehen Sie nur, schießen Sie Ihre Fotos. Ich bleibe solange im Wagen sitzen«, sagte der Alte.

Der Wahltag am 20. Mai 1990 fiel auf einen Sonntag, und der Heldenfriedhof war voller Besucher. Herzergreifende Szenen spielten sich hier ab. Die Eltern der Toten türmten Blumen auf die Erdhügel. Eine alte Frau trommelte verzweifelt mit den Fäusten auf ein Holzkreuz. Ein alter Mann hockte reglos am Grab seines Sohnes. Ein großartiges Fotomotiv, dachte ich und fragte den Mann, ob ich ihn ablichten dürfte. Er war tief in Trauer verstrickt und sah mich mit leerem Ausdruck an. Ich knipste drauflos. Die Gräber so vieler junger Leute auf einen Fleck zu sehen, war erschütternd, wider die Natur.

Ich ging zum Auto zurück. »Es ist schrecklich«, sagte ich. Unser mysteriöser alter Reisebegleiter nickte bloß und verzog keine Miene. Ich vermutete, daß er nur wenig Mitgefühl für die Trauernden hatte.

»Haben Sie heute gewählt?« fragte ich.

»Ja, für Iliescu und die Kommunisten.«

»Warum?«

»Iliescu hat Juden in seiner Mannschaft. Petru Roman ist Jude, Sylviu Brucan ebenso. In diesem Land geht man besser kein Risiko ein.« In diesem Augenblick kamen Thorir und Atta vom Friedhof zurück.

»Haben Sie gute Fotos machen können?« fragte uns der Alte.

»Ja«, antwortete ich.

»Haben Sie vielleicht ein bißchen *Voluta* für mich? Sagen wir, zehn Dollar?«

Ich langte in meine Tasche.

»Nein.« Er hob abwehrend die Hand. »Sie können mir später

vielleicht ein Geschenk machen. Wir Juden müssen uns gegenseitig helfen.«

Als wir alle wieder im Auto saßen, sagte er: »Jetzt zeige ich Ihnen Gräber«, als würden diejenigen, die wir gesehen hatten, nicht zählen oder nur ein Vorgeschmack gewesen sein. »Geradeaus«, lotste er Thorir, der am Steuer saß. »Wir kommen an einem Blumenmarkt vorbei. Da will ich ein paar Blumen kaufen für das Grab meiner Eltern.«

Atta und ich wechselten fragende Blicke.

Weil der Alte so schlecht zu Fuß war, bot sich Atta an, die Blumen für ihn zu kaufen. Aber er bestand darauf, mit ihr zu gehen, zumal er seine Blumen immer von ein und demselben Mann kaufte. Er brauchte sehr lange, um die schmale Straße zu überqueren.

Zurück im Wagen legte er den Strauß auf den Schoß und führte uns an den Rand eines Schrottplatzes. Gleich daneben befanden sich stillgelegte Eisenbahnschienen. Thorir hielt an.

»Sind Sie sicher, daß wir hier richtig sind?« fragte ich.

»Na klar.« Zum ersten Mal lächelte er. »Ich komme jede Woche hierher.«

Zu Fuß folgten wir den Schienen. Er zog ein Bein hinter dem anderen her und kam nur äußerst schleppend voran. Größer als die Schmerzen, die er empfinden mußte, schien die Freude zu sein, mit jemandem sprechen zu können. In der Ferne tauchte das Bürgerzentrum auf.

»Nehmen Sie immer diesen Weg?« fragte ich.

»Ja, immer. Meist bin ich allein.«

Die Schienen waren zum größten Teil mit Unkraut überwuchert, und es schien, als führten sie zurück in die Vergangenheit. Humpelnd teilte uns der Alte mit, daß er in der nördlichen Bukowina zur Welt gekommen und mit seinen Eltern nach Bukarest gezogen sei, kurz bevor man die Juden aus der nördlichen Bukowina in die Todeslager Transnistriens deportiert habe. In der Hauptstadt hatten er und seine Eltern im Judenviertel gelebt (das dem Bürgerzentrum Platz machen mußte). Bevor die Legionäre im Januar 1941 zum Pogrom ansetzten, hatten er und seine Eltern eher zufällig das Judenviertel verlassen und eine Wohnung in der Nähe der orthodoxen Kirche bezogen. Sie blieben verschont, als die Legionäre die Juden zusammentrieben, in den Wald von Baneasa und ins Schlachthaus abführten.

Beide Elternteile sind sehr alt geworden. Er war Einzelkind. Als er die Mütze hob, sah ich, daß sich nur ein paar dünne weiße Strähnen über den knochigen Schädel kringelten. Der zerlumpte Mantel reichte fast bis auf die Knöchel hinunter. Er sah aus wie einer, der dem Konzentrationslager entkommen war, und doch hatte er, wie er mir sagte, nie in einem solchen Lager gesteckt.

»Ihre Familie hatte großes Glück bei all den schrecklichen Verbrechen, die begangen wurden.«

Er zuckte mit den Schultern und verzog das Gesicht. »So ist es.« Ansonsten zeigte er sich ungerührt.

»Da.« Er deutete auf das Tor zum jüdischen Friedhof, der linker Hand aufgetaucht war, eine gepflegte Oase inmitten von Ödland.

Er kramte eine dreckige schwarze *Jármulke* (Samtkappe) aus der Tasche und drückte sie mir in die Hand. »Die müssen Sie aufsetzen. Aber für Ihre Freunde hab' ich keine.«

Thorir zog die Jacke über den Kopf, was der Alte sichtlich erfreut registrierte.

»Da, schauen Sie«, sagte er.

Links hinter dem Eingang erhob sich ein Wald aus Grabsteinen, die allesamt von unterschiedlicher Höhe waren. Jeder Stein hatte seine eigene, unverwechselbare Gestalt. Der optische Eindruck war schauerlich. Ich las die Inschriften, die an die 185000 in Transnistrien ermordeten Juden aus der nördlichen Bukowina und Bessarabien erinnerten. Jeder Stein stand für eine bestimmte Stadt oder Ortschaft.

Schmunzelnd sah uns der Alte beim Fotografieren zu.

»Kommen Sie«, sagte er.

Er führte uns an zwei Grabreihen, die der Länge nach ein ganzes Fußballfeld abgedeckt hätten. Die einzelnen Gräber waren alle genau gleich dimensioniert. Die Einförmigkeit und enge Aufeinanderfolge vermittelte ein beklemmendes Bild der Unendlichkeit. Hier und da waren kleine Schwarz-Weiß-Fotos von Verstorbenen zu sehen. Das Bild eines älteren Mannes fiel mir auf; daneben ein junges Mädchen. Das Todesdatum beider war identisch: 21.–23. JANUAR 1941.

»Das *Abator* [Schlachthaus] läßt sich nicht verleugnen«, sagte er nickend und fügte mit beinahe triumphierendem Grinsen hinzu: »Was auch immer behauptet werden mag – hier liegen die Beweise.«

240

Unvermittelt nahm er Abschied von uns. »Ans Grab meiner Eltern gehe ich allein. «

Ich reichte ihm die *Jármulke*. »Nein, behalten Sie sie. Sie gehört Ihnen. «

Wie der Alte, so roch auch die *Jármulke* nach Tod. Ein schwarzes, rundes Memento mori.

Teil III

Bulgarien:
Geschichten aus dem
kommunistischen Byzanz

Wenn ich spontan einen Vergleich ziehe zwischen dem Leben eines durchschnittlichen Westbürgers und dem eines durchschnittlichen Bulgaren, scheint der Unterschied unendlich groß zu sein. Das Leben eines Westlers läßt sich darstellen als naive kindliche Malerei, während die Wirklichkeit eines Bulgaren eher einem kryptischen Gemälde aus Symbolen und abstrakten Formen entspricht. Die Faktoren und Kräfte, deren Einfluß unsereins ausgesetzt ist, sind sehr viel zahlreicher, als es sich ein Westler vorzustellen vermag. Während der Bürger im Westen ständig auf Zugewinn aus ist, gilt unser Streben hauptsächlich der Bewahrung dessen, was wir besitzen.

GEORGI MARKOV, The Truth That Killed

KAPITEL ZWÖLF

»Die Wärme des jeweils anderen Körpers«

»Der schäbige, kleine Zug verläßt Bukarest und kriecht über eine heiße Ebene südwärts, vorbei an erbärmlichen kleinen Dörfern aus Lehm und Stroh wie von einem rückständigen Clan in Zentralafrika... An jeder winzigen Station wird haltgemacht, als würde man es hier darauf anlegen, daß bloß niemand Bulgarien erreicht. In Giurgiu nehmen despotische Grenzbeamte eine übertrieben strenge Kontrolle vor... Aber jenseits der Donau liegt eine andere Welt... Gutmütige, unbeholfene Soldaten entschuldigen sich dafür, dein Gepäck durchsuchen zu müssen und zeigen ein Willkommenslächeln... Es tut gut, in die offenen, ehrlichen Gesichter freier Menschen zu blicken.«

Das schrieb John Reed im Jahre 1916. Heute, gegen Ende des Jahrhunderts, ist der erste Eindruck noch der gleiche. In den 80er Jahren überquerte ich mehrere Male die Donau von Rumänien nach Bulgarien. Am besten erinnere ich mich an meine Grenzübergänge im Winter bei Nacht. Die Waggons waren unbeheizt, und auf der rumänischen Strecke gab es nichts zu essen. Die Grenzkontrolle bei Giurgiu war überaus unangenehm. Aber bei Ruse am bulgarischen Donauufer wurde stets die Heizung in den Waggons eingeschaltet, und die freundlichen Zöllner nutzten lieber die Gelegenheit, ihr Englisch anzubringen, als mein Gepäck zu durchsuchen. Nach kurzem Schlaf fand ich mich morgens in einer felsigen Schlucht wieder, durch die der Zug Kilometer um Kilometer rollte, einen reißenden Fluß entlang, durch Birkenhaine, Nadelwälder und dunkles Gebüsch.

Als ich im November 1981 zum ersten Mal Sofia erreichte, schneite es – weiß. Nach etlichen Stunden erst färbten die Braunkohlewolken den Schnee braun. Die süßlichen, giftigen Lignitgase erinnerten mich an alte Dampflokomotiven und welkendes Laub im Herbst. Der Dunst kroch durch das Geflecht elektrischer Leitungen, durch die kahlen, beschnittenen Zweige von Akazien und Kastanienbäumen und schmierte gelb über gepflasterte Straßen. Die Stille war beklemmend und schien selbst die Stimmen der Schulkinder zu dämpfen. All das rief frühe Kindheitserinnerungen in mir wach; ich wähnte mich in die 50er Jahre zurückversetzt, als ich meine Großeltern besuchte, die in der Eastern Parkway von Brooklyn wohnten, jener Welt aus Tischdeckchen, bunten Polstern, Marmelade und Eingemachtem.

In mittlerer Entfernung, jenseits eines weiten, gepflasterten Platzes ragt das Grandhotel Bulgaria auf, dessen Name mit Ziegeln auf dem steilen Giebeldach ausgeschrieben steht. Auch durch dieses Hotel spukten die Gespenster früherer Zeitungskorrespondenten.

Hier hatte sich Reed 1915 aufgehalten; C. L. Sulzberger und Robert St. John wohnten hier zu Beginn des Zweiten Weltkriegs. 1949 heiratete im Hotelrestaurant der große australische Auslandskorrespondent und mußmaßliche B-Agent Wilfred Burchett. Im Zimmer Nummer 29 starb 1920 James David Bourchier an Lungenentzündung; der Londoner Korrespondent der *Times* hatte ein Vierteljahrhundert auf dem Balkan zugebracht und über beide Balkankriege und den Ersten Weltkrieg berichtet. Er war in Bulgarien so bekannt und beliebt gewesen (er unterstützte dessen Ansprüche gegenüber Makedonien), daß sich nach seinem Tod eine große Menschenmenge vor dem Hotel versammelte. Sein Leichnam lag mehrere Tage lang aufgebahrt in der Alexander-Nevski-Kathedrale. Einige Jahre nach seiner Beisetzung wurde Bourchier auf eine Weise geehrt, die so manchem hartgesottenem Journalisten das Herz erwärmt haben muß: Eine hiesige Zigarettenmarke wurde nach ihm benannt.

Das Grandhotel Bulgaria war für Bourchier, der als eingefleischter Junggeselle aus dem Koffer lebte, so etwas wie ein Zuhause gewesen. Er nannte es die »altvertraute Herberge«. Bourchier, Reed, Sulzberger und all die anderen Journalisten favorisierten das Hotel, weil es direkt gegenüber vom Königspalast lag, in den inzwischen ein Museum eingezogen ist: Das minzgrüne, zierliche Bauwerk mit seinem barocken Bleidach macht einen fast rührenden Eindruck im Vergleich zu den riesigen Prunkschlössern in Wien und Bukarest.

Wie Bourchier wählte ich (bei meinem ersten Besuch 1981) das

Grandhotel Bulgaria hauptsächlich deshalb als Quartier, weil es zentral gelegen und preisgünstig war. Die Miete für ein Einzelzimmer betrug neunzehn Dollar. Als unerfahrener freier Journalist konnte ich mir keine teurere Unterkunft leisten. Die Herrlichkeit des Hotels war um 1981 jedoch längst dahin. Es diente als eine mangelhaft beheizte Zwischenstation für Touristengruppen aus dem Ostblock und heruntergekommene Geschäftsleute aus der Türkei, aus Indien oder sonstwo. Der Speisesaal war dunkelbraun tapeziert und mit roter Lambris verkleidet. Die Zimmer waren kaum beheizt, und so manche Gästenase tropfte. Ein jeder hatte sich in einen Mantel eingemummt. Die Zimmermädchen trugen blaue Kittel und weiße Kniestrümpfe über behaarten Beinen. Am ersten Tag bestand das Frühstück aus zähem Pflaumenmus, frischem Yoghurt, Ziegenkäse, Salami, Äpfeln und Gurken – samt und sonders kalt serviert und köstlich. Dazu gab es Tee aus einem Samowar – keinen Kaffee, was mir nichts ausmachte. Am Blick aus den Fenstern auf den Park und das Palais hatte sich seit dem Zweiten Weltkrieg nichts geändert. Bourchier war, wie Lady Grogan, seine Biographin, schrieb, »vom Charme der Balkanszenerie eingenommen, noch bevor er in den Bann der Balkanpolitik geriet.« Was das Hotel anging, machten sich auch in mir ähnliche Neigungen bemerkbar.

1982 zogen Westjournalisten in einer so großen Anzahl wie seit dem Zweiten Weltkrieg nicht mehr nach Sofia, um Gerüchten auf den Grund zu gehen, wonach die bulgarische *Darzhavna Sigurnost* (»Staatliche Geheimpolizei«) verantwortlich gewesen sein soll für das versuchte Attentat auf Papst Johannes Paul II. am 13. Mai 1981 auf dem Petersplatz. Daß diese Journalisten nicht im Grandhotel Quartier bezogen, war, wie ich finde, ein Fehler. Die meisten zogen es vor, in dem geschichtslosen, nach japanischem Design ausgestatteten Vitosha Otani draußen vor der Stadt abzusteigen – einzig und allein aus dem Grund, weil Mehmet Ali Agca (der von Sigurnost angeheuerte türkische Attentäter) dort wohnte, bevor er auf seine mörderische Reise nach Rom ging.

Der alte Königspalast und das Grandhotel Bulgaria liegen an zwei Schenkeln eines Dreiecks; an der dritten Seite befinden sich das weiße, klassizistische Mausoleum von Georgi Dimitrov, vor dem Wachen mit Federbusch geschmückten Hüten und sonstigem Operettenzauber im Gänsemarsch paradierend Wache schieben. Dimitrov war der Held im Berliner Reichstagsbrandprozeß von

1933, der sich und andere Kommunisten in dem von Nazis bestimmten Verfahren mutig verteidigte. Später ging Dimitrov als Vorsitzender der Komintern (der internationalen Organisation kommunistischer Parteien) nach Moskau, wurde aber nach dem Zweiten Weltkrieg von Stalin nach Bulgarien zurückgeschickt, um dort einem kommunistischen Staat zur Geburt zu verhelfen. Als Dimitrov ihm dann nicht mehr nützlich genug erschien, ließ Stalin ihn vergiften – eine Tatsache, die in der offiziellen Biographie des Bulgaren unerwähnt bleibt. Laut Aussage des bulgarischen Dissidenten und Schriftstellers Georgi Markov war Dimitrov »derjenige, der die schwarzen Limousinen einführte und sich mit schweren Fenstervorhängen von der Masse abschirmte..., der zuließ, daß sein Volk rücksichtslos ausgeraubt und ruiniert wurde von denen, die ihn losgeschickt hatten, das Land zu kolonisieren«. Nach seinem Tod im Jahre 1949 lag Dimitrovs Leichnam, mit Formaldehyd konserviert, vier Jahrzehnte lang, den Schnurrbart und die Hände gespenstisch beleuchtet, unter Glas in einem Mausoleum, das dem von Lenin auf dem Roten Platz genau nachgebaut worden war. Bulgarien ist ein kleines Land, aber während meines ersten Besuches kam es mir so vor, als würden hier große, ehrgeizige Pläne verfolgt, für die offenbar eine große, beeindruckende Fassade notwendig ist.

Markov mußte ein makaberes Ende erdulden, weil er hinter diese Fassade zu blicken wagte, weil er Todor Zivkov, den letzten Nachfolger Dimitrovs, kritisierte aufgrund seiner riesigen Besitztümer, von denen jedes einzelne luxuriöser war als das kleine Palais mit dem undichten Bleidach, unter dem die Könige Ferdinand und Boris residiert hatten.

Markov lebte im Londoner Exil und arbeitete für den bulgarischen Rundfunksender der BBC. Als er am 7. September 1978 über die Waterloo Bridge spazierte, spürte er plötzlich einen Schmerz im Bein. Er drehte sich um und sah einen Mann mit Regenschirm hinter sich, der »Entschuldigung« murmelte. Am nächsten Morgen wurde Markov krank. Drei Tage später starb er unter Schmerzen – so wie Dimitrov. In der Spitze des Regenschirms hatte eine winzige, mit Rizin gefüllte Ampulle gesteckt. Dieses tödliche Gift war auch verwendet worden bei dem Versuch, einen bulgarischen Überläufer in Paris zu liquidieren.

Als ich an einem verschneiten Wintermorgen Ende 1981 in Sofia eintraf, wußte ich kaum etwas über Bulgarien. Von Markov wußte ich nichts, abgesehen von den merkwürdigen Umständen seines Todes, Umstände, die mich hinters Licht führten, weil mir die Zusammenhänge völlig unbekannt waren.

Ich war hundemüde am Abend meines ersten Tages in Sofia, an dem ich versucht hatte, über die Presseagenturen der Stadt Interviews anzuleiern. Im unbeleuchteten und mit Teppich ausgelegten Treppenhaus des Grandhotels (der Fahrstuhl war oft außer Betrieb) hörte ich jemanden hinter mir herlaufen.

»Entschuldigung, sind Sie Mr. Robert Kaplan, der bekannte Auslandskorrespondent aus Amerika?«

Ich mußte im stillen lachen. Seit Jahrzehnten waren in diesem abgelegenen Land so selten Auslandskorrespondenten aufgekreuzt, daß es einem Ereignis gleichkam, wenn sich einer blicken ließ, und der wurde notgedrungen als besonders wichtig erachtet.

»Ja, woher wissen Sie das?« fragte ich, weniger überrascht als müde.

»Nun, ich vertrete die Sofia Press und habe erfahren, daß Sie hier sind. Mein Name ist Guillermo, Guillermo Angelov. Ich würde sie gerne zum Essen in unseren Journalistenclub einladen.«

Ich hatte gerade gegessen und wollte auf dem schnellsten Weg ins Bett. »Nein, danke. Wie wär's mit morgen abend?«

»Warum?« Es klang wie eine Anklage. »Was?« Dicht folgte er mir die Treppe hinauf. »Befürchten Sie, von mir indoktriniert zu werden, weil ich Kommunist bin? Haben Sie schon einen Tag nach Ihrer Ankunft Ihr Urteil über unser Land gefällt? Es ist wahr, ich bin Kommunist, Internationalist. Und ich möchte Sie zum Essen einladen, um zu hören, was *Sie* zu sagen haben. Aber Sie lehnen ab. Haben Sie Angst? Angst vor einer anderen Meinung vielleicht?«

Ich drehte mich um. Wir waren im Flur angelangt, der von einer einzigen, schwachen Glühbirne beleuchtet wurde. Vor mir stand schwer atmend ein Mann Ende Fünfzig mit langen, grauweißen Koteletten, grauen Augenbrauen und dunkler Haut. Seine Schultern fielen nach vorn. Er hielt eine zerbeulte Aktentasche in der Hand, trug eine schwarze Baskenmütze, einen unförmigen Überzieher und Halbschuhe. Auf der Oberlippe und unter den Augen perlte der Schweiß. Trotz seines Alters machte er einen jugendlich ehrgeizigen Eindruck und schien voller Tatendrang zu sein.

»Kommen Sie, ich möchte Sie wirklich nur zum Essen einladen. Wußten Sie, daß wir dieses Jahr das dreizehnhundertste Jubiläum unserer Nation feiern? Seit dreizehnhundert Jahren sind wir ein Volk mit festen Wurzeln, mit einer Identität. Wie alt sind die Vereinigten Staaten? Ah, euereins steht noch auf Kinderbeinen. Es gibt so viel, wovon Sie keine Ahnung haben. Bitte, beehren Sie einen alten Mann; beleidigen Sie mich nicht.«

Dann nahm er die Baskenmütze vom kahlen Kopf, drückte sie an die Brust und verbeugte sich galant.

Wie hätte ich da nein sagen können?

Guillermo rückte mir dicht auf den Leib und redete fast pausenlos, als er mich in der Dunkelheit zur Kreuzung der Straßen Alabin und Graf Ignat'ev führte, wo zwei Straßenbahnlinien zusammentrafen.[1] Ich erinnere mich noch, Guillermo vor einer heranrollenden Bahn zur Seite gestoßen zu haben. Er war, vertieft in seinen Monolog, mitten auf den Schienen stehengeblieben und hatte sich fest bei mir untergehakt. »Wir sind eine große Nation, mein Guter. Unsere Weine sind die besten, besser als die französischen. Unsere Frauen sind die schönsten; betrachten Sie nur die noblen thrakischen Züge, wie aus Marmor gehauen. Die Weltzivilisation hat drei Hauptwurzeln: die französische, chinesische und die bulgarische. Robby...«, so nannte er mich väterlich, »bedenken Sie, was wir alles verloren haben: die Dobrudscha an Rumänien, Thrakien an die Türkei, die Ägäis an Griechenland, und was das schlimmste ist, Makedonien an die Serben.« Voller Verachtung spukte er den Namen der Serben aus. »Aber ich bin kein Nationalist...« Guillermo führte mich nun im Kreis über die vom Schnee freigeschaufelte Straße vor dem Journalistenclub, denn er war immer noch nicht auf seine Pointe gekommen.

1981 ging es im Jounalistenclub regelrecht bacchantisch zu. Es roch nach Hühnersuppe, Pflaumen- und Rebenschnaps, nach Zigarettenqualm und säuerlichen Körperausdünstungen. Berge von Würstchen und Ziegenkäse und leeren Bier- und Weinflaschen türmten sich auf fleckigen Tischdecken. Frauen lagen den Männern in den Armen. Es wurde herumgebrüllt und gelacht, und fast

---

[1] Graf Ignat'ev war ein russischer Diplomat, der 1878 zu Ende des russisch-türkischen Krieges die Kapitulation der türkischen Truppen besiegelte. Siehe Kapitel über Makedonien.

jeder der mit rotem Samt überzogenen Sessel war besetzt. Ein großer, von Wand zu Wand reichender Spiegel vertiefte den verräucherten Raum. Ich fühlte mich so bedrängt und eingeengt wie selten zuvor. Während außereheliche Beziehungen im Westen meist aus einer mittelschichtstypischen Langeweile heraus eingegangen werden, schienen sie hier weiterreichenden Bedürfnissen zu entsprechen. Das politische, öffentliche Leben war für den einzelnen so bestimmend, daß sich ein emotionaler Überhang aufbaute, den die glücklichste Ehe nicht abzutragen vermochte. Und weil man selbst hinter geschlossenen Türen der Kälte nicht entkommen konnte, reichte ein warmer Körper pro Nacht nicht aus: Tagsüber war ein zweiter vonnöten.

Ein schwergewichtiger, grauhaariger Kellner mit rotem Gesicht und schwarzem Frack umarmte Guillermo. »Das ist Lupcho«, klärte mich Guillermo auf. »Er kann aus der Hand lesen.«

»Sieht aus wie Breschnew«, bemerkte ich.

Guillermo übersetzte meinen Vergleich, und Lupcho bedankte sich strahlend für dieses Kompliment.

Er führte uns an einen Tisch. »*Slivova* (Pflaumenschnaps) ist schlecht für die Leber«, meinte Guillermo. Also bestellte er für uns *Grozdova* – einen Brandy. Eine verlebte alte Frau kam herbei und küßte Guillermo rechts und links auf die Wangen. »Robby, hab' ich Ihnen nicht gesagt, wie schön unsere Frauen sind?« Er übersetzte ins Bulgarische. Die Frau drückte ihn an ihre Brust. Guillermo lächelte mir zu. Der Ausdruck seiner Augen verriet jeden seiner Gedankensprünge. Nun schienen sie zu sagen: Warum dem alten Mädchen nicht ein wenig Freude schenken?

Lupcho hatte sich neben mir aufgebaut.

»Er möchte Ihnen aus der Hand lesen«, sagte Guillermo. Ich hielt ihm die geöffnete Hand hin, und er fuhr mit den Fingern darüber.

»Lupcho meint, daß Sie in Kürze Ihrer wahren Liebe begegnen.« (Fünfzehn Monate später traf ich meine Frau.)

»Ich bin schon zum dritten Mal verheiratet«, gestand Guillermo. »Frauen lieben ausschließlich unsere Schwächen, und wenn wir Männer genug davon haben, verzeihen sie uns alles. Schauen Sie sich um, sehen Sie, wie glücklich alle sind, und zwar ständig. Nachts, wenn die Amerikaner schlafen, arbeiten wir, um aufzuholen. Bulgarien ist auf dem Balkan führend in der Robotertechnik«, sagte er, als vertraute er mir ein Staatsgeheimnis an.

Lupcho tafelte auf: Suppen, Salate, noch mehr Brandy und eine Flasche trockenen Weißwein aus der Region um Melnik nahe der griechischen Grenze.

»Ich habe schon gegessen«, sagte ich zu Guillermo.

»Ach, nicht zu zimperlich, mein Junge«, antwortete er und deutete auf die Speisen.

Guillermo fing an, über den amerikanischen Präsidenten herzuziehen, und ich ließ mich dazu hinreißen, mit hitzigen Worten Partei für Reagan zu ergreifen. »Ach ,Robby, Sie wollen mir doch nicht einreden, daß Sie auch einer von diesen Cowboys sind, einer von diesen Rocky-Mountains-Reaktionären.«

»Cowboys! Lieber ein Cowboy als ein Sklave der Russen. Das Land hier ist doch alles andere als unabhängig.« Ich war bereits ziemlich angeheitert. Guillermo fühlte sich durch mein Verhalten – ich schrie, stritt und trank mit ihm – offenbar geehrt. Ich glaube, dies war der Beginn unserer Freundschaft, und ich fing an, Bulgarien wirklich kennenzulernen.

»Sie bezeichnen uns als Sklaven. Ja, und ihr Westler habt noch so ein albernes Wort für unser Land: *Satellit* – als würde unsereins im Weltraum kreisen. Unsinn. Sie haben doch keine Ahnung, was uns die Türken angetan haben, was es bedeutet, unter dem Joch der Sultane zu stehen. Davon haben uns die Russen befreit. Trotzdem, wir sind stolz. Im Ersten Weltkrieg sind wir gegen die Russen zu Felde marschiert. Na schön, jetzt sind wir schwach und von Feinden umzingelt. Also lassen wir uns von den Russen beschützen; gleichzeitig machen wir Geschäfte auf eigene Rechnung«... Guillermo rieb Daumen und Zeigefinger aneinander – »und zwar mit Türken, Griechen und Serben. Die Russen lassen uns freie Hand. Und da behaupten Sie, wir seien nicht frei? Von den Russen beziehen wir Öl und billige Rohstoffe. Wir melken sie ab. Aber ihr im Westen habt doch keine Ahnung von dem, was in unserer Ecke geschieht. Ich bezweifle sogar, daß eure Cowboys Bulgarien auf der Landkarte ausfindig machen können. Ihr kümmert euch nur um den Konflikt zwischen Amerika und Rußland. Für uns ist der Kalte Krieg zwischen den Supermächten nicht mehr als ein vorübergehendes Phänomen unserer langen Geschichte. Wir sind die intelligentesten aller Bauern, und in Fragen des Überlebens wissen wir besser Bescheid als euereins.«

Seine Argumente machten Wirkung auf mich, zumal ich gerade aus Rumänien gekommen war, das in Amerika zu dieser Zeit

(1981) noch hoch im Kurs stand aufgrund der angeblich »unabhängigen Außenpolitik« Ceaucescus. Bulgarien dagegen war ganz und gar nicht angesehen. Doch nun zeigte sich mir ganz deutlich, daß die Bulgaren, so arm sie auch sein mochten, wirtschaftlich sehr viel besser dastanden und auch mehr persönliche Freiheiten genossen als die Rumänen. Eine solch unbekümmerte, betrunkene Diskussion, wie wir sie hier führten, wäre undenkbar gewesen jenseits der Donau im Schatten Ceaucescus, dessen Staat von amerikanischen Politikern die Gunst eines Sonderstatus' für Handelsbeziehungen eingeräumt wurde.

»Trotzdem bin ich der amerikafreundlichste aller Bulgaren«, fuhr Guillermo fort. »Ich habe 1942 meinen Abschluß auf einem amerikanischen College in Sofia gemacht. Wissen Sie, daß ich der erste Korrespondent der BTA [der offizielle Nachrichtendienst der kommunistischen Regierung Bulgariens] in China gewesen bin, und zwar 1957? Wie soll ich mich ausdrücken... bei uns sieht der Journalismus anders aus als bei Ihnen. Ich war eine Art offizieller Repräsentant Bulgariens in China. Mao und Tschou En-lai zählten zu meinen Freunden. Und jetzt raten Sie mal, mein Guter, wie ich an diesen Job gekommen bin. Aufgrund meiner Ausbildung am amerikanischen College.«

»Ist das College nicht von den Nazis geschlossen worden?« fragte ich.

»Nein.« Guillermo zeigte sich ein wenig verlegen. »Nach 1942 konnte zwar wegen des Krieges der Unterricht nicht fortgesetzt werden, aber offiziell war die Schule geöffnet. Geschlossen wurde sie erst 1946...«

»Von den Kommunisten«, ergänzte ich.

Guillermo kniff die Brauen zusammen, zuckte mit den Schultern und gab damit auf orientalische Weise zu verstehen: Na und, was kann man da machen?

»*Guillermo*, das ist doch kein bulgarischer Name, oder?« fragte ich.

Er schmunzelte. »Zu Anfang dieses Jahrhunderts ging mein Vater nach Alexandria in Ägypten und machte dort mit Textilhandel ein Vermögen. Sein bester Freund war Spanier und hieß Guillermo. Nach ihm wurde ich benannt. Übrigens hat mein Vater als Soldat die Balkankriege mitgemacht. Ich dagegen habe mich während des Zweiten Weltkrieges in den Wäldern versteckt, um nicht kämpfen zu müssen. Wie Sie wissen, war Bulgarien mit den Faschisten verbündet. Nie werde ich vergessen, wie im September 1944 die Russen kamen. Ich war in Sicherheit und konnte wieder frei atmen.«

»Können Sie immer noch frei atmen?«

Guillermo grinste und verdrehte die Augen. »Jungchen, was haben Ihnen die Reaktionäre bloß für Flausen in den Kopf gesetzt? Dabei sind Sie doch im Grunde ganz gescheit.«

Ein ältlich und müde aussehender Mann mit weißem Haar kam an unseren Tisch und umarmte Guillermo. Erst nach mehreren Sekunden trennten sich die beiden wieder.

»Robby, ich möchte Ihnen den größten Auslandskorrespondenten des zwanzigsten Jahrhunderts vorstellen: Wilfred Burchett.«

Wir gaben uns die Hand.

Guillermo hatte den Arm über Burchetts Schulter gelegt, betrachtete ihn mit stolzem Blick und sagte:»Er ist der größte. Hat vierzig Bücher geschrieben. War der erste in Hiroshima, nachdem Truman, dieser Verbrecher, die Bombe hat abwerfen lassen. Der einzige Westkorrespondent, der über den Koreakrieg vom Norden aus berichtete. Und als erster ist er über den Ho-Chi-Minh-Pfad gegangen. Hier, meine Baskenmütze; Wilfred hat sie mir aus Spanien mitgebracht, wo er in den 70er Jahren über den Niedergang des Faschismus berichtete.«

Guillermos Ausführungen trafen durchaus zu. Burchett hatte tatsächlich weltweit fast jeden Kriegs- und Revolutionsschauplatz nach dem Zweiten Weltkrieg aufgesucht und seine Augenzeugenberichte in zahlreichen Büchern veröffentlicht. Er konnte sich in mehreren asiatischen Sprachen verständigen und hatte vertrauten Umgang mit Mao, Ho Chi Minh, Kim Il Sung und anderen gepflegt, die für westliche Journalisten kaum erreichbar waren. 1911 in Australien geboren, hatte Burchett aufgrund der Armut, in der er aufwuchs, der Weltwirtschaftskrise der 30er Jahre und des faschistischen Terrors von Deutschen und Japanern einen radikalen Kurs eingeschlagen. 1953 wirkte er bei den Friedensverhandlungen zum Abschluß des Koreakrieges als eine Art halb-offizieller Sprecher der nordkoreanischen Delegation. Jahrelang hielten sich Gerüchte, wonach Burchett ein bezahlter Agent des KGB gewesen sein soll. Manche Indizien wiesen darauf hin, doch wirkliche Beweise konnten nie ermittelt werden. In den 50er Jahren entzog ihm die australische Regierung den Reisepaß, woraufhin Burchett mit einem *Laissez-passer* reiste, der ihm vom kommunistischen Regime Nordvietnams ausgestellt worden war.

Falls Burchett tatsächlich beim KGB im Lohn stand, so hat ihn das nicht gerade vermögend gemacht, denn er und seine Familie lebten meist an der Armutsgrenze. Als herumziehender Journalist und Autor von Büchern, die nur wenige lasen, verdiente er gerade genug, um seine Familie durchzubringen. Ständig ohne Geld in der Tasche, mehrsprachig, sehr gefühlsbetont und vor Wissen geradezu übersprudelnd, fand er überall schnell Freunde. Wer Burchett kennenlernte, mußte ihn gern haben – so auch Henry Kissinger. Während der 1972 in Paris stattfindenden Friedensgespräche fungierte Burchett als Mittelsmann bei den Verhandlungen zwischen Kissinger und Nordvietnamesen.

Begeistert erzählte mir Burchett von seinem jüngsten Projekt. »Ich arbeite an einem Buch über Bulgarien; es wird eine Zusammenstellung von Notizen sein, die ich über Jahre gesammelt habe.« Wie er mir sagte, lebte er seit 1980 mit seiner Familie in Bulgarien, dem Geburtsland seiner Frau. Als er hierhergezogen war, wurde in Amerika gerade Reagan zum Präsidenten gewählt. Nach Burchetts Einschätzung fing damit eine neue Phase des Kalten Krieges an, und er fürchtete um neue Attacken gegen die »Volksrepubliken« des Ostens. 1983, zwei Jahre nach unserem Zusammentreffen, verstarb Burchett in Sofia.

»Robby«, rief Guillermo, »seien Sie doch nicht so albern wie die anderen Spinner, die unseren Staat als Satelliten Moskaus verunglimpfen! Werfen Sie mal einen Blick zurück in die Geschichte, und dann urteilen Sie über uns.«

Burchett und Guillermo lagen sich immer noch in den Armen.

Zu dritt gingen wir hinaus auf die Straße. Der Alkohol, die erregte Debatte und meine Freude darüber, in diesem für mich fremden Land neue Bekanntschaften gemacht zu haben, hatten mich wieder in Fahrt gebracht. Der Abschied von Burchett dauerte lange. Dichtes Schneetreiben hatte eingesetzt, als Guillermo ihm eine lange Liste von Büchern aufzählte, die er mir zu lesen geben wollte.

»Robby«, flüsterte Guillermo dann. »Ich versorge Sie mit Informationen, und im Gegenzug bekomme ich was von Ihnen. Einverstanden?«

»Was denn zum Beispiel?«

»In der amerikanischen Zeitschrift *Current History* stand unlängst ein Artikel über China. Können Sie mir den besorgen? Als alter China-Experte würde ich gerne auf dem laufenden sein.«

»Aber das können Sie doch in der amerikanischen Bibliothek in Sofia nachlesen.«

Guillermo streckte beide Hände aus. »Robby, da reinzukommen, ist nicht so einfach. Es könnte mich womöglich jemand von der Straße aus beobachten.«

»Mit der Freiheit ist es hier also doch nicht so weit her.«

»Müssen Sie unsere Verhältnisse denn immer nach *Ihren* Maßstäben beurteilen? Sie wissen nicht, wie es im Krieg hier zugegangen ist.« Zum ersten Mal wirkten Guillermos Augen betrübt. Er gab mir Rätsel auf. Wie kam dieser charmante Mann, der ausgezeichnet Englisch sprach und in jungen Jahren Bulgariens erster Korrespondent im kommunistischen China gewesen war – wie kam er dazu, mich armen freien Journalisten durch die Gegend zu begleiten? Eigentlich hätte er längst irgendeinen Botschafterposten besetzen müssen; statt dessen aber verdingte er sich als kleiner Krauter für die Sofia Press Agentur. Nachdem ich ihm versprochen hatte, mich mit ihm am nächsten Morgen wieder zu treffen, gingen wir auf beschneiter Straße auseinander.

Ich hatte keine Lust, sofort ins Hotel zurückzukehren, und beschloß, noch eine Weile herumzuschlendern. Sofia war, wie ich feststellte, eine überschaubare Stadt voll eindrücklicher Ansichten. Die unter Glutlicht golden und grün strahlenden Kuppeln der Alexander-Nevski-Kathedrale tauchten auf wie eine Vision des mittelalterlichen Byzantismus, was eine beunruhigende Wirkung auf mich ausübte, weil sich in unmittelbarer Nähe der Kathedrale die kommunistische Parteizentrale mit ihren massiven Kolonnaden befanden sowie das Mausoleum, worin – gespenstisch – der konservierte Leichnam Dimitrovs lag. Mir war, als tuschelten Verschwörer aus Mittelalter und Neuzeit miteinander, als mischte sich ihr Flüstern unter die Stille.

»Bulgarien: ein kleines Land, das sich leicht in ein Menschenherz einschließen läßt, und doch so reich gesegnet ist wie ein ganzer Kontinent... eine Handvoll Himmel, von Dämonen besessen«, schreibt Mercia MacDermott in *The Apostle of Freedom*, einer Biographie Vasil Levskys, jenes Mannes, der im neunzehnten Jahrhundert den bulgarischen Guerilla-Kampf gegen die Türken angeführt hatte.

Die proto-bulgarische Bevölkerung ist – wie auch Teile der Madjaren und Türken – turkstämmig und kommt aus Innerasien. Um 681 n. Chr. überquerten 250000 Mitglieder dieser Gruppe unter der Anführung von Chan Asparuch die Donau in das Gebiet, das später Bulgarien wurde. Dort mischten sie sich mit Slawen, die schon 150 Jahre zuvor die Balkanhalbinsel erreicht hatten. »Wie so viele Mischvölker«, demonstrierte diese neue Ethnie ein beachtliches Ausmaß an »Virilität, Zusammenhalt und Durchsetzungskraft«, wie der Historiker Nevill Forbes bemerkt.

Zu Beginn des Mittelalters war Bulgarien eines der mächtigsten und fortschrittlichsten Königreiche Europas. Nicht selten bedrohte dieses Mini-Byzanz die Herrscher Konstantinopels. Zwischen dem neunten und zehnten Jahrhundert und lange vor dem Aufstieg Serbiens errichteten die bulgarischen Könige Boris I. und Simeon ein Reich, das sich von Albanien im Westen bis zum Schwarzen Meer im Osten, von den Karpaten im Norden bis zur Ägäis im Süden erstreckte. Als erstes aller slawischen Völker bekannten sich die Bulgaren 865 zum orthodoxen Christentum. Von hier aus verbreiteten die Mönche Kyrillos und Methodios ihre Lehre wie auch das kyrillische Alphabet und machten so Bulgarien zur Wiege der slawischen Sprachen und Kulturen. Bis heute gilt die bulgarische Sprache als das Latein aller Slawismen.

Dieser sprachliche Stolz ist mitverantwortlich dafür, daß sich ein Nationalbegriff entwickelte, der nach balkanischen Standards als durchaus liberal zu bezeichnen ist. Weil die bulgarischen Juden wie ihre Mitbürger bulgarisch sprachen, wurden sie stets als Gleiche behandelt. Das pro-nazistische Regime unter König Boris II. und seine Widersacher, die bulgarischen Partisanen, konspirierten gemeinsam, um die Juden vor einer Deportation zu bewahren. Bis auf Dänemark hat sich kein anderes europäisches Land, das von den Nazis besetzt war, dem Holocaust so erfolgreich widersetzt wie Bulgarien – zumindest innerhalb seiner Grenzen.[2] Guillermo versicherte immer wieder, daß »die Bulgaren« (damit meinte er die in Bulgarien geborenen Juden Israels) »die einflußreichste Fraktion« in der israelischen Politik seien und stets auch

---

[2] Außerhalb ging die Brutalität bulgarischer Truppen ins Extrem: Gemeinsam mit den Deutschen trieben sie makedonische sowie griechisch sprechende Juden auf dem Balkan zusammen, um sie in Todeslager zu deportieren.

bulgarische Interessen im Auge behielten. Für ihn war es unvorstellbar, daß jemand, der in Bulgarien geboren war und Bulgarisch als Muttersprache erlernt hatte, jemals auf den Gedanken kommen könnte, kein Bulgare zu sein. Er behauptete, einen Israeli bulgarischer Abstammung zu kennen, der nach Bulgarien gekommen war und sofort die Landessprache verstand, obwohl er diese nie zuvor gehört hatte. »Unsere Sprache steckt in den Genen«, meinte Guillermo.

Zu Beginn des elften Jahrhunderts siegte der byzantinische Kaiser Basileios II. in der Schlacht von Belasica über König Samuel und ließ 14000 Kriegsgefangenen die Augen ausstechen. Dies ist das schrecklichste Datum der bulgarischen Geschichte. Das Land fiel wieder unter byzantinische Kontrolle.[3] Die Bulgarenzaren Kalojan und Asen II. eroberten im zwölften und dreizehnten Jahrhundert das verlorene Territorium zurück und führten es zu noch größerer kultureller und wirtschaftlicher Blüte.

Doch die junge Nation zerfiel infolge etlicher Invasionen, und schließlich herrschten osmanische Türken fünfhundert Jahre lang über das Land. Bulgarien litt mehr unter der Fremdherrschaft als alle seine Nachbarn, da es als Hauptstützpunkt für das türkische Militär herhalten mußte, das von hier aus weiter nach Europa vorzudringen versuchte. Ganze Städte wurden evakuiert, Bauern zur Zwangsarbeit verpflichtet und das relativ fortschrittliche Feudalsystem durch ein primitiveres ersetzt. Bulgarien war neben Serbien das erste von den Türken besetzte Balkanland; als letztes konnte es sich befreien. »Von 1393 bis 1877 stand für Bulgarien die Geschichte still«, schreibt Forbes. Er fährt fort:

> Kein anderes Balkanvolk ist so rigoros unterdrückt und zunichte gemacht worden wie das der Bulgaren. Die Griechen hatten dank ihrer Cleverneß und ihres Reichtums den türkischen Sturm schon bald ab- und umlenken können. Die Rumänen lebten im Schutz der Donau und weit entfernt von Konstantinopel. Auch die Serben waren der türkischen Wut weniger offen ausgeliefert, da sie sich in ihre unwegsamen Berge zurückziehen konnten. Bulgarien wurde schlichtweg vernichtet...

[3] Belasica liegt im Strumagebiet nahe der heutigen Grenze zu Griechenland und dem ehemalig jugoslawischen Makedonien.

In der zweiten Hälfte des zwanzigsten Jahrhunderts trat ein schwelendes, entgliedertes Gespenst von Nation in Erscheinung. »Die türkische Sklaverei ist nach wie vor unser größtes nationales Problem«, sagte mir Guillermo.

Signifikanterweise ist der bedeutendste Feiertag im bulgarischen Kalender weder ein christlicher noch offiziell kommunistischer, sondern der Todestag Levskys, des Guerilla-Anführers, der 1873 – sechsunddreißigjährig – von Türken hingerichtet wurde. Alljährlich pilgern am 19. Februar Mengen blumengeschmückter Menschen frühmorgens durch die Straßen Sofias zu dem Platz, auf dem Levsky erhängt wurde. Gegen Mittag versinkt das Ehrenmal in einem Meer von Blumen. Levsky war Bulgariens größter *Yunak* – also ein junger, edler Held von nahezu mythischer Dimension. Er, der als orthodoxer Mönch gelebt hatte, organisierte den nationalen Widerstand. Sein Lager war die Stara Planina – der »alte Berg« –, eine lange Gebirgskette, die sich quer über Bulgarien erstreckt und üblicherweise mit dem türkischen Wort für Gebirge bezeichnet wird. Es verleiht der gesamten balkanischen Halbinsel ihren Namen.

Levskys Hinrichtung führte schließlich im April 1876 zu einem landesweiten Aufstand, der von den Türken brutal unterdrückt wurde. Er stand am Anfang eines Guerillakrieges, der über ein Viertel Jahrhundert währte. In dessen Verlauf legten die Türken Hunderte von bulgarischen Dörfern in Schutt und Asche; die meisten Opfer waren Zivilisten. Gegen Ende des vorigen Jahrhunderts gelangte Bulgariens Kampf gegen das hinfällige Sultanat ins Bewußtsein liberaler Zeitgenossen in Ost und West – ähnlich wie später der Vietnamkrieg. Schriftsteller wie Oscar Wilde, Victor Hugo und Iwan Turgenjew forderten lautstark die Unterstützung des bulgarischen Widerstandes, so auch der britische Staatsmann William Gladstone sowie Guiseppe Garibaldi, der Held des italienischen Freiheitskampfes. Walt Whitmans freiheitsbeschwörende Verse aus *Leaves of Gras* (»Grashalme«) treffen nicht zuletzt auf die bulgarische Situation jener Zeit zu, in der dieses epische Gedicht erschien. Der Westen hat diese Zeit längst vergessen, nicht so die Bulgaren.

1877 und 1878 – in der vielleicht kritischsten Phase der bulgarischen Geschichte – drangen russische Streitkräfte ins Land und befreiten es von der osmanischen Vorherrschaft mit dem Ziel, einen pro-russischen Pufferstaat zur Türkei zu errichten. Zwar verpflichtete der Vertrag von Berlin das junge, unabhängige Bulgarien 1878 dazu, Thrakien und Makedonien an die Türkei abzutreten (was einen neuen Guerilla-Aufstand auslöste), doch Bulgariens Dankbarkeit den Russen gegenüber schwand niemals gänzlich. Die Befreiung durch die Russen war seit dem Mittelalter einer der glücklichsten Momente in der bulgarischen Geschichte. 1882 wurde mit dem Bau der Alexander-Nevski-Kathedrale zu Ehren der 200000 russischen Soldaten, die im Krieg gefallen waren, begonnen. Allerdings hatte die Verehrung von »Großvater Iwan«, wie Rußland bisweilen unter Bulgaren hieß, auch Grenzen und Schattierungen, die jedoch nicht ins Klischee paßten, das der Westen zur Zeit des Kalten Krieges dem Ostblock anlegte, und die er folglich nicht zur Kenntnis nahm. Wie Guillermo bemerkte, konnte die Dankbarkeit dem Zarenreich gegenüber Bulgarien nicht davon abhalten, im Ersten Weltkrieg gegen Rußland zu kämpfen.

Territoriale Unabhängigkeitsbestrebungen – vor allem, was Makedonien betraf – führten 1913 zur Niederlage Bulgariens während des Zweiten Balkankrieges und schließlich zu einer verheerenden Allianz mit Deutschland sowohl im Ersten als auch Zweiten Weltkrieg. Die Verluste Makedoniens, der Verbindung zur Ägäis, und anderer Gebiete verbitterten die bulgarische Nation und schürten den Haß gegen die benachbarten Serben, Griechen, Rumänen und Türken. Zwischen dem Ersten und Zweiten Weltkrieg verunsicherte und brutalisierte der makedonische Terrorismus die Politik in Sofia. In dieser Phase glich Bulgarien dem zerrütteten syrischen Staat der 50er und 60er Jahre. Als im September 1944 zum zweiten Mal russische Truppen ins Land marschierten, war das Nationalgefühl der Bulgaren zutiefst erschüttert. Extreme Resignation hatte sich breit gemacht, was die Sowjets für sich auszunutzen verstanden.

Die sowjetische Herrschaft kam die Bulgaren nicht allzu teuer zu stehen, zumal ihr Land nicht an die Sowjetunion angrenzte wie Rumänien, Ungarn, die Tschechoslowakei und Polen, die nach dem Zweiten Weltkrieg ihre Grenzen zugunsten der Union nach Westen verschieben mußten. Bulgarien lag weit entfernt vom Eisernen Vorhang und war somit von strategisch geringer Bedeutung. Als sich das Land unter der Moskau-treuen Führung Dimitrovs konsolidierte, rückten die sowjetischen Truppen ab und kehrten nur zu alljährlich stattfindenden Manövern zurück. Die

»Vasallen« der Sowjetunion genannt zu werden, hörten Bulgaren gar nicht gerne; sie wiesen darauf hin, daß zum Beispiel Ungarn (das während der 60er und 70er Jahre im hohen Ansehen des Westens stand) 60 000 sowjetische Soldaten beherbergen mußte, Bulgarien dagegen keinen einzigen.

Die Russen verschonten Bulgarien also von Besatzungstruppen und Gebietsverlusten; darüber hinaus boten sie dem Land ein psychologisches Trostpflaster: die Schutzgarantie gegenüber der Türkei sowie zahlreiche Gelegenheiten, mit dem einstigen Kolonialherren aus starker Position heraus zu verhandeln. Ein bulgarischer Diplomat sagte mir: »Der Bär beschützt uns vor dem kläffenden Hund.«

Im September 1982 – ich war gerade von meinem ersten Besuch in Sofia zurückgekehrt – veröffentlichte *Readers Digest* einen Artikel von Claire Sterling mit dem Bild »The Plot to Kill the Pope« (Der Anschlag auf den Papst). Sterling ist als Autorin spezialisiert auf das Thema des internationalen Terrorismus. Nach ihrer Überzeugung war der türkische Attentäter Mehmet Ali Agca, der 1981 auf Papst Johannes Paul II. geschossen und ihn verwundet hatte, nicht der verrückte Einzelgänger, für den man ihn hielt, sondern vielmehr ein Agent der Darzhavna Sigurnost, also der geheimen Staatspolizei Bulgariens. Ein paar Wochen nach Erscheinen des Artikels verhaftete die italienische Polizei den Chef des römischen Büros der Balkan Airlines (der staatlichen Fluggesellschaft Bulgariens). Sergei Ivanov, so sein Name, stand im Verdacht, an der Verschwörung gegen den Papst beteiligt gewesen zu sein.

Es zeichnete sich folgende Geschichte ab:

In den 70er Jahren ermutigte der sowjetische KGB die Bulgaren, Waffen zu liefern an alle separatistischen oder extremistischen Gruppen in der Türkei, um das fragile parlamentarische System dieser östlichen NATO-Bastion zu destabilisieren. Gleichzeitig erhielt Bekir Celenk, eine führende Figur im türkischen Untergrund, die Erlaubnis, Sofia zum Stützpunkt seiner kriminellen Organisation zu machen, die europaweit operierte. Über die staatseigene Speditionsfirma Kintex brachten Bulgaren Gewehre in die Türkei und halfen dabei, Heroin und andere Drogen herauszuschmuggeln. Agca, der angeblich sowohl von den neonazistischen »Grauen Wölfen« der Türkei als auch von der marxistischen »Türkischen Volksbefreiungsarmee« als Attentäter angeheuert worden war, hatte nicht nur einen Namen im türkischen Untergrund, sondern auch bei der Sigurnost in Sofia.

Karol Wojtyla, der Kardinal von Krakau, wurde 1978 Papst Johannes Paul II. Die Wahl des ersten polnischen Papstes half 1980 der antikommunistischen Solidarität Bewegung in Polen aus der Taufe. Die Existenz eines polnischen Papstes bedrohte somit die Stabilität des größten und bevölkerungsreichsten Satellitenstaates des Kreml. Und wer hätte den Mordauftrag besser ausführen können als die Bulgaren, deren Sigurnost mehr als alle anderen osteuropäischen Geheimdienste vom KGB dominiert wurde und dank der Beziehungen zu türkischen Drogenschmugglern einen Zugriff hatte auf obskure »rechtsextreme« Killer, die niemand mit Moskau in Verbindung brachte?

»Von Anfang an waren wir vollauf überzeugt davon, daß der KGB hinter dem Anschlag stand«, hatte ein Angehöriger des Vatikans *Newsweek* gegenüber betont.[4]

Laut Auskunft Sterlings und der Justizbehörden Italiens mietete sich Agca 1980 im Vitosha Otani Hotel von Sofia ein, wo er mit einem gefälschten Reisepaß ausgestattet und dann dem türkischen Unterweltboß Bekir Celenk vorgestellt wurde, der ihm 1,7 Millionen Dollar bot für das Attentat auf den Papst. Zwei Monate brachte Agca in dem Hotel zu, das von der bulgarischen Geheimpolizei vom Keller bis zum Dach zu Abhörzwecken verdrahtet war.

Anschließend verpraßte Agca, der in einem armen Dorf mitten in der Türkei aufgewachsen war, 50000 Dollar auf einer Tour durch Europa, mit der er die Spur aus Bulgarien zu verwischen versuchte, bevor er nach Rom kam, wo ihm Antonov und zwei andere Bulgaren eine Unterkunft vermittelten und ihn an jenem Tag zum Petersplatz chauffierten, an dem er auf den Papst anlegte. Agca wurde, nachdem er geschossen hatte, auf der Stelle verhaftet. Die Polizei fand angeblich bei ihm fünf Telefonnummern: zwei von der bulgarischen Botschaft in Rom, eine vom bulgarischen Konsulat, eine andere vom Büro der Balkan Airlines; die fünfte – eine Geheimnummer – führte zur Wohnung von Todor Ayvazov, einem Mitarbeiter der bulgarischen Botschaft.

[4] *Newsweek*, Ausgabe vom 3. Januar 1983.

Ende 1982 kehrte ich nach Sofia zurück, wieder mit dem Zug aus Rumänien. Ich hatte eine Ausgabe von Eric Amblers Meisterwerk *Die Maske des Dimitrios* dabei. Es erzählt die Geschichte eines halbseidenen Mannes namens Dimitrios, der auf dem Weg nach Europa durch Bulgarien reist und in eine finstere, verwickelte Intrige um Drogenschmuggel und politische Attentate gerät. Das Buch kam bereits 1939 heraus. Zum Schluß schreibt Ambler: »Besondere Bedingungen begründen die Existenz eines so besonderen Kriminellen von der Art Dimitrios'... Diese Bedingungen herrschen vor, wenn Chaos und Anarchie als Ordnung und Aufklärung maskiert in Erscheinung treten.«

Die Russen lassen uns freie Hand... Und da behaupten Sie, wir seien nicht frei? hatte mir Guillermo ein Jahr zuvor gesagt. Er bezog sich auf Geschäfte unter anderem mit der Türkei. Inzwischen fragte ich mich, ob die Geschichte um den türkischen Kriminellen Agca, falls sie denn zutraf, für Bulgaren womöglich von besonderem Reiz sein könnte, eine Art späte Rache, die sich an der Person Agcas entschädigte für das historische Schicksal, das ihnen von dessen osmanischen Vorfahren auferlegt worden war. Das Ziel dieser Übung, die Ermordung eines Papstes, mag zweitrangig gewesen sein. Auf dem Balkan werden kurzgreifende Visionen geboren, und das von den Türken verursachte Leid engt womöglich die Weltsicht der Bulgaren zusätzlich ein.

Guillermo erwartete mich vor dem Eingang zum Grandhotel Bulgaria. Ich hatte ihm per Telex meine Ankunft angekündigt.

»Komm, Robby, wir müssen sofort los. Du bist genau im richtigen Moment angekommen. Pack deine Sachen später aus. Mach dich auf sensationelle Nachrichten gefaßt. Die Führung der BTA hält eine Pressekonferenz im Journalistenclub ab; es geht um die verbrecherische Provokation des Westens. Hat Wilfred nicht eine neue Phase des Kalten Krieges prophezeit?« Guillermo war ganz aufgeregt.

Es war am 1. Dezember 1982, elf Uhr vormittags. Der Journalistenclub an der Graf-Ignat'ev-Straße stank nach Zigarettenqualm und Pflaumenschnaps. Im hinteren Teil des Saals stand ein fahlgesichtiger Mann mit schütterem Haar: Boyan Traikov, der Direktor der BTA (der Bulgarischen Telegraphischen Agentur) und offizielle Sprecher der kommunistischen Regierung. Er unterbrach seine Rede immer wieder, um an seiner Zigarette zu ziehen. Zum ersten Mal reagierte der Staatsapparat öffentlich auf die Spekulationen der internationalen Presse über die »bulgarische Connection« des Anschlags auf den Papst. Einige wenige Westdiplomaten und ich waren die einzigen anwesenden Ausländer. Guillermo übersetzte für mich.

»Mein Lieber, hier werden dir heiße Erstmeldungen serviert. Jetzt erfährst du endlich, was wirklich passiert ist.«

Traikov behauptete, Sterlings Artikel und Antonovs Verhaftung durch die italienische Polizei seien »Teil des Komplottes« gewesen, »ausgeheckt von westlichen Geheimdiensten, um der Entspannung entgegenzuwirken und um in Polen anti-bulgarische Ressentiments zu wecken«, weil sich dort die Lage gerade wieder normalisierte. Als »normal« stellte sich Traikov wohl die Unterdrückung der Solidarität-Bewegung und die im Jahr zuvor erfolgte Verhaftung ihres Anführers Lech Walesa vor. Zwar war Traikovs Auftritt als Pressekonferenz ausgegeben worden, doch keiner der anwesenden Journalisten stellte Fragen oder eilte hinaus, um die Nachrichten an seine Reaktion weiterzuleiten. Als Traikov mit seinen Auslassungen am Ende war, blieben alle im Saal und tranken weiter.

Guillermo arrangierte dann für mich ein Interview mit Traikov in dessen nahegelegenem Büro. Traikov behauptete, daß Sterling wie alle anderen Journalisten, die geringschätzig über Bulgarien schrieben, entweder vom CIA bezahlt oder, ohne es zu wissen, als Einfaltspinsel mißbraucht werde. Bulgarien in der Form zu beschuldigen, komme einer Provokation der Sowjetunion und ihres neuen Staatschefs Yuri Andropov gleich, zumal dieser KGB-Chef war, als Agca auf den Papst anlegte. Falls »dieser Unsinn« über eine Beteiligung Bulgariens weiterhin verbreitet würde, wäre die Entspannungspolitik bald am Ende. *Oder zielt der Westen etwa darauf ab?* Als ich andeutete, daß sich immerhin gewisse türkische Unterweltsbosse in Bulgarien aufgehalten hätten und noch aufhielten, wechselte Traikov das Thema. Wirkliche Neuigkeiten waren von ihm nicht zu erfahren, nicht einmal ansatzweise.

Aufschlußreicher fand ich Traikovs Benehmen; auch Guillermo verhielt sich ganz ungewöhnlich in dessen Gegenwart. Die Bulgarische Telegraphische Agentur lag in einem großen Gebäude am Lenin-Boulevard in Sofia. Traikovs Büro war eine tiefe, dunkle, verräucherte Höhle von einschüchternden Ausmaßen. Wer sie erreichen wollte, mußte eine Reihe von Vorzimmern, Sekretärinnen und Wachbeamten passieren. Die Atmosphäre hätte eher zu einem Polizei- oder Innenministerium gepaßt als zu einer Nachrichtenagentur. Traikov zeigte ein überlegenes, tückisches Grinsen. Der Blick seiner geröteten Augen war bohrend und verschlagen. Als Frau hätte ich mich vor ihm nicht sicher gefühlt. Im Gegensatz zu Guillermo trug er einen Anzug westlichen Zuschnitts; er bot mir eine Filterzigarette aus dem Westen an – ein Luxusgut in Bulgarien. Guillermo wirkte extrem nervös, machte mich auf umständlich ehrerbietige Weise mit Traikov bekannt und übertrieb maßlos, was die Wichtigkeit meiner Person anging, als gelte es, Traikov zu versichern, daß er meinetwegen keine Zeit verschwende. Traikov würdigte ihn keines Blickes und musterte mich wie einen Untergebenen. Wenn ich zurückdenke an Guillermos Huldigung Traikovs, erinnere ich mich gleichzeitig an die auf den Personenkult um Stalin gemünzten Worte des ermordeten Dissidenten Markov: »Es war, als bespuckte man sich selbst.«

Nach dem Treffen mit Traikov nahm mich Guillermo mit in seine Wohnung, die sich in einem baufälligen Haus befand und ohne Heizung war. Seine Frau Margarita hatte mir zu Ehren ein Festmahl vorbereitet. Zu dritt setzten wir uns auf eine antike Truhe, die als Bank fungierte, an den Tisch. »Jeder ist gegen und gleichzeitig für den anderen, und zwar aus zwingenden Gründen der Selbstbehauptung. In dieser notwendigen Nähe wärmen wir uns gegenseitig; wir spüren sofort, wenn den anderen ein Frösteln überkommt. Auf diese Weise können wir stundenlang miteinander kommunizieren, ohne ein Wort zu sprechen«, schreibt Markov.

Guillermos kleines Wohnzimmer war ein Museum seiner Jahre als China-Korrespondent von 1957 bis 1961: Vasen, Statuetten, Seidenvorhänge; das Fell eines Tigers, den er angeblich erlegt hatte, bedeckte fast die gesamte Fläche einer Wand. Die Jagd beschrieb er mir im Detail, und er erzählte von Lagerfeuern, vom Schlaf im Wald und Aufbruch vor Sonnenaufgang, um mit chinesischen Freunden dem Tiger aufzulauern. »Damals habe ich viel erlebt, Robby; du glaubst es kaum. Kannst du dir vorstellen, was es bedeutet, in den 50er Jahren bis nach China zu reisen? Tja, das war meine – wie sagt man? – Sturm- und Drangzeit.« Er packte mich beim Arm. »Ein Mann, Robby, ist erst dann ein Mann, wenn er unterwegs ist. Schreib Bücher, Robby!« empfahl er mir nachdrücklich. »Und streng dich an dabei, mach keinen Schrott. Nimm dir an Wilfred Burchett ein Vorbild.

Spielst du eigentlich ein Musikinstrument, Robby?«
»Ich hab's mal mit Gitarre versucht, aber kein Talent.«
»Ich hab' mal Geigenunterricht genommen. Schreckliche Quälerei. Das Ding ist längst verkauft.«
In meinem Hals bildete sich ein Kloß. Auch mein Vater hatte seine Geige im Pfandhaus versetzt.

Guillermos Gegenwart sah trübe aus; also zog er sich in erinnerte Vergangenheit zurück und umgab sich mit musealen Dingen.
»Was hältst du von Traikov, Guillermo?«
Er verzog das Gesicht, beugte sich mir zu und sagte geheimnisvoll: »Seine Frau ist eine Ballettänzerin. Beide stehen Zivkov sehr nahe. *Nomenklatura*, du verstehst?« Er stach mit dem Zeigefinger in die kalte Luft des Zimmers und verzog erneut das Gesicht. Lange Zeit fiel kein Wort mehr.

Am nächsten Morgen besuchte ich die Alexander-Nevski-Kathedrale, in der eine der bedeutendsten byzantinischen Ikonensammlungen der Welt aufbewahrt wird.
Die schönsten Exponate datieren auf das späte vierzehnte Jahrhundert zurück, in die Zeit unmittelbar vor der türkischen Invasion. Obwohl 600 Jahre alt, sind diese Ikonen nahezu unversehrt. Das Blattgold, das Rubin- und Granatapfelrot, die Ockerfarben, die nachtblauen Töne und selbst das Grau leuchten wie kostbare Steine. Die Augen des Heiligen Georg, der Jungfrau Maria, von Johannes dem Presbyter oder dem Heiligen Johannes von Rila glichen denen der byzantinischen Kaiser und Kaiserinnen; mehr noch, sie wirkten zurückhaltend, wie Hüter von Geheimnissen. Hierin, nämlich in der bulgarischen Ikone, im Bild einer von Leidenschaft aufgewühlten Welt voller Mysterien, erkannte ich das Massensymbol der Bulgaren.

KAPITEL DREIZEHN

Preis der Freundschaft

Im Herbst 1985 war ich das fünfte Mal in Sofia. Wie bei meinen früheren Besuchen hatte ich den Zug von Rumänien genommen. Wieder fing mich Guillermo vorm Eingang des Grandhotels ab. »Wir müssen uns beeilen, Robby. Nikolai Todorov, der Vizepräsident der Akademie der Wissenschaften und Direktor des Instituts für Balkan-Studien, erwartet dich.«

Ich war aufgrund von beunruhigenden Meldungen nach Sofia zurückgekehrt. 900 000 Menschen, 10 Prozent der bulgarischen Bevölkerung, wurden von den kommunistischen Behörden gezwungen, ihre Namen zu wechseln. Die Betroffenen waren allesamt türkischer Volkszugehörigkeit, Nachfahren jener Osmanen, die Bulgarien 500 Jahre lang unterdrückt hatten. »Mehmet« zum Beispiel sollte in »Mikhail« geändert werden und so weiter.

Es passierte meist mitten in der Nacht. Knatternde Armeefahrzeuge und das blendende Licht von Suchscheinwerfern rissen ein von Türken bewohntes Dorf aus dem Schlaf. Milizionäre stürmten dann in jedes Haus und legten dem Hausherrn ein fotokopiertes Formular vor, auf dem dieser für jedes Mitglied der Familie einen neuen bulgarischen Namen einzutragen hatte. Wer sich weigerte, mußte zusehen, wie Frau oder Tochter von den Milizionären vergewaltigt wurde. Laut Auskunft von Amnesty International sowie westlichen Diplomaten wurden ungezählt viele Menschen zusammengeschlagen, Hunderte hingerichtet, Tausende ins Gefängnis geworfen oder des Landes verwiesen.

An Nikolai Todorov erinnere ich mich nur noch als einen grauen Mann mit grauem Anzug in einem kalten, dunklen Zimmer. Ich hatte meinen Mantel anbehalten und mußte mich ans Fenster setzen, um Licht zu haben für das Aufzeichnen von Notizen. Todorov sprach mit monotoner Stimme, die keinerlei Gemütsbewegung verriet. Guillermo dolmetschte: »Der Staat muß die Interessen der Nation verteidigen, und auf dem Balkan heißt

Nation Zugehörigkeit zu einer bestimmten Ethnie. Um Frieden gewährleisten zu können, muß dafür gesorgt werden, daß sich jede Minderheit der Mehrheit vollständig angleicht.«

Anschließend machte mich Guillermo mit einem anderen bulgarischen Regierungsbeamten bekannt, der sich noch unverhohlener zu diesem Thema äußerste:»Wären im vierzehnten Jahrhundert die Türken nicht über unser Land hergefallen, zählten wir jetzt an die achtzig Millionen (und nicht nur neun). Wir wurden von ihnen assimiliert; jetzt drehen wir den Spieß um. Die Türken haben immer noch eine Rechnung zu bezahlen, dafür nämlich, daß sie [Vasil] Levsky töteten. Im vierzehnten Jahrhundert brachte Bayezit Blitz und Donner über uns; Tausende von Bulgaren wurden gezwungen, ihre Namen zu ändern.[1] Wo waren da die Westmedien? Wir stehen mit dem Rücken zur Wand; Rückzugsmöglichkeiten haben wir keine.« Er bezog sich auf die 2,5 Prozent betragende Geburtenquote unter moslemischen Türken, während unter christlichen Bulgaren Nullwachstum zu verzeichnen war.

Zu Guillermo sagte ich, daß ich die US-amerikanische Botschaft aufsuchen wolle, um mich über die Vorgänge genauer unterrichten zu lassen. Er sah mich bestürzt an.»Was glaubst du, von denen zu erfahren? Ach, Junge«, meinte er stirnrunzelnd.»Versprich mir bloß, daß du nicht automatisch glaubst, was dir die Diplomaten mitteilen. Denk daran, du bist Journalist. Sei auf der Hut.«

Von Diplomaten hörte ich, daß »in Bulgarien die Menschenrechte auf sehr massive Weise verletzt« worden seien. Doch Guillermo interessierte sich nicht für die Auskünfte, die ich erhalten hatte. Er war seiner Pflicht nachgekommen und hatte mich umzustimmen versucht; damit war die Angelegenheit für ihn erledigt.

Ich entsinne mich, daß es an diesem Abend sehr kalt war. Guillermo und ich gingen in ein russisches Restaurant, in dem wir schon oft gewesen waren. Unterwegs kam uns eine Kolonne von Staatskarossen entgegen, die den ganzen Verkehr vorübergehend zum Stillstand brachte. Aus der Menge am Straßenrand hob niemand die Hand zum Gruß der Würdenträger; nicht einmal Neugier zeigte sich. Die Fenster der langen, schwarzen Chaika-Li-

---

[1] Bayezit, türkischer Sultan von 1389 bis 1403, wurde auf türkisch *Yildirim* genannt, was soviel wie »Blitzstrahl« bedeutet.

mousinen waren zugezogen. Die Kluft zwischen Regierenden und Regierten schien im kommunistischen Bulgarien unüberbrückbar groß zu sein.

»Wir brauchen einen Wechsel, Robby«, sagte Guillermo im Weitergehen.

Überrascht sah ich ihn an; seine Miene war ungerührt. Eine so direkte Aussage hatte ich bislang noch nicht von ihm gehört. Ich hielt den Augenblick für günstig, ihm auf den Zahn zu fühlen. »Was ist passiert, nachdem du aus China zurückgekommen bist, Guillermo?«

»Mein Lieber, was ich dir jetzt erzähle, das habe ich noch nie einem Fremden erzählt, außer Wilfred.«

Bevor wir das Restaurant erreichten, hatte er mir die ganze Geschichte erzählt. Erst sieben Stunden später, als ich ein wenig angetrunken wieder auf meinem Hotelzimmer war, hatte ich Gelegenheit, mir ein paar Notizen zu machen. Doch Guillermos Worte ins Gedächtnis zurückzurufen, fiel mir nicht schwer, zumal sie großen Eindruck auf mich gemacht hatten.

»Als ich Ende 1961 aus China zurückkehrte, übernahm ich einen Redakteursposten für den Auslandsfunk der BTA. Ich war siebenunddreißig Jahre alt, Robby. Im Rahmen meiner Arbeit ging eine Menge brisantes Material über meinen Schreibtisch, das nur innerhalb der Partei zirkulierte. Ich hoffte, in wenigen Jahren befördert zu werden und vielleicht als BTA-Korrespondent nach Moskau zu kommen.

Damals hatte ich einen besonders guten Freund: Boris Temkov. Als ich in China war, arbeitete er für die bulgarische Botschaft in London. Er unterhielt außerordentlich gute Kontakte zu hohen Parteimitgliedern. Er war oben auf, und wir verstanden uns prächtig.

Aber da gab es noch einen Offiziellen namens Ivan Todorov-Garudya. Ihm wurden pro-chinesische Aktivitäten vorgeworfen, und zwar zu einer Zeit, da die Spannungen zwischen China und der Sowjetunion begannen. Es kam, wie es kommen mußte. Die BTA veröffentlichte einen Text, wonach Garudya Selbstmord begangen hatte. Den inoffiziellen Bericht, der nur für die Parteispitze bestimmt war und ein paar weitere Details über den Fall Garudyas zum Inhalt hatte, spielte ich Temkov zu.

Es war Ende April 1964. Temkov und ich hatten verabredet, gemeinsam mit unseren Frauen im Journalistenclub zu Abend zu essen. Wir waren nämlich inzwischen so gut befreundet, daß wir auch unsere Frauen miteinander bekannt machen wollten.«

»Sprichst du von deiner ersten Frau, Guillermo?« unterbrach ich.

»Nein, von der zweiten. Meine erste Frau... nun, schon in China hatte es mit den Problemen zwischen uns angefangen, und wir trennten uns schließlich unmittelbar nach unserer Rückkehr nach Bulgarien. Tja, Robby, in China hatte ich jede Menge Abenteuer. Boris und ich waren bereits vor unseren Frauen im Club. Ich erinnerte mich plötzlich, daß ich eine Pressemitteilung im Büro hatte liegen lassen. Ich bat Boris, eine Weile zu warten, und eilte zur Agentur. Als ich eine halbe Stunde später in den Club zurückkehrte, war Boris verschwunden. Meine Frau und die von Boris kamen auf mich zu – sie hatten sich schon miteinander bekannt gemacht. ›Habt ihr Boris gesehen?‹ fragte ich. ›Nein‹, bekam ich zur Antwort. ›Er ist noch nicht da.‹ ›Vor einer halben Stunde war er doch noch hier‹, entgegnete ich. Wir ließen ihn ausrufen und warteten. Schließlich kam ein Bekannter von mir zu uns an den Tisch und sagte: ›Boris ist verhaftet worden.‹

›Warum?‹ wollte ich wissen. Wir waren völlig konsterniert. Der Mann wiederholte lediglich, daß Temkov verhaftet worden sei. Mehr konnten wir nicht in Erfahrung bringen.

Robby, bevor ein Parteimitglied vor Gericht gestellt wird, gibt es immer eine Sitzung, in der der Parteiausschluß der betreffenden Person beschlossen wird. Eines Nachts im Juli 1964 trat im Journalistenclub ein Mann auf mich zu, den ich von der Partei her kannte. Er teilte mir mit, daß in anderthalb Stunden über Temkovs Ausschluß abgestimmt werde; ich müsse zu dieser Sitzung erscheinen, weil ich Temkovs bester Freund sei, und es sähe schlecht für mich aus, wenn ich nicht in vorderster Linie Vorwürfe gegen ihn erheben würde.

Es war der schlimmste Augenblick in meinem Leben. Nie werde ich vergessen, wie mir damals zumute war. Was sollte ich bloß tun? Man hatte mir keine Zeit zur Vorbereitung gelassen.

Auf der Sitzung sah ich Temkov das erste Mal seit seiner Verhaftung wieder. Du kannst dir nicht vorstellen, Robby, wie schrecklich er aussah. Vom Zentralrat stand ein Mitglied nach dem anderen auf, um ihn zu denunzieren. Die Vorwürfe gegen ihn waren allesamt aus der Luft gegriffen; es hieß, er betreibe prochinesische Propaganda und so weiter. Dabei kannte ihn keiner.

Nicht einer der Ankläger hatte mehr als ein paar Worte mit ihm in der Kantine gewechselt. Ich saß da und schwieg, hoffte, daß man mich übersehen würde. Dann aber fragte jemand plötzlich: ›Und was hast du vorzubringen, Genosse Guillermo?‹ Es war wie im Alptraum. Ich stand auf und sah wie durch einen Schleier hindurch. Ich konnte kaum atmen. Die Luft war so stickig. Unmöglich zu beschreiben, wie ich mich fühlte. Was hätte ich sagen sollen? Ich sagte: ›Vielleicht ist an den Vorwürfen etwas Wahres dran. Ich weiß es nicht. Ich kenne Boris Temkov gut und habe von ihm nie gehört, was ihm hier in den Mund gelegt wird. Ich weiß nur, daß er Zivkov immer unterstützt hat.[2] Die Spannungen zwischen der Sowjetunion und China sind zugegebenermaßen sehr bedauerlich. Von Boris Temkov habe ich aber noch nie ein antisowjetisches Wort gehört. Wenn er entsprechende Äußerungen von sich gegeben hat, dann jedenfalls nie in meiner Gegenwart. Genossen, mehr kann ich dazu nicht sagen.‹

Es blieb lange still im Saal, als ich mit meinem Vortrag fertig war. Dann wurde die Sitzung unterbrochen. Boris kam herbei und faßte mich bei den Händen. Seine Hände fühlten sich so trocken an. Ich brachte kein Wort hervor.

Zuerst brachte man ihn nach Belene.[3] Jetzt ist er in Pirdop, einer Stadt östlich von Sofia. Dort hat er inzwischen einen Job gefunden.«

»Steht er etwa immer noch unter Aufsicht?«

»Ja, selbst nach zwanzig Jahren. In Sofia darf er sich nicht blikken lassen. Manchmal habe ich seine Frau zu ihm nach Pirdop gefahren. Obwohl sie schwerem Druck ausgesetzt war, hat sie sich standhaft geweigert, die Scheidung einzureichen. Sie ist eine gute Frau. Tja, und mich, Robby, mich hat man auf Eis gelegt. Zehn Jahre lang durfte ich stupide Büroarbeit versehen. Inzwischen hätte ich Leiter der BTA sein können. Statt dessen aber mußte ich die Agentur verlassen und für Sofia Press arbeiten. Dann, nach zehn Jahren, wurde mir gesagt: ›Guillermo, man hat dir verziehen.‹ Also fing ich mit fünfzig Jahren noch mal ganz von vorne an, denn ich hatte nach wie vor das Ziel, ein richtiger Korrespondent zu sein und wie Wilfred Burchett durch die Weltgeschichte zu

---

[2] Todor Zivkov war von 1954 bis 1989 Staatschef von Bulgarien und zählte zu den kommunistischen Hardlinern.

[3] Belene ist eine Donauinsel und der Ort eines berüchtigten Gefängnislagers.

reisen. Und alles nur wegen China. Als ich Ende '61 aus China zurückkehrte, war die Kluft zur Sowjetunion bereits aufgerissen. Als ehemaligem BTA-Korrespondent in Peking begegnete man mir mit Argwohn. Und daß ich Temkov den Bericht über Garudya zu lesen gegeben hatte, war Grund genug, ihm und mir das Leben schwer zu machen.«

An dieser Stelle konnte ich Guillermo nicht ganz folgen; also bat ich ihn um eine genauere Erklärung. Er hatte sich bei mir untergehakt, führte mich draußen vorm Restaurant im Kreis herum und antwortete nur mit Ausflüchten.

Schließlich gingen wir wieder hinein und tranken Brandy. Über uns hing eine düstere, braune Leinwand, auf der russische Soldaten im Kampf auf der Krim dargestellt waren. Guillermo sah mir mit starrem Blick in die Augen und sagte:»Ich hasse Zivkov. Ich hasse Traikov. Ich habe immer an eine soziale Demokratie geglaubt, an Internationalismus, nie aber an die Nomenklatur oder an Privilegien.«

Er beugte sich über den Tisch und fuhr fort:»Robby, was jetzt mit den Türken angestellt wird, ist das schlimmste Verbrechen überhaupt.«

Später gestand mir Guillermo, wie es sich in Wahrheit mit dem Tigerfell verhielt. Er hatte das Tier nicht selbst erlegt, sondern als einer unter vielen darauf geschossen. Wessen Kugel tödlich getroffen hatte, war im nachhinein nicht festzustellen gewesen. Weil Guillermo aber Gast aus dem Ausland war, hatten die Chinesen beschlossen, ihm das Fell zu überlassen.»Du siehst, Robby, dein Freund ist alles andere als ein Held.«

KAPITEL VIERZEHN

Das Böse und das Gute

Das Sofia, in das ich im Oktober 1990, wiederum mit dem Zug aus Rumänien kommend, zurückkehrte, war eine gänzlich andere Stadt als die, die ich kannte. Dimitrovs Leichnam war verbrannt worden, und das weiße klassizistische Mausoleum gegenüber vom Grandhotel Bulgaria war mit antikommunistischen Parolen beschmiert. Statt nur zu tuscheln, lachten oder ärgerten sich die Leute auf offener Straße frei heraus. In den Parks wurden religiöse Ikonen und Devotionalien verkauft. *Rabotnichesko Delo (Arbeiters Werk)*, jene Monopolzeitung, die niemand gelesen hatte, war vom Markt verschwunden; statt ihrer erschienen nun etliche, viel gelesene Zeitungen. Die byzantinischen und neo-byzantinischen Kirchen hatten sich aus ihrer musealen Randlage befreit und an Bedeutung für das öffentliche Leben gewonnen. Zwar waren sie auch schon vor Zivkovs Sturz im November 1989 von einer kleinen Schar meist älterer Leute besucht worden; nun aber herrschte in ihnen reger Betrieb. Junge und Alte standen an, um Bienenwachskerzen zu kaufen. Ich erinnere mich an eine hübsche, dunkelhaarige Frau in violettem Trikot und farblich passendem Lippenstift, die, bestrahlt vom gelben Licht, das durch die bemalten Fensterscheiben fiel, auf dem weißen Marmor niederkniete und eine Ikone küßte.

Guillermo fand mich in der Hotelhalle. Er trug einen geschmackvollen braunen Anzug, ein blaugestreiftes Hemd, eine rote Krawatte und ein entsprechendes Taschentuch im Revers. Er war mittlerweile sechsundsechzig Jahre alt, sah aber jünger aus denn je.

»Robby, tut mir leid, daß ich so spät dran bin, aber ich bin dieser Tage so sehr beschäftigt. Ich arbeite inzwischen für die UPI, und die Nachrichten hier in Sofia überschlagen sich. Wir machen gerade eine schwere Wirtschaftskrise durch, schlimmer als die Balkanischen Kriege. Immerhin standen wir damals als geeinte Front gegen Serben und andere. Aber heute sind die Bulgaren völlig zerstritten, und im Parlament wird immer nur geredet und geredet. Wann fangen unsere Politiker endlich mal zu handeln an? Sehen sie nicht, daß die Bevölkerung auf neue Gesetze wartet? Zur Zeit gibt es in Bulgarien ein Zuviel an Demokratie...«

Ich steuerte mit Guillermo quer über den Platz auf das Wiener Café des Sheraton Hotels zu, das während meines letzten Besuchs in Sofia eröffnet worden war. Nachdem Guillermo einen Cappucino und ein Stück Erdbeertorte mit doppelter Portion Schlagsahne verzehrt hatte, kramte er einige Papiere aus der Aktentasche und bestand darauf, daß ich Wort für Wort seine letzten beiden Artikel las, die er für die UPI geschrieben hatte. Darin ging es zum einen um die gegenwärtige Treibstoffknappheit und zum anderen um den Machtkampf zwischen der oppositionellen Union demokratischer Kräfte (UDF) und Kommunisten, die sich nun »Sozialisten« nannten.

»Robby, glaub' bloß nicht, daß es sich bei den Leuten der UDF um Dissidenten von früher handelt. Im Gegenteil, die meisten von ihnen sind Kinder der Nomenklatur, die plötzlich Demokraten zu sein behaupten. Aber tatsächlich halten sie nur ihre Fahne in den Wind und klagen Zivkov lauthals wegen seiner Verbrechen an. Mehr haben sie nicht zu bieten. Robby, du weißt, daß ich in meinem Herzen immer schon ein Dissident gewesen bin. Allerdings müssen wir jetzt damit aufhören, immer nur auf die Vergangenheit zu schielen. Und rate mal, wer uns dabei helfen kann. Simeon, der König.[1] Er lebt in Madrid und kommt vielleicht zurück.«

Am Abend gingen wir in den Journalistenclub. Auch dort hatte sich die Atmosphäre völlig verändert. Im Vergleich zu früher waren sehr viel mehr jüngere Kollegen vertreten: Männer in gebügelten Jeans und attraktive Frauen, ausstaffiert nach dem Vorbild der jüngsten italienischen Mode. An den Tischen wurde zwar hitzig debattiert, doch jene Intimität, die ich früher wahrgenommen hatte, schien zu fehlen. Nicht über persönliche Intrigen wurde diskutiert, sondern über Themen der allgemeinen Politik. Mir war ein wenig nostalgisch zumute, und ich sah für den Club weitere Veränderungen voraus: Bald würde er sich von einem Supper-

---

[1] Simeon ist der Sohn von Boris III., dem 1943 verstorbenen König von Bulgarien.

Club in Washington kaum mehr unterscheiden. Aber meine Perspektive war natürlich verquer und egozentrisch. Bulgaren würden eine solche Wandlung in jeder Hinsicht willkommen heißen.

Guillermo erwähnte, daß er vorhabe, die kommunistische – nun sozialistische – Partei nach fünfundvierzig Jahren Zugehörigkeit zu verlassen. Der Grund: Der neugewählte Parteichef Aleksandar Lilov war Mitglied jenes Komitees gewesen, das 1964 Boris Temkov denunziert hatte, ohne ihn überhaupt zu kennen. Zivkov war gestürzt worden, als Temkov nach sechsundzwanzig Jahren Hausarrest endlich wieder als freier Mann nach Sofia zurückkehren durfte. Die gesamte Belegschaft der BTA hatte mit Erfolg die Absetzung Boyan Traikovs als Direktor betrieben. »Und das Schönste, Robby, ist, daß das Amerikanische College, meine alte Alma Mater, nach vierundvierzig Jahren wieder geöffnet wird.«

Es war erst Oktober, aber schon herrschten frostige Temperaturen. Schwarze Regenwolken verhängten den Himmel. Das Café, in dem ich Guillermo am nächsten Morgen traf, war unbeheizt wie alle Häuser in Sofia, abgesehen vom Sheraton Hotel. Die Nacht zuvor hatte ich unter etliche Decken vergraben zugebracht und den Atem in der Dunkelheit erkennen können. Die Kälte dauerte an. Ihr war nicht wie im Westen durch Flucht in geheizte Räume zu entkommen; sie quälte unaufhörlich. Der Körper schmerzte, weil verspannt in dem Bemühen, Wärme zu speichern. Diese Kälte machte den Bulgaren nun zusätzlich zu schaffen aufgrund der Wirtschaftskrise, ausgelöst durch den Golfkrieg – Saddam Hussein war im August über Kuwait hergefallen – und den Kollaps des Kommunismus. Wer die hiesige Situation und die des gesamten Balkans verstehen wollte, mußte mit den Menschen zu leiden bereit sein.

»Wir leben in der aufregendsten Zeit unserer bisherigen Geschichte, aber auch in der schwierigsten«, meinte Guillermo. »Wahrscheinlich werden wir es nicht mehr erleben, daß die Akten der Staatssicherheit geöffnet werden; dabei würden die Bürger allzu gerne wissen, was hinter dem Mord an Markov und dem Papst-Attentat wirklich steckt. Doch damit nicht genug. Seit fünfundvierzig Jahren leben wir unter diesem System. Über jeden einzelnen gibt es eine Akte. Alles, was unsereins zu dieser oder jener Gelegenheit von sich gegeben hat, ist notiert. Glaub' mir, Robby, ich war nicht wie die anderen. Das mußt du mir glauben. Ich habe nie für die DZ [Staatssicherheit] gearbeitet. Wenn aber die Akten geöffnet werden, wird darin womöglich zu lesen sein, daß dein Freund Guillermo Dinge geäußert hat, die gegen die eine oder andere Person verwendet worden sind.« Guillermo verzog die Brauen und hob die Schultern unter dem Regenmantel, als wollte er zum Ausdruck bringen, daß unendlich viele Möglichkeiten und Interpretationsweisen zur beliebigen Auswahl stünden.

»Sollen Nachbarn untereinander aufgebracht werden? Im Grunde wollen alle, daß die Akten verschlossen bleiben. Denn was wird darin zu finden sein, wenn sie geöffnet werden? Nun gut, vielleicht wird der Mord an Markov endlich aufgeklärt, und wahrscheinlich stellt sich heraus, daß einige hochgestellte Persönlichkeiten der UDF früher Informanten der DZ gewesen sind. Wir werden sehen. Aber, Robby, eins mußt du unbedingt wissen« – er packte mich beim Arm – »ich, Guillermo Angelov, bin immer ein Sozialdemokrat, ein Internationalist gewesen. Ich habe nie für die DZ gearbeitet.« Er sah besorgt aus und schien zu fürchten, daß ich ihn verdächtigte.

Der Wind rüttelte an den Fensterscheiben des Cafés. Ich schaute nach draußen in den bleigrauen Himmel, der sich über die Wellenlinie der vergoldeten Kirchenkuppeln spannte. Egal, was Guillermo getan hatte – es war nicht an mir, ihm Vorwürfe zu machen.

In trister Dämmerung spazierte ich über den General-Zaimov-Boulevard. Vor wenigen Minuten waren in den kugelförmigen Straßenlaternen die Lichter angegangen. Doch plötzlich verloschen sie wieder. Wegen der Treibstoffknappheit wurde Strom gespart. Ich stieß ein quietschendes Eisentor auf und betrat einen dunklen Flur, dessen graue Wände über und über mit Graffiti beschmiert waren. Ich stieg über die Treppe nach oben und klopfte im zweiten Stock an eine Tür. Mir wurde aufgemacht. Im flakkernden Schein einer Kerze stand eine kleine Frau mit glattem, grauem Haar und verlebtem, aber intelligentem Gesicht. Mit der Kerze in ausgestreckter Hand führte sie mich ins Wohnzimmer, dessen Fenster auf einen Park jenseits der Straße hinauswiesen und von einem großen Kastanienbaum verdüstert wurden.

»Ich heiße Vessa. Das sind meine Tochter Anna und Vanessa, meine Enkelin.«

Ich gab der hübschen, dunkelhaarigen Frau die Hand und bewunderte den achtzehnmonatigen Säugling, der aus Leibeskräften plärrte. Es war kalt in dem Zimmer. Im Halbdunkel entdeckte ich ein paar orientalische Teppiche, einige Regale, gefüllt mit Büchern, und asiatische (vornehmlich chinesische) Kunstobjekte. Dafür, daß er vierzig Bücher herausgegeben hatte, waren Wilfred Burchetts gesammelte Güter auffällig bescheiden. Ich dachte an die umfangreichen Bibliotheken von Autoren, die nicht einmal einen Bruchteil von Burchetts literarischer Arbeit geleistet hatten. Wie Reed und Bourchier war Burchett durch die Weltgeschichte zigeunert, hatte aus Koffern gelebt und statt Besitztümern Freunde gewonnen. Doch im Unterschied zu Reed, dessen Bücher hohe Auflagen erreichten, und Bourchier, der von der Londoner *Times* ein festes Gehalt und schließlich eine Pension erhielt, verzichtete Burchett auf finanzielle Sicherheit und zog sich mit neunundsechzig Jahren ins kommunistische Bulgarien zurück, um ein Buch zu schreiben und als freier Journalist für bulgarische Zeitschriften zu arbeiten.

Er starb 1983, zwei Jahre nach meinem ersten Bulgarienbesuch. Vessa hatte ihren Mann kennengelernt, als dieser 1949 nach Bulgarien gereist war, um über das Verfahren gegen Traicho Kostov zu berichten, den kommunistischen Helden des Widerstandes während des Zweiten Weltkrieges, der in jenem Jahr als »Spion Titos« verurteilt und hingerichtet, dann aber posthum rehabilitiert wurde. »Ich arbeitete damals für die BTA und hatte den Auftrag, für Wilfred zu dolmetschen. Wir verliebten uns ineinander. Wegen meiner Ehe mit einem ausländischen Journalisten wurde ich dann aus der Partei ausgeschlossen. Es war unmöglich, die Genossen davon zu überzeugen, daß Wilfred nicht wie die anderen Westler feindlich gesinnt war, sondern auf unserer Seite stand.«

»Wie, glauben Sie, hätte Ihr Mann auf die derzeitigen Umwälzungen in Osteuropa reagiert?«

»Er wäre davon fasziniert gewesen. Es stimmt nicht, daß Wilfred Kommunist war oder gar ein Spion. Im Grunde war er ein früher *Perestroika*-Mann. Einmal sagte er zu mir: ›Vessa, wir müssen uns eingestehen, daß die Volksrepubliken nicht funktionieren.‹«

»Sagen Sie«, schaltete sich Anna ein, »wie geht es Guillermo? Ist er immer noch Kommunist?« Ihr Tonfall klang spöttisch.

»Ich bin nicht der Meinung, daß er Kommunist ist«, antwortete ich.

»Gut, dann hat er also dazugelernt.« Laut Anna laborierte Bulgarien daran, daß die Kommunisten ihre Macht zu behalten versuchten; es gelte, den Kapitalismus einzuführen und König Simeon aus seinem Exil zurückzurufen.

Die Mutter warf der Tochter einen bitterbösen Blick zu. »Monarchie ist die neue Marotte«, sagte Vessa. Ihrer Meinung nach war die Opposition wegen ihrer Weigerung, mit den Kommunisten zu kooperieren, schuld an der instabilen Lage des Landes. Auch in Burchetts Familie zeigte sich der typische Konflikt: Die Kinder rebellierten gegen die politischen Wertvorstellungen der Eltern.

Als ich Abschied nahm, gingen die Lichter wieder an. »Mein Vater war kein Kommunist«, insistierte Anna.

»Ist sein Buch über Bulgarien jemals veröffentlicht worden?«

»Nur in portugiesischer Sprache, von einem brasilianischen Verleger.«

1990, bei meinem letzten Besuch in Sofia, schnallte ich mir den Rucksack auf und zog los, einen Teil des Landes kennenzulernen. Im Unterschied zu Rumänien war es hier kaum möglich, per Anhalter zu reisen. Aufgrund der Treibstoffknappheit standen fast alle Privatfahrzeuge still. Also nahm ich den Bus.

In Kurdzhali, einer Stadt nahe der türkischen Grenze, deren Bewohnerschaft zu rund 80 Prozent aus Türken bestand, entdeckte ich eine Statue von Georgie Dimitrov, dem Vater des kommunistischen Nachkriegsbulgariens. Die Statue beherrscht den Park, in dem sie steht, und ist das Abbild eines hageren, vornübergebeugten Mannes, der seinen Mantel über die Schulter geworfen hat und als ein kumpelhafter Diener seines Volkes dargestellt ist. Eine senkrecht angeordnete Reihe schwarzer Granitblöcke im Rücken Dimitrovs soll den modernen industriellen Zustand, in den er sein Land versetzte, symbolisieren. Allerdings offenbaren diese häßlichen Blöcke etwas ganz anderes. Sie bringen schiere Verachtung zum Ausdruck und scheinen zu sprechen: »Wir sind in der Lage, euch zu zermalmen, und ihr könnt nichts dagegen tun.«

Zwischen Burchett und Dimitrov bestand, wie mir auffiel, folgender Unterschied:

Burchett war ein seelenvoller Mann, der sich in seiner Suche nach dem Himmel auf Erden so sehr verrannte, daß er schließlich der Hölle diente. Was ihm (oder auch Guillermo) als schuldhaftes

Versagen anzukreiden ist, geht auf mehr oder weniger zufällige Irrtümer zurück. Bei Dimitrov aber (wie bei Stalin) waren nur die positiven Leistungen zufällig. Seine Verteidigung des Kommunismus im Reichstagsbrandprozeß ist nur im Vergleich zu den Parolen der Nazis als moralisch überlegen zu bezeichnen.[2] Als bulgarisches Staatsoberhaupt aber war er Stalin und dessen Launen hörig. Wäre der Nichtangriffspakt mit Stalin von Hitler nicht gebrochen worden, hätte wohl der Kremlchef, unterstützt von seinen Adjutanten wie Dimitrov und gemeinsam mit dem Naziführer Europa aufgeteilt, so wie er es schließlich mit den Westalliierten tat.

»Ich bin in Varna zur Schule gegangen«, berichtete mir eine Frau, die ich während meines Aufenthalts in Kurdzhali traf.[3] »Ende 1984 kam ich zurück, um die Weihnachtsferien hier zu verbringen. Ich wußte von nichts. Der Bahnhof war voller Soldaten und Milizionäre, die in Vierergruppen zusammenstanden. Der türkische Stadtbezirk war hermetisch abgeriegelt worden. Uns schwante, daß dort schreckliche Dinge passierten. Aber wir hielten still, wir hatten Angst und mochten uns das Problem der Türken nicht zu eigen machen. Zugegeben, was man ihnen zumutete, war schrecklich. Sie mußten ihre Namen ändern, was inzwischen aber wieder rückgängig gemacht wurde. Doch davon abgesehen, haben wir Bulgaren doch nichts Schlimmes getan, oder?«
»Und die Morde und Vergewaltigungen?« fragte ich.
»Ja, dazu ist es wohl auch gekommen. Schrecklich. Jetzt aber haben die Türken mehr Rechte als unsereins. Und wie Sie kümmern sich alle Ausländer bloß um die Türken. Deshalb sind Sie doch gekommen. Wir müssen jetzt befürchten, von der Türkei geschluckt zu werden. Sie ist größer und wirtschaftlich stärker als unser Land.«
Die Frau hatte recht. Die Türkei ist mit ihren fünfundfünfzig Millionen Menschen über sechsmal bevölkerungsreicher als Bul-

---

[2] Im Februar 1933 zerstörte ein Brand das Reichstagsgebäude in Berlin. Dimitrov und andere Kommunisten wurden von den Nazis fälschlicherweise beschuldigt, Feuer gelegt zu haben. Dimitrovs beeindruckende Verteidigungsrede zwang das Gericht, ihn und andere Kommunisten von der Anklage freizusprechen.
[3] Varna ist eine Stadt an der bulgarischen Schwarzmeerküste.

garien. Nach westlichem Maßstab hat die Türkei zwar eine relativ schwache Wirtschaft mit hoher Inflation und geringer Produktivität, ist aber im Unterschied zu Bulgarien schon seit Jahrzehnten marktwirtschaftlich organisiert. Bedenkt man, woran bulgarische Konsumenten unter kommunistischen Verhältnissen gewöhnt sind und was sie sich gegenwärtig leisten können, schneiden türkische Produkte, die jenseits der Grenze als Angebot bereitliegen, außerordentlich gut ab. Türkische Geschäftsleute stehen in den Startlöchern; die Wirtschaftsmacht des Nachbarn droht das kleine, schwache Bulgarien zu überollen. Die türkische Vorherrschaft, der sich die Kommunisten so brutal zu widersetzen versuchten, ist nicht zuletzt ein Resultat der kommunistischen Mißwirtschaft. Jahrzehntelang setzten bulgarische Parteiführer auf Haß und die Erinnerung an historische Traumata, heckten bizarre Intrigen und Verschwörungen aus, um jenem Schicksal vorzubeugen, das sie selber, ohne es zu wissen, durch ihr Tun heraufbeschworen.

Ich reiste durch eine gebirgige Landschaft und Wälder von Weiden, Pappeln, Zypressen und Balkanfichten, sah Szenen ländlicher Idylle voll einfacher Schönheit. Besonders attraktiv an Bulgarien ist die Tatsache, daß es an der Grenze schwebt zwischen dem kühlen und dunklen Klima Mitteleuropas und der mediterranen Wärme Griechenlands. Seine Flora ist die üppige Kombination beider Zonen.

Ich kam nach Batak, jener Ortschaft, deren Name ähnliche Assoziationen hervorrief wie später die Erwähnung des vietnamesischen My Lais. Ich hatte Guillermo früher schon versprochen, Batak aufzusuchen, doch es war erst Ende 1990 bei meinem siebten Besuch Bulgariens, daß ich dieses Versprechen wahr machte.

Batak, eine Ansammlung von Häusern mit roten Ziegeldächern, liegt eingenistet zwischen Fichten und Buchen hoch oben im alpinen Grasland der Rhodopen im Süden Bulgariens, unweit der Grenze zu Griechenland. Im April 1876 beschlossen die Türken, an diesem Ort ein Exempel zu statuieren. Die von ihnen in Marsch gesetzten Bashibazouken – mörderische Banden aus Bulgaren, die zum Islam konvertiert waren – metzelten rund 5000 orthodoxe Christen und damit fast die gesamte Bevölkerung von Batak nieder. Das Massaker fand vor allem statt in der St.-Nedelya-Kirche, wo J. A. MacGrahan von der Londoner *Daily News*, einer der ersten Beobachter vor Ort, die nackten und übereinandergeschichteten Leichen der Opfer zu Gesicht bekam.

Im Museum von Batak entdeckte ich den Ausschnitt einer englischen Zeitung, dessen Name und Autor nicht mehr zu bestimmen ist. Der Artikel datiert auf den 30. August 1876 und attackiert den britischen Premier Benjamin Disraeli aufgrund einer Äußerung, mit der er Berichte über die türkischen Greueltaten als »maßlos übertrieben« abqualifizierte. In zynischer Form bemerkt der Verfasser, daß nach Disraelis Ansicht der Mord an Tausenden von Menschen weniger verabscheuungswürdig sei als die Behauptung eines Nachrichtenkorrespondenten, wonach »angeblich dreißigtausend umgebracht wurden, obwohl es in Wirklichkeit doch nur fünfundzwanzigtausend waren, und wonach ferner Menschenköpfe säckeweise durch die Straßen von Phillipopoulis [Plovdiv] gekegelt worden seien, obwohl diese Köpfe tatsächlich vor der Haustür des italienischen Konsuls in Burgas abgeladen wurden«. Seufzend dachte ich an all die zahllosen Scheinargumente ähnlichen Inhalts, die jahrzehntelang die Kommentarspalten der internationalen Presse füllten und die Morde und Menschenrechtsverletzungen im Nahen Osten oder anderswo zu relativieren versuchten. Offenbar hatte dieses Unwesen hier seinen Ausgang genommen.

Ich folgte dem schweigenden Defilee der Besucher in die dunkle, winterlich kalte Kirche. Das Dach hing durch, und auf den rußgeschwärzten Wänden waren immer noch die Blutspuren des Massakers vor 144 Jahren zu erkennen. In der Krypta lag unter Glas und von Strahlern beleuchtet ein Berg von Schädeln und Knochen. Der Pilgerstrom schien kein Ende zu nehmen; es kamen Bulgaren aller Altersstufen und Schichten, Bäuerinnen mit Kopftüchern sowie Städter in eleganter Kleidung. Niemand sagte ein einziges Wort.

Die letzte Station meiner Bulgarienreise war das Kloster von Rila.[4] Auf dem Friedhof liegt der britische Journalist J. D. Bourchier begraben. Von hier aus betrachtet, erscheint das Kloster wie die archetypische Vision des Paradieses: eine Rhapsodie aus warmen, sinnenfrohen Farben, Kuppeln, Giebeldächern und einem

---

[4] Johannes von Rila, ein bulgarischer Heiliger, gründete das Kloster. Siehe Prolog.

mittelalterlichen Turm. Der Anblick fügt sich perfekt ins Bild der herben Waldlandschaft. Die Sonne strahlte durch dunkle, hohe Kiefern, als mich Nadia den Hang hinaufführte. Nebelstreifen schwebten zwischen Berggipfeln, und ich dachte an hochfliegende Ideale. Ringsum hörte ich Sturzbäche rauschen.

Auf Bourchier machte mich zum erstenmal Nadia aufmerksam, die ich im Kloster von Rila kennengelernt hatte. Sie war Historikerin, spezialisiert auf das bulgarische Mittelalter, lebte und forschte im Kloster, durch das sie auch Touristen führte. »Ich bin nicht religiös«, sagte sie mir. »Zwischen Christus und Mohammed mache ich keinen Unterschied. Motiv meiner Studien ist allerdings die Suche nach einer höheren moralischen Autorität, einer Vision, die uns der Kommunismus in Bulgarien nie hat bieten können.«

Bourchiers Grab liegt unter einer schweren granitenen Platte, abgeschieden auf einer Lichtung hoch über dem Haupteingang zum Kloster. »Ich komme jeden Tag hierher«, sagte Nadia. »Es ist der schönste und friedlichste Fleck weit und breit. Während eines Treffens mit König Ferdinand entdeckte Bourchier diese Stelle und äußerte den Wunsch, hier begraben zu werden. Als er [1920] starb, erfüllte ihm Boris, der neue König, diesen letzten Wunsch. Seitdem heißt dieser Ort Vallée Bourchier.« Die Blumen auf dem Grab stammten von Nadia.

Sie bemerkte mein Interesse und führte mich in ihr Klosterzimmer, wo sie ein Buch über Bourchiers Leben aufbewahrte.

Über eine steile Holzstiege erreichten wir einen langen Korridor. Die Dielen knarrten unter den Füßen. Mit einem großen Schlüssel öffnete sie schließlich die Tür zu einer kalten, weißgetünchten Zelle. Hier, dachte ich, läßt es sich glücklich bis ins Alter leben.

Sonnenlicht fiel durch das verstaubte Fenster auf einen Holztisch, auf dem eine alte, kyrillische Schreibmaschine stand. Auf dem Boden lag ein gestreifter orientalischer Teppich. Eine bunte Bauerndecke bedeckte Nadias Bett. Auf zwei Regalreihen stapelten sich Bücher, darunter einige illustrierte Werke über Ikonographie und die orthodoxe Kirche. Nadias zwei Monate altes Kätzchen badete im Sonnenschein.

Es war Spätherbst auf einer Höhe von 1500 Metern. Die Zimmertemperatur ging auf den Gefrierpunkt zu. Nadia brachte eine dampfende Tasse Kräutertee und legte mir ein Buch mit schönem, schwarzem Einband auf den Schoß. Auf der Innenseite des Dekkels befand sich ein Stempelaufdruck mit den Worten: PROPERTY OF THE AMERICAN COLLEGE OF SOFIA (Eigentum des amerikanischen Colleges von Sofia). Ich las die Registraturdaten. Zum letztenmal war das Buch am 10. Juni 1941 ausgeliehen worden. Nadia erklärte, daß, als die Kommunisten das Kolleg 1946 geschlossen hatten, viele Bücher aus der Bibliothek ins Kloster gebracht worden waren, um sie dort von Mönchen begutachten zu lassen.

Das Buch, verfaßt von Lady Grogan, trägt den Titel *The Life of J. D. Bourchier* und wurde 1932 in London verlegt. »Bourchier [Nadia sprach den Namen wie ›Bautscher‹ aus] war ein Freund Bulgariens. Er liebte unser Land wie eine zweite Heimat. Unglaublich, daß Sie noch nichts von ihm gehört haben.« Nadia lächelte und legte den großen, schweren Zimmerschlüssel auf den Holztisch. »Ich muß jetzt in den Hof zurück, denn es könnten Touristen aufkreuzen. Bleiben Sie hier, lesen Sie so lange, wie es Ihnen gefällt.«

Sie zog die Tür hinter sich zu. Ich warf einen Blick durchs Fenster auf die Reihen der Fichten und Steineichen am Berghang. Dann fing ich zu lesen an.

James David Bourchier kam 1850 zur Welt. Seine Familie war anglo-normannisch-irischer Herkunft. In Eton ging er zur Schule, wo er auch später als Lehrer unterrichtete. Schon als Junge plagte ihn krankhafte Schüchternheit und die Ahnung, taub zu werden. Seine Biographin notiert, daß ihn aber die Taubheit letztlich davor bewahrte, als erfolgloser Schulmeister in Mittelmäßigkeit zu versinken. Im Alter von achtunddreißig Jahren – er war unverheiratet und hatte nur wenige Freunde – reiste er aufs europäische Festland mit dem Vorsatz, Schriftsteller zu werden. Eine Reihe von Zufällen führte ihn 1888 nach Bukarest, wo er für die *Times* einen Bericht über den Bauernaufstand gegen die Regierung von König Carol I. verfaßte. Bourchier wurde freier Mitarbeiter der *Times*. Zu diesem Zeitpunkt scheint er als Person einen grundlegenden Wandel vollzogen zu haben. In der für ihn neuen, exotischen Umgebung, wo ihn niemand als scheuen Schulmeister kannte, und mit einem Job ausgestattet, der ihn zwang, mit bedeutenden und interessanten Persönlichkeiten in Kontakt zu treten, legte Bourchier seine Schüchternheit ab. Er wurde äußerst gesellig und entwickelte viel Einfühlung für die verschiedenen ethnischen Gruppen, über die er zu berichten hatte. »Mal identifizierte er sich mit den Kretern, mal mit den Bulgaren Makedoniens, den griechischen oder rumänischen Bauern«, schreibt Lady Grogan. Der griechische Premierminister Eleftherios Venizelos hieß Bourchier »einen Freund Griechenlands«, während König Ferdinand ihn »einen Freund Bulgariens« nannte. 1892 fand Bourchier bei der *Times* eine Festanstellung als Balkankorrespondent. Diese Funktion hatte er über zwei Jahrzehnte inne. Während dieser Zeit berichtete er von beiden Balkankriegen und dem Ersten Weltkrieg und verfaßte außerdem für mehrere Auflagen der *Encyclopedia Britannica* die Kapitel über Griechenland, Bulgarien und Rumänien. Gegen Ende des Ersten Weltkriegs nahm er an verschiedenen Friedenskonferenzen teil und unterstützte als britischer Zwischenhändler den bulgarischen Anspruch auf Makedonien, spielte also eine ähnliche Rolle wie Lawrence, der sich für die Sache der Araber einsetzte. Doch Bourchiers Bemühungen konnten nicht fruchten, da Bulgarien auf der Seite des Kriegsverlierers Deutschland stand.

Als jemand, der sich selber stets auch als »Spätstarter« verstanden hat, erwärmte ich mich spontan für Bourchier und dessen Erinnerungen an seine ersten Reisen, die er im Alter von fast vierzig Jahren unternahm: »Ah! Die Frische der Jugend!« schrieb er. Wie ich liebte er den Aufenthalt in den Klöstern des Balkan. In Athen, wo Bourchier einst dem internationalen Pressekorps vorstand, würde, wie ich vermutete, keiner der gegenwärtig vertretenen Journalisten je von ihm gehört haben. Es lag alles so weit zurück: der Guerillakampf um Makedonien, die Balkankriege. Doch hier, in der Abgeschiedenheit von Rila, lebte eine attraktive, intelligente Frau, die die Erinnerung an ihn wachhielt. Als ich die letzte Seite des Buches über Bourchiers Leben umblätterte, fühlte ich eine innige Seelenverwandtschaft mit dem längst Verstorbenen, falls es denn so etwas gibt. Wenn es denn überhaupt jemandem möglich wäre, meine Empfindungen für dieses reizende, kleine Land nachzuvollziehen, dann wohl ihm. Dessen war ich mir sicher.

Teil IV

Griechenland:
Geliebte des Westens,
Braut des Ostens

Der Tradition der Vernunft und der empirischen Untersuchung folgend, springt der Westen vorwärts, die Welt zu erobern; der Osten, von beängstigenden unbewußten Kräften getrieben, schnellt gleichfalls vorwärts, die Welt zu erobern. Griechenland befindet sich in der Mitte; es ist der geographische und spirituelle Scheideweg der Welt.

NIKOS KAZANTZAKIS, Rechenschaft vor El Greco

KAPITEL FÜNFZEHN

Abschied von Saloniki

Im Oktober 1990 verließ ich das Männerkloster von Rila und machte mich auf den Weg zu Bulgariens Südgrenze, von wo aus es nur noch rund achtzig Kilometer zum Hafen von Griechenlands zweitgrößter Stadt Saloniki waren. In Saloniki setzte ich mich in ein Café mit Blick auf das warme ägäische Meer. Zu meinen beiden Seiten, sich kilometerweit entlang der ausgedehnten, sichelförmigen Bucht erstreckend, erhoben sich graubraune Massen aus Spritzbeton, Apartmenthäuser mit rostigen Balkonen, und Plastikneonschilder, die für Fast-Food-Restaurants und Videospielhallen warben. Die blauweiße griechische Flagge knatterte im Schatten des Weißen Turms, der im fünfzehnten Jahrhundert errichtet worden war, das einzige Überbleibsel aus den Jahrzehnten und Jahrhunderten vor dem Zweiten Weltkrieg in meinem Blickfeld.

Für die Frau, die auf der anderen Seite meines Tisches Platz nahm, repräsentierte diese über der Stadt flatternde Fahne nicht die befreiende Reinheit von Marmorruinen an einer blauen Meeresküste, sondern die grimmige und unerbittliche Realität des Ostens.

Die Griechen sind ein Volk großartiger Gesten: Das herrliche Schnalzen, Klacken und Klicken griechischer Silben ist wie geschaffen dafür, mit vorgeschobenem Kinn und fuchtelnden Armen bekräftigt zu werden. Griechen verbringen den Großteil des Tages schwatzend an Cafétischen. »Wir Griechen sind das talentierteste aller Völker: Es ist eine Kunst, vier Stunden für eine kleine Tasse Kaffee zu brauchen«, erklärte mir einmal ein befreundeter Schriftsteller in gespieltem Ernst. Aber die Frau vor mir ging mit ihren Bewegungen auffallend sparsam um, und sie hatte, wie sie kühl bemerkte, nur fünfundvierzig Minuten Zeit. Sie hatte dunkle Haare und Augen und einen harten, verletzenden Blick. »Nehmen Sie Ihr Notizbuch«, sagte sie.

Saloniki – Thessaloniki auf Griechisch – wurde nach Salonike benannt, der Halbschwester Alexander des Großen. Als John Reed im Frühjahr 1915 hier ankam, umriß er ihre Geschichte:

> Hier ließ Alexander seine Flotten in See stechen. Sie [Saloniki] war... eine byzantinische Metropole, die nur von Konstantinopel übertroffen wurde, und die letzte Festung jenes romantischen Lateinischen Königreichs, wo sich das verlorene Häuflein der Kreuzfahrer verzweifelt an die Levante klammerte, die sie gewonnen und verloren hatten. Sarazenen und Franken... Griechen, Albaner, Römer, Normannen, Lombarden, Venezier, Phönizier und Türken lösten sich in der Herrschaft über sie ab, und der Heilige Paulus langweilte sie mit Besuchen und Episteln. Im Zweiten Balkankrieg wurde Saloniki fast von Österreich erobert, Serbien und Griechenland lösten ihretwegen die Balkan-Allianz auf, und Bulgarien verstrickte sich in einen verheerenden Krieg, um sie zu gewinnen. Saloniki ist die Stadt keiner Nation und aller Nationen.

Dann fügte Reed hinzu: »Aber der innerste Kern der Stadt besteht aus einer großen Gemeinde spanischer Juden, die von Ferdinand und Isabella aus Spanien vertrieben wurden.«
Laut dem britischen Balkanspezialisten Nevill Forbes, der ebenfalls vom Blickwinkel des Jahres 1915 aus schrieb, »war und ist die Stadt Saloniki fast rein jüdisch, während in den ländlichen Gebieten türkische, albanische, griechische, bulgarische und serbische Dörfer bunt durcheinandergewürfelt waren.« J. D. Bourchier sah die »ideale Lösung« für die Zukunft der Stadt in einer »jüdischen Republik und einem Freihafen unter dem Schutz der Großmächte.« Die Juden selbst bezeichneten Saloniki über Jahrhunderte hinweg als »die Mutter Israels«.

Rena Molho, die Frau, die mir gegenübersaß, war eine spanische Jüdin, eine von 850 Juden, die es in dieser Stadt mit ihren eine Million Griechen noch gab; die bulgarischen, serbischen und türkischen Gemeinden waren sogar noch kleiner. Sie war hier, um über eine Stadt zu sprechen, die nicht mehr existierte: so wie diese Griechen von Alexandria traurig über ihre eigene multiethnische mediterrane Stadt sprachen, die ebenfalls über einen ausgedehnten, sichelförmigen Hafen verfügte und die jahrhundertelang von den Griechen dominiert worden, aber nun rein arabisch war. Rena überschüttete mich mit Fakten.

Die ersten Juden kamen 140 v. Chr. nach Saloniki. 53 n. Chr. predigte Paulus – Rabbi Saulus von Tarsus – in der Etz Haim (»Baum des Lebens«) Synagoge an drei aufeinanderfolgenden Sabbaten. Juden aus Ungarn und Deutschland trafen 1376 ein. Nach der Eroberung Salonikis durch die osmanischen Türken erhielten im Jahre 1492 20000 Juden aus Spanien die Erlaubnis, sich dort niederzulassen, was den kulturellen und demographischen Charakter der Stadt radikal veränderte. 1493 kamen die Juden von Sizilien. Von 1495 bis 1497, nachdem sich die Inquisition von Spanien nach Portugal ausgedehnt hatte, trafen die Juden aus Portugal ein. »Im Jahr 1913«, dozierte Rena, »zählte Saloniki 157000 Einwohner: 80000 Juden, 35000 Türken, von denen 10000 bis 15000 *Domnes* waren (im Lauf der osmanischen Herrschaft zum Islam übergetretene Juden), 30000 bis 35000 Griechen und 7000 bis 12000 Bulgaren, Serben und Albaner.«

Rena rasselte Buchtitel herunter – komplett mit den Namen der Autoren und Verlage und ihren Erscheinungsdaten –, um ihre Statistiken zu untermauern und im Grunde zu sagen: *Sehen Sie sich die gestikulierenden Leute an den anderen Tischen an. Dort finden Sie Stil, ich gebe Ihnen Fakten. Wagen Sie es ja nicht, meine Fakten zu bestreiten!*

Eins der Bücher, die Rena erwähnte, war *Farewell to Salonica* von Leon Sciaky, die Geschichte eines Jungen, der ungefähr zur osmanischen Zeit in einer verschlafenen Stadt der Gärten, Minarette, weißgetünchten Mauern, grünen Fensterläden und rotgedeckten Dächern aufwuchs. Später spürte ich eine Ausgabe dieses seit langem vergriffenen Buches in der British Council Bibliothek von Saloniki auf. Sciaky bezeichnet das Saloniki jener Zeit als die »überwiegend jüdische Hauptstadt« von Makedonien. In seiner Schulklasse war von fünfzehn Schülern nur ein Grieche. Der Autor nennt dies einen »repräsentativen Querschnitt« der Stadt. Bei dem Buch handelt es sich um mit historischen Anmerkungen gespickte Memoiren: »Das Jahrhundert näherte sich dem Ende. Verstohlen schlich sich der Westen ein und versuchte, den Osten mit seinen Wundern zu betören.«

Um die Jahrhundertwende brach hier im griechischen Makedonien die reaktionäre Tyrannei der türkischen Sultane endlich zusammen. Aber Angst und Unsicherheit herrschten: In einer Region großer ethnischer Vielfalt hatten die Juden eine Nische gefunden. Der intolerante – wahrscheinlich aus langer Unterdrückung herrührende – Nationalismus der Bulgaren, die das Hinterland von Saloniki besetzten, und der Griechen, die das ganze Territorium im Süden besetzten, stellte eine noch bedrohlichere Tyrannei dar als die der imperialen Türken.»Sie müssen sich das Klima vorstellen«, sagte Rena.»1913 verwüsteten die Griechen vierhundert jüdische Geschäfte, weil das Gerücht umging, die Juden hätten die Brunnen vergiftet.« In *Rechenschaft vor El Greco* beschreibt Niko Kazantzakis den Antisemitismus im Griechenland dieser Zeit:

> Ich wollte Hebräisch lernen, um das Alte Testament im Original zu lesen... mein Vater rief den Rabbi, und sie kamen überein, daß ich dreimal die Woche zu ihm gehen und Unterricht nehmen sollte... Als unsere Freunde und Verwandten davon hörten, standen ihnen die Haare zu Berge, und sie liefen zu meinem Vater:»Was machst du?« schrien sie.»Hast du keine Gefühle für deinen Sohn? Weißt du nicht, daß am Karfreitag diese Kreuziger christliche Kinder in einen messergespickten Trog werfen und ihr Blut trinken?«

1916 besetzten griechische Truppen Saloniki. 1917 zerstörte ein großes Feuer den gesamten jüdischen Teil der Stadt mit vierunddreißig Synagogen. Die Zahl der Obdachlosen belief sich auf 73448, von denen 53737 Juden waren. Trotzdem, stellte Rena fest, war Saloniki »eine jüdische Stadt. Die Amtssprache und die Sprache der Straßenkinder war Judeo-Spanisch (Ladino). Der Hafen wurde am *Shabbat* [dem jüdischen Sabbat] geschlossen, bis 1923 ein griechisches Gesetz die Öffnung erzwang.« In jenem Jahr wurden 100000 griechische Flüchtlinge aus Kleinasien – zuvor von der türkischen Armee unter dem neuen nationalistischen Führer Mustafa Kemal »Atatürk« überrannt – in Saloniki angesiedelt. »Die Juden stellten ihre Schulen als Flüchtlingsunterkünfte zur Verfügung. Eine Zeitlang konnten jüdische Kinder nicht zur Schule gehen«, sagte Rena mit hörbarem Zorn in der Stimme.

Als die Nazis im April 1941 Saloniki eroberten, waren die Juden die zweitgrößte Bevölkerungsgruppe nach den Griechen. Obwohl ihre Gemeinde an Größe eingebüßt hatte, war Saloniki noch immer die kulturelle Welthauptstadt der sephardischen (»spanischen«) Juden. »Die Nazis brauchten zwei Jahre tagtäglicher Arbeit, um die Kunstschätze von Jüdisch-Saloniki zu plündern«, sagte Rena. »Und es erforderte fünfzehn Eisenbahntransporte in einem Zeitraum von fünf Monaten, um Saloniki all seiner Juden zu berauben. Eine ganze Stadt wurde in ein Konzentrationslager gebracht. Die 500 000 Gräber auf dem Friedhof, wahrscheinlich der größte jüdische Friedhof der Welt, wurden zerstört.« Sie zeigte mir ein Foto eines von den Deutschen gebauten Schwimmbads, das aus jüdischen Grabsteinen gemauert war.

Von allen Städten im nazibesetzten Europa wies Saloniki die meisten jüdischen Opfer auf: Von einer jüdischen Bevölkerung von 56 000 wurden 54 050 – 96,5 Prozent – in Auschwitz, Birkenau und Bergen-Belsen ermordet. Die erfolgreiche Deportation der Juden aus Saloniki trug dazu bei, Adolf Eichmann berüchtigt zu machen. Anfang der neunziger Jahre wurde der – insbesondere wegen seiner Verbrechen in Saloniki – meistgesuchte überlebende Nazi-Kriegsverbrecher der Welt, Alois Brunner (wie Eichmann Österreicher), in seinem syrischen Versteck aufgespürt.

Als die Nazis Saloniki besetzten, floh Renas Mutter nach Zentralgriechenland, damals unter italienischer Besatzung. Renas Vater entkam mit falschen Ausweisen nach Athen, wo er Zigarettenpapier verkaufte. »Der Tag, an dem Athen befreit wurde, war der größte Tag im Leben meines Vaters, wie er mir erzählte, größer als die Tage, an denen seine Kinder oder Enkel geboren wurden.«

Nun kam Rena zum Kern ihres Anliegens. »Den Juden gehörten vor der deutschen Invasion in Saloniki zwölftausend Häuser. Nach dem Krieg stellten sie nur sechshundert Rückgabeanträge. Die griechischen Behörden genehmigten davon nur dreißig. Heute gibt es an der Universität von Saloniki kein Seminar, keinen Kurs, nichts über die Juden – ebensowenig über die Türken oder andere Bevölkerungsgruppen. Es gibt nichts in den historischen Instituten. Nichts in den Museen der Stadt. Kaum ein Buch in den griechischen Buchhandlungen. Nichts. Als hätte es uns hier nie gegeben.

Kennen Sie das Messegelände, wo jedes Jahr eine Handelsmesse stattfindet und der Premierminister eine Rede hält? Es ist auf dem jüdischen Friedhof errichtet worden. Dort gibt es keine Gedenktafel. Nichts.«

Rena stand auf und ging. Sie hatte noch eine andere Verabredung.

Rena hatte nicht übertrieben. Nach fünfundvierzig Jahren hatte die Stadtverwaltung von Saloniki noch nicht über einen Antrag auf die Umbenennung einer Straße der Stadt – irgendeiner Straße – in die »Straße der jüdischen Märtyrer« entschieden. Die Verdrängung der multiethnischen Vergangenheit war bis zur Auslöschung getrieben worden. Während der gesamten Nachkriegszeit fand man in den Saloniki-Reden griechischer Politiker jeder Couleur nur selten (wenn überhaupt) einen Hinweis auf oder ein Wort der Anerkennung für die nichtgriechische Seite der Vergangenheit der Stadt. Saloniki und der Rest Makedoniens waren und sind in den Augen der Griechen rein griechisch und werden es immer sein.

Molhos Buchhandlung in der Tsimiski Straße 10, im Besitz von Renas Schwiegervater Saul – 1870 von seinen Vorfahren gegründet und die älteste Buchhandlung der Stadt – ist das einzige prosperierende Überbleibsel des jüdischen Salonikis. Am östlichen Rand der Stadt, Kilometer von den Betonklötzen und grellen Schaufenstern entfernt, steht die Villa Mozdah, ein architektonisches Wahrzeichen, benannt nach einer prominenten Familie spanischer Juden, die dort lebte. Über ihrem zwiebelförmigen Dach und den weißen, neoklassizistischen Säulen und Pilastern wehte die blauweiße griechische Fahne. Es gab keine Gedenktafel, keinen Hinweis in irgendeinem der örtlichen Reiseführer auf die nichtgriechische Vergangenheit des Gebäudes.

Ich schüttete einem griechisch-amerikanischen Freund, Aristide D. Caratzas, mein Herz über das Problem Jüdisch-Saloniki aus. Caratzas, ein Spezialist für byzantinische Geschichte, ist sowohl aktives Mitglied der griechischen Lobby als auch Fachverleger von Büchern über moderne und historische griechische Themen. Caratzas Verlag wollte in Kürze ein Buch über die Juden von Saloniki herausbringen.

Hier seine Antwort: »Von der klassischen Antike bis hin zum Beginn des fünfzehnten Jahrhunderts war Saloniki eine griechische Stadt. Die Griechen wurden von den osmanischen Türken vertrieben, die dann die Juden ins Land riefen. Es stimmt, daß die Juden fünfhundert Jahre lang Saloniki dominiert haben; und in historischer Hinsicht hüteten sie die Stadt für die Griechen, die sie erst im zwanzigsten Jahrhundert beanspruchten – teilweise auf-

grund einer weiteren türkischen Vertreibung, diesmal aus Kleinasien *nach* Saloniki. Aber in der griechischen politischen Mythologie kann Saloniki nur griechisch sein. Es kann keine Erwähnung
der Juden geben. Die Entwicklung eines Nationalbewußtseins bedeutet in diesem Teil der Welt manchmal, daß das, was jeder insgeheim weiß, niemals öffentlich erklärt oder zugegeben werden
kann. Caratzas zitierte dann einen griechischen Philosophen aus
dem sechsten Jahrhundert, Stephanus von Byzanz: »Mythologie
ist, was niemals war, aber immer ist.«

Mit anderen Worten, an dieser Geschichte war nichts Ungewöhnliches. So wie Serbien, Albanien, Rumänien und Bulgarien
brutal die osmanische Tyrannei und Vielfalt abschüttelten, um
ethnisch reine Staaten zu errichten, so tat dies auch Griechenland.
Und wie die Serben die Erinnerung an die Albaner auslöschten,
wie die Albaner die Erinnerung an die Griechen des Nordepirus
auslöschten, die Rumänen die an die Ungarn und die Bulgaren die
an die Türken, so löschten die Griechen die Erinnerung an die
salonikischen Juden und andere Volksgruppen aus. Griechenland
ist Teil des balkanischen Musters, vor allem in dieser Stadt, der
einstigen Hauptstadt des osmanischen Makedoniens.

Und damit komme ich endlich zum eigentlichen Thema: Griechenland, die südliche Dolchspitze der Balkanhalbinsel, gilt als
Geburtsort unserer westlichen Kultur und unseres Wertesystems
– was Griechenland nicht ist und niemals war.

Ich habe sieben Jahre in Griechenland gelebt und es vorher und
hinterher oft besucht. Ich spreche und lese Griechisch, wenn auch
nicht perfekt. Ich habe meine Frau in Griechenland kennengelernt, in Griechenland geheiratet, und einer meiner Söhne wurde
in Griechenland geboren. Ich liebe Griechenland. Aber das Griechenland, das ich liebe, ist ein reales Land, mit all seinen Fehlern
und Grausamkeiten; nicht das Phantasieland der Universitäts-
klassizisten oder Reisebüroplakate.

Da ich Griechenland weniger aus »Reiseerfahrungen« und
mehr aus »Lebenserfahrungen« kenne, ist mein Verhältnis zu
Griechenland enger als zum Rest des Balkans. Meine Lebenser-
fahrung zeigte mir Griechenland als ein Balkanland. Was Griechenland in den achtziger Jahren, als ich dort lebte, zu einem Bal-
kanstaat machte, war die Politik. Deshalb werde ich ausführlich
über Griechenlands modernes politisches Klima berichten: ein

Thema, über das im Vergleich zu all den Reisebüchern über Griechenland wenig geschrieben worden ist.

Vor dem Ende des Kalten Krieges, als die Existenz des Warschauer Paktes eine künstliche Trennung zwischen Griechenland und seinen nördlichen Nachbarn erzwang, bemerkten nur Westler wie ich, die in Griechenland lebten, wie sehr Griechenland zum Balkan gehörte. Außenstehende waren entschlossen, in Griechenland nur ein mediterranes und westliches Land zu sehen: zum Teufel mit den Fakten. Als ich 1989 die Arbeit an diesem Buch begann – als Makedonien nur als Geburtsort Alexander des Großen und nicht als das geopolitische Problem galt, das es heute ist – wurde mir geraten, Griechenland nicht zu erwähnen, da es »im Grunde kein Teil des Balkans war«. Ich schlug den Rat aus. Die Ereignisse haben mir recht gegeben. Als die neunziger Jahre begannen, berichteten die Medien zunehmend über Griechenlands Grenzstreitigkeiten mit Makedonien und Südalbanien. Und Griechenlands politisches Verhalten in der Region wirkte trotz einer bis auf die Antike zurückgehenden demokratischen Tradition nicht vernünftiger als das seiner Nachbarn im Norden, die keine demokratischen Traditionen hatten.

Bei meinem ersten Besuch in Griechenland traf ich mit dem Zug aus Jugoslawien ein. Beim zweitenmal kam ich ebenfalls mit dem Zug aus Bulgarien. Ein drittes Mal mit dem Bus aus Albanien. Ich bemerkte sofort eine Kontinuität: Bergketten, traditionelle Kleidung, musikalische Rhythmen, Rassen und Religionen – alles war eng mit den Ländern verwoben, aus denen ich gekommen war. Und wie überall auf dem Balkan, wo Rassen und Kulturen aufeinanderprallen und wo das Siedlungsmuster der Volksgruppen nicht immer mit den Staatsgrenzen übereinstimmt, wurde diese Vermischung kategorisch bestritten.

»In Griechenland leben keine Türken«, erklärte mir einmal der ehemalige stellvertretende Außenminister Ioannis Kapsis: »Es gibt nur ein paar Griechen, die zufälligerweise Moslems sind und zufälligerweise miteinander Türkisch sprechen. Es gibt hier auch keine Makedonier...«, schwadronierte Kapsis weiter. Er ließ sich nicht bremsen. In all den Jahren, die ich in Griechenland gelebt habe, von 1982 bis 1989, hat nie ein Grieche – abgesehen von ein paar bekannten Politikern – die Frage der Parthenon (Elgin)-Sammlung und die Weigerung des Britischen Museum erwähnt, sie zurückzugeben. Und wenn dieses Thema – dem im Westen so viel Publizität zuteil wurde – von einem Ausländer angesprochen wurde, habe ich nie erlebt, daß sich ein Grieche lange oder leidenschaftlich darüber ausgelassen hätte. Aber viele Stunden meines Lebens habe ich damit verbracht, schweigend an einem griechischen Tisch zu sitzen und mir Zornesausbrüche über Themen wie die Türken und Konstantinopel, die Serben und Makedonien und die verfolgte griechische Minderheit in Albanien anzuhören. Als ich 1990 aus Makedonien und Bulgarien in Griechenland eintraf, versuchte ich, einer Gruppe griechischer Freunde den Standpunkt der slawischen Makedonier zu erklären. Sie schäumten fast einstimmig: »Nur weil dir diese dreckigen Zigeuner in Skopje den Kopf mit Lügen vollgestopft haben, heißt das noch lange nicht, daß es stimmt!« Für diese Griechen waren alle Slawen, die sich als »Makedonier« bezeichneten, »dreckige Zigeuner«.

Deshalb hatte ich, als ich 1990 von Bulgarien aus Griechenland erreichte, auch nicht das Gefühl, den Balkan zu verlassen, sondern ich meinte vielmehr, das Land zu betreten, das den Balkan am meisten verkörperte. Die Ikone war eine griechische Erfindung. Die Griechisch-Orthodoxe Kirche war die Mutter aller östlichen orthodoxen Kirchen. Das byzantinische Reich war im Grunde ein griechisches Reich. Die osmanischen Türken herrschten durch die Griechen – aus dem wohlhabenden Fanar (»Leuchtturm«)-Viertel von Konstantinopel –, die im europäischen Teil des türkischen Reiches oft die Diplomaten und lokalen Verwalter stellten. *Konstantinopel* war ein griechisches Wort für eine historische griechische Stadt. Selbst das türkische Wort für den Ort Istanbul war eine Ableitung des griechischen Satzes *is tin poli* (»zur Stadt«). Zum Elitekorps der osmanischen Armee, den Janitscharen, gehörten viele Griechen, die als kleine Kinder ihren Eltern weggenommen und in den Kasernen des Sultans großgezogen worden waren. Das kyrillische Alphabet, das in Bulgarien, Serbien, Makedonien und Rußland benutzt wird, entstand aus dem griechischen Alphabet, als zwei Mönche, Kyrillos und Methodios, im neunten Jahrhundert n. Chr. Saloniki verließen, um die Slawen zu bekehren. Das moderne griechische Volk ist eine Mischung aus Griechen, Türken, Albanern, Rumänen, verschiedenen Slawen und anderen, die alle nach Süden gewandert sind, zu den warmen Meeren der Balkanhalbinsel. Die Tatsache, daß nur ein paar erkennbare Minoritäten in Griechenland überdauert haben, ist ein Beweis für die assimilatorische Kraft der griechischen Kultur. Die

Bauern von Suli in Westgriechenland beispielsweise und die ägäischen Inselbewohner von Spetsai und Hydra sind rein albanischer Herkunft. »Das Griechenland des klassischen Erbes und des romantischen Philhellenismus existiert nicht mehr und ist im übrigen für die griechische Lage stets irrelevant gewesen«, schreibt Philip Sherrard, ein Übersetzer moderner griechischer Dichtung. »Griechenland... hat nie ein Mittelalter in unserem Sinne oder eine Renaissance in unserem Sinne oder ein Zeitalter der Aufklärung gekannt. Diese Erhebung der Vernunft über den Rest des Lebens hat nie stattgefunden.«

Griechenland ist Europas vorgeschobenster Außenposten, hinter dem der Balkan vollständig in den Osten übergeht. Anders betrachtet ist Griechenland auch der Ort, wo der Sauerstoff des Westens die niederschmetternde und abstrakte Logik der mesopotamischen und ägyptischen Wüsten aufzulösen beginnt. Schließlich war dies die größte Leistung des periklesischen Athens (und damit auch des Westens): der Unmenschlichkeit des Ostens, die zu jener Zeit von den Tyranneien des antiken Ägyptens, Persiens und Babyloniens versinnbildlicht wurde, Humanismus – Mitgefühl für den einzelnen – einzuatmen. Im Nationalen Archäologischen Museum in Athen konnte ich diesen Prozeß beobachten, wie die grimmigen und unpersönlichen Statuen der frühen und mittleren Bronzezeit, die starke Einflüsse des pharaonischen Ägyptens aufwiesen, allmählich immer weichere Züge bekamen und im Lauf von zwei Jahrtausenden zur erhebenden Schönheit und zum Idealismus der klassischen griechischen Skulptur metamorphierten.

Das klassische Griechenland des ersten Jahrtausends v. Chr. erfand den Westen, indem es den Osten humanisierte. Griechenland vollbrachte dies, indem es seine künstlerischen und philosophischen Energien auf die Befreiung des menschlichen Geistes konzentrierte, auf die individuelle Suche nach dem Sinn des Lebens. Während beispielsweise in Persien die Kunst existierte, um einen allmächtigen Herrscher zu glorifizieren. Aber Griechenland war immer Teil des Ostens, auch wenn es an seinem westlichen Rand lag. Griechenland in seinem wahren orientalischen Licht zu sehen bedeutet, die Größe der Leistung des antiken Griechenlands zu erkennen.

Griechenlands historische Rolle als ideologisches Schlachtfeld zwischen Ost und West zu erkennen, gibt einem außerdem einen tieferen Einblick in den Prozeß, durch den westliche Demokratie und Werte in unserer Zeit die politischen Systeme der Dritten Welt beeinflussen können. Griechenland ist das ewige Sieb, durch das der Ansturm des Ostens auf den Westen und des Westens auf den Osten gefiltert wird und dabei seine Rückstände hinterläßt.

»Willkommen zurück im Orient«, sagte Sotiris Papapoulitis, ein führendes Mitglied von Griechenlands konservativer Neuer Demokratischer Partei, als er mich zu einem teuren Fischessen in einem Restaurant in der Hafenstädt Piräus unweit von Athen einlud. Ich war soeben mit dem Bus aus Saloniki eingetroffen. »Aber im Orient«, warnte Papapoulitis mich, »darf man nie ein offenes Herz mit einem offenen Geist verwechseln.«

Papapoulitis bezog sich damit auf sich selbst. Im Herbst 1990 hatte er sich als Bürgermeister von Piräus beworben und die Wahl verloren. Er war gleichzeitig extravagant, gebildet, naiv und engstirnig. Er gehörte zu der Sorte Menschen, die Descartes zitieren und an Verschwörungstheorien glauben konnten und ihr enganliegendes Hemd bis zum Bauchnabel aufgeknöpft trugen. Papapoulitis wußte dies und genoß die Tatsache, daß seine Persönlichkeit wie die Szenerie um uns – Yachten, blaues Meer, Sonnenschein, Berge von Meeresfrüchten, Unfähigkeit und Chaos – die perfekte Synthese des Balkans, des Mittelmeeres, des europäischen Westens und des levantinischen Ostens darstellte.

»Ich hasse den Begriff *Grieche*. Er ist die Ableitung eines türkischen Wortes für Hund oder Sklave«, erklärte Papapoulitis so laut, daß alle Gäste mithören konnten. »Sie können mich einen *Hellenen* nennen. Sie können mich sogar einen *Romios* nennen. Aber nennen Sie mich nicht einen *Griechen*.«

Als *Hellenen* hatten sich die alten Griechen bezeichnet, und dieser Name wurde im Lauf der Zeit zu einem Symbol für einen Griechen (oder jenen Teil der griechischen Psyche), dessen Wurzeln im Westen liegen. *Romios* bedeutet wortwörtlich Römer und bezieht sich auf einen Griechen aus dem Oströmischen Reich (oft als Byzanz bezeichnet), dessen Wurzeln im Osten liegen. Patrick Leigh Fermor, ein britischer Reiseschriftsteller mit einer unübertroffenen Kenntnis der griechischen Sprache und Kultur, identifizierte über sechzig Merkmale und Symbole, die die Mentalität der Hellenen von der der *Romios* unterscheiden. Während sich der Hellene auf Prinzipien und Logik verläßt, verläßt sich der *Romios* auf seinen Instinkt; während der Hellene Griechenland als Teil Europas sieht, sieht der Romios Griechenland außerhalb Europas; während der Hellene ein Mensch aufgeklärten Unglaubens ist, glaubt der Romios an die wunderwirkende Kraft der Ikonen; während der Hellene einem westlichen Ehrenkodex anhängt, zeigt der Romios keine Skrupel bei der Verfolgung persönlicher Ziele und so weiter... Offensichtlich waren, wie im Fall von Papapoulitis und vieler anderer Griechen, die ich kannte, der Hellene und der Romios Aspekte der griechischen Persönlichkeit und konnten nebeneinander in derselben Person existieren.

Fermor war sich, wie viele Philhellenen (»ausländische Griechenfreunde«), der orientalischen Aspekte Griechenlands voll bewußt. Ein Fallbeispiel: Lord Byron, der romantische Poet des neunzehnten Jahrhunderts und Freiwilliger im griechischen Unabhängigkeitskrieg, verabscheute Kenner des klassischen Griechenlands, die er als »saft- und kraftlose Käuze« voller »antiquarischen Geschwätzes« bezeichnete. Byrons philhellenisches Engagement basierte auf einer realistischen Sicht des Landes, nicht auf Mythen. Im Hinblick auf die streitbaren griechischen Guerillakämpfer, die er in den zwanziger Jahren des neunzehnten Jahrhunderts in den moskitoverseuchten Sümpfen des westlichen Griechenlands traf, stellte der englische Poet fest: »Ihr Leben ist ein Kampf gegen die Wahrheit; heimtückisch streiten sie dagegen.« Kazantzakis, der kein Ausländer war, hatte ebenfalls keine Zweifel an der wahren Seele Griechenlands: »Der moderne Grieche... wenn er zu singen beginnt... zerbricht die Kruste der griechischen Logik; unvermittelt steigt der Osten, düster und geheimnisvoll, aus seiner Tiefe empor.«

Für die Griechen verkörpert der Osten – das Reich dieser Dunkelheit, der Geheimnisse, der Traurigkeit und Irrationalität – bestimmte Erinnerungen und Geschehnisse, die ein zentrales Erbe der Byzantiner und Osmanen sind.

Für westliche Touristen und Bewunderer Griechenlands dürfte das bekannteste Symbol des Landes der Parthenon sein, der im fünften Jahrhundert v. Chr. von Perikles erbaut wurde – im goldenen Zeitalter der athenischen Demokratie, der Periode der griechischen Geschichte, mit der jeder von uns im Westen vertraut ist. In der Schule haben wir gelernt, wie sich die minoischen und mykenischen Zivilisationen im Lauf mehrerer Jahrhunderte zu griechischen Stadtstaaten wie Athen und Sparta entwickelten, die gegeneinander und gegen die Perser Kriege führten, ein Volk, das zu jener Zeit den »barbarischen Osten« repräsentierte. Wir lernten, wie die griechische Kultur überlebte und sich durch die Eroberungen eines griechischen Makedoniers, Alexander der Große, ausbreitete. Und wir kennen in groben Zügen den Umfang und die Größe der griechischen Geschichte: daß zwischen der Welt von Homers *Ilias* und *Odyssee*, die mit der mykenischen Kultur des zweiten Jahrhunderts v. Chr. verbunden ist, und der Welt des Sokrates, Plato und Aristoteles fast tausend Jahre liegen. Die griechische Geschichte ist, wie man uns im Westen beigebracht hat, eine lange und inspirierende Saga. Unglücklicherweise war diese große Saga nur ein Element in Griechenlands Vergangenheit, und die Vergangenheit endete nicht einmal, als das Dunkle Zeitalter hereinbrach. Was die Bewunderer des antiken Griechenlands für das Dunkle Zeitalter halten, war in Wirklichkeit der Beginn einer anderen Periode griechischer Größe, der von Byzanz.

Deshalb löst bei den Griechen ein anderes Bauwerk, weit vom Parthenon entfernt – und sogar außerhalb der Grenzen des heutigen Griechenlands liegend –, viel tiefere Gefühle und Nostalgie aus.

Die Griechen, wie andere orthodoxe Christenvölker, sind auf ihre Kirchen fixiert, die nicht nur Orte der Anbetung, sondern auch Schatzkammern ihrer materiellen Kultur sind, die die schrecklichen Jahrhunderte der osmanischen Herrschaft überdauert hat. C. P. Cavafy, der größte moderne griechische Dichter, beschrieb seine Gefühle in seinem Gedicht »In der Kirche«:

> *. . . betrete ich eine griechische Kirche,*
> *der Wohlgeruch des Weihrauchs,*
> *die Stimmen der Liturgie, die Harmonie der Klänge,*
> *der Priester Ordentlichkeit,*
> *jeder feierliche Schritt,*
> *die prächtigen Gewänder,*
> *erinnern an die Glorie unseres Volkes,*
> *die Größe unserer alten byzantinischen Zeit.*[1]

---

[1] Nach der englischen Übersetzung von Memas Kolaitis – siehe Bibliographie – ins Deutsche übertragen.

Und unter den griechischen Kirchen überragt eine alle anderen: die Kirche von Hagia Sophia oder »Weisheit Gottes«, erbaut in der Mitte des sechsten Jahrhunderts n. Chr. von dem byzantinischen Kaiser Justinian und sich majestätisch – eine niedrige, breite Kuppel krönt wie schwerelos einen Chor von Halbkuppeln und leuchtenden Strebepfeilern – über den schaumigen Wassern von Konstantinopel (Istanbul) erhebend. Selbst heute, all ihres Goldes und Silbers beraubt, mit verblaßten und beschmutzten Fresken, gibt es auf der ganzen Welt schwerlich ein Bauwerk, dessen Inneres einen derartigen Eindruck grenzenlosen Reichtums und mystischer Kraft vermittelt. Ich habe in den achtziger Jahren die Hagia Sophia mehrmals besucht. Jedesmal erkannte ich instinktiv, daß die politischen Leidenschaften des modernen Griechenlands vielleicht hier ihre Erklärung finden – weit mehr als im Parthenon. Beim Gang durch die kaiserliche Pforte zur Hauptkuppel hatte ich immer das Gefühl, mich in einer gewaltigen überdachten Stadt aus Marmorwänden, Emporen und Kolonnaden und aus Mosaiken zu befinden, mit weiten, vieldeutigen Plätzen an der Peripherie. Hagia Sophia wurde der Prototyp aller orthodoxen Kathedralen, der Markuskirche in Venedig und der Moscheen in der ganzen Türkei.

Aber Hagia Sophia ist keine Kirche mehr. Sie ist das türkische »Museum von Aya Sofya«. Glocken, Weihrauch und Priester sind durch massive runde, grüne Tafeln an den Wänden ersetzt worden, auf denen in arabischer Schrift die Worte »Allah ist groß« stehen. Obwohl griechische Touristen in die Türkei reisen, um das »Museum von Aya Sofya« zu besichtigen, kehren viele von diesem Erlebnis aufgewühlt zurück, und die überwältigende Mehrheit der Griechen kann sich nicht einmal zu einem Besuch durchringen. »Die Vorstellung, eine Kirche in einer Stadt zu betreten, die für uns die größte aller griechischen Städte war, und diese moslemischen Zeichen zu sehen, löst Gefühle in mir aus, die ich nicht beschreiben kann. Es ist etwas Schreckliches«, erklärte mir einst ein Freund aus Athen. Istanbul wird in den Augen der Griechen auf ewig Konstantinoupoli bleiben, auch wenn »Konstantins Stadt« nicht mehr existiert. Griechen bringen das Wort *Istanbul* nicht über die Lippen. Wenn sie es aus dem Mund eines Ausländers hören, zucken sie so zusammen, wie Israelis bei dem Wort *Palästina* oder viele Araber bei dem Wort *Israel* zusammenzucken. Seine Heiligkeit Bartholomaios, der Patriarch der Grie-

chisch-Orthodoxen Kirche, hat seinen Sitz nicht in Athen, sondern in Konstantinoupoli, in einem umzäunten Gebäude zwischen
schmalen, schmutzigen Gassen. Das ist alles, was von Byzanz übriggeblieben ist, einer Zivilisation und einem Reich, im Jahr 324
n. Chr. als Nachfolger Roms gegründet und mehr als tausend
Jahre später, 1453, von einer Invasionsarmee der osmanischen
Türken zerstört. In diesen elf Jahrhunderten war das Byzantinische Reich ein griechisches Reich, und damals war Griechenland
weit mehr als die klassische mediterrane Kultur, die der Westen
kennt: Es war ein nördliches kulturelles Reich unvorstellbarer
Tiefen und Beschaffenheit, dessen Einfluß sich bis zum mittelalterlichen Moskauer Staat erstreckte.

Aber all das wurde von den Türken zerstört. Deshalb drückt die
Hagia Sophia in Stein und Marmor aus, was die Griechen stumm
in ihren Herzen beklagen: *Wir haben soviel verloren, keinen Zentimeter mehr, nicht Makedonien noch sonst etwas werden wir
verlieren!*

Der Schmerz dieses Verlustes wurde von der modernen Erfah-
rung des Krieges und des Exils verstärkt. George Seferis, mit dem
Nobelpreis ausgezeichneter griechischer Dichter, schrieb in »Das
Haus am Meer«:

*Die Häuser die ich besaß haben sie mir genommen. Es war so
daß die Zeit aus den Fugen geriet: Kriege Trümmer
Verbannungen:*[2]

Der Grund für Seferis Leiden war der griechisch-türkische Krieg
von 1922 – der Gipfelpunkt einer Serie von militärischen Auseinandersetzungen auf dem Balkan (beginnend 1877 mit dem russisch-türkischen Krieg in Bulgarien), die vom letzten Viertel des
neunzehnten bis zum ersten Viertel des zwanzigsten Jahrhunderts die Schlagzeilen beherrschten und die Grenzen des Balkans
mehr oder weniger in der bis 1990 gültigen Form festlegten, bis
zum Ausbruch des jugoslawischen Bürgerkriegs.

Obwohl die osmanischen Türken im fünfzehnten Jahrhundert
die byzantinischen Griechen aus Konstantinopel vertrieben hatten, gab es bis zum Ende des Ersten Weltkriegs in Istanbul und an
der Westküste Kleinasiens – vor allem in der Stadt Smyrna –

---

[2] Aus dem Griechischen übertragen von Christian Enzensberger.

große griechische Gemeinden. Der Zerfall des Osmanischen Reiches im Anschluß an den Ersten Weltkrieg verschaffte den Griechen (die sich auf die Seite der siegreichen Alliierten geschlagen hatten) die Gelegenheit, ihr verlorenes Territorium zurückzugewinnen, wo noch immer über eine Million ethnischer Griechen lebten. Aber die Griechen wollten noch mehr. Jahrelang hatte der britische Premierminister und romantische Philhellene Lloyd George sie in dem Glauben bestätigt, daß – ganz gleich, was Griechenland machte – die westlichen Alliierten auf jeden Fall eine christliche Nation und Erbin des antiken Griechenlands gegen die moslemischen Türken unterstützen würden. Dieser naive Glaube, verstärkt durch zunehmende Anarchie in der Türkei nach dem Zusammenbruch des Sultanats, verführte die Griechen zur Umsetzung ihrer Megali-Idee, der »Großen Idee«: die Heimkehr jeden Zentimeters des historischen Griechenlands ins Vaterland. Wieder machte sich jenes alte revanchistische Balkan-Syndrom bemerkbar: Jede Nation beanspruchte als ihr natürliches Territorium alle Gebiete, die es zur Zeit seiner größten historischen Expansion beherrscht hatte.

1921 stieß die griechische Armee gegen alle militärische Vernunft über die griechisch besiedelte Westküste von Kleinasien hinaus tief ins gebirgige anatolische Hinterland vor und näherte sich Ankara bis auf 200 Kilometer. Dieser Vormarsch schwächte und desorganisierte die Nachschublinien der Armee bis hin zur Nichtexistenz. Ein Reporter des *Toronto Daily Star*, Ernest Hemingway, schrieb, daß die griechischen Offiziere »nicht die leiseste Ahnung hatten«, während die griechischen Soldaten in der zeremoniellen Uniform aus dem neunzehnten Jahrhundert in die Schlacht zogen, »weiße Balletthemden und Schuhe mit nach oben gebogenen Spitzen und Bommeln«.

Der rücksichtslose und charismatische junge türkische General Kemal Atatürk, der dabei war, aus dem anarchischen Sumpf des Osmanischen Reiches eine neue türkische Republik zu formen, setzte zu diesem Zeitpunkt, im August 1922, seine Streitkräfte in Marsch. Hemingway schreibt, daß die Türken »stetig und unaufhaltsam« vorstießen. In nur zehn Tagen trieb Atatürk die griechische Armee zur ägäischen Küste zurück, wo die griechischen Truppen auf vor der Küste liegende Schiffe flohen und die griechische Bevölkerung von Smyrna schutzlos dem Wüten der türkischen Soldateska überließ. Die Zahl der griechischen Opfer belief sich auf 30 000. Bei der folgenden massiven Vertreibungswelle wanderten 400 000 Türken aus dem griechischen Thrakien in die Türkei aus, während 1 250 000 Griechen aus Kleinasien Zuflucht in Griechenland suchten – obdachlos, unzureichend gekleidet und hungernd – und die Bevölkerungszahl Griechenlands um 20 Prozent erhöhten. Die Flüchtlinge überschwemmten Saloniki und verdreifachten die Größe Athens.

Damit endeten 3000 Jahre griechische Zivilisationsgeschichte in Kleinasien. Smyrna wurde eine türkische Stadt und in Izmir umbenannt. Griechenland war erneut klein, unsicher, von Armut geplagt, tief verletzt und voller Haß. Die diktatorischen Regime der zwanziger und dreißiger Jahre in Athen konnten diese Gefühle nicht kanalisieren. Dann kamen die Schrecken der Nazi-Invasion und -Besetzung, bei der 8 Prozent der Bevölkerung ums Leben kamen, eine Million vertrieben und ganze Landstriche verwüstet wurden. Der griechische Widerstand gegen die Nazis war groß, aber die Guerilla-Bewegung, die er hervorbrachte, war so heroisch wie in sich zerstritten. Die Auseinandersetzungen entluden sich im griechischen Bürgerkrieg von 1946–1949, der noch mehr Opfer und Verwüstung forderte als der Krieg gegen die Nazis.

Die Vereinigten Staaten unterstützten die royalistische Regierung in Athen, während die Sowjetunion und ihre Verbündeten die kommunistischen Aufständischen auf dem Land unterstützten. Es war der erste und letzte Guerillakrieg im Kalten Krieg, den die amerikanisch unterstützte Seite gewann. Allerdings ging es im griechischen Bürgerkrieg um weit mehr als nur um Kapitalismus gegen Kommunismus.

Kapitalismus hatte es in Griechenland nie wirklich gegeben, das in der Mitte des zwanzigsten Jahrhunderts eine arme orientalische Gesellschaft aus Flüchtlingen war, wo eine kleine Schicht habgieriger Großgrundbesitzer und Schiffsmagnaten alle anderen ausbeuteten und eine Mittelschicht so gut wie nicht existierte. Die amerikanisch unterstützte griechische Regierung wurde von Korruption und sinnlosen Intrigen beherrscht. Ihre Anhänger hatten nur eine vage Vorstellung von Demokratie und Pressefreiheit und zählten mehr als nur ein paar ehemalige Nazi-Sympathisanten in ihren Reihen. Sie waren westlich nur in dem Sinne, daß sie westlich sein wollten. Im Gegensatz dazu hatten die griechischen Kommunisten eine völlig andere historische Orientierung – in Rußland und dem Kreml sahen sie nicht nur das Leuchtfeuer einer

Ideologie, der sie anhingen, sondern auch ein zweites Vaterland, das seit dem Fall von Byzanz im Jahre 1453 der Beschützer der orthodoxen Nationen des Ostens gegen die Türken gewesen war. Es war vielleicht kein Zufall, daß der erste Stellvertreterkrieg des Kalten Krieges, des archetypischen West-Ost-Konflikts, auf griechischem Boden ausgetragen wurde.

In den Bildungszentren des Westens jedoch wurden die letzten 2000 Jahre griechischer Geschichte zugunsten einer idealisierten Version des antiken Griechenlands fast vollständig ignoriert, einer Zivilisation, die bereits vor Christi Geburt untergegangen war. Der Westen wollte nicht akzeptieren, daß Griechenland mehr ein Kind des byzantinischen und türkischen Despotismus als des periklesischen Athens war. Infolgedessen konnten nur wenige Westler verstehen, was im Griechenland der achtziger Jahre geschah, einer Ära, in der Griechenlands ehemaliger Premierminister und Präsident Konstantin Karamanlis das Land als »riesige Irrenanstalt« bezeichnete.

Aber ehe wir uns der jüngsten Geschichte Griechenlands zuwenden, müssen wir einen anderen romantischen Mythos über Griechenland untersuchen, der aus dem klassizistischen westlichen entstand: ein Mythos, der in Amerika feste Wurzeln schlug, ehe er in den achtziger Jahren auf so tragische Weise widerlegt wurde.

KAPITEL SECHZEHN

»Lehre mich, Sorbas.
Lehre mich zu tanzen!«

In diesem Zeitalter der verpackten Wahrheiten sind viele Länder, vor allem die Mittelmeeranrainer, von Touristenmythen umgeben: einem kalkulierten Image, bestehend aus Geschichte und Landschaft, ein glattes, romantisches Bild vor exotischer Kulisse. Aber im Gegensatz zu den anderen Touristenmythen entstand der griechische Mythos aus einer literarischen Bewegung des zwanzigsten Jahrhunderts, die sich schließlich in einem der denkwürdigsten Filme der Geschichte kristallisierte.

Das Jahr 1935 markiert in etwa den Beginn dieses Prozesses. In jenem Sommer reisten der dreiundzwanzigjährige angehende Romancier und Poet Lawrence Durrell, seine Frau, seine Mutter, zwei Brüder, eine Schwester und ein Hund namens Roger von England zur griechischen Insel Korfu, um sich dort niederzulassen. Die anglo-irischen Durrells hatten in Indien gelebt, wo Lawrences verstorbener Vater als Ingenieur gearbeitet hatte. Nach dem Tod des Vaters zog die Familie nach England, wo sie sich nie heimisch fühlte. Dies führte zu der ein wenig exzentrischen und überstürzten Entscheidung, es mit Korfu zu versuchen.

»Unser Leben auf diesem Kap ist zu einer Art makellosem euklidischem Lehrsatz geworden«, schreibt Durrell in *Schwarze Oliven* über seinen vierjährigen Aufenthalt auf Korfu. *Schwarze Oliven* war eine neue Art Reiseerzählung: eine Beschreibung der »Landschaften und Sitten« einer Insel, die bewußt reale und erfundene Ereignisse vor einer magischen Kulisse miteinander verband – magisch, weil sich Griechenland auf gewisse Weise von den anderen Ländern des Mittelmeerraums unterschied. Durrell konnte diesen Unterschied beschreiben, aber er konnte ihn noch nicht definieren, weil er nicht mehr so weit nach Osten gekommen war, seit er im Alter von zehn Jahren Indien verlassen hatte.

Durrell schrieb begeisterte Briefe über Griechenland an seinen Freund in Paris, Henry Miller, der 1939 Durrell besucht hatte. Miller, ein Schriftsteller von übersprudelnder Vitalität und unübertroffenem Selbstbewußtsein, aber ohne Disziplin, erlebte wie Durrell eine Art spiritueller Wiedergeburt in Griechenland. *Der Koloß von Maroussi* ist vielleicht das am wenigsten mangelhafte von Millers Handvoll großer, aber mangelhafter Bücher. Ein Werk von unheimlicher Kraft und Inspiration, liest es sich wie eine ununterbrochene Folge von Aphorismen, die zu Klischees geworden sind, nur weil Millers Sätze zwei Generationen lang von den Werbetextern der griechischen Tourismusindustrie verwertet wurden: »Griechenland hat mich frei und gesund gemacht... Griechenland ist von größter Bedeutung für jeden Menschen, der nach sich selbst sucht... Es [Griechenland] steht, wie es von Geburt an stand, nackt und völlig entblößt da... Es atmet, es winkt, es antwortet.«

Aber Miller bemerkte auch »Verwirrung, Chaos... Der Staub, die Hitze, die Armut, die Öde«, in denen er die notwenigen Zutaten für diese magische Atmosphäre erkannte, die auch er zwar beschreiben, aber nicht definieren konnte. Durrells und Millers Bücher über Griechenland waren von einem missionarischen Eifer geprägt, der anderen Reiseerzählungen fehlte, und er war verknüpft mit einer Freude an den Sinnengenüssen, die an Selbstauslöschung grenzte. Hier ist Durrell, wie er ins Wasser von Korfu steigt:

Ich spüre das Spiel des ionischen Meeres, wie es sich in meinem Nacken um Zentimeter hebt und senkt. Es ist wie der Herzschlag der Welt... Es ist nicht mehr eine Region oder ein Ambiente, wo das Bewußtsein oder Unterbewußtsein seine endlosen Spiele mit sich selbst spielen kann; sondern es dringt in eine noch tiefere Ebene vor, die Sonne betäubt den Ursprung der Gedanken...

Durrell und Miller verkauften Griechenland fast genauso, wie die Hippie-Bewegung später Kalifornien und Indien verkaufen sollte: als Ort der Zuflucht vor der Welt, wo man zu seinem innersten Selbst finden konnte. Aber in den dreißiger Jahren – und in dem darauffolgenden Krieg –, als sich der Faschismus über die Landkarte Europas ausbreitete, gab es in der Welt keinen Bedarf für solche Selbstvergessenheit. Erst nach dem entmenschlichenden Grauen des Zweiten Weltkriegs gewann die hedonistische Botschaft dieser Autoren plötzlich eine neue Bedeutung. Doch dank des griechischen Bürgerkrieges blieb Griechenland ein verwüstetes Land, das für den Tourismus nicht bereit war.

Mitte der fünfziger Jahre begann Durrell eine Serie von Romanen zu schreiben, die als das Alexandria-Quartett bekannt sind. Zur gleichen Zeit zog ein Filmemacher aus New York City, Jules Dassin, zusammen mit seiner neuen Frau, der griechischen Schauspielerin Melina Mercouri, nach Griechenland. Dassin erzählte mir 1989 bei einem Gespräch in seinem Haus in Athen, was dann geschah: »Melinas Mutter kam gerade aus dem Kino und schwärmte uns von dem Film vor, den sie gesehen hatte. Wir stritten uns – ich weiß nicht mehr, über was –, und plötzlich erkannte ich, was ich war: nur irgendein Amerikaner, der jedem hier in Griechenland vorzuschreiben versuchte, wie er zu leben hatte. Mein ursprüngliches Konzept war ein Film über einen Gschaftlhuber. Aber weil zu dieser Zeit Griechenland als realer Ort in Amerika praktisch unbekannt war, entstand ein ganz anderer Film.«

Sonntags nie war ein billiger, vierundneunzig Minuten langer Schwarzweißfilm in Griechisch mit englischen Untertiteln. »Wir haben so viel Geld für ein Pressefest 1960 in Cannes ausgegeben [wo *Sonntags nie* den ersten Preis gewann], wie für den Film selbst.«

Der Film beginnt im Hafen von Piräus, wo eine Gruppe rüpelhafter Matrosen die Herausforderung einer Prostituierten, Illia (gespielt von Melina Mercouri), annehmen, mit ihr durch den Hafen zu schwimmen. In diesem Moment taucht ein Kreuzfahrtschiff auf. Ein Grieche an Bord entdeckt die Prostituierte und brüllt: »Wo ist der Amerikaner, der Intellektuelle, er muß sich das ansehen.« Ein Tourist mit einer Baseballmütze wird an Deck geholt. Sein Name ist Homer, und er wird von Dassin persönlich gespielt. Während er die nackte Frau beobachtet, die von Männern umgeben im Meer schwimmt, wird der Amateurphilosoph von einer Eingebung übermannt und schreibt in sein Tagebuch: »Dort ist die Reinheit, die Griechenland war!« Während die Kamera auf die Tagebuchseite schwenkt, schwillt die *Bouzouki*-Musik an und der Titel des Films flimmert über die Leinwand.

Statt periklesischer Perfektion findet Homer eine schäbige Welt aus Hafenkneipen vor, wo unfreundliche Kellnerinnen dicken, sirupähnlichen Kaffee und einen nach Anis schmeckenden Schnaps, Ouzo, servieren; wo Männer filterlose Zigaretten auf dem Boden ausdrücken und tanzen und Teller zum Klang der *Bouzouki*-Musik zerschlagen (die von dem dadurch berühmt gewordenen griechischen Komponisten Manos Hadjidakis eigens für den Film komponiert wurde). Homer, Experte für klassische griechische Dramen, muß erkennen, daß er nichts über das fremde Land weiß, in dem er sich wiederfindet. Er beschwert sich bei Illia, der Prostituierten, in die er sich wider alle Vernunft verliebt hat: »Ich verstehe es nicht, Griechenland war einst das großartigste Land auf der ganzen Welt.« Und sie winkt ihm vom Bett aus verführerisch zu, streckt die Arme aus und antwortet: »Das ist es noch immer.«

Was Homer fand, war natürlich nicht das klassische Griechenland, sondern etwas Besseres oder zumindest etwas Vergnüglicheres und mit Sicherheit etwas Unerwartetes. Er fand den Orient und den Balkan, dessen rauheste Seiten durch das Mediterrane ein wenig geglättet wurden.

Der Erfolg von *Sonntags nie* kam noch im selben Jahr, 1960, als Durrell den letzten Band des Alexandria-Quartetts veröffentlichte, dessen komplexe Handlung, empfindsame Prosa und freizügige sexuelle Thematik ihn sofort zum Bestseller machten.[1] Obwohl das Quartett vorgeblich den ägyptischen Mittelmeerhafen Alexandria beschreibt, handelt es auch von Griechenland. Der Erzähler lebt in friedlicher Betrachtung auf einer namenlosen griechischen Insel der Kykladen. Das Alexandria, an das sich Durrell erinnert, ist eine griechische Stadt, deren eindringlichste Charaktere Griechen oder von Griechenland beeinflußt sind. Ein immer wiederkehrendes Thema in den vier Büchern ist das menschliche Bedürfnis nach einem heidnischen Gegenpart (den Durrell mit Griechenland assoziierte) zur ethischen Strenge der jüdisch-christlichen Moral.

Die Popularität des Quartetts übertrug sich auf *Sonntags nie*. »Es gibt wahrscheinlich keine Statistiken, aber irgend jemand sagte mir, daß der Tourismus in Griechenland binnen eines Jahres um achthundert Prozent zunahm«, verriet mir Durrell. Anfang der sechziger Jahre wurden Millers *Der Koloß von Maroussi* und Durrells *Schwarze Oliven* wiederentdeckt und immer wieder neu

---

[1] Die Bücher des Quartetts sind *Justine, Balthazar, Mountolive* und *Clea*.

aufgelegt. Der Höhepunkt kam im Jahr 1964 mit dem Start von *Alexis Sorbas*, Michael Cacoyannis' Verfilmung von Kazantzakis' gleichnamigem Roman.

Alexis Sorbas porträtiert Griechenland mit demselben harten Schwarzweißrealismus wie *Sonntags nie*, nur noch intensiver. Der Film beginnt ebenfalls in Piräus, aber in diesem Fall ist es Winter, und schwere Regenfälle gehen nieder. Der Held, Sorbas, dargestellt von Anthony Quinn, singt Klephtenlieder aus Makedonien und gesteht, vergewaltigt und geplündert zu haben, »weil sie Türken oder Bulgaren waren«. Sorbas' Gefährte ist ein schüchterner Engländer griechischer Abstammung, dargestellt von Alan Bates, der von dem, was er nach seiner und Sorbas' Ankunft auf der Insel Kreta sieht und hört, schockiert ist.

Dort plündern die Dorfbewohner ein Haus, noch ehe die Bewohnerin, eine alte Französin, gestorben ist. Eine Witwe wird gesteinigt, dann wird ihr vor einer orthodoxen Kirche die Kehle durchgeschnitten, weil sie einen jüngeren Mann verführt hat. Im Hintergrund sind stets rachsüchtig dreinblickende Bauern und Männer zu sehen, die ihrem galligen Frauenhaß in erbärmlichen Cafés Luft machen. Statt Hadjidakis mit seinen klaren, explosiven *Bouzouki*-Klängen aus *Sonntags nie* stellte *Alexis Sorbas* der Welt einen anderen griechischen Komponisten vor, Mikis Theodorakis, der mit einer dunkleren und geheimnisvolleren Richtung der griechischen Musik arbeitete. Während Mercouri in wilden, exhibitionistischen *Syrtaki*-Schritten über die Tanzfläche wirbelte, tanzte Quinn einen langsamen, meditativen *Zeimbekiko* zum Trommelschlag einer Theodorakis-Melodie. Wenn sich Quinn bedächtig auf einem Bein drehte, die Augen starr auf den Himmel gerichtet, war es, als würde sich die Erde selbst um ihre Achse drehen.

Nachdem er beobachtet hat, wie die Frauen das Haus der Französin plündern und der Witwe die Kehle durchschneiden, durchbricht zum erstenmal im Leben von Sorbas' introvertiertem und verwestlichtem Gefährten eine Woge der Gefühle seine schützenden zerebralen Mauern. »Lehre mich, Sorbas«, fleht er, plötzlich von einem Anfall verstehenden Wahnsinns überwältigt. »Lehre mich, zu tanzen!«

Diese Bücher und Filme hatten im Grunde dieselbe Aussage: Griechenland hatte das gewisse Etwas, das Spanien, Italien und anderen armen, sonnverbrannten Ländern fehlte; etwas Einzigartiges und Inspirierendes, weil es so hart und mitleidlos war; etwas Wunderschönes, weil es so häßlich war; etwas Fröhliches, weil es so traurig war; etwas Einzigartiges und dennoch gleichzeitig Vertrautes.

Griechenland war, wo man seine Hemmungen verlor. Das Meer und der sonnendurchglühte Fels dienten einem als Guru. Mehr war nicht nötig. Die Inseln – versteinerte graue Formen, prächtig aus einem tintenblauen Meer wachsend und elegant geziert von den blendend weißen Mauern kubistischer Dörfer – wurden ein Ort der Lust und Leidenschaft und Halluzinationen. Der griechische Touristenboom in den frühen sechziger Jahren war ein Vorläufer des Drogenkultes und der sexuellen Revolution. Leonard Cohen war ein wenig bekannter kanadischer Dichter und Songschreiber, als er zum erstenmal nach Griechenland kam und sich auf der Insel Hydra niederließ, wo er viele der Songs für sein zweites Album *Songs from a Room* komponierte, darunter »Bird on a Wire«, der aus ihm eine Ikone für introvertierte Hippies machte.

Die frühen sechziger Jahre waren das goldene Zeitalter von Mykonos, nachdem diese Insel vom *Vogue*-Magazin entdeckt worden war und eine »In«-Gruppe darstellender Künstler – Jean Seberg, Yul Brunner und Yehudi Menuhin (ein Freund Durrells) – dort Häuser gekauft hatten. Elizabeth Herring, eine Kolumnistin des *The Athenian*-Magazins in Athen, umriß mir die Geschichte von Mykonos: »Als ich zum erstenmal die Insel besuchte, 1961, im Alter von zehn Jahren, fiel mir die extreme Armut auf. Da gab es magere, nackte Kinder, und man konnte nicht einmal pasteurisierte Milch kaufen. Aber Ende der Siebziger waren die Straßen von Schmuckgeschäften gesäumt, und am Strand mußte ich über ein Pärchen hinwegsteigen, das Liebe machte.«

Das gewisse Etwas, das Griechenland im Gegensatz zu jenen anderen Ländern hatte – einzigartig und dennoch so vertraut –, war die perfekte atmosphärische Mischung aus Ost und West. Die wehmütigen Viertelnoten der *Bouzouki*-Musik, das Rohmaterial für Hadjidakis' Titelsong von *Sonntags nie*, sind in Wirklichkeit Geschwister bulgarischer und serbischer Rhythmen und nahe Verwandte der arabischen und türkischen Musik, die, in reiner Form genossen, den meisten westlichen Hörern Kopfschmerzen bereitet. Aber der mediterrane musikalische Filter sorgt dafür, daß diese monotonen und orgasmischen Klänge des Orients westlichen Ohren gefallen, vor allem, wenn man sie auf einer kykladi-schen Insel wie Mykonos hört. Die abstrakte Anmut kykladischer Bildhauer- und Architekturkunst des dritten Jahrtausends v. Chr. war keimende Kraft hinter den künstlerischen Werten, die 2000 Jahre später den Parthenon schufen. Was wir als »westliche« Ar-chitektur bezeichnen, tauchte zuerst auf den Kykladen auf. Das ist der Hauptgrund dafür, warum sich westliche Touristen auf den griechischen Inseln so wohl fühlten, während sie diese fremd-artige Musik hörten, deren Wurzeln sie nicht identifizieren konn-ten. Die Tatsache, daß diese Musik oft sehr traurig war – denn bei den Griechen sollte sie Erinnerungen an den Verlust von Byzanz, Hagia Sophia und Smyrna heraufbeschwören –, machte sie nicht weniger schön.

Der griechische Touristenmythos beruht auf diesem zerbrech-lichen und subtilen Konzept: ein Griechenland, das eine Summie-rung des Balkans ist und doch nicht zu ihm gehört, ein Griechen-land, das nur neunzig Flugminuten vom lästigen und gefährlichen Haß des Nahen Ostens entfernt liegt und gleichzeitig Millionen Kilometer davon getrennt ist.

Die Diktatur der griechischen Obristen, die 1967 an die Macht kamen, ließ etwas Luft aus dem griechischen Touristenballon, aber nur etwas. Der Staatsstreich vom 21. April in Athen kam nicht völlig unerwartet. Der konservative Führer Karamanlis be-merkte hinterher: »Man kann sagen, daß die Demokratie in Grie-chenland von einer freigewählten Regierung umgebracht wurde. Die Obristen gaben ihr lediglich den Gnadenstoß.« Schließlich hatte Griechenland seit der Unabhängigkeit von den osmanischen Türken im Jahr 1829 so viele Staatsstreiche und Verfassungskri-sen erlebt, daß man sie gar nicht mehr zählen konnte.

Die drei Jahre parlamentarischer Demokratie vor dem Staats-streich waren ein Karneval der Rachsucht und Verantwortungslo-sigkeit gewesen. Der gemäßigte linke Premierminister George Papandreou war 1964 mit einer überwältigenden Mehrheit an die Macht gekommen und plante, dem von Karamanlis geführten kon-servativen Establishment hart zuzusetzen. Papandreou ersetzte Karamanlis strenge Fiskalstrategie durch erhöhte Sozialausgaben und Subventionen. An und für sich waren diese Maßnahmen ge-rechtfertigt, wenn man das skandalöse Fehlen eines sozialen Netzes bedachte. Aber Papandreous Großzügigkeit kam zum falschen

Zeitpunkt: Bald waren die letzten Dollars der 10 Milliarden schweren amerikanischen Wirtschaftshilfe im Zuge der Truman-Doktrin aufgebraucht. Außerdem verschärfte Papandreou die Restriktionen für ausländische Investitionen. Als die Inflation in die Höhe schoß, kritisierte Papandreou die NATO, versetzte seine Streitkräfte gegenüber der Türkei in Alarmbereitschaft und goß Öl ins Feuer des bereits lodernden Zypern-Streites, indem er die *Enosis* (»Vereinigung«) von Griechenland und der ehemals britisch verwalteten Insel im östlichen Mittelmeer verlangte. Auf Zypern lebte eine griechische Bevölkerungsmehrheit, aber auch eine beträchtliche türkische Minderheit. Als die Türken im Sommer 1964 eine Militäraktion gegen die griechischen Zyprioten starteten, unternahmen Papandreous Streitkräfte nichts, was den griechisch-zypriotischen Führer, Erzbischof Makarios, zu einer noch zynischeren Haltung gegenüber dem Wert von Papandreous Unterstützung veranlaßte. Makarios ließ sich von der Sowjetunion Waffen liefern, verzichtete auf *Enosis* und sprach statt dessen von einer »vollständigen Unabhängigkeit« der Insel.

Papandreou hatte zweifellos auch ohne die Aktivitäten seines fünfundvierzigjährigen Sohnes Andreas, einem stellvertretenden Kabinettsminister, genug Probleme. 1919 auf der Insel Chios nahe der türkischen Küste geboren, wo sein Vater damals Präfekt war, hatte Andreas das denkbar kälteste Verhältnis zu seinem bekannten Vater. 1939 verließ Andreas Griechenland und ging in die Vereinigten Staaten, um seine Ausbildung fortzusetzen. 1944 hatte er einen Doktorgrad in Wirtschaftswissenschaften an der Harvard University und die amerikanische Staatsbürgerschaft erworben. Er hatte außerdem zweimal geheiratet, beim zweitenmal eine Frau aus Minnesota, Margaret Chant, mit der er vier Kinder hatte. Der jüngere Papandreou blieb bis 1959 in Amerika – entging so dem Zweiten Weltkrieg und dem Bürgerkrieg in Griechenland –, diente statt dessen in der US-Marine und lehrte später an mehreren amerikanischen Universitäten, darunter auch der University of California in Berkeley, wo er schließlich Dekan der wirtschaftswissenschaftlichen Fakultät wurde.

Wie so viele junge Immigranten machte Andreas in Amerika eine grundlegende Veränderung durch. Nach der Scheidung von seiner ersten Frau, einer griechisch-amerikanischen Psychiaterin, hatte er wenig (wenn überhaupt) griechische Freunde; und jahrelang zeigte er kein Interesse an der griechisch-amerikanischen Gemeinde. Ohne das Zusammenwirken dreier Ereignisse wäre er vielleicht nie nach Griechenland zurückgekehrt.

Gerade als seine akademische Karriere in Kalifornien ihren Gipfelpunkt erreichte, erhielt er von Karamanlis, dem Führer der Konservativen, das interessante Angebot, in Athen ein wirtschaftswissenschaftliches Forschungszentrum nach amerikanischem Muster aufzubauen. Gleichzeitig stellte Andreas fest, daß die politischen Aktien seines Vaters plötzlich stiegen und George Papandreou zum möglichen Nachfolger von Karamanlis als Premierminister machten. In Griechenlands nepotistischer politischer Kultur eröffnete dies dem ältesten Sohn verlockende Möglichkeiten. Andreas hatte den richtigen Instinkt: Er entschied sich für seinen Vater, sicherte sich Zuschüsse der Fulbright- und Guggenheim-Stiftung, nahm seine amerikanische Frau und drei Kinder und siedelte nach Griechenland um.

Sich mit Zwanzig zu einem Amerikaner zu machen, war nichts Ungewöhnliches: viele Einwanderer haben dies getan. Aber mit Vierzig wieder zu einem Griechen zu werden, wie es Andreas jetzt tat, war nicht normal und muß einen psychologischen Preis gekostet haben.

1964 gab Andreas offiziell seine amerikanische Staatsbürgerschaft auf, um in das griechische Parlament gewählt zu werden. Als stellvertretender Wirtschaftsminister in der neugewählten Regierung seines Vaters begann Andreas bald, über eine Vielzahl von Themen zu sprechen. In einem Interview im Oktober 1964 mit der Pariser Tageszeitung *Le Monde* nannte Andreas Griechenland einen »Satelliten« der NATO, während er die Unterstützung der Sowjetunion für die griechischen Zyprioten als »positiven Beitrag zur Erhaltung des Weltfriedens« bezeichnete – obwohl Moskau bereits dabei war, in der Zypern-Frage die Seiten zu wechseln; von pro-griechisch zu pro-türkisch. Diese Bemerkungen untergruben zusätzlich die Stabilität der Regierung seines Vaters und zwangen Andreas, von seinem Kabinettsposten zurückzutreten.

Nach zwanzig produktiven und offenbar glücklichen Jahren in Amerika schien Andreas' Anti-Amerikanismus schwer erklärbar. Verschwörungstheoretiker der griechischen Rechten fanden eine Erklärung: Der junge Papandreou war offensichtlich ein »CIA-Agent«, der in sein griechisches Vaterland zurückgeschickt worden war, um für politische Unruhe zu sorgen. Eine andere Theorie lautete, daß Andreas als der verwöhnte Sohn eines berühmten griechischen Politikers keine Lust gehabt hatte, sich mühsam in Amerikas egalitärer Gesellschaft nach oben zu arbeiten. Deshalb konnte er, obwohl er gegen die amerikanische Außenpolitik polemisierte, tief im Inneren Amerikas klassenlose Natur nicht leugnen. Amerikanische Liberale wiederum sahen, genau wie die griechische Linke, in Andreas' Bemerkungen eine natürliche Reaktion auf die ungeschickte amerikanische Dominanz der griechischen Politik nach dem griechischen Bürgerkrieg. Dies würde Andreas' Kritik an der US-Politik gegenüber Griechenland erklären, aber nicht die Heftigkeit seiner Attacken. Eine weitere Theorie lautete, daß Andreas' Vereinigte Staaten immer das Zerrbild des Universitätscampus gewesen waren, wo während der vierziger und fünfziger Jahre gewisse amerikanische Intellektuelle Stalin und dem Kommunismus eine romantische Faszination entgegenbrachten. Mit anderen Worten, nach dieser Sichtweise war Andreas überhaupt nicht wieder zu einem Griechen geworden. Statt dessen verhielt er sich wie ein linker amerikanischer Intellektueller: Er schlug auf seine Regierung ein, weil diese sich im Ausland nicht an ihre erklärten Prinzipien hielt. Diese Ansicht schien in den siebziger Jahren realistisch zu sein, bis sich Andreas plötzlich auf eine Weise verhielt, die weit von dem Verhalten jedes amerikanischen linken Intellektuellen entfernt war.

Im Juli 1965 entließ König Konstantin George Papandreou als Premierminister – eine Entscheidung, in der Papandreous Anhänger einen Verstoß gegen die griechische Verfassung sahen. Von nun an ging es bergab. In Athen stritten und intrigierten die Politiker, die Journalisten, die königliche Familie und die Armeegeneräle, bis die Obristen – eine Gruppe neidzerfressener Bauerntölpel aus abgelegenen Dörfern, angeführt von einem George Papadopoulos – die meisten von ihnen stürzten.

Im Westen wußte man nur, daß eine Gruppe ungehobelter, nicht sehr hochrangiger Offiziere ohne Grund oder Erklärung die Demokratie im Lande ihrer Geburt ausgelöscht hatten – dem Land, das zudem das Land von *Sonntags nie* und *Alexis Sorbas* war.[2]

---

[2] Das schlechte Bild, das der Westen von den griechischen Obristen hatte, beruhte übrigens auch auf einem Film, Z von Costa-Gavras.

Die Obristen waren Romios im übelsten Sinne. Sie waren weder gebildet noch redegewandt. Außer der Rückkehr zu den puritanischsten Lehren der Orthodoxen Kirche hatten sie keine Vision. Sie verstanden nichts von Finanzen oder Ökonomie – außer der Kunst, zu bestechen oder Bestechungsgelder anzunehmen. Und sie waren auf typische Balkan-Art körperlich grausam. Der Dämon der Folter kehrte in die Polizeireviere zurück. Gefangenenlager entstanden auf öden Inseln.

Die Obristen verhafteten Andreas und hielten ihn gefangen, bis eine amerikanische Intervention seine Freilassung erzwang. Andreas ging dann in den Westen ins Exil, zusammen mit anderen Angehörigen des Athener politischen und kulturellen Establishments, darunter auch der ehemalige konservative Premierminister Karamanlis, die Schauspielerin Mercouri, und der Komponist Theodorakis. Fast alle diese Prominenten verkörperten durch ihre Bildung und ihre vornehme Herkunft – Mercouri beispielsweise war die Tochter eines ehemaligen Athener Bürgermeisters – den hochentwickeltsten hellenischen Aspekt der griechischen Persönlichkeit, und in ihrem Kampf gegen die Diktatur gelang es ihnen, die Obristen als ungriechische Usurpatoren hinzustellen.

Im Westen wurden die Obristen zwar gehaßt, die Griechen aber weiter geliebt, und zwar noch mehr, da sie unterdrückt wurden. Griechenland war nun nicht nur ein Mythos, sondern auch eine gerechte Sache, was seinen Reiz noch erhöhte.

Trotz der Bitten Mercouris und ihrer Freunde, Griechenland zu boykottieren, kamen die Touristen weiter. Nur die politisch Bewußten unter ihnen bemerkten das leise Murren der Bevölkerung, wie es typisch für repressive Staaten ist. Schließlich gab es keine Unruhen, keinen Terrorismus, nicht einmal die atemlose Furcht, die in den extremeren Diktaturen des Nahen Ostens so greifbar war. Der griechische Touristenmythos wankte ein wenig, aber er hielt stand.

Selbst nach 1974, als die Obristen abdankten und eine Welle offenen Anti-Amerikanismus folgte, zu der auch ein Bombenanschlag auf das Athener Büro von American Express gehörte, blieb Griechenlands Image im Westen unberührt. Dies waren isolierte Einzelfälle und Karamanlis' neue konservative Regierung unterschlug, was sich dort zusammenbraute. Erst in den achtziger Jahren sollte die Welt allmählich erkennen, wie verwandt Griechenland mit dem Balkan und dem Nahen Osten wirklich war.

KAPITEL SIEBZEHN

Die Geheime Geschichte

»Die Missetaten des Justinian waren so zahlreich, daß die Ewigkeit selbst nicht ausreichen würde, sie alle aufzuzählen. Es wird genügen, wenn ich von der langen Liste einige Beispiele auswähle, durch die den noch ungeborenen Menschen sein ganzer Charakter kristallklar wird«, schreibt Prokop von Cäsarea in seiner *Geheimen Geschichte*, einem unzensierten Bericht über die Herrschaft Justinians und seiner Frau, der Ex-Prostituierten Theodora, im Konstantinopel des sechsten Jahrhunderts.

»Entweder herrschen sie über uns wie Götter, oder sie weigern sich, überhaupt zu herrschen«, schreibt Michael Psellos in der *Chronographia*, einer akribischen Darstellung von fünfzehn byzantinischen Kaisern des zehnten und elften Jahrhunderts, die als die herausragendste Biographie des Mittelalters gilt.

Diese komplexen, doch unvergeßlichen Sagas der Gier, Lust, persönlichen Grausamkeiten und Ambitionen sind der passendste historische Spiegel zum Verständnis der griechischen Politik in den Jahren ab 1980. Wie in jener frühen Epoche des Niedergangs vermischt sich Komplexität mit Oberflächlichkeit, die den Geschehnissen eine absurde Sinnlosigkeit gibt.

In den sieben Jahren meines Aufenthalts in Griechenland ärgerte es mich am meisten, wenn ausländische Korrespondenten die lokalen politischen Wirren mit Sätzen wie »Schließlich haben die Griechen das Theater erfunden« und »Nicht nur *Demokratie* ist ein griechisches Wort, sondern auch *Anarchie*« erklärten. Dann gab es noch die schlauen Verweise auf die »griechische Tragödie« und »griechische Komödie«. Auch ich habe einmal, in einer faulen Periode, die moderne griechische Politik mit dem Begriff des antiken griechischen »Theaters« und der »Masken« zu erklären versucht. Herausgeber und Leser in Amerika und England kannten die griechischen Dramen von der Schule und verstanden deshalb die Anspielung. Aber was wußten sie von den byzantinischen oder mittelalterlichen griechischen Gelehrten wie Psellos und Prokop von Cäsarea? Die Zeitungsberichte erklärten das moderne Griechenland nicht, sondern enthüllten lediglich, wie wenig der Westen über die längsten und wichtigsten Perioden der griechischen Geschichte wußte.

»Mehr als alles andere verrät unsere Politik, wie orientalisch und byzantinisch wir sind«, sagte Panayote Dimitras, einer von Athens führenden Meinungsforschern. Wir sprachen 1990 miteinander, nach meiner Ankunft in Griechenland aus Bulgarien; es war eine Zeit, in der Griechenland das Chaos der achtziger Jahre schmerzhaft zu spüren bekam. »In unserer Politik sind wir meiner Ansicht nach völlig orientalisch. Wir sehen den Westen mit den Augen des Nahen Ostens. Wie die Araber sind auch wir [als orthodoxe Christen] Opfer der Kreuzzüge... Die Griechen sind mit dem Osten vermählt. Der Westen ist nur unsere Geliebte. Wie jede Geliebte erregt und fasziniert uns der Westen, aber unser Verhältnis ist episodisch und oberflächlich.«

Nicht nur Mißtrauen und Intrigen levantinischer Art, sondern auch ein anderer Aspekt des griechischen politischen Lebens wurde in den mittelalterlichen Erzählungen von Psellos und Prokop illustriert: Politik in Griechenland ist erotisch. Es ist wahrscheinlich kein Zufall, daß so viele griechische Wörter, die sich auf politische Macht beziehen, weiblich sind: *Kyvernisi* (»Regierung«), *Eklogi* (»Wahl«), *Ideologia* (»Ideologie«), *Poreia* (»Protestmarsch«), *Eksoussia* (»Staatsgewalt«), *Tromokratia* (»Terrorismus«).

Bemerkenswerterweise berichtet die Regenbogenpresse in Griechenland – im Gegensatz zu ihren Gegenparts in Amerika – nicht über das Privatleben prominenter Showstars oder das Privatleben von Politikern. Griechen sind nicht puritanisch, und nichts – das heißt, fast nichts – kann sie schockieren. Die griechische Regenbogenpresse schreibt ausschließlich über Politik. Politik ist in Griechenland nicht die Domäne der Denkfabriken und seriösen Bücher und Zeitungen. Dafür ist sie viel zu vergnüglich: wie die Karriere von Andreas Papandreou beweist.

Mein Aufenthalt in Athen von 1982 bis 1989 fiel in etwa mit der Regierungszeit von Andreas Papandreou als Premierminister zusammen. Weil Griechenland ein kleines, relativ armes, von historischen Feinden umgebenes Land ist, ist seine Politik intensiver als die Politik westlicher Länder. Und weil die griechische Politik während Andreas' Herrschaft offen antiamerikanisch war, wurde meine persönliche Erfahrung Griechenlands zu einem hohen Grad von Andreas geformt. Das Vermächtnis seiner Herrschaft bestimmt das Griechenland der neunziger Jahre, so wie das kommunistische Erbe die anderen Balkanländer bestimmt. Eine Chronik der Papandreou-Ära ist meines Erachtens der einzige Weg, das heutige Griechenland zu verstehen.

Nachdem Amerika beim Junta-Führer George Papadopoulos intervenierte und Andreas' Entlassung aus dem Gefängnis erreichte (»Sagen Sie Papa-und-so-weiter, er soll den anderen Papa-und-so-weiter freilassen«, lautete Präsident Lyndon Johnsons Anweisung an den griechischen Botschafter), ging Andreas nach Schweden und Kanada ins Exil, wo er die spätere Panhellenische Sozialistische Bewegung gründete, deren griechische Abkürzung PASOK war. Von diesen sechs Jahren des Exils, 1968-1974, sollten ein Bild und eine Tatsache auch für die neunziger Jahre von Relevanz sein: auf mehreren Fotos trug Andreas eine schwarze Lederjacke; und obwohl er verheiratet und Vater von vier Kindern war, zeugte er mit einer schwedischen Frau eine uneheliche Tochter.

1978 besuchte Aristide Caratzas, der griechisch-amerikanische Verleger, das Athener Hauptquartier der PASOK, um mit Andreas zu sprechen. Caratzas wird dieses Erlebnis nie vergessen: »Der Eingang wurde von gefährlich aussehenden jungen Männern in schwarzen Lederjacken mit deutlich sichtbarer Ausbeulung versperrt. Als ich ihnen sagte, daß ich Mr. Papandreou sprechen wollte, antworteten sie aggressiv: ›Haben Sie einen Termin beim *Archegos* [Führer]?‹ Sie machten klar, daß man ihn ›Führer‹ nennen mußte, als wäre es eine Beleidigung, seinen Namen auszusprechen. So ähnlich muß es auch 1922 in Mussolinis Hauptquartier zugegangen sein, vor dem faschistischen Staatsstreich in Italien.«

PASOK war von Anfang an keine *Komma*, keine »Partei« wie die anderen politischen Gruppen im Griechenland der Post-Junta-Zeit. Wie ihr Name bereits betonte, war es eine *Kinesis*, eine »Bewegung«: die Panhellenische Sozialistische Bewegung. Mit anderen Worten, sie sollte revolutionär und dynamisch sein. 1977 erklärte Papandreou: »Sind wir Marxisten, ja oder nein?...

wir müssen ja sagen. Und deshalb stehen wir in völliger Opposition zur optimistischen liberalen Gedankenwelt.«

PASOK war zweifellos undemokratisch, ohne Statut oder Satzung. Jahrelang gab es nicht einmal den Versuch, die Wahl des Parteiführers vorzutäuschen. Es war nicht nötig. PASOK *war* Papandreou – ein Name, der im Post-Junta-Griechenland Andreas bedeutete und nicht seinen Vater George, der 1968 im Alter von achtzig Jahren gestorben war. Die Verehrung politischer Führer, die manchmal an Personenkult grenzte, war im Griechenland des zwanzigsten Jahrhunderts nichts Ungewöhnliches. George Papandreou führte einmal eine politische Partei namens »George Papandreou Partei«. Liberal und links eingestellte Griechen schlossen sich der PASOK an, weil sie in ihr den natürlichen Erben von George Papandreous politischem Vermächtnis sahen. Aber Andreas Papandreou war nicht George Papandreou und die PASOK war nicht die George Papandreou Partei.

George Papandreou war eher ein Mann der Mitte denn der Linken. Seine Handlungen wurden Mitte der sechziger Jahre mehr von Dummheit denn von Ideologie oder verletztem Stolz bestimmt. Seine Partei war wegen der paternalistischen Kaffeehaus-Natur der damaligen griechischen Politik mit ihm identisch. Es war nur natürlich, daß sich um starke Persönlichkeiten Gruppen bildeten, ohne daß Programmen oder Organisationsstrukturen viel Aufmerksamkeit gewidmet wurde. George Papandreou verbrachte seine formenden Jahre ausschließlich in Griechenland. Seine Antriebe waren, wie die seines konservativen Rivalen Konstantin Karamanlis, normal und unkompliziert. Aber Andreas Papandreou, der dreißig Monate in der US-Marine gedient, aber nie eine griechische Uniform getragen hatte, war sehr kompliziert. In seinem Arbeitszimmer hingen Fotos von Fidel Castro und Marschall Tito. Papandreou (womit von jetzt an Andreas gemeint ist) sah in dem blockfreien kommunistischen Jugoslawien das ideale Modell für Griechenland.

PASOK suchte schon früh Kontakt zur syrischen Baath-Partei, »basierend auf unseren gemeinsamen ideologisch-politischen Positionen«, erklärte Papandreou 1975. Im Februar 1977, acht Monate nach der Entführung einer mit Israelis besetzten Air-France-Maschine von Tel Aviv nach Entebbe, Uganda, pries Papandreou den ugandischen Führer Idi Amin: »Er ist ein Gegner der metropolitischen Zentren des Westens und ihr Angriffsziel. Dies allein rückt ihn auf dem globalen Schachbrett auf das Feld der anti-imperialistischen Kräfte.«[1] Später im Jahr 1977 besuchte Papandreou Muammar Al-Gaddafis Libyen, dessen Regime laut Papandreou »keine Militärdiktatur [ist] Das Gegenteil ist wahr. Es wird nach dem Modell des *Demos* des antiken Athens regiert.« Übereinstimmende Berichte in der griechischen und ausländischen Presse behaupteten, daß Gaddafi PASOKs Wahlkampf im Jahr 1981 finanziell unterstützte, der mit der Wahl Papandreous zum Premierminister endete. 1984 erklärte Gaddafis Stellvertreter Major Salam Jalloud öffentlich in Athen: »Bruder Papandreou, wir haben dich sorgfältig untersucht, wir haben dich geprüft und wir vertrauen dir. Wir sind entschlossen, alles in unserer Macht stehende zu tun, um deine Position zu stärken, weil es in unserem Interesse ist, daß du an der Macht bleibst.«

PASOKs innere Struktur wurde von einem totalitären Stil geprägt, der in Griechenland – von der kommunistischen Guerilla-Bewegung abgesehen – ohne Beispiel war. Nach ein paar Jahren in Griechenland erkannte ich, daß sich die Anhänger PASOKs aus drei Personentypen zusammensetzten.

Die erste Gruppe – die städtische und gebildete Linke, sozusagen die »Schickeria« – wäre ohne den Ruhm von Melina Mercouri irrelevant gewesen. Nach Papandreous Wahl zum Premierminister im Oktober 1981 zur Ministerin für Kultur und Wissenschaft ernannt, wurde Mercouri als einzige von Papandreous Ministern nach jeder seiner fünfzehn Kabinettsumbildungen während seiner achtjährigen Regierungszeit wieder auf ihren Posten berufen. Papandreou gegenüber zweifellos loyal, gehörte sie nicht zum Kreis seiner engsten Vertrauten und blieb von den späteren Skandalen und Haftstrafen verschont, die seine Regierung stürzten. Ihr Status als kulturelles Symbol Griechenlands, eine Folge von *Sonntags nie*, diente Papandreou als Feigenblatt der Legitimität, vor allem im Ausland. In Griechenland war sie bei den Kommunisten und PASOK-Anhängern beliebt, aber verhaßt bei den rund 40 Prozent der griechischen Bevölkerung, die rechts gewählt hatten. Eine der Beleidigungen, die ich mir bis zum Überdruß anhören mußte, war: »Melina

---

[1] *Ta Nea* (»Die Neue«), 28. Februar 1977. Interview mit Papandreou.

320

mußte in *Sonntags nie* nicht schauspielern; sie ist wirklich so. Was seht ihr Ausländer bloß in ihr?«

Die zweite Gruppe bestand aus den jungen, im Ausland ausgebildeten Intellektuellen, die nach dem Sturz der Junta nach Griechenland zurückkehrten. Einige waren hochqualifizierte Technokraten, die – vor die Wahl gestellt zwischen einer altmodischen Rechten und einer revolutionären Linken – die letztere vorzogen, weil die Rechte durch die Junta diskreditiert worden war. Costas Simitis, PASOKs Wirtschaftsminister, später von Papandreou entlassen und öffentlich geschmäht, und Andonis Tritsis, PASOKs erster Umweltminister, ebenfalls entlassen, gehörten zu dieser Kategorie. Tritsis Fehler war es, Umweltschutzgesetze zu erlassen, die sowohl gegen die Interessen rechter als auch linker Geschäftsleute verstießen.

Aber viele der jungen Intellektuellen waren keine Technokraten. Aus einfachen Verhältnissen stammend, gingen sie nach Amerika oder anderen westlichen Ländern, wo sie eine lückenhafte liberal-geisteswissenschaftliche Ausbildung genossen – genug, um ihnen nach ihrer Rückkehr in die Heimat eine Aura der Bildung und täuschenden Überlegenheit zu verleihen. V. S. Naipaul hatte eine Bezeichnung für derart halbgebildete Leute. In Anspielung auf die Gruppe in Amerika ausgebildeter marxistischer Idealisten, die die Karibikinsel Grenada regiert hatten (bevor sie sich zerstritten und sich gegenseitig umbrachten), nannte Naipaul sie »kleine Männer«, deren Köpfe mit »großen« verschwommenen Ideen vollgestopft waren, von deren Umsetzung sie völlig irrige Vorstellungen hatten. PASOK hatte viele solcher »kleinen Männer«, voller Haß und versponnener Ideen. Sie füllten die Reihen der Grünen Garden: ideologische Wachhunde, die Papandreou in die griechischen Botschaften im Ausland schickte, um die Karrierediplomaten zu kontrollieren. 1988, als ein Wissenschaftler von der Howard University, Nikolaos Stavrou, ein kritisches Buch über Papandreou veröffentlichte, wurde ein Grüngardist der griechischen Botschaft in Washington mit folgenden Worten in der *New York Times* zitiert: »Mr. Stavrou – er kann keine Bücher schreiben, er kann nur Nigger an einer drittklassigen Universität unterrichten.«[2]

---

[2] »Book on Greek Leader Stirs Diplomatic Dispute« von Edwin McDowell, *New York Times*, 1. Juli 1988.

Aber die dritte Gruppe – und die wichtigste Fraktion in der PASOK – hatte, wie ich feststellte, keine Erfahrung im Ausland, und nur wenige von ihnen beherrschten eine andere Sprache als Griechisch. Es waren Leute aus den Dörfern oder aus den Arbeitervierteln der Stadt, die Betperlen befingerten, ihre Rede mit Flüchen wie *Malaka* (»Arschloch«) würzten und unter anderen Umständen ideale Anhänger der Junta abgegeben hätten. Diese dritte Gruppe verehrte Papandreou. Im Gegensatz zu den anderen im Ausland ausgebildeten Intellektuellen in der PASOK war Papandreou in ihren verräucherten Kaffeehäusern zu Hause. Zudem – er war durch und durch verschlagen. Papandreou hatte einen lebendigen und demagogischen Redestil, auf den die städtischen Armen und die Landbewohner ansprachen. Sein politischer Stil erinnerte an den von Argentiniens Juan Peron oder Israels Menachem Begin: ein weiterer im Westen ausgebildeter dynamischer Redner, dessen Anhänger aus der ärmsten und orientalischsten Bevölkerungsschicht stammten, die er zur Vorherrschaft über die europäische Hälfte gepeitscht hatte.

Die Romios und nicht die Hellenen umgaben also Papandreou, stellten seine engsten Vertrauten und führten für ihn die PASOK. Ihre Loyalität zu ihm war stammesgebunden und beruhte nicht auf Übereinstimmung in Sachfragen. Es waren Männer wie Agamemnon Koutsogiorgas – in den achtziger Jahren der zweitmächtigste Mann Griechenlands, der sich 1990 hinter Gittern wiederfand, in demselben Gefängnis in Piräus wie der Juntaführer Papadopoulos.

Mit einem dieser Männer besetzte Papandreou das Außenministerium. Im Gegensatz zu den anderen sprach er Englisch und hielt eines Tages eine lange Rede, in der er die »Informationspolitik der Dritten Welt« unterstützte und die von verschiedenen afrikanischen Regierungen ausgeübte Zensur damit rechtfertigte, daß der Imperialismus ebenfalls eine Form der Zensur wäre. 1987 fragte ich ihn in seinem Büro, ob sich Griechenland politisch nicht zu sehr Afrika und der Dritten Welt annäherte. Er beugte sich über seinen Schreibtisch und sagte zu mir:»Griechenland steht Afrika weit weniger nah als Amerika. Haben Sie je erlebt, daß ein Grieche auf der Straße Händchen mit einem Nigger hält, wie es in Amerika üblich ist? Machen Sie sich keine Sorgen, wir wissen, wie man mit Afrika und der Dritten Welt umzugehen hat... wir sagen diesen Pakistanis, wenn ihr Türkisch-Zypern anerkennt, werfen wir eure verdammten pakistanischen Matrosen, die auf griechischen Schiffen arbeiten, ins Meer.«[3]

Papandreous Blutsbrüder-Verhältnis zu derartigen Männern, von denen diese bestimmte Person noch zu den gebildetsten gehörte, hat mich stets fasziniert. Genau wie Papandreous unleugbar vorhandene Anziehungskraft auf Frauen – trotz Bauch und halb kahlem, von einem grauen Haarkranz umgebenen Kopf – und sein Charisma.

Hier war ein Mann, der die Jahre zwischen 1940 und 1959 auf einem amerikanischen Universitätscampus verbracht hatte. Niemand schien sich in der exklusiven Welt der Berkeley-Dinnerparties wohler zu fühlen, Jahr für Jahr, als Andy Papandreou mit seiner Pfeife, seinem Sportjackett und seinem Rollkragenpullover. Doch in einer anderen Inkarnation trug er eine Lederjacke und schloß tiefe, lebenslange Freundschaften mit Arbeitern vom Balkan, manchmal auch mit kriminellen Elementen, wenn es ihm politischen Nutzen brachte. Wie viele Universitätsprofessoren, selbst wenn man jene miteinbezieht, die Wanderstiefel trugen und sich zum einfachen Volk zählten, konnten dies tun? In Griechenland waren es die im Ausland ausgebildeten PASOK-Mitglieder – Leute wie Papandreou selbst –, zu denen Papandreou Distanz bewahrte.

Papandreou verlangte Verehrung, und in einem Sinne hatte er sie verdient, durch die seltene Gabe, sich in extrem unterschiedlichen Gesellschaftsschichten durchzusetzen, sie zu dominieren und zu manipulieren.

Im Sommer 1986 begegnete ich Papandreou im luxuriösen Astir Palace Hotel im athenischen Küstenvorort Vouliagmeni – eins von drei Zusammentreffen, die ich mit ihm hatte. Papandreou betrat den sonnendurchglühten Poolbereich in Badehose und mit einem Handtuch um den Hals, begleitet von einem seiner Söhne, der ebenfalls Andreas hieß, und zwei Leibwächtern in enganliegenden Schlaghosen und bis zum Bauchnabel offenen weißen Hemden. Einer der Leibwächter hatte ein Sturmgewehr geschultert, das er dann auf einem Liegestuhl deponierte. Mein zweijähriger Sohn lief Papandreou vor die Beine. Freundlich ging Papandreou um ihn herum und tätschelte ihm, wenn ich mich recht

---

[3] Pakistan gehört traditionell zu den pro-türkischsten aller moslemischen Länder.

erinnere, kurz den Kopf. Ich trat auf ihn zu und stellte mich vor. »Für wen schreiben Sie?« fragte er. Ich nannte *The Atlantic*. »Ah«, sagte er nickend, »eine gute alte Bostoner Zeitschrift. Ich habe sie gelesen, als ich in Harvard war.« Sein Akzent und sein offener Blick waren noch immer – siebenundzwanzig Jahre, nachdem er die USA verlassen hatte – fast amerikanisch. Dann warf Papandreou einem seiner Leibwächter einen Blick zu, wölbte in levantinischer Gestik die buschigen grauen Augenbrauen, und der Wächter eilte davon, um irgendeinen Auftrag auszuführen. Ich muß hinzufügen, daß wegen der damals in Griechenland herrschenden Zustände eine Begegnung mit Papandreou vergleichbar dem Zusammentreffen mit einer Unterweltgröße im Baseballstadion war.

Nachdem Papandreou 1981 zum Premierminister gewählt wurde, erntete er Lob für die Anerkennung der Verdienste der kommunistischen Widerstandsbewegung im Kampf gegen die Nazis; er gestattete den kommunistischen Veteranen des griechischen Bürgerkriegs die Rückkehr in die Heimat; er reformierte die Scheidungsgesetze zugunsten der Frauen; und er legalisierte standesamtliche Trauungen. (Ich wurde in Griechenland standesamtlich getraut: *Danke, Andreas.*) Diese Maßnahmen waren erwartet worden und überfällig. Aber in der kritischen Phase der griechischen Demokratie kam es zu beunruhigenden Entwicklungen.

1982 hörte Papandreou auf, an den Parlamentssitzungen teilzunehmen. Er entließ mehrere kritische Kabinettsminister und nahm achtzig Ratgeber in seinen persönlichen Stab auf. Dies reduzierte seine Abhängigkeit von der Regierung und der PASOK-Basis. Er konnte nun mit eiserner Faust durch sein Küchenkabinett regieren.

In den Jahren vor seiner Wahl hatte Papandreou Hunderte von PASOK-Mitgliedern wegen »Abweichlertums« aus der Bewegung ausgeschlossen. Jeder, der irgendeine seiner Entscheidungen in Frage stellte, wurde hinausgeworfen. Bei Papandreous erster Wahl glaubten viele PASOK-Mitglieder, die PASOK würde sich zu einer demokratisch geführten Partei entwickeln. Das geschah nicht. Als Aristides Bouloukos, ein PASOK-Parlamentsabgeordneter, Papandreous Wahlrechtsreformgesetz kritisierte, wurde er aus der PASOK ausgeschlossen. Als Stathis Panagoulis, Staatssekretär im Innenministerium, Papandreou vorwarf, sich nicht an einige seiner Wahlversprechen zu halten, wurde auch er offiziell aus der Bewegung ausgeschlossen. Papandreou beschuldigte dann Panagoulis öffentlich des »Verrats« und der »Verschwörung«. Die staatlichen Fernseh- und Radiosender strahlten wiederholt Papandreous Anschuldigungen aus, während sie Panagoulis Erwiderungen ignorierten.

Papandreou bezeichnete die Kritik von PASOK-Mitgliedern an seinen einsamen politischen Entscheidungen als »Apostasie« – ein Wort, das in seiner ursprünglichen griechischen Form, *Apostassia*, seit den Tagen von Byzanz einen starken theologischen Unterton hatte, als die Kaiser kraft göttlichen Rechts regierten und als »unfehlbar« galten, was ihre Kritiker zu »Häretikern« oder »Apostaten« machte.

Die Parteiausschlüsse gingen während Papandreous gesamter Regierungszeit weiter. Das Muster variierte kaum. Nachdem ein PASOK-Disziplinarausschuß das Mitglied ausgeschlossen hatte, starteten die Medien eine Rufmordkampagne. Die Methode wurde außerdem benutzt, um persönliche Rechnungen zu begleichen und die staatliche Ausplünderung von Privatunternehmen zu erleichtern. Ende 1982 wurde beispielsweise über den Direktor einer lokalen, halbstaatlichen Presseagentur das Gerücht verbreitet, er wäre ein Transvestit. Er wurde gezwungen, von seinem Posten zurückzutreten und Griechenland vorübergehend zu verlassen.[4] 1983 beschuldigten die staatlichen Medien George Tsatsos, den leitenden Direktor der Herakles Zementwerke, eine von Griechenlands erfolgreichsten Exportfirmen, des »Betrugs« und »Devisenvergehens«. Die Medienberichte als Vorwand benutzend, übernahm daraufhin der Staat Herakles-Zement. Im Lauf der nächsten drei Jahre verlor die Firma 52 Millionen Dollar, während sie in den drei Jahren vor der Übernahme noch 25 Millionen Dollar Gewinn gemacht hatte. Die Gerichte sprachen Tsatsos bald von allen Vorwürfen frei; es hatte nie irgendwelche Beweise gegeben, die sie stützten.

Griechenlands staatliches Fernsehen und Radio waren 1982 eine perfekte Kopie der parteikontrollierten Medien in den kommunistischen Staaten des Nordens. Griechenlands Fernsehen und Radio waren nie völlig unabhängig gewesen, aber unter dem konservativen Führer Karamanlis beschränkte sich die praktische

---

[4] Einige Zeit später bekam er seinen alten Posten wieder zurück.

Kontrolle darauf, der linken Opposition den Zugang zu verwehren; den Sendungen fehlte jeder aggressive ideologische Ton. Papandreou war zudem für *Allaghi* (»Wechsel«) eingetreten, eine Liberalisierung der Medien. Doch unter ihm wurde aus den Abendnachrichten eine Aneinanderreihung von Papandreou-Reden und Einweihungsauftritten. Nichts war neutral. Jede erwähnte Gruppe – palästinensische Guerillas, nicaraguanische *Contras* – bestand entweder aus »Freiheitskämpfern« oder »Faschisten«, je nachdem, wie es gerade die Sichtweise der PASOK befahl. Als ein amerikanischer Marineoffizier in Athen von Terroristen ermordet wurde, nannten die PASOK-Zeitungen den Mord »eine CIA-Verschwörung« und erklärten, daß die Central Intelligence Agency ihren eigenen Mann ermordet hatte »in dem bewußten Versuch, eine anti-griechische Stimmung in Amerika zu erzeugen«.[5] Papandreou erklärte auf einer vom Fernsehen übertragenen Massenveranstaltung seiner Anhänger, daß Amerika »das Zentrum des Imperialismus« sei. Die amerikanischen Militärbasen in Griechenland waren, wie dieser Veteran der US-Marine behauptete, »die Basen des Todes«. Papandreou bereiste dann häufiger als jeder andere NATO-Führer den Ostblock. Bei einem Besuch in Polen, das noch immer unter Kriegsrecht stand, verhöhnte Papandreou die Gewerkschaft Solidarität als »negativ, gefährlich negativ«. Papandreou lebte noch immer mit seiner amerikanischen Frau und seinen vier Kindern zusammen, die alle US-Bürger waren.

Psellos schrieb über Romanus III., Kaiser von Byzanz von 1028 bis 1034: »Dieser Kaiser erstrebte den Ruf besonderer Frömmigkeit... dies führte zu Übertreibungen bei Auseinandersetzungen über Probleme des Göttlichen.« Bei Papandreou bedeutete Frömmigkeit »Frieden«. In Papandreous Namen organisierte Kulturministerin Mercouri »menschliche Friedensketten« rund um die Akropolis, während Griechenlands staatliche Rüstungsfirmen Waffen an beide Seiten des iranisch-irakischen Krieges und an die beiden kriegführenden afrikanischen Länder Ruanda und Burundi verkauften. Ständig schien zu meiner Zeit in Athen irgendein Friedenssymposium abgehalten zu werden. Papandreou verhandelte ausgiebig mit dem rumänischen Präsidenten Nicolae Ceaucescu über einen gemeinsamen Friedensplan für Europa.

[5] Captain George Tsantes jr. wurde am 15. November 1983 ermordet.

Wie die Führer des Ostblocks lehnte Papandreou fast jede Interviewbitte westlicher Medien ab. Er wollte nicht einmal zu dem jährlichen Treffen der Athener Auslandskorrespondenten erscheinen, wo er unter kontrollierten Bedingungen im voraus hätte festlegen können, welche Fragen er beantworten würde. Journalisten wie ich konnten jederzeit in die Türkei fliegen und den Premierminister Turgut Özal interviewen. Aber Papandreou wollte uns nicht empfangen, obwohl wir in Griechenland lebten. Unter der Handvoll Interviews, die er in acht Jahren gewährte, war eins mit der früheren CBS-»60 Minutes«-Korrespondentin Diane Sawyer, die ihn fragte, ob er Amerika dankbar dafür sei, daß es Griechenland in den vierziger Jahren vor dem Ostblock bewahrt hatte. Papandreou antwortete:

»Ich bin niemand für irgend etwas dankbar.«

Wie die Lederjacke und die Affäre mit der Schwedin war diese Erklärung ein Omen für die zukünftige Entwicklung.

Als Papandreou ins Amt kam, löste er eine Polizeieinheit auf, die mit der Fahndung nach der Terroristengruppe »17. November« beauftragt war. Der »17. November« sollte bis Anfang der neunziger Jahre die rätselhafteste und am schwersten zu unterwandernde Terrortruppe in Europa und dem Nahen Osten bleiben.

Am 17. November 1973 setzte die Junta Panzer in Marsch und richtete unter den protestierenden Studenten der Athener Polytechnischen Universität ein Massaker an, ein Verbrechen, für das Griechenlands linksextreme Mythologen die Amerikaner verantwortlich machten. Am Heiligabend 1975 wurde Richard Welch umgebracht, später als der Chef des griechischen CIA-Büros identifiziert. Der »17. November« bekannte sich zu dem Anschlag und erklärte ausdrücklich, daß man die Amerikaner für ihre imperialistische Haltung gegenüber Griechenland bestrafen wollte. Welchs Mörder gingen nach einer Methode vor, die bald zum Standard werden sollte. Während der morgendlichen oder abendlichen Hauptverkehrszeit überholten zwei Männer auf einem Motorrad das Auto des Opfers. Der Mann auf dem Rücksitz des Motorrads schoß durch das Autofenster auf das Opfer; dann raste das Motorrad davon und verschwand im dichten Verkehr. In einer Stadt permanenter Staus und tollkühner Motorradfahrer war die Methode perfekt an die Situation angepaßt. Und die dem Anschlag vorausgehende Ermittlungsarbeit – die Identifizierung von

Welchs Rolle in der US-Botschaft, seines Autos und seines Weges zur Arbeit – war ebenfalls perfekt. Der nächste große Anschlag des »17. November« kam im November 1983 mit der Ermordung eines US-Marineoffiziers, pünktlich zum zehnten Jahrestag des Aufstands am Athener Polytechnikum.

Vier Monate später, im März 1984, ermordete ein als »Araber« identifizierter Killer am hellichten Tag auf einer belebten Athener Straße einen Mitarbeiter der britischen Botschaft, Kenneth Whitty, und seinen griechischen Assistenten. Im Mai marschierte ein selbsternanntes libysches »Selbstmordkommando«, das entschlossen war, »Verräter und Straßenköter aufzuspüren, wo immer sie sich auch verstecken mögen, und sie körperlich zu liquidieren«, in Begleitung einer griechischen Polizeieskorte durch die Innenstadt von Athen. Eine Serie von Anschlägen auf libysche Gaddafi-Gegner folgte, die von der griechischen Polizei regelmäßig als »persönliche Auseinandersetzungen« abgetan wurden. Papandreou ließ zu, daß die Zahl der beim Libyschen Volksbüro akkreditierten »Diplomaten« auf fünfzig stieg. Zu dieser Zeit hatten die Syrer begonnen, PLO-Mitglieder auf griechischem Boden umzubringen. Und die Terroristengruppe Abu Nidals hatte in der Solonos Straße in der griechischen Hauptstadt die Al Noor Import-Export-Firma gegründet, eine reine Tarnfirma, die der Organisation von Operationen und Waffenschiebereien im ganzen Mittelmeerraum diente.[6]

Keiner dieser Vorfälle führte zu einer Verhaftung. Als 1983 amerikanische und britische Geheimagenten einen Araber, der in einem Arbeitervorort Athens wohnte, als Verantwortlichen für den Schmuggel von Flüssigsprengstoff mit Maschinen der Olympic Airways nach Israel identifizierten, wurde der an der Untersuchung beteiligte amerikanische Agent aus Griechenland ausgewiesen, während der des Terrorismus beschuldigte Mann nicht einmal verhaftet wurde.[7] Papandreou sagte, daß »Akte nationaler Befreiung« nicht als Terrorismus betrachtet werden konnten. So-

---

[6] Der US-Botschafter in Griechenland, Robert Keeley, überreichte dem griechischen Außenminister wegen der Anwesenheit Abu Nidals eine vertrauliche Protestnote.

[7] Fuad Hussein Shara, Inhaber eines jordanischen Passes, wurde später aufgefordert, Griechenland zu verlassen und in ein Land »seiner Wahl« zu fliegen.

wohl die Reagan-Administration als auch die International Air Transport Association (IATA) versuchten ein Jahr lang mit stiller Diplomatie den griechischen Premierminister zu bewegen, die Sicherheitsvorkehrungen auf dem Athener Flughafen zu verschärfen. Papandreou reagierte, indem er Druck auf die Fluggesellschaften ausübte, ihre eigenen elektronischen Überwachungsgeräte vom Flughafen abzuziehen.

Der griechische Touristenmythos zerplatzte abrupt, als im Juni 1985 zwei schiitische Terroristen eine TWA-Maschine vom Athener Flughafen nach Beirut entführten. Die Männer hatten die Nacht davor im Transitbereich verbracht, wahrscheinlich bereits mit ihren Pistolen und Handgranaten bewaffnet. Am Tag nach der Entführung flog ich vom Sudan, von wo auch ich für Amerika über die Hungersnot berichtet hatte, nach Athen. Der Flughafen wurde immer noch nicht überwacht. Nicht ein Zollbeamter war anwesend, als die Passagiere ihr Gepäck abholten und hinaus auf die Straße gingen. Ein paar Tage später gab die Reagan-Regierung einen »Reiseratgeber« heraus, in dem die Amerikaner aufgefordert wurden, Griechenland zu meiden. Obwohl die PASOK-Medien »Provokation« schrien, wimmelte es wenige Stunden nach der Reagan-Erklärung auf dem Flughafen von Sicherheitsbeamten – zum ersten Mal seit Papandreous Machtübernahme.

Doch jetzt war es zu spät. Zehntausende von Touristen stornierten ihre Buchungen. Griechenland verlor Hunderte von Millionen Dollar. Zwischen 1985 und 1986 fiel die Zahl der amerikanischen Besucher Griechenlands um 80 Prozent. Die Ära, die ein Vierteljahrhundert zuvor mit *Sonntags nie* begonnen hatte, schien zu Ende zu gehen.

Die Situation geriet dann noch weiter außer Kontrolle. Vier Monate nach der TWA-Entführung brachten arabische Terroristen auf dem Athener Flughafen einen Jet der Egypt Air in ihre Gewalt und dirigierten ihn nach Malta: sechs Menschen starben, als ein ägyptisches Kommando das Flugzeug stürmte. 1986 gab es mindestens zwanzig Bombenanschläge in Athen, von denen vier auf das Konto des »17. November« gingen, der inzwischen nicht nur Amerikaner, sondern auch griechische Politiker und Wirtschaftsführer ermordete. Zu den Zielen gehörten Autos des amerikanischen Militärpersonals und Büros prosperierender griechischer Privatunternehmen. Der »17. Nobember« erhielt nun Verstärkung durch andere griechische Terroristengruppen, die unter Namen wie »Wildgänse der Stadt«, »Anarchistische Gruppe ikonoklastischer Nihilisten« und »Antiautoritärer Revolutionärer Kampf« auftraten, wobei die letztere die Verantwortung für eine Explosion in einer griechischen Armeebasis im Jahr 1987 übernahm.

Am 28. Juni 1988 detonierte eine Autobombe vor dem Haus des US-Militärattachés William Nordeen und tötete ihn. Dreizehn Tage später ermordeten arabische Terroristen neun Touristen und verwundeten achtzig weitere bei einem Anschlag auf die griechische Fähre *City of Poros*. Papandreous Sprecher Sotiris Kostopoulos behauptete, daß der Anschlag auf die *City of Poros* Teil einer amerikanischen Verschwörung mit dem Ziel war, Druck auf Griechenland auszuüben, damit es zu ungünstigen Bedingungen das Militärstützpunktabkommen verlängerte.

Im selben Jahr entließ die griechische Regierung einen Terroristen namens Ozoma Al Zomar aus der Haft. Zomar wurde von der italienischen Polizei verdächtigt, 1982 bei einem Anschlag mit Maschinenpistolen und Handgranaten auf eine römische Synagoge beteiligt gewesen zu sein, bei dem ein zweijähriger Junge getötet und siebenunddreißig andere Menschen verletzt worden waren. Papandreous Justizminister Vassilis Rotis verteidigte Zomars Freilassung und erklärte, daß der Synagogen-Anschlag »zu seinem Kampf um die Unabhängigkeit seines Heimatlandes gehört und demzufolge ein Akt des Freiheitskampfes ist«.

Westliche Beobachter stellten nun eine eindeutige »Synergie« zwischen linksextremen Elementen in der PASOK und den Terroristengruppen fest. Da Papandreou eine ungeheuer faszinierende Persönlichkeit war, unterstellten ihm die Griechen bei dem Versuch, seine Handlungsweise zu interpretieren, kaum bloße politische oder ideologische Motive. Sie griffen in Sachen Papandreou zu den denkbar subjektivsten psychologischen Erklärungen.

»Andreas ist wie Ödipus«, eröffnete mir Papapoulitis, der konservative Politiker, am Mittagstisch in Piräus. »Als Junge hatte er ein sehr enges Verhältnis zu seiner Mutter. Seine Revolte gegen seinen Vater setzte er noch als Erwachsener fort. Eine Revolte gegen den Vater bedeutet oft eine allgemeine Revolte gegen die Autorität. Nach meiner Meinung fühlte sich Andreas wegen der von ihnen entfesselten Anarchie zu den radikalen Befreiungskämpfern hingezogen.«

Der 13. September 1987 war der erste Jahrestag der Erdbebenkatastrophe in der südgriechischen Stadt Kalamata, bei der zwanzig Menschen starben und über 300 verletzt wurden. Papandreou lehnte unter dem Vorwand großer Arbeitsüberlastung eine Teilnahme an den Trauerfeierlichkeiten ab. Wie sich herausstellte, ging der achtundsechzigjährige Premierminister mit Dimitra Liani, einer Stewardeß der Olympic Airlines, auf eine dreitägige Kreuzfahrt. Liani war eine attraktive Brünette, nicht einmal halb so alt wie Papandreou, die zu dieser Zeit mit einem führenden Funktionär der griechischen »Maoistischen Revolutionären Kommunistischen Partei« verheiratet war.

Im kontinentalen Europa – und vor allem in Griechenland – erregt es kaum Aufsehen, wenn sich ein politischer Führer eine junge Geliebte nimmt. Aber Papandreou hatte zwei unverzeihliche Fehler begangen. Er war beobachtet worden, wie er an einem Tag, der für die griechische Nation ein Trauertag war, mit Liani gebadet und getanzt hatte. Und indem er regelmäßig mit Liani in der Öffentlichkeit auftauchte, entwürdigte er seine Frau und seine Familie. Papandreou besorgte Liani eine eigene Fernsehtalkshow. Er beleidigte öffentlich Margaret, die Frau, mit der er siebenunddreißig Jahre verheiratet war und vier Kinder hatte, indem er sagte, daß »sie nie für mich gekocht hat, nicht einmal ein Ei«. An seinem Hochzeitstag erklärte er, daß er Liani zu heiraten gedachte, die selbst dabei war, die Scheidung einzureichen. Als Papandreou und seine neue Verlobte aus England zurückkehrten, wo sich Papandreou von einer dreifachen Bypassoperation am Herzen erholt hatte, inszenierte PASOK eine massive »spontane Freudenkundgebung« des »einfachen Volkes«. Das staatliche griechische Fernsehen zeigte, wie die von den PASOK-Jublern geworfenen Blumen unter den Rädern des Wagens des Premierministers zermalmt wurden.

Kurz darauf begannen einige PASOK-Zeitungen Liani als »die offizielle Gattin« zu bezeichnen. Es entwickelte sich um sie ein Personenkult, der diese ehemalige Stewardeß und Ex-Frau eines Maoisten als die intellektuelle Partnerin des Premierministers glorifizierte. Es gab Spekulationen, daß Liani, der Tradition von Evita Peron folgend, die nächste PASOK-Führerin werden konnte.

Aber außer in Argentinien war so etwas schon einmal geschehen, und zwar im Konstantinopel des elften Jahrhunderts. Der byzantinische Kaiser Konstantin IX. hatte seine Frau Zoe und den Senat gezwungen, offiziell die Inthronisierung seiner Geliebten Sclerena anzuerkennen. Psellos schreibt, daß »die Senatoren trotz ihrer Beschämung das Abkommen priesen, als wäre das Dokument vom Himmel geschickt worden«. Psellos hätte ebensogut über die PASOK schreiben können. Papandreous wichtigster Ratgeber Dimitris Maroudas beispielsweise erklärte, daß jede Kritik an der außerehelichen Affäre des Premierministers »sündhaft« und »lästerlich« wäre. Maroudas eröffnete der Nation, daß Papandreous Handlungsweise »*Levantia* [Männlichkeit]« demonstrierte, etwas, worauf das griechische Volk stolz sein sollte. Zynische Griechen nannten Maroudas den »Minister fürs Schlafzimmer«.

Nach der Liani-Affäre kam im Spätsommer 1988 der »Koskotas-Skandal«. George Koskotas war ein millionenschwerer Bankier, der behauptete, Panpandreou bei der Umleitung von 200 Millionen Dollar aus staatlichen Unternehmen in einen Schmiergeldfonds der PASOK geholfen zu haben. Die Summe wurde angeblich dazu benutzt, um griechische Zeitungen zu kaufen, die kritisch gegenüber Papandreou eingestellt waren; um die Weltrechte an einem enthüllenden Buchmanuskript über Papandreou zu erwerben, das seine erste Frau, die griechisch-amerikanische Psychiaterin Christina Rasia geschrieben hatte; um Papandreou Geld für eine Scheidungsvereinbarung mit seiner zweiten Frau Margaret zur Verfügung zu stellen; und um diverse Regierungsbeamte mit Barem zu versorgen. Der Skandal war mit anderen verknüpft. Zum Beispiel wurden Vorwürfe erhoben, daß der griechische Geheimdienst die Telefone von Papandreous politischen Gegnern abhörte und daß hohe Regierungsbeamte im Zusammenhang mit dem Kauf von vierzig französischen Mirage-Jets und amerikanischen F-16 Hunderte von Millionen Dollar an illegalen Provisionen kassiert hatten, die auf Schweizer Bankkonten eingezahlt worden waren. Mehrere hohe Regierungsbeamte wurden krimineller Handlungen überführt und Papandreou der Mittäterschaft angeklagt. Der Prozeß, der von Pro-Papandreou-Demonstrationen (organisiert von der PASOK) und Papandreous Weigerung, vor Gericht auszusagen, bestimmt wurde, endete mit einem Freispruch für den Premierminister. Papandreou bezeichnete die Vorwürfe gegen ihn als ein Komplott »dunkler Kräfte der

Reaktion« und »ausländischer Kreise«, um Griechenland »zu destabilisieren«.

In Athen machte eine Geschichte Furore, die ich zwar für erfunden hielt, die aber nichtsdestotrotz voller Symbolismus war. Angeblich besuchte ein griechischer General den Premierminister mit einer Einkaufstasche voll griechischer Drachmen im Wert von 10000 Dollar. Der General sagte, daß das Geld seine Art war, dem *Archegos* (»Führer«) seine Verehrung zu zeigen. Papandreou ließ den General stehen und befahl ihm, die Einkaufstasche vor seinem Schreibtisch zu deponieren. Hinterher feuerte Papandreou den General. Es war die typische Art orientalischer Potentaten: *Wie kann dieser Mann es wagen, mich zu beleidigen, indem er mir etwas anbietet, was mir von Rechts wegen bereits gehört?*

»Griechenlands einziges erfolgreiches faschistisches Regime war wahrscheinlich das von Andreas Papandreou«, erklärte der griechisch-amerikanische Gelehrte und Verleger Aristide Caratzas 1990. »Beide Militärregime – das von Johann Metaxas von 1936 bis 1941 und das der Junta von 1967 bis 1974 – fanden für ihre Ideologie, die als künstlich, sogar lächerlich galt, nie eine breite Unterstützung. Im Gegensatz dazu gaben Papandreous Posen und Verhaltensweisen einem Volk, das dem Westen mit Mißtrauen und Neid begegnete, das Gefühl, daß seine Lebensart richtig war. Wie Mussolini war Papandreou als Verkörperung nationalistisch-populistischer Ressentiments erfolgreich. Er war der ideale Durchschnittsgrieche. Er drohte Amerika und untermauerte diese Drohungen, indem er Amerikas Feinde umarmte – Gaddafi und die Terroristen. Papandreou tanzte in der Öffentlichkeit die traditionellen griechischen Tänze. Er belohnte die Loyalität seiner Partisanen, indem er sie am Wohlstand beteiligte. Selbst die Liani-Affäre fand in einer männlich-dominierten Gesellschaft wie der Griechenlands eine gewisse Resonanz. Papandreou projizierte das mussolinineske Image des *ersten Frauenhelden* der Nation. Seine Scheidung von Margaret Chant und ihre Brüskierung verstärkten nicht nur seinen (und Griechenlands) Bruch mit Amerika, sondern auch mit einem anderen bedrohlichen Dämon des griechischen Mannes, dem Feminismus.«

Der Meinungsforscher Dimitras untermauerte diese Analyse. Die Tatsache, so sagt er, daß fast 40 Prozent der Wähler Papandreou noch immer unterstützten, selbst als Papandreou der Veruntreuung und illegaler Abhörmaßnahmen beschuldigt wurde, »beweist den populistischen, an die Dritte Welt – Lateinamerika – erinnernden Stil der griechischen Politik. Sie ist stammesorientiert, xenophobisch...«

In den achtziger Jahren war in Griechenland eine antiamerikanische Gegenreaktion erwartet worden. Obwohl die Vereinigten Staaten Griechenland vor dem kommunistischen Einfluß gerettet und die amerikanischen Steuerzahler in den fünfziger Jahren Milliarden von Dollar Wirtschaftshilfe aufgebracht hatten, um Griechenland vor dem osteuropäischen Typus der Armut zu bewahren, sahen viele Griechen in dieser Hilfe nur einen Versuch der Dominierung. Ende der sechziger und Anfang der siebziger Jahre erlebten die Griechen, daß die Nixon-Regierung der repressiven Junta wertvolle Unterstützung gewährte. Und 1974 schien Außenminister Henry Kissinger die brutale türkische Invasion Zyperns zu begrüßen. Aber Papandreou manipulierte zynisch diese Enttäuschung über die Vereinigten Staaten, die in keinem Fall die bösartige Demagogie über »Komplotte« und »Verschwörungen« oder die Unterstützung des internationalen Terrorismus gerechtfertigt hätte.

Kurz nach Papandreous Wahl im Jahr 1981 veröffentlichte Nicholas Gage, ein ehemaliger Enthüllungsreporter der *New York Times* und Autor von *Eleni* – ein Bestseller über den griechischen Bürgerkrieg – einen Artikel über Papandreous Jugend.

Der junge Andreas und seine reichen Freunde dinierten in einem bekannten Fischrestaurant im Athener Vorort Glyfada. Als das Tablett mit den Fischen serviert wurde, nahm sich Papandreou den größten, ohne vorher zu fragen. Seine Freunde protestierten. Papandreou legte den Fisch wieder aufs Tablett zurück, aber er spuckte vorher darauf. Gage stellte dann die Frage: Wenn Papandreou jemals die Herrschaft über Griechenland abgeben müßte, würde er es dann bereitwillig tun oder vorher auf das Land spukken?

Papandreou lieferte die Antwort ein paar Wochen vor den landesweiten Wahlen des Jahres 1989. Trotz PASOKs ungebrochener Popularität deuteten Umfragen darauf hin, daß die Neue Demokratische Partei, ihr konservativer Rivale unter der Führung von Konstantin Mitsotakis, den Sieg davontragen würde. Papandreou peitschte umgehend ein neues Wahlgesetz durch das Parlament. Im Gegensatz zum alten Recht, das für politische Stabilität sorgte, indem es der Partei mit den meisten Stimmen zusätzliche Sitze gewährte, folgte das neue Gesetz dem israelischen System des reinen Verhältniswahlrechts, das es einer einzigen Partei fast unmöglich machte, ohne Koalition eine Regierung zu bilden. Wie in Israel würde zumindest eine Partei den Königsmacher abgeben: die noch immer stalinistische Griechische Kommunistische Partei.

Griechenland mußte dann in einem Jahr drei Wahlen über sich ergehen lassen. Bei den ersten beiden Wahlgängen gewannen die Konservativen so viele Stimmen wie vier Jahre zuvor die PASOK; aber dank des neuen Rechts konnten sie keine Regierung bilden. Der konservative Führer Mitsotakis war gezwungen, zu einer Zeit, wo überall in Osteuropa der Kommunismus zusammenbrach, Koalitionsvereinbarungen mit kommunistischen Hardlinern zu treffen. Papandreou freute sich hämisch und wies gleichzeitig seine Minister an, bei der Machtübergabe nicht zu kooperieren. Offizielle Dokumente, Staatsverträge mit anderen Nationen und Dienstwagen verschwanden. Bei der dritten Wahl im April 1990 errangen die Konservativen eine der größten Mehrheiten in Europa, konnten aber nur mit einer Mehrheit von einem Sitz regieren. Unterstützt von der Kommunistischen Partei initiierte PASOK eine Serie von Generalstreiks, um die neue Regierung zu stürzen.

Der Terrorismus ging weiter. Die Wirtschaft stand vor dem Zusammenbruch. Um die Subventionen zu erhöhen und PASOK-Anhängern Jobs in den staatlichen Verwaltungen zu verschaffen, hatte Papandreou in den achtziger Jahren – genau wie die osteuropäischen Führer in den siebzigern – Kredite aufgenommen. Griechenlands Auslandsschulden beliefen sich 1989 auf 21,5 Milliarden Dollar, 6,5 Milliarden mehr als die des kommunistischen Ungarn, dessen Bevölkerung nur wenig kleiner war als die Griechenlands.

Als ich 1990 in meine ehemalige Heimat zurückkehrte, hatte sich Athen in ein städtisches Katastrophengebiet verwandelt. Die griechischen Zeitungen verglichen die Stadt mit Kairo. Das Telefonnetz war das schlechteste in ganz Europa. Mitte der achtziger Jahre hatte Papandreou die Angebote mehrerer westlicher Firmen abgelehnt, das griechische Telefonnetz auszubauen. Hartnäckige und glaubwürdige Gerüchte besagten, daß er den Vertrag einem Freund zugeschustert hatte, der das Netz nur in einzelnen Bereichen verbessert und das Material dafür aus Ostdeutschland importiert hatte.

Währenddessen rückte die Entscheidung des Internationalen Olympischen Komitees (IOC) über die Vergabe der Olympischen Jubiläumsspiele im Jahr 1996 näher. Da die Olympiade im antiken Griechenland entstanden war und da die modernen Spiele 1896 in Athen ihren Anfang genommen hatten, war Griechenland jahrelang der unbestrittene Favorit gewesen. In den achtziger Jahren, während meiner Zeit in Athen, ging jedermann automatisch davon aus, daß Athen Gastgeber der »Goldenen Olympiade« sein würde. Aber Terrorismus, politische Instabilität und eine zusammenbrechende städtische Infrastruktur hatten die zu Besuch weilenden IOC-Delegierten schockiert. Die Entscheidung war jetzt unsicher.

Mitsotakis' schwache konservative Regierung bat die PASOK und die Kommunistische Partei, die nächste Streikwelle bis nach der Entscheidung des IOC am 18. September 1990 in Tokio zu verschieben. Papandreou antwortete am 17. September mit einer Rede, die auch in Tokio gehört wurde. Auf einem Platz voller streikender Arbeiter rief der Ex-Premierminister: »Nieder mit der Mitsotakis-Junta!«

Als die Entscheidung über die Vergabe der Spiele nach Atlanta veröffentlicht wurde, nannte Papandreou dies »einen amerikanischen Diebstahl«. Und Melina Mercouri, PASOKs Kandidatin bei der Athener Bürgermeisterwahl 1990, beklagte sich: »Das IOC wollte wissen, wie hoch die Umweltverschmutzung in Athen im Jahr 1996 sein würde. Wie soll jemand wissen, wie es in sechs Jahren aussieht? Wie können sie es wagen, uns eine solche Frage zu stellen? Jeder, der eine solche Frage stellt, hat den Verstand verloren!« Ihre Worte erinnerten mich an das, was Homer, dargestellt von Jules Dassin, zu Illia, dargestellt von Melina Mercouri, in *Sonntags nie* gesagt hatte: Ich wünschte, ich könnte in ihrem Kopf »Hirngespinste durch Vernunft« ersetzen.

»Wir Griechen sind das schlechteste Volk und die Olympia-Entscheidung beweist, daß Gott uns vernichten will«, erklärte mir ein ehemaliger Nachbar. Selbst Papandreous Gegner, die erkannt hatten, was im Griechenland der achtziger Jahre geschehen war, waren über die IOC-Entscheidung empört. Nach den grausamen Katastrophen des Bürgerkriegs und der Militärdiktatur nach dem Zweiten Weltkrieg hatte die »Goldene Olympiade« Griechenland endlich mit einer modernen Identität ausstatten sollen, indem sie eine Brücke zur glorreichen antiken Vergangenheit schlug. Diese Olympiade sollte ein historischer und mythologischer Höhepunkt in der griechischen Geschichte werden. Wie in der Antike sollte es neben den sportlichen Ereignissen Wettkämpfe in Dichtkunst und Musik geben, organisiert von den Komponisten Theodorakis und Hadjidakis. Von der Rückkehr der Olympiade nach Griechenland erhofften sich die Griechen eine Wiederherstellung der Intimität, Magie und Romantik der Spiele, die in den letzten Jahrzehnten Opfer von Geschäftemachern, Kommerzialisierung und Dopingmitteln geworden waren. Auch wenn sich Athen derzeit in einem katastrophalen Zustand befand, so wußten doch alle, daß Griechenland über *Philotimo* verfügte, ein unübersetzbares Wort, das in etwa Ehrgefühl bedeutet, eine Eigenschaft, die garantierte, daß die Stadt für die Olympiade bereit sein würde – selbst wenn alles erst in letzter Minute fertiggestellt werden konnte. Mercouri faßte diese Haltung in bitteren Worten zusammen. Mit Bezug auf Atlanta als Limonaden-Metropole sagte sie, daß das IOC »Coca Cola dem Parthenon vorgezogen« habe.

Aber das IOC war sich dessen bewußt. Aus mächtiger historischer Sentimentalität heraus war Athen stets die erste Wahl der Delegierten gewesen, bis eine Studie enthüllte, daß Athen in Fragen der Sicherheit und Infrastruktur von allen Bewerberstädten am schlechtesten abschnitt – sie lag noch hinter Belgrad, der jugoslawischen Hauptstadt, die von einem drohenden Bürgerkrieg überschattet wurde. Atlanta gewann die Spiele nicht, sondern Athen verlor sie.

Die IOC-Entscheidung war soeben bekannt geworden, als ich durch den Nationalpark im Zentrum Athens zum alten Olympischen Stadion spazierte, einem kleinen und ergreifenden Bauwerk aus weißem Marmor, wo die Spiele des Jahres 1896 stattgefunden hatten. Ich spähte hinein und glaubte fast, das kleine Häuflein Athleten zu sehen, bejubelt von Frauen mit Strohhüten und den reichen und aristokratischen Philhellenen aus Europa, die für die Wiederbelebung der Spiele verantwortlich waren. Athen war damals ein malerisches Städtchen mit einem verschlafenen osmanischen Ambiente. Ich blickte zur scharfen Kurve am anderen Ende des Stadions hinüber, die von den Läufern bezwungen werden

mußte, ohne daß sie sich die Knöchel verstauchten. *Ruhm ist ver-*
gänglich war der Satz, der mir dabei in den Sinn kam.
Ich drehte mich um. Autos verpesteten die Luft mit stinkenden
Auspuffgasen. Berge aus schwarzen Plastikmüllsäcken türmten
sich auf dem grauen Beton, wegen des Streiks seit Tagen nicht
abtransportiert. Die Wohnungen gegenüber wurden von Kerzen
beleuchtet, da die streikenden Elektrizitätswerker den Strom ab-
gestellt hatten. Die Forderungen der Arbeiter waren berechtigt,
aber ihre Streiks waren Teil eines größeren Bildes aus Chaos und
sozialen Konflikten, die unbestreitbar das Erbe von Papandreous
Herrschaft waren. Das zwanzigste Jahrhundert war für Griechenland enttäuschend verlaufen, unterdrückt von zahllosen Diktaturen, der Nazi-Invasion, dem Bürgerkrieg, einer weiteren Diktatur und schließlich der achtjährigen Herrschaft eines Mannes, der
die Wirtschaft des Landes zerstört, die Anarchie des nahen Ostens
hereingelassen und mit den Prinzipien der Demokratie Schindlu-
der getrieben hatte.
Im Herbst 1990 war Griechenland so sehr Teil des Balkans, wie
es das während der Zeit der direkten osmanischen Herrschaft im
frühen neunzehnten Jahrhundert gewesen war. Es war zu einem
osteuropäischen Land geworden: Die Bevölkerung sah sich völlig
verwirrt einer unsentimentalen Welt ausgeliefert, in der Effizienz
und harte Arbeit und nicht die Beschwörung vergangenen Glan-
zes und *Philotimos* zählten.
Papandreou war das ursprünglichste aller Balkan-Gespenster,
ein Mann unserer Zeit, der sich in die Tiefen der dunkelsten Vergangenheit begeben hatte: rätselhafter als Kardinal Stepinac,
Gotse Delschev oder König Karl. Ich werde nie vergessen, wie
Papandreou auf der Bühne vor seinen rasenden Anhängern stand,
die Arme erhoben, christusähnlich, und die Augen gen Himmel
gerichtet: das ewige Opfer türkischer und amerikanischer Verfolgung. Wie Enver Hoxha, Albaniens charismatischer Tyrann, war
Papandreou der verlorene Sohn einer wohlhabenden Familie, der
zur Ausbildung ins Ausland geschickt wurde (Hoxha ging nach
Frankreich), nur um nach seiner Heimkehr seinen westlichen
Mantel abzulegen und zu verbrennen. Papandreou war nie körperlich grausam – im Gegensatz zu Hoxha, dem Massenmörder.
Papandreou wurde auch nicht zum Diktator, obwohl er die Verfassung mißachtete. Griechenlands rauheste Seiten werden durch
das Mediterrane geglättet; dort konnte ich, wie unter einem Ver-

größerungsglas, den Beginn des Prozesses erforschen, der auf dem restlichen Balkan und im ganzen Nahen Osten seine volle Wirkung entfaltete.

Aber 1992, wie um Griechenlands wahre Balkanseele zu untermauern, kam die Makedonien-Krise. In Wirklichkeit hatte sie sich schon seit Jahren entwickelt. Die Makedonien-Frage machte sich erst spät in Griechenlands moderner Geschichte bemerkbar und gewann aus diesem Grund eine besonders potente Dynamik. Wie Evangelos Kofos, der griechische Gelehrte, feststellte, war Griechenland mit seiner nordöstlichen Grenze zufrieden gewesen und hatte anerkannt, daß die Bewohner Jugoslawiens Slawen waren und ethnische Griechen nicht wie in Albanien unterdrückten. Deshalb, so Kofos, hielt Griechenland (im Gegensatz zu Bulgarien) lange Zeit sein makedonisches Problem für gelöst. Aber als offenkundig wurde, daß der von Tito angefachte »makedonische« Nationalismus – ermutigt, um das slawische Makedonien psychologisch von Bulgarien zu trennen – sich verselbständigt hatte, fühlte sich Griechenland bedroht. Die Griechen störte es nicht, daß es an ihrer Grenze »Slawen« oder »Südserben« gab, aber »jugoslawische Makedonier« flößten ihnen Unbehagen ein, weil Makedonien der Name von Griechenlands eigener Nordprovinz war, die sie mit Alexander dem Großen assoziierten. Als sich Ende 1991 das jugoslawische Makedonien als »Makedonien« unabhängig erklärte, geriet Griechenland in Aufruhr. Hunderttausende Menschen demonstrierten auf den Straßen von Saloniki, und die griechische Armee hielt an den Grenzen »Manöver« ab. Da die Mitsotakis-Regierung nur eine knappe parlamentarische Mehrheit hatte und unter ständigem Druck der PASOK war, konnte Mitsotakis diese Frage nicht herunterspielen.

Nichtsdestotrotz war Griechenland nicht ohne Hoffnung. Die PASOK machte eine seit langem überfällige Reform durch. Und in der konservativen Neuen Demokratischen Partei war Mitsotakis zweifellos der letzte der »Oligarchen« im Stile Karamanlis'. Die *Paleo-Politiki* (»alte Politik«) endete. Die *Perestroika* erreichte endlich auch Griechenland. Meinungsforscher Dimitras sah Anzeichen für eine »unpolitische Yuppie-Geschäftsmentalität« bei der Jugend.

Es gab keinen anderen Weg in die Zukunft. Athen, Piräus und Saloniki waren zu häßlichen und ausgeplünderten Städten geworden, die dringend der Modernisierung bedurften. Die verschlafenen und leeren Straßen von Piräus, über die Handkarren zockelten, existierten nur noch auf dem schwarzweißen Zelluloid von *Sonntags nie.* Das kleine Haus neben der Platane und dem türkischen Friedhof auf der Insel Rhodos, wo Lawrence Durrell einst gelebt hatte, lag nun am Ende einer Straße, die von neonglitzernden Discos und Fast-Food-Buden verseucht war, häßlicher als McDonald's. Die kilometerlangen, unverbauten Strände des griechischen Archipels schrumpften mit jedem Jahr. Hätte es in den achtziger Jahren verantwortungsvolle und tatkräftige Regierungen statt jene orientalischen Räuber gegeben, hätten die Mythen vielleicht länger überdauert. »Das Jahrhundert näherte sich dem Ende«, schreibt Leon Sciaky über das Saloniki vor hundert Jahren. »Verstohlen schlich sich der Westen ein und versuchte, den Osten mit seinen Wundern zu betören.«

Diesmal, so spürte ich, würde es ihm vielleicht gelingen.

Die Straße nach Adrianopel

»Den ganzen Nachmittag krochen wir in südöstlicher Richtung durch ein verbranntes Land. Die stickige, heiße Luft war schwer und wie vom Atem ungezählter toter Generationen geschwängert«, beobachtete John Reed bei der Durchquerung der Ebene von Thrakien.

Ende 1990 kehrte ich aus Athen nach Saloniki zurück. Von dort aus reiste ich weiter nach Osten. Mein Bus fuhr durch verschlafene, tabakbraune Felder, gesäumt von Pappeln und verblühenden, staubumwehten Oleandersträuchern. Zu meiner Linken befanden sich die rosigen, felsigen Berge der Rhodopen, zur Rechten das Ägäische Meer, ein milchiges und schläfriges Blau. Die schmale Ebene dazwischen hatte den Trommelschlag zahlloser Armeen gehört, die kamen und gingen. Die griechischen Soldaten im Bus trugen große, goldene byzantinische Kreuze um den Hals. Aus dem Radio dröhnte ein Lied aus Kleinasien. Drama, Philippi, Kavalla, Xanthi, Komotini, Alexandropoulis: traurige Mißgeburten aus Betonplätzen und Neon; wie gegen ihren Willen mit historischer Größe belastet – Orte, wo im letzten Jahrzehnt des zwanzigsten Jahrhundert die Kinder den Lehrstoff immer noch auswendig lernen mußten.

In Komotini huschten schwarzverschleierte türkische Frauen an meinem Fenster vorbei. Ich sah heruntergekommene Moscheen, auf drei Seiten von riesigen Apartmenthauskomplexen eingezwängt, gegenüber einem sorgfältig gepflegten griechisch-orthodoxen Friedhof, der von Zypressen überschattet wurde. »Exo Tourkos [Türken raus]!« forderten griechische Graffiti, die auf eine aschgraue Wand gesprüht waren.

Ab Alexandropoulis fuhr der Bus nach Norden, entlang der griechisch-türkischen Grenze am Evros-Fluß. Noch mehr Städtchen, deren wunderschöne alte Namen sie ihrer Gegenwart beraubten: Soufli, Orestias. Dann, kilometerweit über die Felder blühender Sonnenblumen auf der griechischen Seite hinweg sichtbar, erblickte ich eine Ansammlung aus Minaretten und Kuppeln: die erste in einer Kette großer islamischer Städte, die sich bis nach Indien erstreckte – Adrianopel. Ich hatte Europas vergessene Hintertür erreicht.

Am Grenzposten, unter einer grellroten Fahne mit dem Halbmond, hing ein verblaßtes Foto des Gazi (»Führer«) Mustafa Kemal Atatürk, dem Gründer der Türkischen Republik. Er erinnerte an einen arischen Dracula: Bekleidet mit einem schwarzen Dinnerjackett blickte er mit buschigen Brauen auf mich herab, während ein Hauch von Blond in seinen Haaren auf makedonische Abstammung hindeutete.

»Das Osmanische Reich gehört der Geschichte an. Eine neue Türkei ist nun geboren«, erklärte Atatürk 1922. »Das Land mag sich ändern, aber die Zivilisation ist ein und dieselbe... Der Untergang des Osmanischen Reiches begann an dem Tag, als es voll Stolz auf seine Triumphe über den Westen seine Verbindungen zu den europäischen Nationen abbrach. Dies war ein Fehler, den wir nicht wiederholen werden.« Atatürk versicherte seinem Volk, daß die türkische Nation nun auf »direktem Weg... vom Osten in den Westen marschiert«. Dieser Marsch war für lange Zeit unterbrochen worden, und viele Kilometer waren noch zurückzulegen. Ich überquerte einen breiten, trägen Fluß. In der Mitte der Brücke stand ein osmanischer Marmorpavillon mit arabischen Inschriften, unter dem ein bewaffneter Soldat in Khakiuniform und mit weißem Helm bewegungslos Wache hielt. Der Gesichtsausdruck des Soldaten verriet Stolz und Gehorsam; er schien großer Grausamkeit fähig zu sein.

Dann kam das Labyrinth der Straßen von Adrianopel, im Sommer von Hitze und Staub und im Winter von Schlamm und Dauerregen pulverisiert. Ich war bereits zu weit landeinwärts, als daß sich hier die ausgleichenden Winde der Ägäis bemerkbar machen konnten. Ich betrachtete die Straßenschilder:

BULGARISTAN: 18 KILOMETER
YUNANISTAN (GRIECHENLAND): 5 KILOMETER
ISTANBUL: 235 KILOMETER

125 n. Chr. von dem römischen Kaiser Hadrian am strategischen Scheideweg von Europa und Asien gegründet, stand Adrianopel immer im Brennpunkt: regelmäßig von den Kreuzfahrern belagert, später die erste Hauptstadt des Osmanischen Reiches. Von hier aus marschierte Mehmet der Eroberer zur byzantinisch-griechischen Hauptstadt Konstantinopel, die seitdem von den Türken gehalten wurde. In den ersten drei Jahrzehnten des zwanzigsten Jahrhunderts gab es für einen Journalisten nur wenige bessere Orte als Adrianopel. Im Ersten Balkankrieg im Jahr 1912 eroberten bulgarische und serbische Truppen Adrianopel von den osmanischen Türken; dann, 1913, eroberten die Türken Adrianopel im Zweiten Balkankrieg zurück, nur um die Stadt 1920 an die griechische Invasionsarmee zu verlieren. 1922, vor Adrianopels endgültiger Rückeroberung durch die Streitkräfte Atatürks, verbrachte Hemingway dort eine der schlimmsten Nächte seines Lebens, malariakrank in einem Bett, das von Läusen nur so wimmelte. Die ganze Agonie des griechisch-türkischen Konfliktes wurde in seiner Beschreibung der griechischen Flüchtlinge illustriert, die »blind durch den Regen irrten«.

Heute waren Hemingways Flüchtlinge wieder da, nur daß sie diesmal Türken waren. Im Frühsommer 1989 hatte das stalinistische Regime Bulgariens in seinem letzten und verbrecherischsten Akt mehr als 100000 ethnische Türken über die Grenze in die Türkei vertrieben. »Sie schlugen uns mit Gewehren und hetzten ihre Hunde auf uns«, berichtete einer der Flüchtlinge und zeigte seine Bißwunden an Armen und Beinen.[1]

Ich besuchte das Flüchtlingslager an der Bahnstation. Die türkische Regierung hatte den Flüchtlingen Fertighäuser, Unterrichtsräume und neue Kleidung zur Verfügung gestellt. Drei Schuljungen mit schwarzen Krawatten und weißen Hemden und ein junges Mädchen in einem schwarzen Kleid mit weißem Spitzenkragen drängten sich vor meinem Fotoapparat. Sie hatten alle tiefschwarze Haare und Augen. Abgestellte Güterwaggons bildeten den Hintergrund zwischen ihren Fertighäusern. Diese Flüchtlingskinder posierten wie Statuen für mich – so geduldig, so ausdruckslos, als ob sie ewig warten konnten.

Adrianopel liegt nun nicht mehr an einem strategischen Schei-

---

[1] Siehe »Turkey: A Nameless Death at Edirne« von Edward McFadden, *Wall Street Journal Europe*, 3. August 1989.

deweg. Die Stadt taucht auf internationalen Karten unter dem türkischen Namen Edirne auf, ein Wort, das auf Westler keinen Reiz ausübt. Einer der großartigsten Ortsnamen der Geschichte ist so verschwunden; wie eine verblaßte, auf dem Dachboden vergessene Fotografie; die ultimative Provinz.

Aber die Abgelegenheit hat Vorteile. Weil die moderne Architektur an ihr vorübergegangen ist, blieb Adrianopel relativ unverfälscht: eine Spielzeugstadt mit kopfsteingepflasterten Gassen, überdachten Bazaren, Ziegeldächern und einigen der schönsten Moscheen der Türkei. Die Skyline wurde von der massiven Selimiye Cami dominiert, Sultan Selims Moschee, 1568 vom Architekten des Sultans, Sinan, entworfen, der mehrere der Grabkapellen erbaute, die die Hagia Sophia Kirche in Istanbul umgeben. Die Minarette überragten wie stolze Generäle die stillen, leeren Höfe. In der Dämmerung, wenn die überkuppelten Gebetshallen voller Gläubige waren und der hypnotische Gesang der Koranverse in den Bazaren hallte, wurde zum ersten Mal auf meiner Reise die Dynamik des Islams greifbar. Der hitzige Zorn der Serben, Rumänen, Bulgaren und Griechen war hier eine Erinnerung. Alles war still und höflich, erfüllt von einer selbstzufriedenen, würdevollen Atmosphäre, in der ich den Luxus der Eroberer erkannte. Die Türken gingen nicht mit gebeugtem Rücken, weil sie die Unterdrücker gewesen waren.

»Ist mein Heimatland jetzt nicht auch ein Osmanisches Reich?« schrieb der rußlandstämmige Schriftsteller und Nobelpreisträger Joseph Brodsky und fragte sich damit, ob das Schicksal der osmanischen Türkei auch Rußland ereilen würde. Für Brodsky war die Türkei ein Land, das von der Vergangenheit »geplündert« war und nur noch in einer »drittklassigen Gegenwart« existierte, seit das Zepter des östlichen Despotismus nach dem Ersten Weltkrieg nach Norden zum Kreml gewandert war. Obwohl Brodsky den Vergleich nicht weitertrieb, waren die Parallelen zwischen dem Niedergang des Osmanischen Reiches und dem Niedergang des Sowjetimperiums frappierend. Abdul Hamid, der türkische Sultan von 1876 bis 1909, war am Ende seiner Herrschaft ein vorsichtiger Reformer wie Nikita Chruschtschow. Aber wie unter Leonid Breschnew zog sich das Sultanat rasch wieder für eine weitere (und, wie sich herausstellte, entscheidende) Generation hinter die alten Mauern des Terrors zurück. Und wie unter Breschnew plante auch Abdul Hamids eigene Elite insgeheim die soziale Veränderung, die folgen mußte. Enver Pascha und die Jungtürken diktierten wie Michail Gorbatschow und seine Verbündeten die Reformen von oben, in der Hoffnung, das Imperium in lockerer Form durch eine dramatische Liberalisierung zu erhalten. Aber der Plan wurde durch zentrifugale Kräfte vereitelt, die die unterdrückten Völker dazu trieben, volle Unabhängigkeit zu verlangen; und durch die Furcht der kleinen Leute, die lieber in die Vergangenheit zurückkehren wollten, als nach vorn in die Zukunft zu schreiten. Die Revolution der Jungtürken machte die Jungtürken schließlich überflüssig. Ein neuer Mann wurde gebraucht: Atatürk.

Atatürk hatte die Vision – beschrieben von seinem Biographen, Lord Kinross – »einer neuen (und modernen) türkischen Nation, chirurgisch befreit vom Krebsgeschwür ihrer entlegenen Glieder, um sich als kompakter, gesunder Körper zu erholen, der in der guten Erde seiner Vorfahren verwurzelt war.«

Wer auch immer Rußland aus dem Chaos führen wollte, mußte ein Atatürk sein: ein Produkt des reaktionären Systems, der nichtsdestotrotz erkannte, daß die Kernnation soviel von ihren Ressourcen darauf verschwendet hatte, das Imperium zusammenzuhalten, daß eine ganze Epoche, vielleicht ein Jahrhundert, erforderlich sein würde, um in einer gewaltigen Kraftanstrengung zum Rest der Welt aufzuschließen.

Bis 1918, als das Osmanische Reich zusammenbrach, war Türkisch für Diplomaten und Journalisten eine wichtige Fremdsprache. Dann, in atemberaubend kurzer Zeit, wurde aus ihr bloß eine weitere obskure Sprache. Würde jetzt, wo die Welt in ein Zeitalter eintrat, in der die Politik der Wirtschafts- und Handelsmacht untergeordnet war, Russisch dem Türkischen in die Obskurität folgen?

Hatte das Gift des östlichen Despotismus und Niedergangs, das von Byzanz zum Palast des Sultans und zum Kreml gewandert war, endlich seine Wirkung verloren?

Ich spürte, daß es das hatte. Hier, am Ende der Welt, in einer Region, deren Zusammenbruch dem zwanzigsten Jahrhundert seinen entsetzlichen Weg gewiesen hatte, fand ich bei den Menschen, die ich unterwegs traf, noch immer nur wenig Optimismus; das würde später kommen. Während ich den gewalttätigen Zerfall Jugoslawiens und die Unruhen beobachtete, die später mit

Sicherheit auch die anderen Balkanstaaten erfassen würden, wurde ich an eine Zeile aus Shakespeares *König Johann* erinnert: »Solch trüben Himmel klärt ein Sturm nur auf.« Die ethnischen Konflikte der Vergangenheit, entfacht durch den lebenden Tod des Kommunismus, hatte den Balkanhimmel so getrübt, daß traurigerweise ein Sturm nötig war, ihn aufzuklären.

Aber er würde sich aufklären.

Ich spürte eine unendliche Erschöpfung: Niemand wollte irgendwelchen Träumen außer den persönlichsten und materialistischsten nachhängen. Obwohl die Menschen immer durch die Aussicht auf ein besseres Leben für sich und ihre Kinder motiviert worden waren, hatten sie nie zuvor so entschlossen gewirkt – und politisch dazu fähig –, nur das zu akzeptieren. Die Aufklärung durchbrach endlich die Tore dieser geknechteten Nationen. Ein besseres Zeitalter würde folgen.

Ausgewählte Literatur

Aksan, Akil (Hrsg.). *Mustafa Kemal Atatürk aus Reden und Gesprächen.* Heidelberg 1981.

Alexander, Stella. *The Triple Myth: A Life of Archbishop Alojzije Stepinac.* Boulder, Colorado und New York 1987.

Ambler, Eric. *Der Fall Deltschev.* Zürich 1975.

–. *Die Maske des Dimitrios.* Zürich 1974.

Andrews, Kevin. *The Flight of Ikaros: Travels in Greece During a Civil War.* Boston 1959.

Antoljak, Stjepan. *Samuel and His State.* Skopje 1985.

Attwater, Donald. *The Penguin Dictionary of Saints.* Harmondsworth 1965.

Averoff-Tossizza, Evangelos. *By Fire and Axe: The Communist Party and the Civil War in Greece, 1944–1949.* New Rochelle, New York 1978.

Bassett, Richard. *The Austrians: Strange Tales from the Vienna Woods.* London 1988.

–. *A Guide to Central Europe.* New York 1987.

–. »Siebenburgen Besieged.« *Spectator,* 8. September 1984.

Belgrade Cultural Centre. (Special edition to mark the fortieth anniversary of the city's liberation.) Belgrade 1984.

Bellow, Saul. *Der Dezember des Dekans.* Köln 1982.

Die Bibel. (Einheitsübersetzung. Altes und neues Testament.) Freiburg 1980.

Bischof, Henrik. *Wirtschafts und Systemkrise in Rumänien.* Bonn 1987.

Brodsky, Joseph. *Flucht aus Byzanz.* Frankfurt am Main 1991.

Burchett, Wilfred. *At the Barricades.* New York 1981.

Byron, Robert. *The Byzantine Achievement.* London 1929.

–. *The Station: Athos, Treasures and Men.* New York 1949 (Erstveröffentlichung 1926).

Canetti, Elias. *Masse und Macht.* Hamburg 1960.

Cavarnos, Constantine. *Orthodox Iconography.* Belmont, Massachusetts 1977.

Clogg, Richard. *A Short History of Modern Greece.* Cambridge, 1979.

Conrad, Joseph. *Mit den Augen des Westens*. Frankfurt am Main 1967.

Corneanu, Nicolae. *The Romanian Church in Northwestern Romania under the Horthy Scourge*. Bukarest: The Bible and Mission Institute of the Romanian Orthodox Church, 1986.

Craig, Gordon A. *Deutsche Geschichte 1866–1945*. 2. unveränderte Aufl. München 1980.

Cullen, Robert. »Report from Romania: Down with the Tyrant.« *New Yorker*, 2. April 1990.

Djilas, Milovan. *Gespräche mit Stalin*. Stuttgart, Hamburg 1963.

–. Die neue Klasse, o. J.

–. *Rise and Fall*. New York 1985.

Doder, Dusko. »Albania Opens the Door.« *National Geographic*, Washington, Juli 1992.

Dragut, Vasile. *La Peinture Murale de La Moldavie*. Bukarest 1983.

Dryansky, G. Y. »Goodbye Romania.« *Conde Nast Traveler*, April 1989.

Dumitriu, Petru. *The Prodigals*. London 1962.

Dunford, Martin, and Jack Holland with John McGhie. *The Rough Guide to Yugoslavia*. London 1989.

Durrell, Gerald. *Meine Familie und anderes Getier*. Berlin 1989.

Durrell, Lawrence. *Das Alexandria-Quartett*. Reinbek bei Hamburg 1977.

–. *Leuchtende Orangen. Rhodos – Insel des Helios*. Reinbek bei Hamburg 1964.

–. *Schwarze Oliven. Korfu – Insel der Phäaken*. Reinbek bei Hamburg 1963.

–. *Spirit of Place*. New York 1971.

Eminescu, Mihaj. *Poems*. Bukarest 1989.

Feldner, Josef. *Grenzland Kärnten*. Klagenfurt 1982.

Fermor, Patrick Leigh. *Between the Woods and the Water*. London 1986.

–. *Roumeli: Travels in Northern Greece*. London 1966.

Forbes, Nevill, Arnold Toynbee, D. Mitrany, and D. G. Hogarth. *The Balkans: A History of Bulgaria, Serbia, Greece, Rumania, Turkey*. Oxford, England 1915.

Fussell, Paul. *Abroad: British Literary Traveling Between the Wars*. New York 1980.

Gage, Nicholas. *Eleni*. Bern 1984.

–. *Hellas: A Portrait of Greece*. Athen 1987.

Glendinning, Victoria. *Rebecca West: A Life*. London 1987.

Goltz, Thomas. »Anyone Who Resists Will Be Killed Like a Dog.« *Reader's Digest*, 1987.

Grogan, Lady. *The Life of J. D. Bourchier*. London 1932.

Hanák, Péter (Hrsg.). *Die Geschichte Ungarns von den Anfängen bis zur Gegenwart*. Essen 1988.

Hemingway, Ernest. *Schnee auf dem Kilimandscharo*. Reinbek bei Hamburg 1961.

Hilberg, Raul. *Die Vernichtung der europäischen Juden*. Berlin 1982.

Hitler, Adolf, *Mein Kampf*. München 1927.

Holden, David. *Greece Without Columns: The Making of the Modern Greeks*. London 1972.

Hoppe, E. O. *In Gipsy Camp and Royal Palace: Wanderings in Rumania* (with a preface by the Queen of Rumania). London 1924.

Ilievski, Done. *The Macedonian Orthodox Church*. Skopje 1973.

Internal Macedonian Revolutionary Organization. *The Memoar*. Sofia 1904.

Ivandija, Antun. *The Cathedral of Zagreb*. Zagreb 1983.

Kampus, Ivan, and Igor Karaman. *Zagreb Through a Thousand Years*. Zagreb 1978.

Kann, Robert A. *Geschichte des Habsburgerreiches 1526–1918*. Wien 1977.

Kazantzakis, Nikos. *Alexis Sorbas. Abenteuer auf Kreta*. Hamburg 1955.

–. *Rechenschaft vor El Greco*. Berlin 1964–1967.

Keeley, Edmund, and Philip Sherrard. *C. P. Cavafy: Collected Poems*. Princeton, New Jersey 1967.

–. *George Seferis: Collected Poems (1924–1955)*. Princeton, New Jersey 1967.

Keresztes, Peter. »Reconsidering Transylvania's Fate.« *Wall Street Journal* (European Edition), 4. Mai 1987.

Kinross, Lord. *Ataturk: The Rebirth of a Nation*. London 1964.

–. *The Ottoman Centuries*. New York 1977.

Kissinger, Henry A. *Großmacht Diplomatie. Von der Staatskunst Castlereaghs und Metternichs*. Wien, Düsseldorf 1962.

Koeva, Margarita. *Rila Monastery*. Sofia 1989.

Kofos, Evangelos. »National Heritage and National Identity in Nineteenth- and Twentieth-Century Macedonia.« In *Modern Greece: Nationalism and Nationality* Athen 1990.

Kolaitis, Memas. *The Greek Poems of C. P. Cavafy. Volume I: The Canon*. New Rochelle, New York 1989.

Koneski, Blazhe. *Blazhe Koneski: Poetry*. Skopje 1983.

Korobar, Pero, and Orde Ivanoski. *The Historical Truth: The Progressive Social Circles in Bulgaria and Pirin Macedonia on the Macedonian National Question 1896–1956*. Skopje 1983.

Kostich, Dragos D. *The Land and Peoples of the Balkans*. Philadelphia 1962, 1973.

Lawrence, T. E. *Die sieben Säulen der Weisheit*. Leipzig 1936.

Logoreci, Anton. *The Albanians: Europe's Forgotten Survivors*. London 1977.

Lukacs, John: *Ungarn in Europa – Budapest um die Jahrhundertwende*. Berlin 1990.

–. »In Darkest Transylvania.« *New Republic*, 3. Februar 1982.

MacDermott, Mercia. *The Apostle of Freedom: A Portrait of Vasil Levsky Against a Background of Nineteenth Century Bulgaria*. Sofia 1979.

–. *Freedom or Death: The Life of Gotse Delchev*. London and West Nyack, New York 1978.

Macedonia: Documents and Material. Sofia, Bulgaria: Bulgarian Academy of Sciences, 1978.

Mahapatra, S., and J. T. Boskovski. *The Longing for the South: Contemporary Macedonian Poetry*. New Delhi 1981.

Mainstone, Rowland J. *Hagia Sophia: Architecture, Structure and Liturgy of Justinian's Great Church*. London 1988.

Mann, Golo. *Deutsche Geschichte des neunzehnten und zwanzigsten Jahrhunderts*. Frankfurt am Main 1958.

Manning, Olivia. *The Balkan Trilogy: The Great Fortune; The Spoilt City; Friends and Heroes*. London 1960, 1962, 1965.

Markov, Georgi. *The Truth That Killed*. New York 1984.

Matkovski, Alexandar. *A History of the Jews in Macedonia*. Skopje 1982.

McCarthy, Mary. *Florenz*. Köln 1983.

Miller, Henry. *Der Koloß von Maroussi*. Reinbek bei Hamburg 1965.

Milosevic, Desanka. *Gracanica Monastery*. Belgrade: Institute for the Protection of Cultural Monuments of the Socialist Republic of Serbia, 1989.

Mortimer, Edward. *Faith and Power. The Politics of Islam*. London 1982.

Newby, Eric. *On the Shores of the Mediterranean*. London 1984, 1985.

Njegos, P. P. *The Mountain Wreath*. Irvine, California 1986.

Osers, Edward. *Mateja Matevski: Footprints of the Wind*. Boston und London 1988.

Ostrogorski, Georg. *Geschichte des byzantinischen Staates*. München 1963.

Pacepa, Ion Mihai. *Red Horizons: Chronicles of a Communist Spy Chief*. Washington, D. C. 1987.

Pakula, Hannah. *The Last Romantic: A Biography of Queen Marie of Roumania*. New York 1984.

Petkovic, Sreten. *The Patriarchate of Pec*. Belgrad 1987.

Pfaff, William. »Beginning of the End of the Conducator.« *International Herald Tribune*. 21. Dezember 1989.

–. »The Fascists in Romania May Be the Men in Power.« *International Herald Tribune*. 21. Juni 1990.

Poljanski, Hristo Andonov. *Goce Delcev: His Life and Times*. Skopje 1973.

Prokopius aus Kaisareia. *Anekdota* (Geheimgeschichte). München 1963.

Psellus, Michael: *Fourteen Byzantine Rulers*. (Translated from the *Chronographia* by E. R. A. Sewter.) New Haven, Connecticut 1953.

Radice, Betty. *Who's Who in the Ancient World*. Harmondsworth, England 1973.

Ravitch, Norman. »The Armenian Catastrophe: Of History, Murder & Sin.« *Encounter*, 1983.

Reed, John. *Zehn Tage, die die Welt erschütterten*. Reinbek bei Hamburg 1967.

–. *The War in Eastern Europe*. New York 1916.

Richardson, Dan, and Jill Denton. *The Rough Guide to Eastern Europe: Hungary, Romania and Bulgaria*. London 1988.

Roth, Joseph. *Hotel Savoy*. Köln 1989 (Erstveröffentlichung 1924).

–. *Radetzkymarsch*. Köln, Berlin 1971.

Sakellariou, M. B. *Macedonia: 4000 Years of Greek History and Civilization*. Athen 1982.

Schorske, Carl E. *Fin-de-Siècle Vienna: Politics and Culture*. New York 1980.

Scialçy, Leon. *Farewell to Salonica: Portrait of an Era*. London 1946.

Seton-Watson, Hugh. *The »Sick Heart« of Modern Europe: The Problem of the Danubian Lands*. Seattle und London 1975.

Sevastianos, Metropolitan of Dhriinoupolis. *Behind Albania's Iron Curtain*. Athens: Pan-Hellenic Association of Northern Epirots, 1990.

–. *Northern Epirus Crucified*. Athens: Pan-Hellenic Association of Northern Epirots, 1989.

Sherrard, Philip. *The Wound of Greece: Studies in Neo-Hellenism*. London 1978.

Shirer, William L. *Midcentury Journey: The Western World Through Its Years of Conflict*. New York 1952.

Sitwell, Sacheverell. *Roumanian Journey*. London 1938.

Skilling, H. Gordon. *The Governments of Communist East Europe*. New York 1966.

St. John, Robert. *Foreign Correspondent*. London 1960.

–. *From the Land of Silent People*. New York 1942.

Starkie, Walter. *Raggle-Taggle: Adventures with a Fiddle in Hungary and Roumania*. London 1933.

Stavroulakis, Nicholas. *The Jews of Greece: An Essay*. Athen 1990.

Sterling, Claire. »The Plot to Kill the Pope.« *Reader's Digest*, September 1982.

Stoicescu, Nicolae. *Vlad Tepes: Prince of Wallachia*. Bukarest 1978.

Stoker, Bram. *Dracula*. Frankfurt am Main 1988.

Sulzberger, C. L. *A Long Row of Candles*. Toronto 1969.

Thomas, Hugh. *Armed Truce: The Beginnings of the Cold War 1945–1946*. New York 1987.

Thursby, J. M. »Cyril and Methodius: Bridging East and West.« *The Athenian*, August 1985.

Tifft, Susan. »A Bitter Battle for Names.« *Time*, 4. März 1985.

Tismaneanu, Vladimir. »Homage to Golania.« *New Republic*, 30. Juli und 6. August 1990.

Todorovski, Gane. *Gane Todorovski: Poems*. Bradford 1976.

Toynbee, Arnold. *The Western Question in Greece an Turkey*. London 1922.

Tsigakou, Fani-Maria. *Das wiederentdeckte Griechenland*. Bergisch Gladbach 1982.

Vacalopoulos, Apostolos E. *A History of Thessalonika*. Salonika, Institute for Balkan Studies, 1963.

Waldeck, R. G. *Athene Palace Bucharest: Hitler's »New Order« Comes to Rumania*. London 1943.

Ward, Philip. *Albania*. New York 1983.

Ware, Timothy. *The Orthodox Church*. Harmondsworth 1963.

Watson, Russell. »The Plot to Kill Pope John Paul II.« *Newsweek*, 3. Januar 1983.

West, Rebecca. *Black Lamb and Grey Falcon*. New York 1941.

West, Richard. »The Agincourt of Yugoslavia.« *Spectator*, 19./26. Dezember 1987.

Weyr, Teddie. Unpublished papers on Austria's Slovene minority. Wien 1988.

White, William. *By-Line: Ernest Hemingway*. New York 1967.

Register

Abtreibung und Rumänien 142, 185
Abu Nidal, Terroristengruppe 328
Adoption und rumänische Kinder 235
Adrianopel (Edirne) 341 ff.
Ägäische Inseln 296, 310
Agca, Mehmet Ali 247, 261 ff.
Albanien
  Fremdenfeindlichkeit in 73, 74
  Geschichte von 73 f.
  und Griechenland 18 f., 74
  griechische Albaner 19, 77, 295
  Kommunismus und 74 f.
  und Österreich-Ungarn 74
  und die osmanische Türkei 73
  und der Zweite Weltkrieg 74
  siehe auch: Durrës, Kosovo, Pristina
Albanische Sprache 73
Alexander-Nevski-Kathedrale
  (Sofia) 246, 256, 260, 266
Alexander der Große 81, 88, 288, 299
Alexander I. Karadjordjevic (von Jugoslawien)
  Ermordnung von 34, 55, 97
Alexander II. (von Rußland) 82
Alexander, Stella 37, 44 ff.
Alkoholismus und der Balkan 71, 141 ff.
Altserbien *siehe*: Kosovo
Ambler, Eric 14, 263
American College in Sofia 253, 275, 283
Amselfeld (Kosovo polje) 64, 66 ff.
Andronicus II. Paleologus (von Byzanz) 60
Andropov, Yuri 107, 264
Angelov, Guillermo 249 ff.
Angelov, Margarita 265
Antisemitismus
  Artukov und 44
  Bischof Strossmayer und 36

Entweihung von Friedhöfen in
  Rumänien 116
  Ursprünge des 23
  als Mittel der Politik 23
  Stepinac und 44 ff.
  siehe auch: Kroatien, Griechenland, Makedonien, Rumänien
Antiserbischer Rassismus 36
Antonescu, Ion (»Roter Hund«)
  129 ff., 157, 160 ff.
Antonov, Sergei Ivanov 261
Armenier, türkischer Massenmord
  an 94
Artucovic, Andrija 39, 44
Asen II. (von Bulgarien) 258
Asparuch, Chan 257
Astir, Palasthotel (Athen) 323
Atatürk, Mustafa Kemal 92 ff., 290, 302, 342, 345
Athen
  Nationales Archäologisches
    Museum 296
  Parthenon 294, 298 f., 311
  Polytechnikum 328
Ayvazov, Todor 262

Balfour, Arthur James 92
Balkankrieg, Erster (1912) 21, 65, 74, 93 f., 343
Balkankrieg, Zweiter (1913) 21, 95, 126, 260, 343
Balkan, Musik des 65, 71, 76, 80, 143, 146, 187, 235, 307, 309
Banat (Rumänien) 120, 233 f.
  siehe auch: Temesvár
Banitsa (Bulgarien) 89
Bartholomaios, Patriarch der
  Griech.-Orth.-Kirche 300
Bartok, Bela 184
Bashibazouken (türk. Terroristen)
  280
Basil II. (von Byzanz) 69, 205

Batak (Bulgarien) 280
  St.-Nedelya-Kirche 280 f.
Bauer, Antun (Erzbischof von Za-
  greb) 37
Bayezit (türk. Sultan) 268
Bejan, Petru 156 f.
Belgrad (Serbien) 103
  Kalemegdan Festung 104
Benedicta, Mutter Tatulici Georgeta
  16 f., 177 f.
Berliner Kongreß 54, 84 f., 93
Berliner Mauer, Fall der 78
Berliner Vertrag 124, 260
Bessarab, Neagoe 202
Bessarabien (Rumänien) 85, 119,
  148, 154, 159, 161
Beyezit, Sultan 66
Bismarck, Fürst Otto von 84 f.
Bizau, Vater Ion 190
Blajer, Zlatko 102
Boban, Ljubo 40 f.
Bobu, Emil 173
Bolyai, Janos 184
Boris I. (von Bulgarien) 257
Boris II. (von Bulgarien) 18, 97,
  248, 257, 282
Bosnien-Herzegowina
  Bevölkerungssturktur 49
  Konversion, erzwungene 48 f.
  und Kroatien 48
  Massaker an orthodoxen Serben
    31, 44 f.
  und Österreich-Ungarn 36, 54,
    85 f., 93
  und osmanische Türkei 51, 86
  und Serbien 65.
  und Zweiter Weltkrieg 48
Bouloukos, Aristides 324
Bourchier, James David 246, 277,
  281 ff., 288
Brandt, Willi 41
Brodsky, Joseph 61, 344
Browning, Robert 222
Brucan, Sylviu 158, 238
Brukenthal Museum (Sibiu) 226
Brunner, Alois 291

Budapest, Reichtum von 54
Bukarest (Rumänien) 111 ff., 131 f.
  Bürgerzentrum 236
  Ghensea Friedhof 116, 237
  Ilie Gorgani-Kirche 15 f., 236
  Jüdischer Friedhof 240 f.
  Schlachthof 16, 130, 236
  und Zweiter Weltkrieg 113
Bukowina
  und Kommunismus 169 ff.
  Geographie von 168 ff.
  jüdische Gemeinde in 168, 176
  Klöster 175 ff.
  siehe auch: Suceava
Bulgarien 17 f., 93, 165
  und Albanien 74
  Dokumentenfalschungen 90
  und der Erste und Zweite Welt-
    krieg 96 ff., 260
  Gebietsanspüche 250, 260
  Geschichte von 254 f., 268
  Jüdische Gemeinde in 257
  und Kommunismus 17 f., 267 ff.,
    278
  und Makedonien 81, 83 ff., 97 ff.,
    246, 260
  und die moderne Türkei 279
  und die osmanische Türkei 17,
    65, 83, 258 ff., 268
  Religionsstreit in 273
  und Rußland 82 f., 259 ff.
  und Serbien 65
  und Türkenabstämmige 267 f.,
    279, 342
  siehe auch: Banitsa, Batak,
    Darzhavna Sigurnost, Kurdz-
    hali, Ruse, Sofia
Bulgarische Sprache 257
Bulgarische Telegraphische Agentur (BTA) 263 f., 269, 271 f.
Burchett, Anna 276 f.
Burchett, Vessa 276 f.
Burchett, Wilfred 246, 254 ff.
Byron, Lord 298
Byzantinisches Reich 51, 60, 65,
  104, 258, 295, 299, 316, 331 f.

Cacoyannis, Michael 309
Camus, Albert 191
Canetti, Elias 42, 64, 166
Caratzas, Aristide D. 292, 318
Carol I. (von Rumänien) 125 ff., 202
Carol II. (von Rumänien) 16, 117 ff., 202
Carter, Jimmy, und Ceaucescu 199
Castro, Fidel 319
Cavafy, C. P. 299
Ceaucescu, Elena 116, 132
Ceaucescu, Marin 201
Ceaucescu, Nicolae 116, 131 f., 136, 142, 144, 173, 185 f., 189 f., 198 f., 224
Celenk, Bekir 261
Cernavoda, Kraftwerk 134 ff.
Chakov, Mihail 89
Churchill, Winston 75
Cluj (Transsilvanien) 187 ff.
Codreanu, Zelea 16, 127 ff.
Cojocariu, Äbtissin Adriana 178 f.
Conrad, Joseph 14, 142
Cornea, Doina 193
Curtea de Arges, Kloster von 202
Cuza, A. L. 154
Cuza, Alexandru Ion 125
Cuza-Universität (Jassy) 156

Dakien (römische Kolonie) 122
Dan, Popa siehe: Ceaucescu, Nicolae
Danciu, Sandra 189 f.
Darzhavna, Sigurnost (bulg. Geheimpolizei) 247, 261, 276
Dassin, Jules 307, 336
Delchev, Gotse 87 ff.
Dezemberrevolution (Rumänien) 115 f.
    Ceaucescu, Hinrichtung 131 f., 192 f.
    Bergarbeiter aus dem Jiu-Tal 145, 197
    Unterdrückung ethnischer Ungarn 186
    Temesvár und die 16 f., 166, 233

Dimitras, Panayote 317, 339
Dimitrov, Georgi 247 f., 256, 273, 278
Disraeli, Benjamin 84, 281
Djilas, Milovan 50, 105 ff.
Donau-Schwarzmeer-Kanal 135 f.
Draculic, Slavenka 32 f.
Dumitriu, Petru 118, 121, 135
Durrell, Lawrence 53, 305 ff., 340
Durrës (albanische Hafenstadt) 75 ff.

Eichmann, Adolf 162, 291
Elia (Iliya), Heiliger 30, 91
Elisabeth, Prinzessin von Wied 126, 202
Eminescu, Mihai 120, 153, 157

Faschismus siehe: Mussolini, Benito
Ferdinand (von Bulgarien) 87, 93, 97, 248, 282
Ferdinand (von Rumänien) 126, 202
Fermor, Patrick Leigh 187 f., 221
Forbes, Nevill 52, 64, 258, 288
Franz Ferdinand (Erzherzog), Ermordung von 20, 54, 93
Franz Joseph (von Österreich) 36, 92
Freitag, Heilige 156
Friedrich I. (Barbarossa) 60
Funderburk, David B. 199
Fussell, Paul 7

Gaddafi, Muammar Al- 320, 328, 333
Gage, Nicholas 334
Gallipoli, Brückenkopf bei 65
George, Lloyd 302
Geza II. (Madjarenkönig) 223
Ghensea Friedhof (Bukarest) 116, 237
Gheorghiu-Dej, Gheorghe 135, 172
Gibbon, Edward 73
Giurgiu (Rumänien) 245
Glendinning, Victoria 30

Goldstajn, Slavko 42
Gorbatschow, Michail 93, 107
Gotzev, Luben 20
Gracanica, Kloster von (Serbien)
　59 ff., 70
Graue Wölfe (türk. neonazistische
　Gruppe) 261
Griechenland
　und Albanien 18, 74, 293 f.
　und Antisemitismus 290
　und das byzantinische Reich
　　298 f., 316
　Gebietsansprüche von 99, 292 f.,
　　301
　klassisches Erbe von 296, 298,
　　311, 316 f.
　und Kommunismus 318 ff., 333 f.
　Militärdiktatur 311 ff., 327 ff.
　und die moderne Türkei 302 f.,
　　312 f., 322
　und moslemisch-türkische Bevöl-
　　kerung 294, 342
　und Nazi-Invasion 303
　Orientalismus von 317, 338 f.
　und die osmanische Türkei 65,
　　294 ff.
　Politik in 316 ff.
　und Terrorismus 327 ff.
　siehe auch: Ägäische Inseln,
　　Athen, Grüne Garden,
　　Hellene versus Romios, Ko-
　　motini, Konstantinopel, Kreta,
　　Makedonien, Neue Demokra-
　　tische Partei, PASOK, Piräus,
　　Tourismus, Saloniki, Suli, Zy-
　　pern
Griechischer Bürgerkrieg
　(1946–1949) 303
Griechische Fanarioten 124
Griechisch-türkischer Krieg
　302
Grogan, Lady 247, 284
Grüne Garden 321
Gudmundsson, Thorir und Atta
　237 ff.

Habsburger siehe: Österreich-Un-
　garn
Hadjidakis, Manos 308
Hagia Sophia 300 f.
Hales, A. G. 92
Hameln, der Rattenfänger von 222
Hamid I., Sultan Abdul 83, 87, 93
Helen, Prinzessin von Griechenland
　117
Hellene versus Romois 297 f., 337,
　344
Helms, Jesse 199
Hemingway, Ernest 21, 302, 343
Hermannstädter Zeitung (Sibiu)
　227
Herring, Elizabeth 310
Herzl, Theodor 23
Hilberg, Raul 162 f.
Hitler, Adolf 23, 128, 131, 279
Hoppe, E. O. 109, 142, 226
Horowitz, Goldie 112 f., 120, 128 f.,
　131, 160
Hoxha, Enver 73 f., 77 f., 338
Humor, Kloster von (Bukowina)
　175
Hunyadi, Janos 184
Husain, Iman 67
Hydra (ägäische Insel) 296, 310

Ignat'ev, Fürst 83
Ikonen 266, 273, 295
Ilie Gorgani, Kirche von 15, 236
Iliescu, Ion 196, 230, 235, 238
Iliya (Elia), Heiliger 30, 91
IMRO (Innere Makedonische Revo-
　lutionäre Organisation) 21, 87,
　91, 97
Iorga, Nicholae 120, 129, 153
Istanbul siehe: Konstantinopel
Ivanovski, Orde 90 f., 98

Jalloud, Maj. Abdel Salam 320
Jalta, Konferenz von 75
Jassy (Moldau) 117, 120, 127
　Cuza-Universität 156
　Jüdische Gemeinde von 120,
　　160 ff.

Metropolitan-Kathedrale 156
Nationaltheater 156
und russische Invasion 153
Jesenovac, Konzentrationslager 31,
41 f., 48
Jiu-Tal (Rumänien), Bergarbeiter
des 145, 197
Johannes Paul II.
Mordversuch an 247, 261 ff., 275
und Kroatien 38, 55 f.
Johnson, Lyndon B. und Griechen-
land 318
Journalisten und der Balkan 20 f.,
78, 90, 103 ff., 113, 132, 234,
246 f., 317
Juden
und die Diaspora 52
und Kommunismus 44, 160
Konversion zum Christentum
120
Unterstützung der russischen
Truppen 161
siehe auch: Antisemitismus, Bukowina, Bulgarien, Jassy,
Kroatien, Makedonien,
Pogrome, Rumänien, Saloniki,
Zagreb
Jüdische Universalenzyklopädie 130
Jugoslawien
Bruch mit der Sowjetunion 33,
89, 106
Bürgerkrieg der 90er Jahre 42,
107 f.
und Djilas 105 ff.
und Kommunismus 31, 43, 51,
56, 108
und Kosovo 75
und Makedonien 81
und Serbien 67
siehe auch: Belgrad, Bosnien-
Herzegowina, Kroatien, Montenegro, Serbien, Tito
Jungtürken, Revolution der 92 ff.,
107 f.
Justinian (von Byzanz) 300, 316

Kalemegdan, Festung (Belgrad) 104
Kalojan (von Bulgarien) 258
Kaplan, David, Mord an 8
Kapsis, Ioannis 294
Karamanlis, Konstantin 304, 311,
315, 319, 325
Karl II. (von Österreich) 54
Karl V. (römisch-deutscher Kaiser)
54
Katolicki List (kroatische Zeitung)
44
Katholische Kirche
und Antikommunismus 43 f., 53
und Antisemitismus 43
und Kroatien 37
und Orthodoxie 33, 35 ff., 50
und Jugoslawien 51 ff.
Kazantsakis, Nikos 189, 285, 290,
298
KGB, der, und Bulgarien 261 f., 264
Kinross, Lord 82, 93
Kissinger, Henry 255, 334
Klagenfurt (Kärnten) 23
Kliment, Sveti 101
Kofos, Evangelos 88, 100, 339
Koksa, Msgr. Duro 40 f., 47
Kolozsvar siehe: Cluj
Kommunismus
Zusammenbruch des 107 f.
als Faschismus 108
und der Reichstagbrandprozeß
247, 279
siehe auch: Albanien, Bukowina,
Bulgarien, Juden, Jugoslawien,
Makedonien, Katholische Kir-
che, orthodoxe Kirche, Rumä-
nien, Serbien, Transsilvanien
Komotini (Griechenland) 341
Koneski, Blazhe 101
Konstantin (König von Griechen-
land) 314
Konstantin IX. (von Byzanz) 332
Konstantinopel
Fanar-Viertel 124, 295
Griechische Gemeinde in 301 f.
Hagia Sophia 300 f.

Eroberung durch die Türken 65,
    300 f.
Konstanza (rum. Hafenstadt) 135
Koskotas, George 332
Kosovo (Altserbien) 64, 66 ff., 75,
    77, 116
Kosovo polje *siehe*: Amselfeld
Kostopoulos, Sotiris 330
Kostov, Traicho 277
Koutsogiorgas, Agamemnon 322
Kresimir II. (von Kroatien) 52
Kreta
    Griechenland und die osmanische
        Türkei 87
    Union mit Griechenland 93
Kroatien
    Geschichte von 51 ff.
    Jüdische Gemeinde in 44
    unter Nazi-Besatzung 38 f., 43 f.
    und Österreich-Ungarn 52 f.
    und osmanische Türkei 52
    und Serben 36, 39, 41 f., 53 f.
    siehe auch: Jesenovac Konzentra-
        tionslager, Zagreb
Kroatische Ustascha 42 ff., 55, 97
Krusovo (Makedonien) 92
Kuharic, Franjo (Kardinal von Za-
    greb) 40
Kukus (Kilkis) 89
Kunz-Cizelj, Karla 53
Kurdzhali (Bulgarien) 278
Kyrillos (Apostel) 35, 100, 257

Ladislaus I. (von Ungarn) 52
Lambrino, Jeanne »Zizzi« 117
Lazar, Knez (serbischer Prinz) 66 f.
Lazuv, Petur 86
Legion des Erzengels Michael 15 f.,
    119 ff., 127 ff., 160, 194
Lepoglava Gefängnis (Kroatien) 50
Levsky, Vasil 256, 259, 268
Liana, Dimitra 331 f.
Libyen 320, 338
Lilov, Aleksandar 275
Liszt, Franz 187
Logoreci, Anton 74

London, Jack 76 f.
Longfellow, Henry Wadsworth 73
Loock, Lorenz und Katharine 227 ff.
Lueger, Dr. Karl, und Antisemitis-
    mus 23
Lugosi, Bela 183
Lukacs, John 122, 183, 224
Lupescu, Elena (Magda) 117 f., 153 f.

MacDermott, Mercia 81, 256
MacGahan, J. A. 280
Makarios, Erzbischof (von Zypern)
    312
Makedonien (Griechenland)
    Bevölkerungsstruktur 289 f.
    und Bulgarien 289 f.
    als Teil des serbischen Reiches 65
    siehe auch: Saloniki
Makedonien (slawisch)
    Bevölkerungsstruktur 82 f., 102
    und Bulgarien 81, 83 ff., 96 ff.,
        246, 260
    Erdbeben in 80
    und der Erste und Zweite Welt-
        krieg 96 ff.
    Geschichte von 82 f.
    und Griechenland 83, 87 f., 96,
        339
    Jüdische Gemeinde in 98
    und Kommunismus 81
    Nationalistische Bewegung 98 ff.
    und die osmanische Türkei 86, 92
    und Serbien 65, 83, 99, 96
    und Terrorismus 87 f., 89, 91,
        260, 284
    siehe auch: IMRO, Krusovo, Sa-
        loniki, Skopje
Manning, Olivia 113 f., 119, 125,
    133, 188
Maria (von Rumänien) 112, 117,
    119, 126 f., 154, 202 f.
Maria Theresia (von Österreich) 54
Markov, Georgi 242, 248, 265, 278
Maraudas, Dimitris 332
Massensymbole (Canetti) 42 f., 64,
    166, 266

Matthias Corvinus (König von Ungarn) 187
Mercouri, Melina 307, 309, 315, 320, 326, 336
Mestrovic, Ivan 38, 56, 105
Metaxas, Johann 333
Methodios (Apostel) 35, 100, 257, 295
Metternich, Fürst Klemenz 21, 23, 84
Michael (von Rumänien) 129, 144, 164, 192
Michael der Tapfere (Walachei / Moldau) 124, 190
Mikhail, Metropolit 101 f.
Miller, Henry 306
Milosevic, Slobodan 31, 69, 75, 107 f.
Milutin (von Serbien) 60, 64
Mircea (Doktor in Sfintu Gheorghe) 146 ff.
Mircea der Alte (Walachei) 123
Mitsotakis, Konstantin 334 f., 339
Moldau (Rumänien) 120, 123, 151 ff., 180
   siehe auch: Bessarabien, Bukowina, Jassy
Moldau-Fluß 177
Moldovitsa, Kloster von (Bukowina) 16 f., 177 f.
Molho, Rena 288 ff.
Montenegro 61, 65
Moslems
   und Alkoholismus 70
   in Bosnien-Herzegowina 49
   und Konterrevolution der Fundamentalisten 93 f.
Movila, Iremia und Simeon 178
Mungiu, Alina und Cristian 158 f., 164
Murad, Sultan 66
Muresamu, Andrei 187
Mussolini, Benito 74, 131
Mustafa Pascha, Moschee von 79
Mykonos (ägäische Insel) 311

Naipaul, V. S. 321
Natanial, Bischof von Ochrid 86
Nationale Heilsfront (Rumänien) 132, 187, 194 ff., 230, 235
Naum, Sveti 101
Nazismus
   Anfänge 22
   Kriegsverbrechen 31, 36 f.
   siehe auch: Kroatien, Griechenland, Graue Wölfe, Hitler, Pogrome, Rumänien, Saloniki, Sachsen, Zagreb
Nemanja, Stefan 59
Neue Banater Zeitung 234
Neue Demokratische Partei (Griechenland) 297, 339
Nikolaus II., Zar von Rußland 92, 112
Nixon, Richard, und Ceaucescu 199
Njegos, Petar Petrovic 13
Nordeen, William 330
November, 17. 327

Obilic, Milos 66
Ochrid (Makedonien) 109
Österreich-Ungarn
   und Albanien 74
   und Bosnien-Herzegowina 36, 54, 85 f., 93
   und die Bukowina 168
   und Kroatien 52 ff.
   und Dalmatien 52
   Doppelmonarchie von 184
   und die Habsburger 36, 54, 92
   und die osmanische Türkei 33
   und Serbien 55, 104
   siehe auch: Wien
Özal, Turgut 327
Opinia Studeneasca (rumänische Zeitung) 157
Orlic, Ivan 38
Orthodoxe Kirche (Ostkirche)
   von Bulgarien 257, 280 f.
   Codreanu, Heiligsprechung von 15 f., 127 f.
   versus Katholizismus 33, 52

und Kommunismus 44 f., 129
von Makedonien 101
und die osmanische Türkei 47, 300
von Rumänien 83 ff.
von Serbien 60
Slawen, Konversion der 35
von Transsilvanien 83 f.
Orthodoxe Kirche (griechisch) 295,
299 f.
und die Obristen 315
Patriarch der 300
Osmanisches Reich
und der Balkan 14, 52, 60, 65,
299
Brückenkopf bei Gallipoli 65
fundamentalistische Moslems
93 f.
und Montenegro 61
und orthodoxe Kirche 47, 300
Jungtürkische Revolution 92 ff.,
342, 345
siehe auch: Albanien, Bosnien-
Herzegowina, Bulgarien, Griechenland, Konstantinopel,
Kreta, Kroatien, Makedonien,
Österreich-Ungarn, Rumä-
nien, Saloniki, Serbien, Transsilvanien, Türkei
Osteuropa
Zusammenbruch von 107 f., 115

Pacepa, Ion Mihai 224
Pakula, Hannah 112, 121, 126
Panagoulis, Stathis 324
Papadopoulos, George 314
Papandreou, Andreas 312 ff.,
317 ff., 330 ff., 338
Papandreou, George 311 ff., 318 f.
Papandreou, Margaret 331 f.
Papapoulitis, Sotiris 297
Pascu, Ion 186
PASOK (Panhellenische Sozialisti-
sche Bewegung) 318 ff., 331 ff.
Pastior, Dorothea 224 f.
Pauker, Anna 135
Paulus, Heiliger (von Tarsus) 289

Pavelic, Ante 45 f., 50
Pec, Kloster von (Serbien) 13, 59
Penn, William, und Transsilvanien
183
Peter der Große (von Rußland) 142
Pfaff, William 124
Philipp von Makedonien 88
Piräus (Griechenland) 297, 307, 309,
339
Pogrome
albanische Unterdrückung ethnischer Griechen 18 f.
bulgarische Unterdrückung makedonischer Juden 98
Judenmord in Rumänien 16, 130,
161 ff., 236
Kollaboration katholischer Prie-
ster 48
kroatisches Massaker an orthodo-
xen Serben 31, 38 ff.
Mord an orthodoxen Christen
durch bulgarische Moslems
280
Schlachthaus in Bukarest 16, 130,
236
Serbien: Mord an islamischen
Konvertiten 13
serbische Unterdrückung mosle-
mischer Albaner 15
Todeslager 44, 98
Transnistrien: Todeslager 161 f.,
168
Türkei: Mord an Armeniern 94
türkische Greueltaten in Bulga-
rien 280
Vergewaltigung makedonischer
Frauen durch Türken 85, 92
Vernichtung der Salonikischen
Juden 290 ff.
Popovski, Ante 98
Poruciuc, Adrian 122, 166
Princip, Gavrilo 21, 54, 93
Pristina (Kosovo) 70 ff.
Aufstände in 77 f.
Universität von 72
Prokop von Cäsarea 316

Prostitution und Bukarest 111 ff.
Protokoll von 1913 18
Psellus, Michael 101, 316, 326
Puhovski, Zarko 47
Putna, Kloster von (Bukowina)
    Grab von Stefan Cel Mare 180 f.

Robotnichesko Delo (bulgarische
    Zeitung) 273
Radio Freies Europa 159
Rafail (bulgarischer Mönch) 17
Rares, Petru 175
Rasia, Christina 332
Reagan, Ronald
    und Bulgarien 252
    und Griechenland 329
    und Rumänien 148, 199
Reed, John 20, 35, 63 f., 67, 82,
    94 ff., 104, 112, 114, 125, 170,
    277, 288, 341
Reichstagsbrandprozeß 247 f., 279
Rila, Kloster von (Bulgarien) 17 f.,
    281 ff.
Roman, Petru 158, 238
Romanus III. (von Byzanz) 326
Roth, Joseph 54
Rotis, Vassilis 330
Rudolf von Habsburg 54
Rumänien
    Bevölkerungsstruktur 120, 123,
    142, 153, 155, 185 f., 221 f.
    und der Erste Weltkrieg 117,
    125 f.
    Geographie und Geschichte
    122 ff., 136 f., 166 f.
    und Kommunismus 114 f., 119,
    135 f., 156 f., 159 f., 170 ff.,
    194, 196, 198 f., 224 f.
    Moral in 111 ff., 118, 164 f.,
    201 f.
    und Nazismus 119, 128 ff.,
    160 ff., 223 f.
    und die osmanische Türkei 123
    siehe auch: Bessarabien, Buka-
    rest, Bukowina, Dezember-
    revolution, Giurgiu, Legion

des Erzengels Michael, Mol-
    dau, Nationale Heilsfront, Se-
    curitate, Transsilvanien, Vatra
Ruse (Bulgarien) 245
Rußland
    Annexion von Bessarabien 85,
    119, 124, 148, 154, 159, 161
    Invasion von Rumänien 124, 154
    Okkupation von Sofia 83
    Russisch-türkischer Krieg (1877)
    82 f.
    siehe auch: Sowjetunion

Sachsen in Transsilvanien 120, 124,
    222 ff.
    und die Nazis 223, 226 f., 231
    Vorurteile gegen Zigeuner 222,
    227 f.
St.-Dimitrios-Kirche (Skopje) 80
St. John, Robert 103, 105, 113, 130,
    246
St.-Nedelya-Kirche (Batak) 280
Saloniki (griech. Makedonien) 83
    Geschichte von 92, 288 ff.
    griechischer Anspruch auf 94,
    290, 303
    jüdische Gemeinde in 288 ff.
    und die Nazis 290 f.
    und die osmanische Türkei 289 ff.
    slawisches Makedonien, An-
    spruch auf 99
    Villa Mozdah 292
    Weißer Turm 287
Samuel (von Bulgarien) 101, 258
San Stefano, Vertrag von 83 f.
Sao Vicente de Fora, Kirche von
    (Lissabon) 116 f.
Sarajevo (Bosnien-Herzegowina) 49
Sava, Heiliger (Patron der Serben)
    14, 60
Sawyer, Diane 327
Scanderbeg, George 73
Schönerer, Georg 23
Sciaky, Leon 87, 289, 340
Securitate (rum. Geheimpolizei)
    114, 132, 136, 158, 165, 190, 194

Seferis, George 301
Selim, Sultan 344
Selimiye Cami, Moschee von
(Adrianopel) 344
Serande (Albanien) 19
Serbien
und Albanien 62 f., 74
Geschichte von 59 f., 64 ff., 88,
101
Katholische Kirche von 38, 47 f.,
49
Klöster von 58 ff., 64
und Kommunismus 44 f., 48 ff.
und Kroatien 31, 39 f., 42 f., 53
und Österreich-Ungarn 55, 104
und die osmanische Türkei 52,
61 f., 145 ff.
Reich von Stefan Dusan 64 f., 88,
101
siehe auch: Amselfeld, Belgrad,
Kosovo, Lazar, Stefan Dusan
Sevastianos, Metropolit 18
Sfintu Gheorghe (Rumänien) 140,
145 ff.
Sherrard, Philip 296
Sibiu (Transsilvanien) 221 ff.
Brukenthal-Museum 226
Siebenbürgen 223
Simeon (von Bulgarien) 257
Simitis, Costas 321
Sinan (türk. Architekt) 344
Sitwell, Sacheverell 137, 142, 153,
169, 176
Skatsintsi (Makedonien) 86
Skopje (Makedonien) 79 ff.
Grab von Delchev 90
Mustafa Pascha, Moschee von 79
St.-Dimitrios-Kirche 80
Smith, R. D. 188
Sofia (Bulgarien)
Alexander-Nevski-Kathedrale
246, 256, 260, 266
American College 253, 275, 283
makedonische Flüchtlinge 97
Mausoleum von Dimitrov 247,
256, 273

unter russischer Besatzung 83
Solidarität 262, 264
Sowjetunion
Zerfall der 108, 156
deutscher Einmarsch 44
siehe auch: Rußland
Spartakus 81
Spetsai (ägäische Insel) 296
Stalin, Joseph 14, 75, 119, 135, 161,
198, 200, 248, 265, 279
Stalingrad, Belagerung von 162
Stara Planina (»Alter Berg«) 259
Starkie, Walter 134, 143, 152, 188,
221
Stefan Cel Mare (der Moldau) 175,
177, 180
Stefan Dusan (von Serbien) 64, 88,
101
Stefan Uros (von Serbien) 64
Steinbeck, John 53, 195, 196
Stephan der Große (der Moldau)
123
Stephanus (von Byzanz) 293
Stepinac, Alojzije (Kardinal von Za-
greb) 31 f., 36 ff., 48 ff., 55 f.
Sterling, Claire 261 f., 264
Stip (Makedonien) 87
Stirbey, Barbo 126
Stirbu, Stefan 138 f.
Stoker, Bram 127, 157, 168, 183
Stone, Ellen 87
Strossmayer, Josip (Bischof von Za-
greb) 36, 52, 57
Suceava (Bukowina) 171, 174
Sucevitsa, Kloster von (Bukowina)
178 f.
Suli (Griechenland) 296
Sulzberger, C. L. 12, 39, 50, 103,
112, 246
Sveti Spas, Kirche von (Skopje) 90
Sylva, Carmen siehe: Elisabeth,
Prinzessin von Wied

Tatiana, Mutter (serbische Nonne)
58 f., 62 ff., 77
Temesvár (Banat) 233 f.

und die Dezemberrevolution 17, 158, 166, 178, 186
Temkov, Boris 269 ff., 275
Theodorakis, Mikis 309, 315, 337
Thrakien (Griechenland) 260, 303, 341
Times (London) 277, 284
Timpul (rumänische Zeitung) 157
Tirgu Mures (Transsilvanien) 171, 182
Orthodoxe Kirche von 184
Tito, Josip Broz 31, 33, 48, 50, 69 ff., 75, 91, 106, 319
Todorov, Nikolai 267
Todorov-Garudya, Ivan 269, 272
Todorovski, Gane 80, 88, 90
Tokes, Pfarrer Laszlo 186, 193
Tomislav (von Kroatien), Statue von 51 f., 56
Tourismus
und Griechenland 305, 310 f., 315, 329
und Rumänien 174
Townson, Nigel 188
Traikov, Boyan 263 ff., 275
Trajan (römischer Kaiser) 122
Transnistrien 161 f.
Transsilvanien (Rumänien) 124
deutsche Siedlungen in 120, 124, 171, 183, 221 ff.
und Dracula 183
Geschichte von 183 ff.
Katholische Kirche von 183
und Kommunismus 182
ungarische Siedlungen in 171, 184 ff.
und Ungarn 123, 185, 223
westliche Aufklärung und 183, 189
siehe auch: Cluj, Siebenbürgen, Tirgu Mures
Trianon, Vertrag von 184
Tritsis, Andonis 321
Tsatsos, George 325
Tschetniks (serbische Partisanen) 15
Tulcea (Rumänien) 137 f.

Türkei 344
Armenier, Massenmord an 94
und Bulgarien 279, 343
und Drogenschmuggel 165
und Griechenland 302 f., 312 f., 322
Janitscharen (Soldaten) 295
siehe auch: Adrianopel, Osmanisches Reich, Zypern
Türkische Volksbefreiungsarmee 261

Ukraine, rumänischer Überfall der 161
Ungar, Beatrice 226
Ungarn
und deutsche Siedlungen in Transsilvanien 223
und ostdeutsche Flüchtlinge 107
und der Zweite Weltkrieg 185
siehe auch: Budapest, Österreich-Ungarn, Transsilvanien
Union Demokratischer Kräfte (Partei in Bulgarien) 274
Urdareanu, Ernesto 121
Uros V. (von Serbien) 65

Vatra Romaneasca (rum. Organisation) 194 f., 197
Veblen, Thorstein 24
Vecher (Zeitung in Skopje) 102
Venedig, in Allianz mit Byzanz 52
Venizelos, Eletterios 284
Vlad der Pfähler (Dracula) 123, 183
Vlado der Chauffeur 97
Vlasi, Azen 63, 77
Voronets, Klöster von (Bukowina) 177

Walachei (Rumänien) 123, 135
und Dracula 183
Waldeck, R. G. *siehe*: Horowitz, Goldie
Walesa, Lech 264
Welch, Richard 327 f.
West, Rebecca 7, 12, 27, 29 ff., 54, 61, 64, 67, 69, 82, 88, 103, 105

West und Ost
  Grenzen zwischen 104, 285, 296,
    342 ff.
  religiöse und kulturelle Unter-
    schiede 53, 183, 285
Whitty, Kenneth 328
Wiesenthal, Simon 24
Wien (Österreich)
  und Antisemitismus 22
  Reichtum von 54
Wiener Kongreß 84
Wilson, Woodrow 83
Weltkrieg, Erster
  und Albanien 74
  und Belgrad 104
  und Epirus 18 f.
  Ermordung von Erzherzog Franz
    Ferdinand 20, 54, 93
  und Rumänien 126, 184
Weltkrieg, Zweiter
  und Albanien 74
  und Belgrad 105
  und Bukarest 113, 117 f.
  und Bulgarien 97 f., 260
  und Epirus 18 f.

und Ungarn 185
und Rumänien 128, 161
Widerstand gegen 15, 74, 303,
  324

Zagreb (Kroatien) 53, 56
  Geographie von 35
  Grab von Stepinac 38
  Jüdische Gemeinde in 42
  Kathedrale von 35, 38
  unter Nazi-Besatzung 31
  Statue von Strossmayer 57
  Universität 35
Zigeuner
  und Alkoholismus 143
  Armut der 72, 75 f., 80
  Massaker an 42
  in Rumänien 142 f., 153, 295
  Vorurteile gegen 222, 227 f., 295
Zivkov, Todor 248, 271, 272, 273,
  274
Zoe (von Byzanz) 332
Zomar, Ozama Al 330
Zypern, griech. / türk. Disput 313,
  322